D. H. 로렌스

유럽사
이야기

MOVEMENTS IN

EUROPEAN HISTORY

D. H. LAWRENCE
1921

D. H. 로렌스

유럽사 이야기

영미 문학의 거장이 펼쳐낸
인간의 이야기, 옥스퍼드 유럽사

D. H. 로렌스 지음
채희석 옮김

페이퍼로드
paperroad

차례

서문

오늘날 학교에서 배우는 역사는 둘 중 하나여야 한다. 사진처럼 생생하거나 과학처럼 전후관계가 명확하거나. 그저 사실의 나열일 뿐인 낡고 조악한 역사는 폐기되었다. 두서없이 섞인 자두 푸딩 속에서, 건포도가 제멋대로 박혀 있다는 이유만으로 건포도를 도표로 나열하는 것처럼, 이런 역사는 역사 속 사건들을 도표로 만들어 나열한다. 이제는 사라진 역사 서술 방식이다.

새로운 역사는 이와는 전혀 다른 것이다. 다시 말하지만, 새로운 역사는 사진처럼 생생하거나, 과학처럼 명확하다. 생생한 역사라는 건 과거의 기록에 나오는 남자와 여자들이 벌이는 생동감 넘치며 사적인 이야기들로 구성된다. 나이가 어릴수록, 이런 이야기는 아주 매혹적으로 다가올 것이다. 다만, '사적'인 요소가 많이 들어갈수록 이야기에서 역사성이 적어진다는 문제가 있다. 과거의 위대한 인물들은, 오늘날 우리에게는 위인이라 불리지만, 동시에 우리만큼 매우 사적인 존재이기도 했다. 그러나 우리에게는 불운하게도 지나간 시대의 '사적'인 현실을 재구성하는 일만큼 어려운 일도 없다. 인간이라는 존재는 장소와 시간에 매여 있는 존재다. 한 시대에는 그에 걸맞는 인간의 모습만 있을 뿐이다. 그리고 어느 시대건 간에 다른 시대의 인물을 해석하기 위한 기준은 그 인물이 살던 시대가 아닌 당대의 인간상이다. 그러니 셰익스피어의 카이사르는 로마 시대가 아닌 엘리자베스 시대의 카이사르이고, 버나드 쇼의 카이사르도 빅토리아 시대의 카이사르이며, 이 중 어느 쪽도 진짜 카이사르와는 거리가 멀다. 오롯이 사적인 카이사르의 모습을 지금의 우리로서는 결코 알 도리가 없다. 물론 이와 달리 우리가 알 수 있는 카이사르도 있다. 역사에 드러나 '알 수 있는' 불멸의, 그리고 공적인 카이사르다. 그러니 이런 이유에서, 심지어 아주 어린 아이들을 위해 역사책을 쓰더라도 지나치게 사적인 요소들을 집어넣는 일은 경계하도록 하라. 그런 서술은 낯설고 폭넓으며 두려움까지 주는 과거의 현실로부터 사람들을 '차단하려' 든다. 그것은 세상의 신비와 공포를 아름답고 아늑한 정원으로 차단하려 드는 것과 다를 바가 없다. 설사 아주 어린 아이를 위한 역사를 쓰더라도, 과거를 온전히 드러내기 위해서는 결코 역사의 공간과 공포, 그리고 거대함을 가려서는 안 된다. 지나치게 친숙하고 사적인 역사 서술은 결코 시도하지 말아야 한다. 역사를 쓸 때 비인간적이며 공포스러운 요소 안에 있는 미지에 대한 감각을 남겨두어야 한다. 「빨간 망토」나 '날것 그대로의' 전래 동화들이 그렇듯 말이다. 아이들을 지나치게 편안하고 친숙한 환경으로 감싸는 것은 잘못된 일이다. 마음의 양식이라며 먹기 편한 음식만 떠넘겨주는 일도 좋지 않다. 마치 오늘날 우리 자신이 겪는 사건이 사적인 양, 과거를 마찬가지로 사적으로 표현하는 것은 과거에 대한 모독이며, 현재를 터무니없이 과장하는 짓이다. 우리는 과거부터 지금까지의 모든 인생을 포괄하는 완성체가 아니다. 그런데도 우리는 마치 카이사르가 우리의 개인적 취향에 따라 옷을 갈아입힐 수 있는 인형인 것처럼 우리의 정서와 개인적 감정을 그에게 덧씌워댄다. 그리고 그것을 역사 —생생한 역사라고 불러댄다.

과학적 역사를 주장하는 학파가 항의를 하는 것도 당연한 일이다. 생생한 역사가 감성의 역사라면 과학적 역사는 전적으로 이성의 역사다. 만약 생생한 역사가 온전히 심장에서 나온 것이라면 과학적 역사는 온전히 두뇌에서 나온 것이다. 우리는 어린이를 위해 사건이라는 건포도를 골라낸 다음 그것을 밀가루 푸딩에 맞추어 반죽하기 위해 대학교에 들어간다. 우리는 그 반죽을 분석하고 재료의 성분들을 결정한다. 하나하나의 사실이 설정된 다음 그 사실은 다른 사실들과 연관되어야 한다. 이것이 과학적 역사의 임무이다. 논리적인 순서에 따라 사건들의 커다란 고리가 연결되고 원인과 결과가 총체적인 시간의 배치 속에서 드러나야 한다. 우리가 사건의 순서를 '발견하는' 것이 아니라 오직 유추해 낼 뿐이라는 점을 유념하기만 하면 이제 과학적 역사의 모든 일은 잘 풀릴 것이다. 논리적 순서란 우리가 그것을 설정할 때까지 존재하지 않으며, 일단 설정된 뒤에도 인간의 정신 속에 있는 하나의 새로운 가구로서 존재할 뿐이다.

이 작은 책은 청년과 청소년을 위해 씌어졌다. 즉 이야기와 일화를 많이 읽고 개성을 충분히 갖추었으면서도 아직 추상성 속에서 지적 자부심을 갖추지 않은 젊은이들을 위해 씌어진 것이다.

이 책은 유럽인의 마음속에서 치솟은 거대한 파도 같은 움직임들에 대한 인상을 기록하려는 시도이다. 인간을 모두 함께 거대한 집단적 행동으로 휩쓸어 넣기도 하고 그들을 반대 방향의 조류 속으로 영원히 분리시켜 놓기도 한 그런 파도 같은 움직임들 말이다. 이 움직임들에는 논리적 유추가 가능한 기원이 따로 없다. 이 움직임들은 그 규모가 너무 커서 비인간적이라고 부를 수밖에 없을지라도 거기에는 합리적인 원인이 없다.

십자군 운동처럼 너무나 거대하고 미친 듯한 사건에는 어떤 세속적인 이유가 없다. 유럽에서 서기 800년을 전후한 모든 여건을 다 검토해 보아도 1차·2차 십자군 운동이 일어난 원인을 유추하는 것이 가능하겠는가? 이 사건에 대한 논리적 순서도 인간의 머리가 그것을 유추해 내기까지는 존재하지 않았다. 같은 의미에서 르네상스가 일어난 원인에 대한 '이유'도 지빠귀가 우는 이유를 설명할 수 없는 것과 마찬가지로 없다. 땅까마귀는 봄에 둥지를 짓는 검은 새이다. 그러나 그 새는 이제껏 울지 '않는다'.

그러므로 우리는 사실을 확인하고 검증하는 능력, 즉 사실에 순서와 질서를 부여하는 능력으로서의 역사적 능력을 너무 확신해서는 안 된다. 이러한 작업은 역사 — 과학일 수도 있는 — 의 잡일에 불과하다. 진정한 역사는 참된 예술, 다시 말해 허구가 아니라 있는 그대로를 드러낸 진실된 예술이다.

유럽인의 심장이나 영혼 속에서는 때때로 알 수 없는 힘이 이상하게 솟구쳐 오르곤 했다. 인간의 마음속에서 솟아오르는 이러한 힘이 바로 인간 역사의 원천이고 기원이다. 이렇게 솟아오르는 움직임에는 이유라 할 만한 것이 없다. 오직 그 자체가 적나라한 이유일 뿐이다.

그러므로 십자군 운동이나 르네상스는 인간의 영혼 속에서 용솟음쳐 나온 커다란 움직임들이다. 그것들은 생명 자체에서 솟아난 순수한 표현이다. 논리적인 설명은 사건이 일어나기 전에는 쓸모가 '없다'. 그것은 무생물의 세계에서도 마찬가지이다. 지진은 외부세계에서 오는 재난이다. 따라서 예측될 수 있어야 한다. 그런데 아무도 지진을 예측할 수가 없다. 왜냐하면 인간 내부의 신비스럽고 설명할 수 없는 움직임이 지구 내부의 움직임과 어떤 방식으로든 연결되어 있기 때문이다. 그러므로 지진이 인간의 영적 실체에 다양하게 연결되고 의존하고 있을지라도 그것을 설명하기란 어렵다.

그런 연유로 이 작은 역사책은 유럽에서 인간의 마음을 뒤흔들며 그들의 역사를 만들었던 위대한 파장들을 설명하려는 시도이다. 사건들은 이 이상한 흐름을 따라 흘러가는 세부 사항에 불과하다. 엄청나게 큰 움직임이 솟구치면 인간은 그 물살에 휩쓸려간다. 그 중 일부는 다시 거슬러 되돌아오기도 한다. 유럽의 북부를 개신교의 흐름으로 휩쓸었던 격정적 충동은 스페인 사람들로 하여금 아메리카로 몰려들게 하고 종교 재판으로 대응하게 했다. 이러한 격정적 충동은 합리적인 원인과 결과로는 설명할 수 없다. 논리적 설명은 나중에 유추된 것일 뿐이다. 이 충동은 모두 인간적인 것이기도 하지만 인간적인 것의 테두리 밖에서 일어난 일이다. 비록 이 힘이 개인 속에서 가장 위대한 것으로 드러날지는 모르지만 그것은 개인보다 엄청나게 큰 힘이다.

예를 들어 종교 개혁이 교황이 면죄부를 팔았기 때문에 일어난 것이라고 말할 수 없다. 종교 개혁은 인간의 마음속에 새로운 형태의 욕구가 일어났기 때문에 생겼는데, 그 욕구는 나중에 인간이 신과 직접적이고 개인적인 관계를 맺고 싶은 열정으로 표현되었다. 이러한 열정이나 욕구가 왜 일어났는지는 '설명'할 수 없다. 이러한 열정의 논리적 결과와 영향을 추적하는 데 인간의 이성이 나중에 할 수 있는 기능이란, 생명이란 그토록 신비스럽고 창조적이라는 것과 이러한 진리에 이의가 있을 수 없다는 점을 인식하는 것뿐이다.

진정한 역사가 할 수 있는 것은 인간의 마음속 가장 깊은 곳에서 솟구쳐 오른 물결을 외경심과 존경심으로 기록하며 이 엄청난 물결의 만조와 간조를 지켜보는 것뿐이다. 연역적인 인과관계는 나중에 추론된 것이다. 처음에는 아무것도 없었다.

생명은 그 자신의 커다란 몸짓을 만들어낸다. 인간은 이 몸짓의 구성 요소이다. 역사는 이 몸짓을 반복한다. 그래서 인간은 그 몸짓을 다시 한 번 되살리며 과거 속에서 자신을 실현한다. 역사의 교훈을 깨닫지 못하는 사람은 과거 속에서 스스로를 실현하지 못하는 사람이다.

I

로마

"아, 이들은 참으로 노예가 되기를 갈구하는구나!"
티베리우스는 비통하게 말했다. 황제들을 자만과
방탕에 빠져 미치게 만든 것은 다름 아닌
위대한 로마 시민들이었다.

"Oh! how anxious these people are to be slaves!"
Tiberius said bitterly. It was the greatest citizens of
Rome itself that sent the emperors mad
with pride and extravagance.

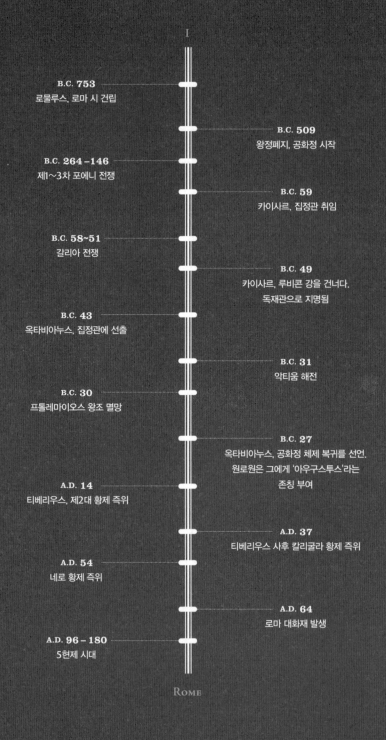

I

B.C. **753**
로물루스, 로마 시 건립

B.C. **509**
왕정폐지, 공화정 시작

B.C. **264 – 146**
제1~3차 포에니 전쟁

B.C. **59**
카이사르, 집정관 취임

B.C. **58~51**
갈리아 전쟁

B.C. **49**
카이사르, 루비콘 강을 건너다.
독재관으로 지명됨

B.C. **43**
옥타비아누스, 집정관에 선출

B.C. **31**
악티움 해전

B.C. **30**
프톨레마이오스 왕조 멸망

B.C. **27**
옥타비아누스, 공화정 체제 복귀를 선언.
원로원은 그에게 '아우구스투스'라는
존칭 부여

A.D. **14**
티베리우스, 제2대 황제 즉위

A.D. **37**
티베리우스 사후 칼리굴라 황제 즉위

A.D. **54**
네로 황제 즉위

A.D. **64**
로마 대화재 발생

A.D. **96 – 180**
5현제 시대

ROME

로마 시가 건립된 시기는 기원전 753년으로 알려져 있다. 그러나 당시 로마는 양치기나 목동이 살던 작고 미개한 마을에 불과했다. 그럼에도 이 마을은 용감하고 활동적인 사람들이 사는 곳이었고, 이들을 중심으로 작은 마을은 도시로 발전되어 갔다. 티베르 강둑•을 따라 형성된 일곱 개의 언덕 위에는 성채도 세웠다. 로마를 둘러싼 주변에는 적대적인 종족들이 살고 있었으며 로마보다 규모가 더 큰 적대적인 도시들도 있었다. 그러나 로마 사람들은 서로 단결해서 발전해 나갔다. 그리고 점차 로마를 둘러싸고 있던 광대한 라티움•• 평원에 있던 도시들과 종족들의 지도자가 되었다. 로마가 라틴 동맹의 우두머리가 된 것이다.

•   Tiber River. 로마 시내를 관통하여 흐르는 길이 406킬로미터의 강이다. 오늘날에는 테베레Tevere 강이라 부른다.

••   Latium. 라티움의 형용사형이 바로 라틴이다. 라티움 평원은 로마와 그 주변을 포함한 광범위한 지역을 말하며, 오늘날 이탈리아의 라치오Lazio 주가 바로 이곳이다.

우리는 기원전 500년 이후 로마의 역사를 어느 정도 확실히 알수 있다. 이 무렵 로마는 이미 공화국이 되어 있었다. 우리가 알고 있는 바대로 그곳에 왕이나 귀족, 공작, 남작 그리고 영주는 없었다. 하지만 로마는 2개의 계급인 상층과 하층 계급, 즉 돈 많고 거만한 귀족과 가난한 평민으로 나뉘어 있었다. 이 두 계급은 대회의를 열어 국정을 결정하고 지도자를 뽑았다. 로마에서 최고 통치자는 두 명의 집정관이었는데, 민회에서 선출되었으며 임기는 단 1년이었다.

여기서 로마인과 브리튼족 및 갈리아족과의 차이가 시작된다. 브리튼족이나 갈리아족은 족장에게 예속되어 족장이 '나오라'라고 명령하면 나오고, '가라'라고 명령하면 돌아갔다. 반면 로마에서는 각각의 시민들이 마음대로 오고 갈 수가 있었다. 대신 로마인들은 스스로 만든 법을 준수해야 했다. 진정한 로마의 전성기에 로마 시민이 된다는 것은 자랑스러운 자유민, 다시 말해 어떤 주인에게도 예속되지 않으며 자유를 규정한 법을 두려움 없이 지키는 사람이 되는 것을 의미했다.

기원전 275년에 로마는 포 강 이남 이탈리아의 지배자로 군림했다. 이탈리아 반도는 지중해의 중심부에 놓여 있고, 로마 시는 이탈리아 반도의 한가운데에 자리 잡고 있다. 지중해Mediterranean Sea는 말 그대로 세계의 중심에 있는 바다라는 뜻이었다. 따라서 로마는 대단히 유리한 위치에 자리 잡은 셈이었다. 로마는 당시 세계의 중심부이자 교역의 핵이었다. 전 세계는 곧 이 로마라는 교역의 핵심부에 의해 좌지우지되었다.

로마는 점차 그 지배영역을 확대해나갔다. 기원전 252년에는 시칠리아를 장악해 로마 역사상 최초의 해외 식민지를 확보했다. 그다음 로마는 북아프리카에 있는 카르타고를 이겼다. 이어서 로마는 발칸 반도의 마케도니아를 복속시켰으며, 이후 그리스와 스페인을 점령했다. 그렇게 해서 결국 로마는 지중해 주변의 국가들 모두를 지배할 때까지 나아갔다. 기원전 62년 폼페이우스Pompeius가 동방원정에서 돌아왔다. 그는 멀리 유프라테스 강까지 진군해서 페르시아의 미트리다테스Mithridates 대왕을 패퇴시켜 크리미아로 내쫓았으며, 시리아를 쳐서 로마의 영토로 추가했다. 기원전 58년에는 율리우스 카이사르Julius Caesar가 북부로 나아가 갈리아로 진격했고, 저 멀리 영국까지 진군했다. 갈리아는 현재 프랑스가 점령하고 있는 땅을 포함해 지중해로부터 라인 강에 이르는 전 지역을 포괄한다.

로마제국은 군대에 의해 동서남북으로 확장했다. 군대로 획득한 제국이기에 군대로 유지할 수밖에 없었다. 놀라운 것은 로마제국이 로마라는 중심 도시에 의해, 말하자면 위대한 로마 시민들에 의해 유지되고 통치되었다는 점이다.

로마제국은 그때까지 알려진 세계에서 가장 경이로운 나라이다. 제국이 크기 때문이 아니라 이상하게도 하나로 단결되었기 때문이다. 이처럼 경이로운 일은 세계 역사에 다시 나타나지 않을 것이 분명하다. 로마 시민들은 공동의 목표를 위해 다함께 단결하고 노력하는 스스로의 힘에 의해 이런 경이를 이룩했다. 다시 말해 그들은 필요하다면 '즉시' 도로를 건설하고, 지속할 수 있는 군사 식민지와 민간 식민지를 세워서 제국을 유지할 수 있었다. 이 럴 수 있었던 또 다른 이유는 정의에 대한 로마인의 천부적 사랑 때문이었다. 로마인의 마음속 밑바탕에는 소박하고 실제적인 '진리'에 대한 열정이 있었다. 이 점은 심지어 예수의 재판에서도 잘 나타나고 있다. 그들은 '사실'이라는 평범한 진리에 의거한다는 감정을 사랑했다. 그들 개개인은 허영심이 있거나 비도덕적이기도 했다. 하지만 사회 활동에 있어서는, 특히 정의와 인간의 자유와 관련된 문제에서는 이상할 정도로 인간과 인간 사이의 공정함이나 개인과 국가 간의 정의를 추구했고, 논쟁이 되는 어떤 문제에 대해서든 총체적인 진리를 추구했다. 황제나 총독이 잔인하거나 어리석을 때에도 여전히 그들은 진실하고 옳은 것을 가리려고 들었다. 비록 그들이 항상 옳은 것을 선택해서 행동한 것은 아니었지만 말이다.

그러나 군사력에 의해 세워진 제국은 궁극적으로 한 사람에 의해 통치될 수밖에 없었다. 군대가 장군 한 사람의 절대적 통치 하에 있어야 하는 것과 같았다. 군사제국이란 사실 거대한 군대와 다름없기 때문이다. 로마 사람들은 자신들의 자유, 즉 로마 시민이자 동시에 한 문명인으로서 눈부시게 누려야 할 자유를 지키기 위해 투쟁했다. 그러나 제국이 점점 확장되면서 점점 더 많은 사람들이 시민권을 얻게 되었다. 로마제국에 합병된 나라와 지역 사람들이 로마 시민으로 편입된 것이다. 알려진 바대로 성 바울St. Paul도 로마 시민으로 인정받은 사람이었다. 이토록 많은 사람들이 의회에 모여 평화와 전쟁의 문제를 결정하고 위대한 집정관을 선출하는 것이 가능할 리가 있을까? 아직 투표에 의해 대표자를 선출하는 방안을 창안하지 못했기 때문에 대부분의 시민들은 의회에 참석해 대표를 선출하는 권리를 행사하지 못했다. 심지어 대다수 시민들은 벙어리가 되어 발언권을 행사하지도 못했다.

그러므로 군대가 주도권을 차지했다. 로마에서 위대한 사람으로 추앙받는 이들은 군부의 장군들이었다. 폼페이우스와 율리우스 카이사르, 이 둘이 당시 세계에서 가장 위대한 군인들이었는데, 모두 집정관이 되었다. 집정관은 오늘날로 치면 제국의 수상이다. 당시에는 군부의 총수가 곧 민간인의 총수였다. 그런데 기원전 50년 로마제국의 군대에는 총사령관이 둘이었다. 하나는 동부를 장악한 폼페이우스였고, 다른 하나는 서부를 차지한 카이사르였다. 최고 권력을 두고 두 사람이 투쟁하다가 카이사르가 승리했다. 폼페이우스는 이집트로 도망갔다가 거기서 암살당했다. 이제 카이사르가 전 세계의 주인이 되었다. 로마제국의 절대군주가 된 것이다. 그는 승전했을 때 입는 자주색 장군 망토를 걸치고는 원로원의 황금 왕좌에 앉았다. 그러나 로마 사람들은 그를 왕이라 부르기를 거절했다. 그들은 왕이 자신들을 지배한다는 사고 자체를 싫어했다. 그래서 그는 '임페라토르Imperator, 독재관'라는 칭호를 받았다. 군 통수권자임을 의미하는 말이었다.

위대한 로마 사람들은 이에 매우 분개했다. 그들은 이런 식의 군주를 원하지 않았다. 그들은 위대한 율리우스 카이사르를 사랑했지만 그가 로마 시민 위에서 영원한 권력을 행사하고 로마의 모든 자유 시민 위에 군림하는 것은 반대했다. 로마는 로마 시민들에 의해 통치되어야 했다. 기원전 44년 3월 15일, 가이우스 카시우스Gaius Cassius와 마르쿠스 유니우스 브루투스Marcus Junius Brutus 같은 로마의 위대한 일곱 시민들에 의해 카이사르는 원로원 황금 왕좌 옆에서 암살되었다.

브루투스같이 착한 사람이 이러한 살인 사건에 참여했다는 것은 놀라운 일이었다. 그들이 암살을 계획한 것은 오직 로마의 자유를 위해서였다. 그러나 그들은 완전하게 실패하고 말았다. 악티움 해전에서 마르쿠스 안토니우스Marcus Antonius와 클레오파트라Cleopatra를 무찌른 직후인 기원전 31년, 세상의 주인은 젊은 옥타비아누스Caesar Octavianus가 되었다. 옥타비아누스는 카이사르의 양아들로, 그의 전체 이름은 카이우스 율리우스 카이사르 옥타비아누스Caius Julius Caesar Octavianus였다. 그는 훗날 아우구스투스Augustus로 개명했으며 그래서 지금까지도 아우구스투스 황제로 불리고 있다. 아우구스투스 시대로 알려져 있는 아우구스투스의 통치기는 로마 역사상 가장 위대한 시기였다. 이 시기에 로마의 가장 위대한 작가들과 사상가들이 나왔으며 제국의 번영과 영광도 최고조에 이르렀다. 예수도 이 시기에 태어났다.

아우구스투스는 예수와 같은 미덕과 고상한 관대함을 갖추고 있었다. 그는 누구도 그의 명령을 거역하지 못했던 전사이자 군사령관 율리우스 카이사르와는 아주 다른 사람이었다. 그는 평화를 사랑하고 모든 국민의 행복을 존중했다. 그는 위대한 제국의 통치 체제를 조심스럽게 정착시켰다. 그러나 공화국 체제를 다시 복원시켰다고 '공언하'면서도, 사실 그가 실제로 출범시킨 것은 제국적 통치 체제였다. 그리고 이 체제는 훗날 로마제국의 멸망을 자초하는 가장 큰 원인이 되었다. '한 사람'의 통치는 전체 시민들을 국가의 일에 무관심하고 무책임하게 만들었다. 시민들이 제국의 운영에 참여하는 역할의 몫이 없어진 것이다. 대대로 황제들이 모든 것을 독차지했고 그로 인해 시민들과 위인이라 할 만한 사람들은 자신들의 작은 사생활 이외에는 아무것에도 관심을 두지 않았다. 국가를 활력 있게 만드는 것은 자유롭고 자부심에 찬 국민들이다. 로마 시민들이 스스로를 자유민이자 국가에 책임을 지는 존재라고 느끼지 않을 때, 로마제국의 체제는 느슨해질 수밖에 없었으며, 거대한 로마제국도 흔들리지 않을 수 없었다.

아우구스투스는 서기 14년에 사망했다. 그는 생전에 예수의 이름을 들어보지 못했는데, 예수는 먼 변방에서 제국의 평화를 위협하는 보잘것없는 정치 선동자로 처형되었기 때문이다. 아우구스투스 이후 등극한 일련의 황제들은 방종함과 사악함으로 악명을 날렸다. 그러나 그들의 사악과 방종이 그렇게까지 무시무시한 것은 아니었다. 아우구스투스 이후의 황제들은 즉위하면서 아우구스투스라는 칭호도 가지게 되었는데, 이 칭호는 보통의 황제라는 칭호보다 상당히 격이 높았다. 아우구스투스 황제는 스스로 자신을 신들과 같은 서열에 두었기 때문이다. 유노Juno, 주노, 유피테르Jupiter, 주피터, 베누스Venus, 비너스, 마르스Mars, 메르쿠리우스Mercurius, 머큐리가 자신의 신전과 제단을 갖고 있듯 아우구스투스도 자신의 신전을 따로 갖고 있었다.

아우구스투스 다음의 황제는 티베리우스Tiberius였는데, 그가 최초로 로마인들 위에 군림하면서 독재 정치를 시작했다. 그는 대단히 잔인한 사람으로 알려져 있다. 하지만 로마인들은 그에게 아부를 하고 서로를 팔아 넘겼다. "아, 이들은 참으로 노예가 되기를 갈구하는구나!"라고 티베리우스는 비통하게 말했다. 그는 37년에 사망했다. 그를 이어서 미치광이 칼리굴라Caligula가 황제의 자리에 올랐다. 그는 신들처럼 자신의 동상이 에루살렘의 신전에 세워져서 사람들이 경배하기를 원했다. 그는 따분하며 난폭하고 겁 많은 로마인들을 경멸했다. 그는 "이들 모두의 머리가 하나만 있었으면 좋겠구나. 한칼로 단번에 잘라버리게"라고 말했다. 하지만 그는 얼마 가지 못해 근위병에게 살해당하고 말았다. 54년에는 네로Nero가 황제의 자리에 올랐다. 그는 화려한 것을 좋아했다. 그래서 그는 눈부신 황금 궁전이라 불리는 호화로운 궁전을 짓고 거기서 입이 벌어질 정도의 축제를 열었다. 그의 명령 한마디로 거대한 도시 로마가 불길에 휩싸였다. 그가 자신의 높은 궁전에서 그 장엄한 불바다의 광경을 보고 즐긴 사실은 모르는 사람이 없을 정도였다. 5~6일이나 계속된 화염의 바다를 지켜보면서 그는 춤과 노래로 지극한 즐거움을 표현했다. 나중에 네로는 불탄 지역을 재건하고 나서 로마를 벽돌과 나무로 된 도시로 세웠다고 자랑했는데, 그래서 지금도 로마는 대리석으로 만든 도시로 남아 있다. 네로의 과격한 행동은 마침내 군부 지도자들의 반발을 샀다. 그는 어느 시골집으로 도망가서 충성스런 하인에게 자신을 죽여 달라고 간청했다. 하인은 대단히 슬퍼하면서도 명령에 복종하는 마음에서 그를 살해했다. 그 해가 68년이었다.

로마의 황제들이 약간씩 정신이상 증세를 보이기 시작한 것은 별로 놀라운 일이 아니었다. 그들이 온 세상의 주인이었고, 세상 전체가 그들의 발아래 놓여 있었다. 그리고 로마 전체가 황제 앞에서 겁에 질려 움츠리며 떨고 있었다. "아, 이들은 참으로 노예가 되기를 갈구하는구나!"라고 외친 티베리우스의 말을 우리는 기억해야 한다. 황제들을 자만과 방탕에 빠져 미치게 만든 것은 다름 아닌 위대한 로마 시민들이었다. 그들이 주인의 뜻에 따라 자신들의 삶을 철저하게 밑바닥으로 내던진 데 원인이 있었다.

네로 이후 여러 황제들이 연이어 등극하고는 금세 사라졌다. 아우구스투스가 사망한 해인 14년부터 도미티아누스Domitianus 황제가 암살당한 96년까지 열 명의 황제가 나타났다가 사라졌다. 영국 정복이 완결된 것은 도미티아누스 황제 때였다. 그런데 도미티아누스는 야비한 사람이어서 질투 때문에 위대한 아그리콜라• 장군을 좌천시켰다.

네로는 황실의 혈통을 이은 마지막 황제였다. 네로 이후 황위의 계승은 혈통이 아니라 우연에 의한 경우가 허다했고, 선택을 하는 주체도 군부였다. 승전한 장군이나 유명한 시민이 갑자기 황제의 자리에 오르는 사례도 나타났다. 나중에는 심지어 노예나 농부, 혹은 헝가리나 아라비아에서 온 야만인의 아들이 부상해서 황제의 자주색 용포를 입는 경우도 있었다.

• Gnaeus Julius Agricola. 브리타니아 총독으로서 브리타니아 원정 전쟁을 수행했으나 도미티아누스에 의해 좌천당한 뒤 쓸쓸히 세상을 떠났다. 역사가 타키투스의 장인으로도 알려져 있다.

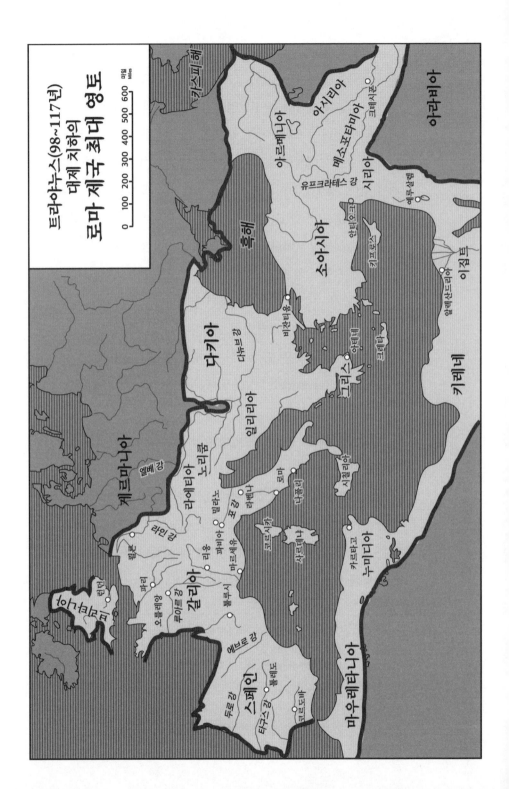

트라야누스(98~117년)
대제 치하의
로마 제국 최대 영토

마일
Miles
0 100 200 300 400 500 600

카스피해

아르메니아

아시리아

메소포타미아
유프라테스 강

크테시폰

시리아

아라비아

에루살렘

안티오크

카파도키아

흑해

소아시아

알렉산드리아

이집트

트라티움

다키아
다뉴브 강

비잔티움

그리스
아테네

일리리아

크레타

케미네

게르마니아
엘베 강

라에티아
노리쿰

라인 강

쾰른

밀라노
벨라티노
포 강
라벤나

로마

나폴리

시칠리아

리에

다응
파비아

마르세유

코르시카

사르데냐

카르타고

누미디아

런던

파리

루아르 강

오를레앙

툴루즈

갈리아

에브로 강

스페인
두로 강
타구스 강

코르도바
툴레도

브리타니아

마우레타니아

아우구스투스 이후 혼돈과 혼란이 계속되었지만 96년부터 180년 사이의 약 1세기 동안 로마제국은 또 하나의 황금기를 누렸다. 트라야누스Trajanus, 하드리아누스Hadrianus, 안토니누스 피우스Antoninus Pius, 마르쿠스 아우렐리우스Marcus Aureliu 같은 황제가 이 무렵에 통치했다. 이것이 이른바 '안토니네Antonines의 시대'*라 알려진 시기다. 위대하고 고상한 황제들이 연이어 왕좌를 이었다. 로마제국 안에는 평화와 확실한 번영이 자리 잡았다. 제국의 변방 경계선이 확고하게 설정되고, 식민지들은 번창해 안정이 이루어졌다. 안토니누스는 스코틀랜드의 글래스고에서 에든버러에 이르는 장성을 쌓았다. 이것이 로마제국의 북쪽 경계선이었다. 로마대로는 이 장성에서 달려 나가 영국 해협을 건너고 제국의 남쪽 경계선인 아라비아와 메소포타미아에 이르기까지 완전하게 직선으로 뻗었다. 로마대로의 모든 길에는 말을 갈아탈 수 있는 역사驛舍가 있었고 길을 알리는 이정표도 세워놓았다. 심지어 로마인들은 대로의 길이까지 측량해서 기록해두었다. 북쪽의 안토니누스 장성부터 요크까지는 222로마마일, 요크부터 런던까지 227로마마일, 샌드위치**까지 67로마마일, 해협을 건너 불로뉴까지 45로마마일, 랭스까지 174로마마일, 리옹까지 330로마마일, 밀라노까지 324로마마일, 로마까지는 426로마마일, 브린디시까지 360로마마일, 디라치움 또는 두라초까지 40로마마일, 비

---

* 　　　　5현제 시대라고도 부른다.

** 　　　 Sandwich. 영국 켄트 카운티에 있다.

잔티움까지 711로마마일, 앙키라까지 283로마마일, 타르수스까지 301로마마일, 안티오크까지 141로마마일, 티레까지 252로마마일, 예루살렘까지 168로마마일. 이 거리는 총 4,080로마마일이며 영국식 마일로 환산하면 3,740마일*이 된다. 로마인들은 이렇게 그들의 노정 거리를 기록했다.

위대한 로마제국이 견실히 유지된 이유는 군대가 뛰어났을 뿐 아니라 집정관들이 우수했기 때문이다. 그러나 제국은 너무 방대했다. 이러한 대제국은 정점에 이르면 무너져서 여러 지역으로 나뉘기 마련이다. 그래서 제국은 자연스럽게 두 개로 분열되는 운명에 놓였다.

첫 번째 반쪽은 시리아, 그리스, 북아프리카로, 처음에 제국을 형성했던 부분이었다. 새롭게 추가된 제국의 다른 반쪽은 갈리아, 스페인, 영국 및 다뉴브 강변의 여러 나라들이었다. 제국의 서부인 갈리아와 스페인과 영국을 통치하던 군대와 식민지 관리들은 사나운 야만인들이 사는 북부에서 살았는데, 이 지역은 겨울에는 황량하고 추웠다. 반면 제국의 동부를 통괄하던 군대와 식민지 관리들은 로마보다도 더 오래된 도시에서 살았는데, 사람들은 세련되고 생활은 사치스러웠으며 항상 뜨거운 태양 아래 놓여 있었다. 스미르나, 에페소스, 안티오크 같은 동부의 대도시에는 대리석 궁전과 아름다운 사원들이 가득해, 로마도 이 도시들에 비하면 조잡한 소도시에 불과할 정도였다. 이집트의 알렉산드리아나 북

---

* 약 6,016킬로미터다.

유럽사 이야기

아프리카의 카르타고 같은 도시의 사람들은 그리스인이나 페니키아인들의 온갖 풍요와 즐거움을 알고 있었다. 따라서 제국의 동부에 살던 수백만의 로마인들은 풍요의 땅에서 과일이나 곡물, 석류나 대추, 살구 등을 즐기며 살았다. 이들은 게으른 생활을 즐기거나 정교하게 만든 옷을 입고 살았다. 또 이들은 올리브기름을 몸에 바르고 목욕을 했으며 거의 매일 극장에 가거나 서커스를 구경하고 대화나 파티를 즐기면서 한가로운 생활을 했다.

그러나 북부의 사정은 달랐다. 사람들은 행동을 조심해야만 했다. 북부에도 마르세유, 리옹, 트레브, 빈(비엔나), 요크 같은 수많은 아름다운 도시들, 훌륭한 로마식 도시들이 없는 것은 아니었다. 그러나 이곳 사람들은 한가로운 생활을 누릴 수 없었다. 포도주나 올리브기름도 먼 곳에서 가져와야 했다. 가까운 곳에는 게르만족 같은 사나운 종족들이 살고 있어 항상 경계를 해야 했으며 야만스러운 칼레도니아인들●● 역시 경계의 대상이 되었다. 이곳에 주둔한 로마군대는 용맹스럽기 그지없는 야만인들과 더없이 사나운 추위를 상대해야 했다. 이곳의 로마군대는 뜨거운 태양 아래서 페르시아 군대와 잘 알려진 대로 문명화된 전쟁을 치러야 했던 제국 동부의 연약한 군인들과는 달랐다.

이런 상황 속에서 제국은 서서히, 말없이 붕괴되어 가고 있었

●● Caledonian. 고대 스코틀랜드인을 말한다. 조금 더 좁게는 스코틀랜드 고원 지대의 사람들Scottish Highlands을 칭하기도 한다. Caledonia는 라틴어로 브리타니아 북부를 가리키며, 이 지역이 대부분 오늘날의 스코틀랜드다.

다. 180년 이후에는 여러 명의 쓸모없는 황제들이 왕좌를 차지했다. 로마 그 자체가 수치와 타락의 중심부가 되었다. 강대한 군대는 이탈리아에 있는 날이 거의 없었다. 군대는 갈리아, 시리아, 아프리카 등지에 필요에 따라 주둔해야 했고, 전선에서 돌아온 장군들과 노병들은 로마 시민들이 소란스럽고 바보 같은 존재들임을 알고서는 그들을 경멸하게 되었다. 영원의 도시 로마가 세계의 주인이 아니라 경멸의 대상이 되고 있음을 발견하게 되었던 것이다. 로마에는 쓸모없는 황제와 대신들과 쓸데없이 향락에 젖은 도시민들만 가득할 뿐이었다. 제국의 실제 행정권과 권력은 항상 위대하고 변방에 주둔하며 언제나 변함없는 군부의 손에 있었다. 그리고 이 군대들은 갈리아나 동부 지역, 다뉴브 강변이나 영국 같은 먼 변방에 있었다.

II

콘스탄티노플

"나는 계속 걸어갈 것이다." 콘스탄티누스가 대답했다.
그는 다섯 개의 산을 넘어 다시 바다에
닿을 때까지 경계선을 그으면서 나아갔다.
그리고 곧, 대역사가 시작되었다.

"I shall go on," replied Constantine.
He continued towards the sea again,
enclosing five hills within his line,
And now, immediately, the great work began.

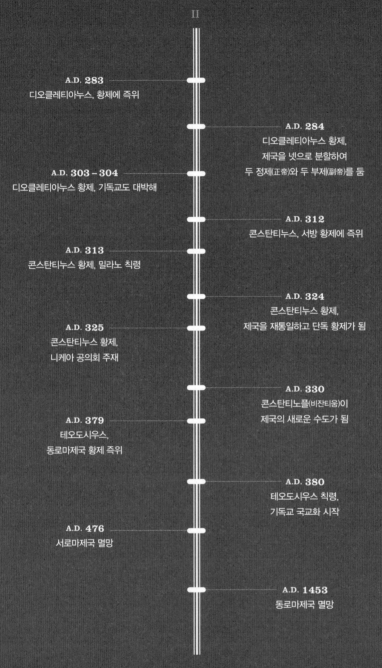

II

A.D. 283
디오클레티아누스, 황제에 즉위

A.D. 284
디오클레티아누스 황제,
제국을 넷으로 분할하여
두 정제(正帝)와 두 부제(副帝)를 둠

A.D. 303 – 304
디오클레티아누스 황제, 기독교도 대박해

A.D. 312
콘스탄티누스, 서방 황제에 즉위

A.D. 313
콘스탄티누스 황제, 밀라노 칙령

A.D. 324
콘스탄티누스 황제,
제국을 재통일하고 단독 황제가 됨

A.D. 325
콘스탄티누스 황제,
니케아 공의회 주재

A.D. 330
콘스탄티노플(비잔티움)이
제국의 새로운 수도가 됨

A.D. 379
테오도시우스,
동로마제국 황제 즉위

A.D. 380
테오도시우스 칙령,
기독교 국교화 시작

A.D. 476
서로마제국 멸망

A.D. 1453
동로마제국 멸망

CONSTANTINOPLE

세월이 흐르면서 로마의 시민들은 약하고 쓸모없는 사람들이 되어갔다. 그들에게 물질적인 부는 넘쳐났지만 영혼과 열정은 없다시피 했다. 그들이 관심을 쏟는 것은 오직 쾌락과 희열뿐이었다. 진정한 로마제국이란 라인 강과 다뉴브 강, 그리고 동부에 설치된 대규모 군영에만 있을 뿐이었다.

로마제국에 새로운 변화가 시작된 것은 다뉴브 강변에 주둔한 군사령관 디오클레티아누스Diocletianus가 284년에 그의 병사들에 의해 황제로 선출되면서부터였다. 디오클레티아누스는 빈민층 출신이었고, 어쩌면 부모가 노예였을지도 몰랐다. 그러나 그는 위인의 자질을 갖춘 사람이었다. 그는 혼자서 통치하기에 로마제국이 너무나 느슨하고 산만하다는 현실을 깨닫고는, 자신의 참모장으로 있던 막시미아누스Maximianus 장군을 선택해 제국을 함께 통치하는 영광을 누리고자 했다. 난폭하기는 하나 용맹한 막시미아누스가 이렇게 황제의 자리에 올랐고, 디오클레티아누스와 함께 카이사르(황제)와 아우구스투스(존엄한 자)라는 칭호를 받았다.

막시미아누스는 헝가리에 살던 농부의 아들이었다. 그러나 그는 훌륭한 지도자였고, 디오클레티아누스에게 충성을 바쳤다.

그래도 여전히 제국의 명령 체계는 효율적이지 못했다. 두 황제와 그들의 군사력으로도 유럽과 아시아를 속속들이 다스리기에는 충분하지 못했다. 그래서 두 사람은 카이사르 두 명을 새로 임명하기로 했다 콘스탄티우스Constantius 장군과 갈레리우스Galerius 장군이 새 카이사르로 선택되었다. 그러나 이 둘은 단지 카이사르*일 뿐 아우구스투스**까지는 아니었다. 최고의 칭호인 아우구스투스는 디오클레티아누스와 막시미아누스 둘에게만 주어진 것이었다. 어쨌거나 네 명의 황제들은 제국을 4등분해서 문제없이 통치했다.

수석 아우구스투스인 디오클레티아누스는 소아시아와 이집트, 그리스 및 지금은 터키로 알려진 지역을 맡았다. 터키는 아름답고 풍요로우며 역사가 오래된 곳이었다. 막시미아누스는 이탈리아와 북아프리카를 통치했으며, 갈레리우스는 다뉴브 강의 방어와 발칸 반도 통치를 맡았다. 또 콘스탄티우스는 갈리아와 스페인, 영국을 관장하면서 동시에 라인 강과 스코틀랜드 장성 방위를 책임졌다

두 명의 황제들이 구세계를 선택한 이유는 명쾌했다. 풍요롭고

---

*   율리우스 카이사르에서 유래한 명칭으로 이 시기 역사에서는 부황제 정도에 해당한다.

**   1장에서 보았듯, 율리우스 카이사르의 양자이자 로마 최초의 황제인 아우구스투스에서 유래한 명칭이다. 존엄한 자라는 뜻으로 이 시기 역사에서는 황제를 지칭한다.

아름다운 동방과 뜨거운 아프리카, 그리고 오랜 역사와 전통을 자랑하는 그리스와 이탈리아. 이런 곳들이 바로 이들이 통치하는 구세계였다. 부황제인 카이사르들에게는 야만의 땅인 북부 유럽이 주어졌다.

305년에 디오클레티아누스와 막시미아누스가 황제의 자리를 양위했고, 곧 갈레리우스와 콘스탄티우스가 아우구스투스의 칭호를 이어받았다. 갈레리우스는 동부의 황제가 되었다. 그는 난폭하고 야심적이며 비사교적인 사람이었다. 비교적 성격이 원만해 민중의 사랑을 좀 더 받았던 콘스탄티우스는 갈리아와 영국을 포함하는 서부를 통치했다.

콘스탄티우스에게는 콘스탄티누스Constantinus라는 아들이 하나 있었다. 그가 바로 콘스탄티누스 대제. 영국에서 태어났다고들 하는데, 우리가 그렇게 말하기를 더 좋아하는 편이다. 어머니인 헬레나Helena는 어느 영국인 족장의 딸이며, 영국에 장교로 부임한 청년 시절의 콘스탄티우스와 만나 결혼했다고 전해지고 있다. 콘스탄티누스 대제가 영국 출신이라는 주장은 이런 이야기에 근거를 두고 있다. 그러나 보다 신빙성이 있는 이야기는, 헬레나가 어느 여인숙 주인의 딸이며 콘스탄티누스는 다뉴브 강 근처의 어느 곳에선가 태어났다는 설이다. 콘스탄티누스의 출생이 어쨌든 간에 헬레나는 비천한 계층 출신인 것으로 여겨진다. 그런 까닭에 콘스탄티우스는 훗날 카이사르로 즉위하며 로마 출신의 귀족층 아내를 새로 맞아들이지 않을 수 없었다. 결국 헬레나와는 이혼을 해야 했는데, 이때 아들인 콘스탄티누스의 나이는 열여덟

살이었다. 콘스탄티누스의 운명은 어머니의 불명예, 몰락과 연결되지 않을 수 없었다. 그는 카이사르의 명예로운 아들이 아닌, 아시아에 주둔한 갈레리우스의 군대에서 하급 장교로 남아야 했다.

그러나 그는 용감하고 현명했으며 사람들의 사랑을 받고 있었다. 키가 컸고, 흰칠한데다가 풍채는 위엄이 있었으며 미남이고 성격도 유쾌했다. 그는 병사의 사랑을 받아 곧 고위 장교에 임명되었다.

갈레리우스는 콘스탄티누스의 신분을 알고 있었고 처음부터 그를 시기하고 있었다. 병사들이 그 젊은 장교를 사랑하고 자신보다도 더 존경하는 것을 보고, 위험한 경쟁자로 간주하고 두려워했다. 그래서 갈레리우스는 자신의 손길이 미치는 아시아의 한 지역에 그를 묶어두고, 무슨 일이 생기면 금세 없애버릴 준비까지 하고 있었다.

갈리아의 황제 콘스탄티우스는 아들이 저 멀리 떨어져서 경쟁자의 손아귀에 있다는 사실에 걱정이 되었다. 그는 계속 갈레리우스에게 사자를 보내서 아들이 아버지를 방문하게 갈리아로 보내달라고 간청했다. 마침내 군대의 반발을 두려워한 갈레리우스가 양보를 했다.

이때 콘스탄티누스는 소아시아의 니코메디아에 있는 갈레리우스의 궁전에서 복무하고 있었다. 그는 갈리아로 가라는 허락이 떨어지자마자 서둘러 여행 준비를 했다. 그리고 그날 밤 몰래 궁전을 빠져나와 말을 달려 역참들을 거치면서 보스포루스 항을 향했다. 보스포루스 해협을 건너 유럽으로 들어가서는 비잔티움에서 말을 갈아타고 북쪽을 향해 달렸다. 그는 매일같이 말이 지치면 역참에서 말을 갈아타면서 재빠르게 길을 나갔다. 갈레리우스 휘하 장교 중 누구도 추적해오지 못할 만큼 빠른 속도였다.

북부 로마제국의 황제 콘스탄티우스는 당시 스코틀랜드 칼레도네스족의 반란에 대비해서 갈리아에 있는 볼로뉴에 주둔하고 있었다. 콘스탄티누스가 달려와 아버지 콘스탄티우스와 키스하자 주둔한 군대 모두가 기쁨의 환호성을 질렀다.

아버지와 아들은 영국으로 들어가 칼레도네스족을 복속시켰다. 그러나 이것이 콘스탄티우스의 마지막 정복 전쟁이었다. 그는 요크에서 사망했는데, 아들 콘스탄티누스에게 제국을 맡기며 아직 아이들인 이복형제 자매들을 돌봐달라는 부탁을 남겼다.

병사들은 황제의 서거 소식을 듣고 깊이 슬퍼했다. 지도자를 잃었을 때 병사들이 항상 겪는 절망감을 뼈저리게 느낀 것이다. 갈리아 주둔군의 정예 장교들은 콘스탄티우스를 따라 영국으로 진군해왔었다. 이제 그들은 콘스탄티누스가 군대를 이끌어달라고 함성을 질렀다.

그러나 콘스탄티누스는 조심하면서 군대와 떨어져 있었다. 갑자기 군인들이 자신을 카이사르 아우구스투스라고 소리치면서 황제의 자리에 올라야 한다고 강요할 가능성에 대비해 신중을 기한 것이다. 그는 매우 조심해야만 했다. 자칫 비정상적인 일이 일어나 갈레리우스 황제가 자신을 반역자이자 찬탈자로 몰게 되면, 모든 군대가 자신의 적이 될 것이 분명하다 생각했기 때문이다.

그러나 갈리아 군대의 장교들은 모두 콘스탄티누스에게 우호적이었다. 그들은 갈레리우스가 동부에서 보내올 낯선 이가 사령관 직을 차지할 때까지 얌전하게 기다릴 것인지, 아니면 존경하고 사랑하던 전 사령관의 아들을 자신들의 우두머리로 삼는 영광을 선택할 것인지를 군인들에게 묻고 의견을 들었다. 결국에는 군대 전체가 만장일치로 콘스탄티누스를 선출했다. 그러나 콘스탄티누스는 갈레리우스에게 서신을 보내 전체 사건의 전말을 알리면서 계속 기다렸다. 그렇게 해서 콘스탄티누스는 요크에서 황제의 자주색 제복과 반장화를 신고 아우구스투스가 되었다. 로마제국의 성스러운 자주색 제복은 사실 엄밀히 말해 우리가 보기에 보라색보다는 심홍색에 가까웠다. 오직 카이사르만이 입을 수 있는 색깔의 옷이었다.

소식을 들은 갈레리우스는 분노를 참을 수가 없었다. 그는 자신이 제국의 유일한 황제가 되기를 내심 원하고 있었기 때문이다. 그러나 그는 북부군을 두려워했다. 그는 콘스탄티누스에게 사자를 보내어 갈리아 군단의 통수권은 허락했지만, 칙령을 내려 그가 카이사르의 칭호를 사용하는 것을 금지시켰다.

물론 콘스탄티누스나 그의 병사들은 이에 동의하지 않았다. 전쟁이 뒤를 이었다. 여러 카이사르가 여러 군대에 의해 선출되어 한때는 콘스탄티누스와 갈레리우스를 포함해 여섯 명의 황제가 제국을 나누어 지배했다. 그러나 콘스탄티누스는 소수의 정예부대를 이끌고 알프스 산을 넘어 북부 이탈리아에서 대군을 상대로 승리를 거뒀다. 로마로 진군할 기회가 생겼다. 그의 앞에는 밀라노로부터 남쪽으로 곧게 뻗은 에밀리아와 플라미니아 가도가 놓여 있었다. 그래도 아직은 콘스탄티누스가 그의 적들을 모두 쳐부순 것은 아니었다.

마침내 이탈리아 안에 있는 군대가 모두 항복했다. 312년에 콘스탄티누스는 위대한 어머니 도시 로마에 입성해 황제가 되었다. 친화를 위해 그는 현명하게 사면령을 내려 과거의 적대자들이 모두 용서되고 사면되었음을 공포했다. 이것은 승리자에게 반대한 죄로 목숨을 잃을 줄 알았던 많은 사람들을 안심시켰고 그 결과 이들 중 다수가 그의 편으로 건너왔다. 그는 교만하며 적개심에 싸여 있던 근위군 군영도 없애버렸다. 313년에는 모든 로마인들이 각자가 원하는 종교를 받들 수 있도록 신앙의 자유에 관한 법령*을 발표했다. 겁에 질려 떨고 있던 기독교인들에게는 아주 기쁜 소식이었다.

그러나 군대의 일부는 여전히 반기를 들고 있었다. 콘스탄티누스는 다뉴브 강에 주둔한 리키니우스Licinius의 군대를 치고 보스포루스 해협까지 진군해야 했다. 콘스탄티누스는 비잔티움 요새의 성문을 포위했고, 아시아로 도망치려는 리키니우스를 추격해서 승리를 거두었다. 리키니우스는 결국 니코메디아에서 처형당했다.

325년, 콘스탄티누스는 드디어 전 세계의 지배자가 되었다. 같은 해 그는 모든 백성들에게 기독교를 받아들이라고 권고하는 문서를 공표했다. 그러나 동시에 모든 사람들에게 종교의 자유를 허

* 　　　이것이 그 유명한 밀라노 칙령이다.

락했다.

콘스탄티누스는 자신이 제국의 지배자를 넘어 새로운 시대의 창시자가 되어야 한다는 점을 느끼고 있었다. 그리고 실제로도, 그는 지배자이자 창시자가 되었다. 콘스탄티누스와 함께 로마에서 다신교가 사라졌다. 바야흐로 신세계가 열리고 있었고, 콘스탄티누스는 이 신세계를 새로운 중심지에서 시작하고 싶었다. 그는 오래되고 끔찍한 과거의 유산인 로마를 싫어했다. 로마는 너무나 많은 피와 폭력으로 물들어 있었다. 구세계의 중심인 카피톨 언덕은 구시대의 신을 위한 신전으로 뒤덮여 있었으며, 이 신들은 쉽게 사라질 수가 없었다. 낡은 도시 곳곳에 이 신들의 영이 가득 차 있었다. 로마에는 테베레 강가의 영원한 도시, 일곱 언덕 위의 도시로서의 영광만이 아니라 너무나 많은 다툼과 폭력과 잔악함이 자리 잡고 있었다.

제국 후기의 황제들은 대부분 로마를 싫어했다. 이 황제들은 변방에서 태어난 이방인들이었고, 지지 기반도 먼 변방에 파견된 군대들이었다. 그리고 로마인들이 자기중심적이고 교만하며 골칫거리라고 느끼고 있었다. 디오클레티아누스 황제는 로마에 살기를 거부했다. 심지어 로마가 아닌 밀라노를 택했다. 그가 가장 좋아한 도시는 바로 아시아에 있는 니코메디아였다. 그는 나중에 아드리아 해에서 멀지 않은 달마티아로 은퇴했다가 거기서 생애를 마쳤다.

콘스탄티누스는 새 수도를 건설하기로 결심했다. 그러니 더는 로마 때문에 골치를 썩일 필요가 없었다. 좀 더 평화롭고, 좀 더 마음에 드는, 훨씬 덜 오만한 곳, 새로운 인생을 시작할 수 있는 자신만의 도시를 세우고 싶었다. 그래서 그는 새로운 수도가 될 만한 터를 사방으로 물색하기 시작했다. 눈부시게 밝은 자기만의 새 도시를 세운다는 생각이 그의 가슴을 기쁨으로 타오르게 했다. 그는 제국을 끝에서 끝까지 자세히 알고 있었다. 그는 드디어 보스포루스 해협에 있는, 유럽과 아시아의 관문인 비잔티움*을 선택했다.

콘스탄티누스는 리키니우스와의 전쟁으로 비잔티움을 포위했을 때 이상한 꿈을 꾼 적이 있다고 고백했다. 꿈속에서 한 노파가 그에게 다가와서 곁에 섰다. 그래서 어떤 사람인지 궁금해 하며 눈을 돌려 쳐다보자 노파가 갑자기 젊고 아름다운 소녀로 변했다는 것이다. 그리고 그는 그 소녀의 머리에 여왕의 왕관을 씌워주고 있었다.

그는 이 꿈을 고대 그리스의 요새인 비잔티움이 자신의 손에 의해 제국의 아름다운 수도로 바뀌게 되는 징조라고 해석했다. 그리고 이 꿈 이야기를 참모들에게 들려주고는 산으로 올라가 사방을 살펴보았다.

그는 아시아 쪽을 쳐다보고는 자신이 선 곳이 바다로 둘러싸여

---

*   오늘날 터키의 이스탄불이다. 이전까지는 비잔티움이라 불렸지만, 콘스탄티누스가 '콘스탄티누스의 새로운 로마'라는 뜻에서 로마노바콘스탄티노폴리타나(Roma Nova Constantinopolitana)라는 이름을 새로이 붙였다. 사람들 사이에서는 '콘스탄티누스의 도시'라는 의미인 콘스탄티노폴리스로 자주 불렸다.

있는 것을 알게 되었다. 동쪽을 향해서는 자신 앞에서 뭉툭한 지점으로 좁아졌는데, 이 곳을 감싸면서 보스포루스 해협의 푸른 파도가 지중해를 향해 흑해에서 마르마라 해로 거세게 들어가는 것을 볼 수 있었다. 남쪽을 향해 그의 오른쪽으로는 당시에는 프로폰티스 해라 불렸던 마르마라 해의 파도가 양지 바른 해변에 부딪치고 있었다. 왼쪽으로는 1,2마일쯤 떨어져서 보스포루스에서 뻗어 나오는 아름다운 만이 넓은 강물처럼 곡선을 그리고 있었다. 이곳이 지금은 골든혼이라 불리는 보스포루스 시와 이어진 항구인데, 맑게 반짝이며 산에서 내려오는 작은 강물을 받아들이고 있었다. 항구에는 돛을 단 배들이 비잔티움 요새의 가파른 성벽을 따라 정박해 있었다. 멀리 남쪽으로는 넓고 검고 희고 붉은 돛대들이 프로폰티스 해를 건너 그리스의 섬들을 향해 날개를 펼친 듯했다. 넘실거리는 푸른 바다는 북쪽으로 뻗어 있었으며 배들은 흑해에서 곡물을 실어오고 있었다.

그의 뒤편으로는 유럽이 놓여 있는데 눈으로 보이지는 않았다. 발아래로는 언덕들과 과수원과 들판이 요새 도시를 둘러싸고 있었으며 선박들은 성곽 곁에 정박해 있었다. 어느 곳에서나 해변을 따라 나무들 위로 신전과 사당이 솟아 있었다. 오후의 햇살을 받아 황금빛으로 반짝이는 바다를 건너서는 아시아 쪽 산비탈이 비스듬히 뻗어 있었다. 그 비탈 위에는 돌기둥으로 지은 사원들이 나무들 사이로 보였다. 맞은편 항구의 하얀 성벽도 햇빛 속에서 반짝였다. 올리브나무와 포도밭 사이로 하얀 길이 구불거리면서 계곡의 곡물 밭을 지나 니코메디아와 에페소스와 안티오크와 예루살렘을 향해 뻗어 있었다. 그쪽이 예수가 태어난 곳, 과거의 영화를 꿈꾸는 듯 꿈속에서 고요하게 있기를 좋아하는 동방이었다. 그곳은 올리브나무로 덮여 잿빛이 희미하게 서려 있었으며, 흰색과 연분홍색으로 칠한 별장들이 반짝이고 있었다. 황금빛 흙과 작은 종려나무 숲, 오렌지와 레몬과 도금양으로 이루어진 거무스름한 과수원도 있었다.

콘스탄티누스는 이곳, 신세계의 중심지이며 동방을 향해 나가는 이곳에 그의 도시를 세우기로 결심했다. 그는 늙어가고 있었다. 272년에 태어났는데, 도시를 건설하기로 정한 해는 326년이었다. 군대의 막사에서 태어나 이 지방 저 지방으로 옮겨 다니면서 일생을 보낸 셈이었다. 이제 그는 신세계의 새로운 중심지를 건설해서 평화를 누리고 싶었다.

콘스탄티누스는 날을 잡아 도시 경계선을 확정했다. 뭉툭하게 튀어나온 육지의 양켠을 바다가 길게 팔을 뻗어 감싸고 있었다. 콘스탄티누스는 자주색 옷을 입고 한 손에 창을 들고는 번쩍이는 제복을 입은 병사들 앞에서 선을 그어 세모꼴로 된 땅의 마지막 한 변을 완성해 나갔다. 그는 창으로 선을 그으면서 서서히 행진했다. 측량사들은 그 뒤를 따르며 정확한 표시를 그려 넣었다. 그날을 경축일로 공포했기 때문에 황제의 행렬 뒤에는 조신들, 병사들과 일반 시민들이 뒤따르고 있었다. 콘스탄티누스 황제는 들판과 과수원과 올리브 숲과 월계수와 소나무 숲을 지나고, 작은 시내와 언덕을 넘어서 한걸음 한걸음씩 계속 나아갔다. 뒤를 따라오던 사람들은 황제가 경계선을 그은 수도의 엄청난 면적에 놀랐다.

한참을 자기들끼리 수군거리던 이들 중 하나가 용기를 내어 황제에게 이미 선을 그은 땅만 해도 세계에서 가장 큰 도시를 세우기에 필요한 면적보다도 더 넓게 잡은 것이라는 얘기를 꺼냈다. "나는 계속 걸어갈 것이다." 콘스탄티누스가 대답했다. "내 앞에서 걸어가고 있는, 저 눈에 보이지 않는 안내자가 멈추는 게 좋다고 생각할 때까지 말이다." 이렇게 해서 그는 다섯 개의 산을 넘어 다시 바다에 닿을 때까지 경계선을 그으면서 나아갔다.

그리고 곧, 대역사가 시작되었다. 수백만 명의 노예가 건설현장에 투입되었다. 프로코네수스라는 자그마한 섬• 바닷가에는 하얀 대리석 석재들이 늘어섰고, 대리석을 잔뜩 실어 선체가 바다 속 깊숙이 잠긴 배들이 이 섬을 출항해 비잔티움의 항구인 골든혼으로 줄지어 들어와 정박했다. 저 위 북쪽의 흑해에서는 목재를 실은 배들이 이 섬을 출항해 들어왔다. 모르타르를 만들기 위해 석회를 굽는 가마솥에서는 엄청난 연기가 피어올랐으며, 수천 명의 노예들이 땅을 파고 짐을 나르고 땅을 고르는 소리가 사방에서 들렸다. 측량사와 건축 기술자들이 이리저리 바쁘게 움직였고, 목수들은 노예들의 도움을 받아 빠른 속도로 일을 진행해나갔다. 황제 자신도 자주색 망토를 입고 항구로 나가, 배에서 짐을 내리는 광경이나 수천 명의 인부가 짐을 들어 옮기는 모습을 지켜보았다. 때로는 산으로 올라가 초석을 놓는 광경을 지켜보거나 평지로 가

•   오늘날의 마르마라 섬. 대리석이 풍부하여, 그리스어 대리석을 뜻하는 마르마라라는 이름이 붙었다. 마르마라 해라는 이름도 이 섬에서 유래했다.

유럽사 이야기

서 최초의 거리가 완성되는 작업도 관찰했다. 그 뒤에는 강으로 가서 송수로 공사가 시작되는지, 외곽으로 가서는 성곽을 둘러싸기 위해 해자를 깊게 파는지도 살펴보았다. 아프리카에서는 곡물을 실은 배들이 연이어 들어왔고, 인근 섬에서는 포도와 가축을 실은 배들이, 아시아에서는 과일과 올리브기름으로 채운 배들이 들어왔다. 곳곳마다 큰 식당들이 있어 바쁘고 들떠 있는 남녀 노동자 수천 명에게 식사를 제공했다.

성문과 함께 큰 성벽이 서서히 세워졌다. 비잔티움 포위전에서 콘스탄티누스가 본부 막사를 세웠던 두 번째 언덕에는 거대한 타원형의 중심 광장과 시장이 들어섰다. 콘스탄티누스는 광장 양쪽 끝에는 장엄한 아치가 웅장하게 세워지고, 아름다운 기둥 위에는 지붕이 씌워진 주랑柱廊이 타원형으로 개방된 시장 외곽을 빙 둘러치기를 바랐다. 조심스럽게 포장되어 천으로 싼 이상하게 무거운 물건들이 마차에 실려 건축 현장으로 느릿느릿 들어왔다. 포장을 벗기자 옛 그리스와 아시아에서 실어온 아름다운 조각들이 나타났다. 이 조각들은 주랑 안에 설치되었다. 그러나 콘스탄티누스를 놀라게 한 가장 멋있는 광경은 이 거대하고 장엄한 타원형 공간 한복판에 세워진 비계 발판이었다. 비계 주변에는 장대와 도르래가 엄청나게 높이 올라갔고, 수많은 노예와 황소와 밧줄이 투입되었다. 드디어 비계를 뜯자 지상에서 약 37미터나 공중으로 치솟은 대리석과 반암으로 만든 커다란 기둥이 나타났다. 그 위로는 구리로 만든 아폴론Apollon 상이 보였다. 이 아폴론 상은 고대 그리스의 조각가들이 만든 걸작이었다.

신도시는 더욱 커져갔다. 커다란 원형 극장과 성당과 목욕탕과 궁전들이 대리석으로 호화롭게 세워졌다. 거리도 만들어지고 가난한 사람들이 살 건물들이 큼직하게 거리 양쪽으로 들어섰다. 가족 단위로 건물의 방이 하나 또는 둘씩 배당되었다. 바다로 뻗어가는 아름다운 거리가 만들어졌다. 종려나무가 들어선 공원이 서고, 넓은 공터에는 분수가 들어섰다. 불행하게도, 건설을 너무 서두르는 바람에 세워지고 얼마 되지 않아 몇몇 궁전이 무너지는 사고가 있었지만, 그렇더라도 도시는 눈부시게 아름다웠다.

신도시의 건설이 완료되어 모든 준비가 갖추어지자, 콘스탄티누스는 부유한 로마의 원로원 의원들과 유럽과 아시아와 아프리카의 시민들을 찾아가 새 수도의 궁전에 들어와 살라고 권유했다. 거역할 수 없는 황제의 명이었다. 그들은 바다로든 육지로든, 노새와 말이 끄는 마차에 이삿짐을 싣고 수많은 노예와 하인들과 함께 도착했다. 도시는 곧 만원이 되었다. 사람들과 마차와 말과 노새와 쓰레기로 가득 찬 거리를 지나가기조차 힘들 정도였다. 콘스탄티누스는 많은 양의 음식을 시민들에게 내주었다. 그 가운데는 아프리카산 곡물과 시리아산 기름과 포도주도 들어 있었다. 새 수도에서는 사치와 풍요로움이 넘쳐나고 있었다. 멋진 행진이 펼쳐지고 원형 극장이나 일반 극장에서는 매일 공연이 있었다. 수천 명의 사람들이 새집에 사는 즐거움, 햇볕 가득한 바닷가의 안락한 날씨를 즐기는 새로운 삶을 즐겼다.

문명 세계의 중심이 서쪽에서 동쪽으로, 로마에서 콘스탄티노플로 옮겨간 해는 334년이었다. 그것은 고대 로마의 종말을 의미하는 것이었다. 비잔티움제국은 유럽이라기보다는 아시아에 속한다. 콘스탄티노플은 아시아이기를 바라고 있었다. 유럽에게는 홀로 남아 혼돈과 폭력과 소요와 무질서를 겪으면서 중세의 암흑기를 만날 운명이 남았다. 문화와 문명의 참된 빛이 동양으로 옮겨간 셈이었다. 서양은 희미한 여명 속에서 장차 자신의 시대가 될 근대 유럽으로의 길을 힘겹게 헤쳐 나가야 했다.

도시로서 로마는 그 힘을 잃었다. 훗날 로마는 교황들의 본거지가 되기는 했으나 로마가 이끌던 제국은 영원히 끝나고 말았다. 흔들리던 서로마제국은 고트족의 정복이 끝날 때까지 겨우겨우 명맥을 유지했다. 그러나 서로마제국은 무너진 다음에도 아무것도 남길 수 없는 상태로 전락해 있었다.

반면 비잔티움제국은 15세기까지 콘스탄티노플에서 지속되었다. 비잔티움제국이 기독교 국가였음에도 콘스탄티누스가 동양식 통치 형태를 확립한 것은 아주 흥미로운 일이다. 황제는 기독교도였지만 만민 위에 군림하면서 '신적' 지위를 누렸다. 황제의 지위는 법과 비판을 초월하는 페르시아의 전제군주만큼이나 절대적이었다. 그는 백성과 국가를 자기 마음대로 했다. 이런 식의 국가 조직이 천 년 이상이나 지속되었다. 비잔티움의 시민들이 이런 방식을 선호했다. 동방 교회의 흥미로운 형태인데, 모든 긍지와 영광이 한 사람에게 집중되지만, 그 한 사람인 황제 자신은 예수의 시종이었다. 이 동방 기독교는 러시아로 퍼져나갔으며, 거기서 그리스 정교는 국교로 되었다. 그리스 정교회는 콘스탄티노플의 교회이기도 했다. 그 이유는 제국의 아주 초기 황제와 백성들 모두에

게 그리스어가 콘스탄티노플의 공식 언어가 되었기 때문이다. 그
리스 정교는 동양 종교의 신비를 상당히 간직하고 있는데, 그 내
용은 사람들이 아름다운 신 앞에서 무릎을 꿇는 것처럼 황제 앞에
서도 무릎을 꿇어야 한다는 이상하고도 헌신적인 겸허를 가르치
는 것처럼 보인다. 그래서 수백만의 사람들이 기꺼이 자신의 생명
을 한 사람에게 맡길 수 있는 것이다. 이와 대조적으로 이 종교는
지나치리만큼 겸허하게 숭배하는 대상을 증오하기도 하는 야만적
인 잔인함도 포함했다.

비잔티움제국이라고 불렸던 이 콘스탄티노플제국은 콘스탄티
누스 대제 서거 이후에도 천 년이나 더 지속되었다. 제국의 백성
들은 1453년 투르크족에게 멸망할 때까지 비열할 정도의 겸허함
과 비인간일 만큼의 잔인함이라는 양면을 지니고 있었다.

III

기독교

"갈릴리 사람 예수여, 그대가 이겼구나!"
394년 기독교는 로마제국의 유일한 종교로 공인되었다.
그러나 시골에서는 여전히 순박한 사람들이 감추어진
사당과 작은 숲과 샘물 앞에 제물을 놓았다.

"Thou hast conquered, Galilean!" In 394
Christianity was established as the only religion of the
empire. But still in country places the simple people took
offerings to the hidden shrines, groves, and springs.

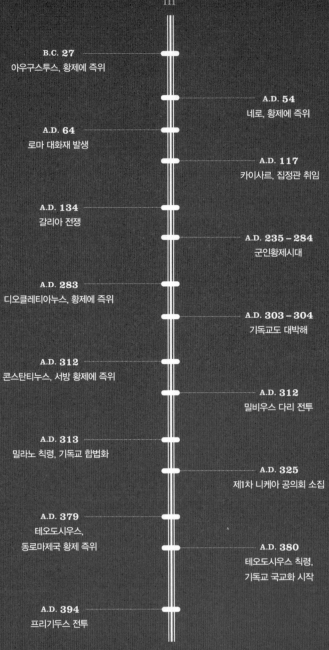

III

B.C. 27
아우구스투스, 황제에 즉위

A.D. 54
네로, 황제에 즉위

A.D. 64
로마 대화재 발생

A.D. 117
카이사르, 집정관 취임

A.D. 134
갈리아 전쟁

A.D. 235 – 284
군인황제시대

A.D. 283
디오클레티아누스, 황제에 즉위

A.D. 303 – 304
기독교도 대박해

A.D. 312
콘스탄티누스, 서방 황제에 즉위

A.D. 312
밀비우스 다리 전투

A.D. 313
밀라노 칙령, 기독교 합법화

A.D. 325
제1차 니케아 공의회 소집

A.D. 379
테오도시우스,
동로마제국 황제 즉위

A.D. 380
테오도시우스 칙령,
기독교 국교화 시작

A.D. 394
프리기두스 전투

CHRISTIANITY

그리스인과 로마인들은 이교도, 즉 여러 신을 섬기는 다신교도였다. 전쟁의 신, 추수의 신, 건강의 신, 결혼의 신, 가족의 신, 난로와 문지방의 신, 숲과 샘과 바다의 신 등 많은 신들을 받들었다. 놀랍고 중요하고 특별한 모든 것마다 주재하는 신이 있었다. 전쟁에의 열정이라는 신비는 마르스Mars 신에게서 나타나며, 변화무쌍하고 깊은 바다의 신비는 넵투누스Neptnus, 넵튠 신으로 구체화되었다. 위대한 신이라면 빠짐없이 신전이 세워졌다. 신전은 대리석으로 지은 아름다운 건물로 정면에는 주랑이 늘어섰고, 내부에는 조각과 동상, 그리고 금과 은과 상아로 장식했다. 신전의 제단에는 항상 불이 타오르고 있었으며 희생의 제물이 바쳐졌다. 신전 안에 주신의 동상을 세우는 경우도 있는데, 장막을 씌워 가려놓기도 했고, 동상을 그대로 보여주는 경우도 있었다. 로마의 카피톨 언덕에는 갖가지 신전들이 들어서 있었고, 그 중에는 로마 최고의 신 유피테르에게 바치는 신전도 있었다. 그리 중요하지 않은 신들은 소박한 사당에 모셔졌는데, 어떤 경우에는 냇가의 바위 틈새에 세워지기도 하고 나무 숲 사이에 꾸미지 않은 제단으로 만들어지기도 했다.

다신교의 세계에는 직업적인 사제가 따로 없었다. 대개는 신전 근처 마을의 지도자가 신전이나 성역을 돌봤는데, 들어가는 비용도 이들이 사비로 부담할 때가 많았다. 그들은 제사 의식까지도 맡아서 치러야 했는데, 이것은 요즘에 명사들에게 초석 세우기 행사를 맡기는 것과 다를 바가 없었다. 큰 경기를 주관하는 책임은 아주 부유한 부자들의 몫이었다. 이러한 행사에 이들은 아주 많은 돈을 부담하기도 했는데, 이로 미루어 볼 때 오늘날의 목사처럼 성직자나 특권층이 따로 존재하지 않았던 듯하다. 모든 인간은 다 동일하기 때문에 누가 다른 이보다 더 성스러운 존재라고 대우받지 않았다. 그 지역에서 가장 돈 많거나 중요한 사람이 신전을 책임지고 있을 뿐 그 이상도 그 이하도 아니었다. 신전에는 장례식 같은 행사를 돌보는 '봉사자들'이 있었다. 하지만 이들은 사제가 아니라 그저 보통과 다른 종류의 봉사자들일 뿐이었다.

그래서 신전에서는 설교나 기도, 죄와 구원에 관한 논의도 없었고 봉헌 행위도 전혀 없었다. 사람들은 스스로 마음에서 우러나 신전을 찾았다. 혹은 특별한 날을 맞아 제물을 바치고 제사를 지내는 제례 행사를 보러 가기도 했다. 제물을 바친 다음 사제—그 행사를 위해서 임시로 지정된 사제—가 성수나 제물의 피를 관중들에게 뿌려서 정화 의식으로 삼았다. 그런 다음에는 항상 춤과 축제가 뒤따랐다. 때로는 함께 우는 애도 의식이 있기도 했다. 축제 기간 동안에는 꽃이나 나뭇잎, 옥수수 이삭으로 머리를 장식했는데, 이는 축제 기간을 관장하는 신을 맞는 방식이었다. 제물을 바치는 대신 타고 있는 불에 한 줌의 향을 넣기도 했다. 때로는 화려한 축제 행진을 벌이기도 했다. 그때는 무용수들이 행렬의 앞에 서서 신들을 위한 춤을 추었다. 물론 신들에게 바치는 큰 경기도 있었다. 이럴 때는 제물을 바치는 의식을 치르고 특별히 마련된 노래도 불렀다. 이 모든 행사가 특별한 것이 아닌, 실제로 행해지고 매일 일어나는 일상생활의 일부였다. 시골에서는 농부들이 꽃이나 작은 케이크, 그밖의 선물을 샘 주변에 있는 물의 요정 님프의 사당이나, 나무 사이에 있는 목신 판, 과수원에 있는 생식의 신 프리아포스, 동굴 속에 있는 목양의 신이나 요정에게 즐겨 바쳤다. 판 신의 동상은 제단과 함께 놓이는 게 보통이었지만, 때로는 동상 없이 제단만 있는 경우도 있었다. 종종 제단도 아닌 그냥 자연석이거나, 나무, 작은 숲 혹은 샘일 경우도 있었다. 제물은 나무에 매달거나 바위 주위에 놓아두었다. 사제는 없었고, 사람들은 그냥 작고 성스런 장소들을 찾아가는 것으로 만족했다. 때로는 행렬을 지어 들판을 가로질러 가는 편을 선호하기도 했다. 그럴 때면 여인들은 화환과 곡물을 들고 행렬의 뒤를 따랐으며, 신에게 바칠 제물로 새끼 염소를 몰고 가는 사람도 있었다. 행렬 앞에서는 소년들이 피리와 호각을 불며 춤을 추었다. 그러다가 사람들이 신이나 요정이 숨어 있다 생각하는 나무나 샘물 같은 성스런 장소에 도착하면, 선물을 바치고 숨은 신을 위해 노래나 연설 혹은 춤을 올렸다.

모든 경이로운 것 속에는 신이 있었기 때문에 그리스인이나 로마인들은 낯선 신을 질투하지 않았다. 오히려 그들은 잘 모르는 낯선 신의 제단에도 제물을 바치려 했다. 그렇게 하는 것이 그들의 생활에 축복을 더해준다고 믿었기 때문이다. 그들은 가능한 한 신이란 신은 전부 섬기려 했다. 사도 바울은 미지의 신을 위해 세워진 아테네 시의 한 제단을 본 적이 있었다고 말하고 있다. 그 제단은 자기 제단을 갖지 못한 신이 분노에 차서 자신을 소홀하게 대한 시민들에게 복수를 하지 않도록 하기 위해 세운 제단이었다. 로마 사람들은 유방이 많이 달린 아시아계의 어머니 신인 에페소스의 디아나 여신이나 황소를 죽이는 페르시아의 태양신을 혐오하지 않았다. 오히려 로마인들은 이들을 환대하며 로마로 데려와 신전까지 세워주었다. 반면 로마인들은 자신들이 모든 신을 스스럼없이 섬겼듯이 이방인들도 자기들의 신전에 동일한 외경심을 보여주기를 바랐다. 로마인들이 갈리아의 드루이드Druid 교도들을 없애 버린 까닭도 그들이 사람들에게 저항을 선동하는 특이한 사제들이었기 때문이지, 자기들과 신앙이 달랐기 때문이 아니었다. 사실 로마인들은 드루이드 신앙을 이해하지 못했다. 드루이드들은 신비스러운 생명의 나무를 숭배하고 창조의 시원에 감추어진 어둡고 비인간적인 신비를 섬겼다. 그런데 로마 사람들은 오직 인간적인 신비만 이해할 뿐이었다. 그들은 드루이드의 비인간적인 신앙을 이해하지 못했을 뿐 아니라 그들의 신앙에 대해 막연한 공포심마저 느끼고 있었다. 로마인들은 비밀주의에다, 사람들에게 지대한 영향력을 행사하는 드루이드 사제들을 좋아하지 않았다. 이는 다신교인 로마의 사제와 다른 모습이었다. 이집트와 시리아에 사제들이 있다 해도, 그들은 특별히 중요한 사람들로 취급되지 않았다. 다양한 신들은 서로 우호적이며 평등했다. 그런데 드루이드 사제들만 다른 신앙에 적대적이었다. 그리고 유대인의 신만이 질투하는 신이었다. 오직 유대인들만이 소탈하고 자유로운 다신교 신앙에 대해 증오와 공포를 보였다. 아우구스투스 황제는 예의를 갖추어 예루살렘의 신전에 있는 여호와Jehovah 신에게 제물로 바칠 선물을 보내 그 신이 아우구스투스 황제를 잊지 않도록 하라고 명령을 내렸다. 로마의 황제가 자기들의 신을 알아준다는 사실은 유대인들의 마음을 흡족하게 했다. 그러면서도 한편으로는 로마의 카피톨 언덕에 모신 유피테르 신을 경배하는 아우구스투스 황제를 여호와 신의 가호 아래 살아가지 않는 우상 숭배자라며 경멸했다. 로마 사람들이 팔레스타인에서 자신들의 신을 섬기는 축제를 계속해서 벌이자, 어두운 증오심과 공포에 차서 이를 지켜보던 유대인들이 분노를 폭발시켰다. 유대인들은 이 우상 숭배자들을 돌로 쳐서 죽이고 그들의 우상을 파괴하려고 했다. 자신들의 땅에 낯선 신들의 신전과 사당이 들어오고, 예루살렘의 거리를 누비면서 피리를 불며 화환을 달고 화려하게 옷을 입은 무희들이 춤추는 로마인들의 종교적 행진을 목격하자, 유대인들의 분노는 활활 불타올랐다. 많은 유대인들이 계속 봉기해서 당황한 로마인들을 죽이고 그들의 제단을 부수었다. 칼리굴라 황제가 자신의 동상을 예루살렘의 신전에 안치했을 때 유대인들은 하나같이 뭉쳐서 이에 반기를 들었다. 결국은 현명한 로마의 총독들이 동상을 다른 곳으로 옮길 수밖에 없었다. 시온 산에 우상이 있는 한 유

대인들은 이를 방치할 수 없었으며, 그래서 봉기는 계속될 수밖에 없었다.

로마인들은 처음에는 이런 일을 의아하게 여겼다. 인간도 문명인이라면 서로를 존경하고 상대방에게 공손할 터인데 어째서 신들이 서로에게 그렇지 못한지를 알 수 없었다. 난폭하고 시기심 많고 앙심에 찬 유대인들에게 마침내 로마인들은 짜증이 났고 분노가 터졌다. 로마인들에게 유대인들이 증오심을 터뜨리는 이유는 전혀 합리성이 없는 것처럼 보였기 때문이다. 어째서 이 고집세고 광적인 인간들이 증오심에 차서 세상을 어지럽히는지 로마 사람들은 이해할 수 없었다.

드디어 유대인의 전반적인 반란이 일어났다. 로마 정부는 이스라엘 땅에서 지배를 존속시키기 위해 맞서 싸우지 않을 수 없었다. 베스파시아누스Vespasianus가 황제의 자리에 올랐을 때 그의 아들 티투스Titus는 예루살렘을 포위했다. 반란을 일으킨 유대인들은 매우 완강하게 저항했다. 로마인들은 예루살렘을 함락하고 성안으로 들어가 사람들을 닥치는 대로 살육했다. 거리에는 죽은 유대인의 시체가 산처럼 쌓였다. 그러나 최후의 저항군은 성전 안에서 끝까지 버텼다. 처절한 전투 끝에 저항군들은 성궤가 안치되어 있는 지성소至聖所를 지켜야 한다는 데 생각이 미쳤다. 그들은 적군의 손에 성궤가 들어가지 못하도록 대성전에 불을 질렀다. 충직한 유대인 다수가 로마인의 칼에 죽는 것보다 불에 타 죽는 것을 선택했다. 대성전은 엄청난 불길을 뿜으면서 탔다. 그래도 로마군은 많은 보물을 얻었다. 언약궤와 일곱 개의 가지가 있는 성스러운 촛대와 성스러운 그릇과 같은 성물과 보물들을 획득했다. 그들은 이 보물들을 로마로 가져가서 티투스의 전승을 기념했다. 그러나 로마의 시민들은 유대인의 성물들을 보고도 별로 대단하다고 생각하지 않았다. 선민사상에 찌든 유대인의 광적인 자만심에 이미 혐오감을 품고 있던 이들에게 성물은 그저 보기에 좋은 보물 그 이상은 아니었다.

성전의 방화는 70년, 예수가 처형되고도 40년이 더 지난 다음에 일어났다. 이 무렵에는 기독교도의 수가 많이 늘어나 있었는데, 이중 대부분은 당연하게도 예루살렘의 유대인들이었다. '나사렛 교도들'이라고 불렸던 이 유대인들은 예수를 받아들이고도 자신들의 전통 종교를 버리지 않았다. 여전히 유대교의 성전에 갔으며, 예수가 받은 것처럼 자신들의 아이들도 할례를 받게 했다. 그리고 요셉과 마리아가 했던 것처럼 유월절의 성스러운 축제에도 참가했다. 그들은 유대교의 안식일을 지키고 유대교의 의식을 모두 준수했다. 그래서 오늘날 우리는 먹는 것이지만 불결하다고 여기는 고기는 먹지 않았다. 그들은 예수를 믿는 유대교도였다.

이들 나사렛 교도들이 최초의 기독교도 모임을 만들었고, 그것을 예루살렘 교회라고 불렀다. 이 교회에는 15명의 주교가 있었는데 그들 모두 할례를 받은 유대인들이었다. 종교적 신앙의 세부 사항에 대해 관심이 없던 로마인들은 예루살렘에 사는 기독교도와 유대교도의 차이를 알지 못했다. 그러는 동안 시리아의 안티오크나 에페소스 같은 대도시와 이집트의 알렉산드리아, 그리스의 코린토스, 심지어는 로마까지 비유대교도들 사이에 기독교가 조용히 퍼지고 있었다. 이들 비유대교도들은 유월절이나 그밖에 유대인들이 지키는 종교 의식은 지키지 '않았다'. 이것은 예루살렘 함락 이전에 이미 두 종류의 기독교도가 있었음을 뜻한다. 그 하나가 나사렛 교도인 유대인 기독교도들이며 또 하나가 비유대인 기독교도들이었다. 예루살렘에는 나사렛 교회가 있었고 안티오크와 에페소스와 그밖의 다른 지역에는 비유대인 교회가 있었다.

성전이 불타고 예루살렘이 파괴되자 나사렛 교도들은 측은하게도 몸을 둘 곳이 없어졌다. 이들은 요르단을 떠나 펠라라는 작은 도시에 정착했는데, 기댈 곳 없이 비참한 삶을 영위해야 했다. 그래도 예로부터 내려온 유대 교회의 의식과 종교 행사에 대해 남다른 열정을 간직하고 있었기 때문에, 성스런 도시 예루살렘을 방문하고 지정된 시간에 돌아오는 것으로 다소나마 위안을 삼을 수 있었다. 유대인들은 성전을 다시 짓고 예루살렘을 예전처럼 복원하는 날이 오기를 열망하고 있었다. 그들에게는 여전히 자신들은 선택 받은 민족이며, 따라서 세상의 어떤 민족들보다 더 중요하다는 생각이 머릿속에 깊이 박혀 있었다. 그리고 특히 그들이 구세주Messiah를 믿게 되면서부터 같은 유대인 사이에서도 자기들이 가장 중요하다고 생각했다.

하드리아누스Hadrianus 황제 시대에, 유대인들이 팔레스티나 전역에서 다시 한 번 극심한 반란을 일으켰다. 예루살렘이 함락되고 약 50년이 지난 다음이었다. 그 사이 부서진 예루살렘 위에 새 도시가 건설되었다. 로마 사람들은 이 도시에 '아일리아 카피톨리나'라는 새 이름을 붙였다. 그리고 모리아 산 정상에 유피테르 신전을 세웠는데, 이것이 모든 유대인의 처절한 마지막 저항을 촉발하는 계기가 되었다.

하드리아누스도 이번에는 무자비하게 진압했다. 병사들은 한 사람도 살려두지 않았다. 마을과 도시를 점령하고 모든 것을 태워 재로 만들었다. 60만 명가량의 유대인이 살육되었으며 1,000개의 마을과 도시가 파괴된 것으로 전해진다. 유대인에 대한 로마의 증오는 이제 명백한 사실로 드러났다.

하드리아누스는 예루살렘을 재건하면서 이번에는 순전히 로마식 도시로 지었다. 예루살렘이라는 이름 자체가 없어지고 대신 아일리아라는 이름이 주어졌다. 이것은 상트페테르부르크가 페트로그라드로 바뀐 것과 같았다. 더구나 유대인들은 예루살렘 근처에 접근하는 것조차 금지되었다. 하드리아누스의 병사들은 철저하게 감시했다. 로마 신전으로 덮인 성스러운 도시의 매우 사랑 받는 언덕에 유대인들이 몰래 들어가다가 잡히는 날에는 교수형이나 십자가형 혹은 다른 방식으로 극형에 처해졌다.

이렇게 해서 유대 국가는 사라졌고 유대인들은 영원히 흩어졌다. 그렇게 추방된 유대인들은 그 뒤 천 년이 넘게 세상과 함께 어울리는 것을 거절당하고 있는 실정이다.

펠라에 살던 나사렛 교도들은 이 새로운 재앙에 가슴이 아파왔다. 그들 자신은 종교상으로는 유대인이 아니라고 생각했지만 마음의 고통까지는 어찌할 수가 없었다. 마침내 그들은 유일하게 남은 현명한 방법을 선택하지 않을 수 없었다. 비유대교도인 로마인 기독교도 마르쿠스Marcus를 주교로 영입한 것이다. 마르쿠스는 자신의 유대인 신도들을 서서히 설득해서 모세의 율법을 포기하도록 했다. 처음에는 꺼려했지만 일단 율법을 포기하게 되자 그들은 유대주의라는 색깔에서 벗어나는 데 성공했다. 그들은 이제 자신들이 유대인이 아니라 비유대계 기독교도라고 로마 정부에 호소했다. 마침내 아일리아로 돌아가도 좋다는 로마 정부의 허락이 떨어졌다. 유대인이라는 근거가 국적이 아니라 종교에 있다는 것을 인정한 셈이었다. 그리스인이나 로마인, 혹은 갈리아인을 결정하는 것은 국적이나 시민권, 혹은 종족에 근거한 것이었지만 유대인임을 결정하는 것은 종교였기 때문이다. 이로 인해 나사렛 교도들이 유대교를 포기하면 더 이상 유대인이 아닐 수 있다는 논리가 성립되었다. 시간이 흐른 다음 나사렛 교도들은 옛 이름인 예루살렘을 복원해도 좋다는 허락도 받았다. 그러나 유대교 성전을 지을 수는 없었고, 유월절 축제를 주장하는 것도 불가능했다. 그리고 이런 연유로 민족의 고유 신앙을 팔아넘긴 배교자들이라며 진짜 유대인들이 기독교계 유대인들을 극도로 미워하게 되었다.

이렇게 해서, 기독교는 비유대계 종교가 되었다. 기독교는 로마 제국 안에서 빠르게 퍼져나갔다. 제국의 동쪽에서는 거의 모두 그리스어를 썼다. 물론 일부는 라틴어를 쓰기도 했다. 그러나 제국의 서부에서는 예외 없이 라틴어만 사용했다. 전도사와 강사들은 아시아에서는 그리스어를, 이탈리아에서는 라틴어를 사용하며 이곳저곳으로 돌아다니면서 사람들에게 하느님은 유일하며 그 하느님의 아들이 예수라고 가르쳤다. 또 인간은 '사랑'을 통해서만 영생과 불멸의 행복을 얻을 수 있다고 주장했다. 선교사들은 비밀리

유럽사 이야기

에 복음을 전파하지 않으면 안 되었다. 사방에 적이 도사리고 있었기 때문인데, 그 중 가장 지독한 이들이 유대인들이었다. 그러나 선교사들은 많은 추종자들을 얻었다. 특히 로마제국의 병사들과 장교들이 그들의 가르침을 열심히 받아들였다. 그들에게는 생각할 시간이 있었기 때문이다.

투쟁과 흥분에 지치고 노예 제도가 만연한 세상에서, 평화와 순수한 사랑과 조용하고 부드럽고 영원한 행복의 사상은 대단히 아름다운 것이었다. 당시의 세상을 살아가는 많은 사람들은 계속되는 싸움과 투기장의 거친 격투기, 거칠거나 뽐내기에 바쁜 겉모습과 매일 더운 물에 목욕을 하는 숨 막히는 육체의 호사, 날마다 벌어지는 축제와 오후부터 잠잘 때까지 먹고 마시며 대화를 나누는, 또는 시를 낭송하거나 이야기를 들려주는 긴 연회에 진저리를 치고 있었다. 부유한 자들에게는 이 유일한 삶이 바로 숨이 막히는 삶이었으며 노예들에게는 삶 그 자체가 치욕적인 삶이었다. 노예들이든 부자들이든 이런 삶에 모두 지쳐 있었다.

하느님 앞에서 모든 인간은 평등하며 모두가 형제라는 말이나, 예수를 믿는 사람들은 모두 하느님의 아들과 함께 영원히 행복 속에 영생할 수 있다는 말 이상으로 노예가 더 원하는 말이 있을까? 실컷 만족하고 지친 로마의 군인과 시민에게, 이 투쟁과 축제와 흥분과 목욕탕의 지속적이며 따뜻한 사치가, 인간의 정신에는 방해물에 불과하다는 사실을 깨닫게 하는 것보다 더 원하는 말이 또 있었을까? 예수의 정신은 이 모든 불모의 삶을 극복할 수 있게 만들며, 인간을 육체적 욕구에서 해방시켜 천사나 햇살처럼 영원한 행복을 준다는 말보다 더 원하는 것이 있었을까?

이러한 믿음은 서서히 퍼져나갔다. 기독교로 개종한 로마인들은 극장과 투기장과 목욕탕을 싫어하게 되었다. 육체에 주는 호사를 싫어했는데, 지나친 육체적 쾌락은 증오의 대상이었다. 그런 쾌락은 이미 너무 지나치게 누려왔기 때문이다. 정신의 자유로움과 무한함을 누리고 싶어 하는 그들에게 육체는 괴로움의 원천이며 짐이었다. 그래서 그들은 신전과 축제와 투기장으로부터 철저하게 멀어졌으며, 신성하고 정신적인 욕구에 의해 영감을 받아 조용한 삶을 추구했다. 그리고 곧 다가온다고 예언된 예수 재림의 꿈을 추구하기 시작했다. 예수가 곧 돌아와 지상의 왕국을 없애고 지구상에 축복의 왕국을 세우리라고 믿었다. 최후 심판의 날이 다가왔으며, 머지않아 축복의 시대인 천년왕국이 지상에 세워져 사람들은 새 도시에서 눈부신 거리를 평화롭게 걸으며, 모두가 화목하게 살 수 있다고 믿었다. 그러면 모든 사람들은 착하고 순수해질 것이다. 이런 행복의 나날이 오면, 사치스러운 음식과 의복, 음주 문화가 사라지고, 다툼이나 힘든 노동도 없어진다고 확신했다. 모두가 순수한 흰옷을 입고, 사람들은 최소한의 음식과 마실 것 이상을 탐하지 않게 되며, 지상에는 부자도 가난한 사람도 배고픈 사람도 탐욕스런 사람도 없어지게 될 것이라 믿어 의심치 않았다. 남녀노소 할 것 없이 필요한 모든 물품들이 충분히 있으며, 사람들은 깨끗한 옷을 입고 눈부시게 아름다운 모습을 하고는 새 예루살렘, 꽃처럼 환한 새 로마의 거리를 걸어갈 것이라고 믿었다. 그리고 사랑의 축복 속에서 부드럽게 대화하며, 예수께서 앉아 계신 옥좌 곁으로 가서 그의 곁에 앉으리라고 확신했다. 그 때 예수는 카이사르처럼 위엄과 사랑으로 통치할 것이었다.

기독교인이라면 모두 천년왕국을 믿었는데 특히 노예에게 천년 왕국의 꿈은 완전한 신분 이동이었다. '자신들 또한' 황금의 거리를 걷고, 왕 중의 왕과 함께 앉을 수 있으리라고, 자신들 또한 순수한 흰옷을 입고, 지상에서 멸시 받고 학대 받았기 때문에 예수가 다른 사람들보다 더 자신들을 사랑하리라고 확신했다.

예수 재림의 날짜도 계산되었다. 하느님이 세상을 창조하는 데 걸린 6일은 지상에서는 6천 년을 의미하는 것이었다. 7일째 되는 날 하느님께서는 쉬셨다. 그리고 그날에 축복을 내리셨다. 따라서 일곱 번째의 천 년은 하느님이 자신의 창조물을 다시 보고 심판하는 기간이며, 안식과 축복의 천 년을 준비하는 시기인 셈이었다. 안티오크의 초기 교회는 아담이 살던 시기로부터 지금 자신들이 사는 시기, 그러니까 서기 100년에서 150년까지를 6천 년이 된다고 계산했다. 그래서 그들은 재림이 가까이 왔다고 믿었다. 이 재림은 예수 자신이 언급한 바 있으며 성 바울도 경고한 적이 있었다.

이 초기 기독교도들은 매일 무서운 일이 일어날 것이라고 두려워하면서 살았다. 재림이 있을 무렵에는 기근과 지진이 있을 것이며 하늘에서 불이 떨어질 것이라고 알려져 있었다. 실제로 기근과 질병이 만연했고 지진도 일어났다. 베스파시아누스 황제 때는 커다란 화재가 사흘이나 계속되었는데, 이 화재로 로마의 대부분 지역이 소실되었다. 79년에는 베수비우스 화산이 폭발해서 폼페이

시를 덮어버렸다. 헤르쿨라네움 시와 스타비아이 시에서는 불과 용암과 재가 비처럼 쏟아져 내렸다. 이러한 현상은 예수가 세상을 심판하는 재림의 징조로 여겨지기에 충분했다.

기독교도들은 두려움으로 떨면서 자신들을 정화했다. 그들의 삶은 엄격하게 성스러운 것이었다. 저녁이 오고 어둠이 내리면, 그날 밤 하늘이 열리고 예수가 천사들과 선지자들을 데리고 지상으로 강림해서 모든 인간들을 그의 발 아래로 불러낼 것이라고 생각해서 두려움으로 몸을 떨었다. 주인에게 말없이 복종하는 노예와 가난한 시민들은 눈부신 황금 가마를 타고 로마 시내를 다니는 귀부인들을 보고는 이렇게 생각했다.

"이 자만과 허영에 찬 로마인들이 예수님의 재림을 알기나 할까! 아직 뽑지 않은 칼이 하늘에서 그들을 내려칠 것임을 알기나 할까! 얼마 지나지 않아 그들이 영원한 형벌의 나락으로 떨어지리라는 사실을 알기나 할까! 낡은 로마가 완전히 쓸려나가면, 나는 새로운 로마, 새로운 예루살렘에서 왕 중의 왕 구세주와 함께 눈부시게 밝은 유리 같은 거리를 걷고 있을 거야. 어느 카이사르보다도 더 위대한 주께서 로마에 내려오시는데, 이러한 사실을 안다면 그들은 이런 식으로 행동하지는 않을 거야. 그렇게 교만하게 명령만 내리던 태도를 멈추고 가마에서 내려올 거야……."

로마인들은 그들에게 대항하려는 모종의 음모가 꾸며지고 있음을 느낄 수 있었다. 그들은 말없이 복종하지만 불가사의한 사람들의 태도에서 소리 없는 위협을 느꼈다. 로마인들은 이들의 신비스러운 행동의 의미를 알고 싶었으나 해답을 찾지 못했다. 로마인들은 기독교를 이해하지 못했고, 그들을 단지 혐오스러운 유대교의 한 종파로만 생각하고 있었기 때문이다.

로마인들이 새 종교를 거의 이해하지 못했다는 것은 놀라운 일이다. 플리니우스*라는 유명한 사람이 111년에 비티니아**의 총독으로 임명되었다. 임지에 도착하자 몇 명의 죄수들이 기독교도라는 죄명으로 그의 앞에 붙들려 나왔다. 플리니우스는 이 종파나 범죄에 관해 전혀 아는 바가 없었다. 기독교도들이 있다는 소문은 들은 바 있지만 그들이 누구인지는 알지 못하고 있었다. 자신이 전혀 이해하지 못하는 죄를 어떻게 처벌할 수 있겠는가?

그는 기독교도들에 대해 자세하게 조사했다. 그러고 나서 이 흥미로운 새 종파에 대한 보고서를 친구이자 주인인 트라야누스 황제에게 보냈다. 플리니우스는 어떤 면에서는 기독교도들에게 매우 우호적인 편이었다. 그는 진정한 로마인답게 이들에 대해서도 공평한 입장을 취했으며 자신이 받아들일 수 없는 범법자의 죄를 판결하는 것을 싫어했다. 그러나 그는 비티니아의 신전에 사람들이 오지 않으며, 새나 새끼 염소 같은 제물을 사려는 사람들이 거

---

*   Gaius Plinius Caecilius Secundus. 로마 시대의 법학자이자 행정관으로, 총 11권의 『서한집*Epistulae*』으로 유명하다. 『박물지』의 작가인 숙부 대大플리니우스와 구분하기 위해 흔히 소소플리니우스라 부른다.

**   소아시아 흑해 부근에 접한 곳으로, 오늘날 터키 북부 지역에 해당한다.

의 없고, 무식한 시골 사람들까지 이 새로운 미신에 물들어 있다는 사실에 개탄했다. 비티니아는 아시아 쪽 흑해 연안에 있는 지역으로, 콘스탄티노플 맞은편에 있었다. 그곳에는 기독교도들이 로마보다도 많은 것이 확실했다.

플리니우스는 위대하고 유명한 사람일 뿐만 아니라 법관이기도 했다. 그는 로마에서 행해진 범법자들의 재판 내용들을 잘 알고 있었던 것이 분명하다. 그는 모든 중요한 사건의 재판 과정을 정확히 파악하고 있어야 할 사람이었다. 그러나 그가 비티니아에 갔을 때는 기독교에 대해서 전혀 아는 바가 없었으며 기독교도들을 처단할 법이나 그를 이끌어줄 전례도 없었던 것이 확실하다. 그는 어떻게 재판을 해야 할지 당혹스러웠다. 그가 새 종교를 믿는 이 사람들을 미워해서가 아니었다. 문제는 기독교도인 이들이 로마인이기를 거부하고 있다는 점에 있었다.

이것은 교육 받은 로마인들이 기독교도들이 어떤 사람들인지를 이해하지 못한다는 좋은 예시다. 또 이것은 실제로 로마가 기독교도들을 법적으로 처벌할 수가 없었으며. 로마 교회가 1세기 말까지 소규모 혹은 매우 비밀리에 존재했고 그 세력을 상류층으로 확장하지 못하고 있었음도 증명한다. 이러한 사실로 미루어 사도 바울 시절부터 초기 기독교도들은 비밀 결사처럼 매우 은밀하게 숨어 있었으며, 그들이 신봉하는 신비가 노출되는 것을 꺼렸다는 것을, 특히 재림의 신비가 밖으로 알려지는 것에 극히 조심했다는 것을 알 수 있다.

64년 네로 황제 때 벌어진 유명한 기독교 박해 사건을 통해 로마인들은 기독교도들에 대해 '들은 바'가 있었다. 플리니우스가 비티니아에 갔을 무렵 로마의 역사가 타키투스Tacitus는 유명한 역사책을 저술하고 있었다. 그것은 네로 황제가 불구경을 즐기기 위해 일부러 불을 지른 것으로 알려진 로마의 대화재 사건이 있은 지 약 40년 뒤였다. 타키투스는 네로 황제가 대화재의 책임을 누군가에게 뒤집어씌우고 싶어 했다고 썼다.

결국 네로는 소문을 없애기 위해, 혐오감 때문에 미움 받는 계층에게 죄를 돌리기로 했다. 평민들이 기독교도라고 부르는 사람들이 바로 이들이었다. 그의 이름으로부터 기독교도라는 칭호가 유래된 그리스도Christus는, 티베리우스 황제 때 폰티우스 필라투스Pontius Pilatus 총독에 의해 극형을 받았다. 그래서 잠시 그에 관한 가장 악랄한 미신적인 이야기가 잠잠해지기도 했으나, 소문은 금세 유대 지방에 다시 퍼졌다. 뿐만 아니라 그 이야기는, 지상의 모든 곳에서 일어나는 흉하고 창피스러운 일들이 몰려 들어와 널리 퍼지는 로마에서까지 돌기 시작했다. 따라서 처음에는 죄를 인정하는 사람들을 잡아 투옥했다. 그러자 이들의 정보에 따라 엄청난 수의 사람들이 더 체포되고 유죄 선고를 받았다. 이제 죄명은 로마에 불을 지른 것이 아니라 인간에 대한 증오심으로 바뀌었다. 그들은 온갖 수모를 받으면서 죽었다. 어떤 사람들은 야수의 껍질이 씌워져 맹견에게 물려 죽었고, 어떤 사람들은 십자가에 못 박혀 죽었으며, 또 어떤 사람들은 화형에 처해졌다. 이들의 화형식은 날이 저문 다음에 집행되어 어두운 밤을 환하게 밝혔다. 네로는 왕궁의 정원에 사람들을 불러들여 구경하게 했다. 네로 자신은 전차를 타는 전사의 제복을 입고 이 구경꾼들과 어울리거나 전차 위에 혼자 서 있기도 했다. 기독교도의 죄는 극형을 주어도 마땅했다. 그러나 사람들의 마음속에는 연민의 감정이 싹트기 시작했다. 그들이 생각하기에도 기독교도의 희생이 그들도 만족할 만한 공적인 정의를 위해서라기보다는 한 사람의 잔인한 감정을 만족시키기 위해서 이루어지는 것이 분명했기 때문이다.

이것이 타키투스가 기독교도에 관해 적고 있는 내용이다. 타키투스도 그 이상은 알지 못했던 것으로 보인다. 플리니우스도 그보다 자세히 알고 있던 것 같지는 않다. 그런데 왜 네로는 갑자기 이 잘 알려지지도 않은 사람들에게 화재의 책임을 떠넘기려 든 것일까? 이에 대한 답은 없다. 그나마 알 수 있는 것은 당시 로마인들은 유대인과 기독교도를 제대로 구분하지 못했다는 사실이다. 로마인들은 유대인들이 인간 전체를 증오한다고 믿었고, 네로 자신도 유대인들을 미워했다. 하지만 네로가 가장 총애한 부인은 유대인이었고 그가 가장 아끼는 궁중 배우 역시 유대인이었다. 게다가 위험한 순간이 닥칠 때마다 늘 유대인들은 기독교도들을 배반자라며 비난해 왔었다. 유대인은 그들의 적 가운데 기독교도들을 가장 미워했다. 그러니 어쩌면 누군가 네로의 귓가에서 기독교인이 유대인의 종파 중에서 가장 비열하고 사악한 부류라고 속삭였기 때문일지도 모르겠다.

정황이야 어쨌든, 기독교도에게 가련하고도 끔찍한 운명이 닥쳤던 것은 분명하다. 그러나 박해는 그것이 갑작스럽고 모질었던 것만큼이나 금세 끝나고 말았다. 네로는 박해가 끝난 지 한 달도 안 되어서 기독교도들이 있었다는 사실조차 잊게 되었을 것이다.

그러나 타키투스와 플리니우스의 기록에 의하면, 기독교도에 대한 막연하지만 깊은 증오심이 사람들의 마음속에 퍼져 있었던 것을 알 수 있다. 왜 타키투스는 이 불쌍한 사람들의 죄가 극형에 처해져도 마땅한 것이라고 생각했을까? 그들의 죄는 무엇이기에? 그 대답은 바로 유대인이 갖고 있다는 '인류에 대한 증오'였다.

로마인들이 기독교도들은 인간을 증오한다고 생각했던 이유를 오늘날의 우리는 이해할 수 있다. 로마인들은 기독교도를 유대인의 한 부류로 생각했고, 선민으로 자처하는 유대인들이 '자신들의 종족'이 아닌 사람들을 정말로 증오하고 경멸한다고 생각했다. 무엇보다도 로마인들은 모두가 숨기는 것 없이 모여 살며 서로에게 기여하는 사회적, 공적인 삶을 깊이 신뢰하고 있었다. 반면 기독교도들은 로마제국의 사회적, 공적 삶을 기피했다. 로마인들은 국가에 대한 관심, 제국의 여러 사안들에 대한 관심이 깊었다. 기독교도들은 이런 문제들에 등을 돌리고 자기네는 아무 상관이 없다는 태도를 취했다. 기독교도들은 비밀스러운 사람들이었다. 모임도 밤에, 그것도 지하에서 열었다. 그것은 기독교도들이 노예처럼 아주 가난한 사람들이어서 밤에만 시간을 낼 수 있었기 때문이다. 게다가 지하 묘지같이 멀리 떨어진 곳이 아니면 방해 받지 않고 모임을 갖는 것이 불가능하기도 했다.

로마인들은 비밀스러운 것을 매우 싫어했다. 그들은 기독교도들의 모임에 악마 숭배가 있다고 의심하기 시작했다. 그러나 로마

인이 부지불식간에 이들 기독교도들의 모임에 참석해 보아도 우상이나 동상 같은 것은 전혀 찾아볼 수가 없었다. 뿐만 아니라 신을 모시는 흔적도 없고 제단의 장식이나 의식이 진행된 흔적도 없으며 불을 지핀 제단이나 신에게 바치는 제물도 전혀 찾을 수 없었다. 예배의 장소는 텅 비어 있었다. 결국 이런 상황을 두고 로마인들은 기독교도들이 악마처럼 교활하기 때문이라고 결론지었다. 그들은 기독교도들이 예배에 필요한 물건들을 모두 감춘다고 믿었다. 기독교도들은 무시무시한 비밀 의식을 치른다고 소문이 났다. 기독교로 개종한 사람이 기독교도들의 모임에 가면 어두운 방으로 안내되어 칼을 받고는 그 칼로 내려치라는 지시를 받는데, 밀가루 더미인 줄 알고 내리친 그 안에 어린아이가 있어, 그 아이의 피로 비밀을 지킨다는 서약을 해야 했다는 등등의 이야기도 나돌았다. 잘 모르며 알 수 없는 것에 대해 사람들이 종종 만들어내는 이야기와 별다를 것 없는 이야기였다.

로마의 일반 시민들은 기독교도들을 아주 미워했다. 그들은 기독교도들의 가슴속에서 불타오르고 있는 이상하고 비밀스런 재림의 환희를 느낄 수 있었기 때문이다. 그들이 기독교도들을 미워한 또 하나의 이유는 이 비밀스런 집단이 다른 사람들과 섞이려들지 않기 때문이다. 물론 기독교도들에게는 다른 사람들과 섞일 수 없는 이유가 있었다. 이 무렵의 종교는 그저 한 개인의 영혼에만 관계되는 사적인 문제가 아니었다. 종교란 매일매일 행하는 공동생활의 일부분이었다. 식사에 초대받았다면, 초대받은 사람은 만찬장에서 신들에게 바치는 포도주를 올려야 했다. 아울러 초대받은 집의 신들과 환대의 신들에게 인사를 올려, 그가 올리는 예배와 감사를 분명하게 입증해야만 했다. 이사를 할 때도 이사한 집은 가족의 신에게 봉헌되어야 하고, 성대한 연회와 제의를 통해 축복을 빌어야 했다. 결혼식, 장례식, 명명식에서도 찾아올 신들을 위해 제물을 바치고 특별한 휘장을 달아야 했다. 문지방을 월계수로 장식하고, 머리에는 월계관을 써야 하는 날도 있었고, 춤을 추며 거리로 행진을 해야 하는 날도 있었다. 대규모 경기도 신들에게 헌정되었다. 사람들은 앞 다투어 제단에 가서 제물을 바치거나 감미로운 향을 불에 넣었다. 그러고는 성수나 제물의 피를 몸에 흩뿌렸다.

기독교도들은 이러한 행사를 침울한 표정으로 피해 다녔다. 그들의 신을 노엽게 할 수가 없었기 때문이다. 그들은 상대가 친구나 친척이라도 그 상대가 다신교도인 이교도라면 그의 집에 가지 않았다. 결혼식이나 장례식에도 가지 않았으며, 축제나 경기에도 참석하지 않았다. 로마에서는 그저 거리를 걷더라도, 이교도의 신에게 경배를 올리거나 그 제단에 향을 피우는 일을 피하기 힘들었다. 기독교인들은 침울한 표정, 비사교적인 태도로 이러한 일들을 거부했으며, 로마에서 매일매일 벌어지는 이러한 행사를 비난과 불안이 섞인 어두운 시선으로 바라보았다. 이러한 태도는 사회생활을 즐기는 로마인들을 분노하게 했는데, 그들의 거의 모든 사회생활은 집 밖에서 이루어졌기 때문이다. 로마인은 하루 중 대부분을 광장의 주랑이나 목욕탕, 또는 거리에서 생활했고, 저녁이면 식탁 주위에 몸을 비스듬히 기댄 채 담소하는 것을 즐겼다.

그러나 기독교인들은 여전히 이들의 생활과는 거리를 두고 있었다. 이상하게도 그들은 로마의 신들이 정말로 강한 힘을 가진 악마들이라 확신하고 있었다. 그들은 루시퍼든 사탄이든, 빛나는 천사였던 존재가 하느님에게 반란을 일으켜 무리들과 함께 천상에서 쫓겨나 지상으로, 그리고 지옥으로 떨어졌다고 믿었다. 이 타락한 천사는 인간의 영혼 속에 정체를 숨기고 나타날 수 있었고, 그래서 천사를 가장한 이 악마가 카피톨 언덕에서 제우스Jeus나 유피테르Jupiter의 모습으로 그리스인과 로마인 앞에 나타났다고 생각했다. 그러니 유피테르는 그저 실체도 없는 우상이 아니라 무서운 힘을 가진 사탄인데 로마인들이 이를 모르고 섬기고 있는 것이었다. 바로 그 사탄이 유피테르라는 이름으로 로마인들에게 세계를 지배할 수 있는 무시무시하며 악마적인 힘을 주고 있었다. 그리고 사탄은 그를 섬기거나, 혹은 베누스, 마르스, 넵투누스, 판, 프리아포스처럼 다른 이름으로 불리는 힘센 악마들을 섬기는 로마인들의 영혼을 손안에 쥐고 있었다.

기독교도들은 이런 생각을 진짜로 믿었다. 그래서 그들은 자신들의 영혼이 이 살아 있는 악마들, 즉 다신교의 신들에게 붙잡히는 것을 대단히 두려워했다. 지금 우리들도 신의 이름을 걸고 맹세하는 일이 있지만, 유피테르나 제우스의 이름을 걸고 맹세하는 당시 사람들은 오늘날 우리보다 더욱 진지했다. 습관 때문에 자신도 모르게 '제우스께 맹세코!'라고 말해버린 기독교도는 그 즉시 말을 멈추고 예수에게 저 사악한 제우스로부터 자신을 구해달라는 기도를 올렸다. 로마인들은 '당신께 유피테르의 축복이 깃들

유럽사 이야기

길'이라는 말을 자주 썼다. 그러나 이교도인 로마인 친구가 이런 말을 건네면 기독교인은 마귀의 힘이 미치는 것을 막기 위해 손을 들어 올렸다. 그러고 나서 유피테르는 '신이 아니다'라며 친구에게 항의했다.

로마에서는 점차 조용하고 말이 없는 기독교도들에 대한 강한 미움이 싹트고 있었다. 그들은 사람들과 거리를 두려는 태도, 비굴한 겸양, 비난을 인내로 참는 듯한 눈빛, 비밀스런 힘을 지닌 듯한 인상 등등으로 미움을 사고 있었다. 그러자 기독교도들은 더욱 비밀스럽게 행동했다. 그들은 자기들만 아는 여러 가지 신호를 만들어 썼다. 만일 기독교도가 잘 모르는 로마인과 대화를 하게 될 경우에는 흙에다가 조심스럽게 그러나 상대방을 의식하지 않는 듯이 발끝으로 물고기 모양을 그렸다. 그리고 상대방이 그 그림을 알아보는지 반응을 기다렸다. 만약 그가 그것을 알아보지 못하면 기독교도는 슬그머니 그 그림을 지워버렸다. 물고기는 예수를 상징했다.

한편에서 비밀을 키우는 동안 다른 한편에서는 증오심이 늘어나고 있었다. 기독교도들을 가장 미워한 사람들은 일반 민중들이었다. 민중들이 대규모로 모이면 어김없이 큰 문제가 터졌다. 소심한 기독교도라면, 큰 경기가 다가올 때마다 공포에 몸을 떨었다. 반면 열렬하고 열성적인 기독교도들은 이를 순교의 기회로 여기며 고대했다. 이 시기 로마의 군중들은 제사를 올리고 포도주에 불콰하니 취하고 나면 으레 그 자리에 오지 않은 기독교도들의 위협과 이들의 침묵이 만든 신비에 대해 떠올렸다. 기독교도들은 사람들에게 세상으로부터 등을 돌릴 것을, 특히 로마 세계로부터 그리해야 할 것을 설교했고, 이러한 점이 로마 사람들을 더욱 미치게 만들었다. 홍수나 지진, 기근이 발생해도 그 원인을 기독교도들의 비밀스런 마술 탓으로 돌리는 사람이 생길 정도였다. 이들은 무리를 지어 "사악한 짓을 하는 기독교도들! 기독교도들은 사자의 밥으로!"라고 소리 질렀다. 노도처럼 불어가는 민중의 광란에 총독들은 속수무책이었고, 그 결과 많은 기독교도들이 순교했다.

　로마 정부는 항상 모든 일에 공정하려 했다. 하지만 재판을 내릴 행정관들조차 기독교도들을 싫어했다. 그들이 범죄를 저질러서가 아니라, 그들이 정부를 적대하기 때문이었다. 로마는 가장의 의지를 신성시하는 사회였다. 로마의 모든 권위가 그것에 근거를 두고 있었다. 만약 기독교도가 된 아들이나 딸이 다신교 축제에 참석하라는 아버지의 명령을 조용히 거부한다면, 그것이야말로 로마 사람들에게는 경악할 만한 사건이었다. 다신교 신전까지 수행해달라는 주인의 요구를 노예인 기독교도가 거절하는 사건도 마찬가지였다. 기독교인은 국가에 기여하는 어떤 일이든 참여하기를 거부했다. 병사들은 무기를 버렸고, 장교들은 칼과 투구를 집어던졌다. 그리고 예수만이 유일한 신이며, 영혼이 지옥에 떨어질 다신교도 상관은 섬기지 않겠다고 큰소리로 외쳤다. 오늘날과 마찬가지로, 이런 군인들은 즉시 군법 재판에 회부되어 처형되었다. 로마인들은 충격에 휩싸였다. 행정관들은 비밀에 싸인 다수의 인물들이 제국을 뒤흔들어 폐허로 만들려는 음모를 꾸미고 있다고 생각했다. 그들은 위기를 감지했는데, 이 위기는 말 그대로 진짜 위기였다. 의심할 여지없이, 거대한 다신교 세계를 완전히 매장시킨 것이 바로 기독교라는 종교였기 때문이다.

　이러한 위협 속에서도 행정관과 총독들은 모든 것을 공평하게 다루려고 했다. 난폭하고 천박하게 행동한 사람들은 폭도로 변한 일반 시민들이었다. 플리니우스가 트라야누스 황제에게 기독교도들의 처형을 어떻게 진행시킬 것인가를 물었을 때, 황제는 두 가지 현명한 전제를 제시했다. 첫째 어떤 시민의 경우에도 그가 기독교도라는 죄를 범했는지에 관해 조사나 심문을 해서는 안 되며, 둘째 거짓으로 상대방에게 기독교도라는 죄를 뒤집어씌웠을 때에는 엄한 벌을 주어야 한다는 것이었다. 그 결과 기독교도들은 정부가 관여하는 한 신변의 안전을 보장받았다. 다시 말하지만 행정관들은 이들에게 벌을 주는 것을 '원하지 않았다'. 그들은 기독교도들의 생활이 밝혀진 바로는 비난 받을 만하지 않다는 것을 인정했다. 심지어 나중에는 이들의 자선 행위와 가난하고 의지할 데 없는 사람들을 돌보는 행동 등을 존경하게 되었다. 그들은 위대한 로마제국에 '반대하는' 기독교도들의 태도가 완고하지 않기만을 바랐다. 기독교도라는 죄명으로 잡혀온 죄수에게 전통적인 신들에 대한 존경과 또한 이 신들이 대표하는 위대한 제국에 대한 존경을 표시하는 뜻에서 이 신들 중 하나의 신을 택해 그의 제단에 한 줌의 향을 올리라는 명령을 내려, 만약 그가 그 명령을 받아들인다면 행정관이나 총독은 그 기독교도를 칭찬하면서 풀어주었다. 그러나 불행히도 대부분의 기독교도들은 순교를 택했다. 그들은 심지어 순교를 명예라고 '내세우면서' 그것이 영광스러운 성자의 반열에 오르는 길이라고 주장했다. 이러한 태도는 다신교를 믿는 로마의 행정관들을 놀라게 했다. 재판관들은 이들의 행동을 이해할 수 없었고, 나중에는 혐오의 감정을 품게 되었다.

신자가 늘고, 기독교 교회의 세력이 커질수록 로마 정부는 더 큰 위협을 느꼈고, 기독교도에 대한 태도 역시 더 엄격해졌다. 처음에 기독교도들은 자신들을 인도할 사제 혹은 장로를 교회 모임 단위로 조용히, 그리고 수수하게 선출했다. 그러나 모임이 커지고 신도의 수도 늘면서 신도 전체를 통솔할 기구가 필요해졌다. 그래서 신자들은 장로들 가운데 현명하고 유능한 사람을 감독 장로로 뽑았다. 이것은 실제로는 감독관을 의미했다. 이 감독 장로들이 모임을 갖고 신도들 사이에 일어나는 모든 분쟁을 해결했고 모든 신도들을 평등하게 통솔했다. 그러나 교세가 확장됨에 따라 감독 장로들도 다시 자신들 모임의 수장을 뽑을 필요가 생겼다. 그래서 결국 그들은 감독 장로들 중에서 가장 나이가 많고 현명한 사람을 선임해서 감독관 지도자, 또는 총괄자로 임명해 평생 동안 모든 일을 이끌게 했다. 주교는 이렇게 탄생해서 기독교도 사회를 다스리게 되었다.

자신들을 그저 특별하게 주어진 임무를 수행하는 평범한 신도라 생각하는 겸허한 주교들에 의해 기독교 사회는 백 년 이상 온화하고 현명하게 통치되었다. 이들이 교회에서 생기는 온갖 문제를 도맡아 해결했고, 사도 바울의 편지들처럼 그들 역시 유명한 편지들을 알렉산드리아, 코린토스, 안티오크 같은 다른 대도시 신도들에게 썼다. 이런 식으로 전체 기독교 공동체는 눈부신 로마 제국 아래에서 눈에 안 띄게 숨어 있었지만, 전 교구와 긴밀하게 연결되어 진정으로 강한 존재로 있었다.

2세기 말경에는 이탈리아 안에 커다란 교구가 생겨났는데 이 교구를 이탈리아 교회라고 불렀다. 시리아, 아프리카, 그리스에도 이런 대형 교구가 세워졌다. 규모가 큰 지역이라면 하나같이 '교회'가 세워지거나 교구가 설립되었다. 그 뒤 그 지역의 중심지인 로마, 코린토, 안티오크 같은 도시에서 감독 장로들이 정기적으로 만나 장로 회의를 구성할 것에 합의했다. 이 장로 회의를 주교 회의Synod라고 불렀다. 바로 이 장로 회의에서 '교회법canon'이라 부르는 교회의 법규가 제정되었다. 이 '교회법'은 장로의 선출 방식이나 주교의 선출 방식, 미사의 집전 방식 등을 규정했다. 다른 한편, 사제나 주교가 해야 할 직능이 무엇이고, 평신도는 무엇을 해야 하는지, 신자들의 신앙은 어떠해야 하는지, 또 신자들이 낸 헌금은 어떻게 사용되어야 하는지 등을 엄밀하게 규정했다.

처음에는 이탈리아의 도시나 교구 모두 주교를 뽑아 로마의 주교 회의로 보냈으며, 모든 주교들의 지위는 동등했다. 그러나 이런 집회에서는 어쩔 수 없이 선임이 있어야만 했다. 그리고 선임은 역시 첫째가는 도시인 수도의 주교가 맡기 마련이었다. 그래서 이탈리아에서는 로마의 주교가, 이집트에서는 알렉산드리아의 주교가 전 지역의 선임 지도자가 되었다. 그러나 곧 이들 수도의 주교는 동료 주교와 기독교인 형제들과 조언을 주고받는 대신, 오히려 그들에게 무엇을 해야 한다는 명령과 지시를 내리기 시작했다. 거대한 권력과 권위를 가진 독재자가 된 것이다.

여러 지방의 교회는 로마제국의 금지령에도 불구하고 서로 긴

밀하게 연계되어 있었다. 그러나 이들 교회가 서로 누가 선임 교회인지를 두고 싸우기 시작했다. 이번에도 로마 교회는 선임 지위를 주장했다. 두 명의 사도인 성 베드로와 성 바울이 로마에서 순교했다는 것이 그 근거였다. 다른 도시가 로마만큼 사도를 배출하지 못한 것은 사실이었다. 거기에 로마 교회는 "너는 베드로라. 내가 이 반석 위에 내 교회를 세우니라"라는 성경 구절을 들어, 로마 교회가 성 베드로의 주도 아래 설립되었음을 내세우며 정당성을 강조했다. 로마는 계속 선임권을 주장했다. 로마의 대주교나 총주교가 주교 중에서 제일의 주교임을 고집한 것이었다. 주교들의 모임인 주교청은 모든 주교가 동등하다고 천명한 바 있었다. 그러나 결국에는 대주교나 총주교가 다른 주교들보다 높은 위치에 서게 되었고, 거기에 로마의 대주교가 모든 총주교들 위에 군림하게 되었다. 이때가 3세기 후반이었다. 점차 총주교들은 제후만큼이나 강력해졌다. 로마의 대주교는 아버지the Father, 파파Papa나 교황으로 불리는데, 거의 황제만큼이나 권력이 막강했다. 사실 어떤 시기에는 황제보다 더 강력한 힘을 갖기도 했다. 이렇게 사제직 제도가 성립하게 되었는데, 이는 로마나 그리스 사회에서는 생각할 수도 없는 일이었다. 다시 말해 인간의 제도가 삶과 분리되어 소위 영적인 힘, 달리 말해 교회의 힘이라는 어마어마한 힘을 그들 자신의 손아귀에 쥐고서도 별개로 존재한다는 것은 생각할 수도 없는 일이었다.

이미 250년에 안티오크의 총주교인 사모사타의 파울루스Paulus가 호화스러운 생활과 궁전과 노예와 사치, 그리고 그의 오만한

　　　　　　　　　　　　　　　　　　　　유럽사 이야기

자존심과 추문으로 점철된 행동으로 동방 교회의 분노를 산 바 있었다. 그러나 곧 소박하고 겸허한 기독교 교회는 변하게 되어 있었다. 3세기에는 무서운 논쟁이 벌어져 교회는 동방과 서방으로 갈라서고 로마와 안티오크가 분리되는 상황에 이르렀다. 논쟁의 시작은 부활절을 언제로 잡느냐 하는 문제였다.

이 논쟁에 이어 더 심각한 갈등이 일어났는데, 삼위일체의 사실과 의미에 관한 논쟁이 대표적인 것이었다. 초기 교회의 역사, 특히 아프리카와 동방 교회의 역사는 서로 적대하는 신자들 사이의 전쟁과 학살로 끔찍하게 얼룩져 있다. 기독교도들이 다신교도들에 의해 처형된 수보다 자기들끼리 죽인 수가 훨씬 더 많으며, 살육의 방법도 더 잔인했다.

하지만 교회가 강해지고 부유해지면서 로마 정부의 태도도 이전보다 더 엄격해지고 위협적이며 보복적으로 변해갔다. 로마 군중의 폭력도 훨씬 난폭해졌다. 잔인한 군인 출신이며 절반은 야만족의 혈통을 가진 막시미아누스 황제 때인 236년에는 기독교도들에 대해 끔찍한 살육이 자행되었다. 그러나 이보다 바로 전인 세베루스Severus 황제 때는 기독교도들이 공공연히 교회를 세우도록 허락받았으며, 역사상 처음으로 기독교 주교들이 로마의 궁정 모임에 참석했다. 그러나 249년에는 가공할 박해가 시작되어 파비아누스Fabianus 대주교가 순교한 250년 이후 2년 동안 로마의 주교를 선출할 수 없었다. 이제 황제들은 기독교의 힘과 세력을 인식하게 되었으며, 그 결과 기독교라는 종교를 극렬하게 미워하고 기독교도들을 박해하거나, 아니면 그들에게 매혹되어서 친근

한 태도를 취하거나 했다.

디오클레티아누스 황제 재임 시절에 기독교도에 대한 대박해가 시작되었는데 이것을 교회에서는 '순교자의 시대'라고 부르고 있다. 그러나 이 유명한 황제는 18년의 통치 기간 동안 황제들 중에서 가장 온화하고 자유로운 종교적 관용 정책을 폈다. 정말로 혹독한 박해를 가한 이들은 막시미아누스 황제와 갈레리우스 황제였다. 두 사람 모두 군인이었으며 무식한 농부 출신이었다. 두 사람이 장군의 지위에서 황제의 지위로 올랐을 때 기독교도인 병사들이 공개적으로 무기를 버리고 예수와 순교의 길을 택하는 일이 종종 발생했다. 이로 인해 막시미아누스와 갈레리우스는 미칠 듯한 분노에 사로잡혔다. 이와 반대로 디오클레티아누스 황제는 겁을 먹었다. 그는 새로운 종교 단체의 힘을 보았으며, 기독교도들이 기적을 행하는 초자연적인 능력에 대해 듣고 있었다. 그는 그들이 주장하는 대로 기적을 실제로 '행한다'고 믿었으며, 이것이 그를 겁에 질리게 했다. 그는 기적을 마술이고 악이라고 불렀다. 그래서 300년경 극심한 박해가 시작되었던 것이다.

교회의 모든 재산이 몰수되고 제국 전체에 흩어져 있는 교리에 관한 저술들이 몰수되고 실려와 공개적으로 불태워졌다. 교회 건물들은 흙 속으로 파묻혔다. 니코메디아에서 이 칙령이 발표되자 한 기독교도가 그 포고문을 찢어버리고 폭군들을 향해 욕설을 퍼부었다. 그는 체포되었고 그의 육신은 약한 불 위에서 천천히 태워졌다. 이것이 303년의 일이었다. 사건 직후 열흘 사이에 니코메디아의 궁전 안에 있는 디오클레티아누스 황제의 침실에서 두 번이나 방화 사건이 일어났다. 황제의 가슴은 기독교도들에 대한 끔찍한 공포로 가득 차게 되었다. 방화범을 찾아내기 위해 모든 형식의 고문이 다 동원되었지만 아무것도 찾아내지 못했다. 심지어 갈레리우스 황제까지 니코메디아를 떠나고 말았다. 제국의 전역에 무서운 박해가 확산되었다.

그로부터 아주 짧은 기간이 지나자마자 디오클레티아누스는 제국의 통치에 염증을 느끼고 황제의 자리를 양위했다. 그의 자리는 콘스탄티우스와 갈레리우스가 이었다. 콘스탄티우스는 기독교도들에게 호감을 갖고 있던 사람이었다. 알다시피 313년에 그의 아들 콘스탄티누스 대제는 모든 종교를 허용하는 칙령을 내렸다. 그는 수도 콘스탄티노플에 있는 여러 교회 중에서 기독교 교회를 제일 좋아했다. 콘스탄티누스는 죽기 직전 기독교 세례를 받았다.

기독교가 승리했다. 그러나 콘스탄티누스의 서거 후 2년이라는 짧은 기간이기는 하지만 다시 옛날의 상태로 돌아가는 일이 일어났다. 361년부터 363년까지 현명하고 영리하면서 슬픔에 젖어 있던 배교자 율리아누스Julianus가 통치를 하게 되었는데, 그는 다신교를 부활시키려고 노력했다. 그는 기독교를 증오했다. 그러나 그는 매우 인간적이어서 갈레리우스처럼 기독교도들을 박해하지는 않았다. 그는 페르시아 전쟁에서 적의 화살에 심장을 맞았다. 죽어가면서 심장의 상처에서 솟아나는 피를 손으로 받아 하늘로 향해 던지면서 그는 이렇게 외쳤다. "갈릴리 사람 예수여, 그대가 이겼구나!" 율리아누스는 위대한 마지막 이교도가 되었다.

394년 기독교는 로마제국의 유일한 종교로 공인되었다. 콘스탄티노플에서는 황제의 권력 앞에 교회가 무릎을 꿇었다. 로마에서는 제국이 멸망한 뒤에 교황들의 이상하고 불안정한 권력이 발휘되기 시작되었다. 제국 전역에서 다신교는 금지되었다. 그러나 시골에서는 여전히 순박한 사람들이 감추어진 사당과 작은 숲과 샘물 앞에 제물을 놓았다,

이제 기독교는 로마와 콘스탄티노플 두 곳에 본부를 두게 되었다. 콘스탄티노플에서는 그리스 정교회가 들어서게 되었는데, 교회 내부에는 성상이 없고 성모를 그린 독특한 평면 그림이 있을 뿐이었다. 그리스 정교회의 사제들은 결혼을 해야 하고 수염을 길러야만 했다. 그리스 정교의 통치자나 수장은 '총대주교Patriarch' 라는 칭호로 불렸다. 그런데 콘스탄티노플의 총대주교는 로마의 교황만한 권력을 한 번도 지니지 못했다,

로마와 이탈리아에서는 제국이 붕괴되면서 기독교 세력이 점차 안정을 잃게 되었다. 로마, 알렉산드리아, 콘스탄티노플, 안티오크의 교파들 사이에 무서운 싸움이 시작되었다. 그러나 서서히 새로운 시대의 위대한 종교가 자리를 잡아가고 있었다. 로마는 유럽과 북아프리카의 기독교도들을 통치하게 되었으며, 콘스탄티노플은 이슬람교도들이 일어나 기독교 세력을 파멸시킬 때까지 동방 교회의 수장이 되었다.

IV

게르만족

그들은 북해의 사나움과 힘을 갖고 있었으며 얼음처럼
날카로운 면도 지니고 있었다. 그래서 그들은 로마인, 즉
태양의 자식들에게 저항했다.

They had the fierceness and strength of the northern
oceans, the keenness of ice. And thus they resisted the
Romans, children of the sun.

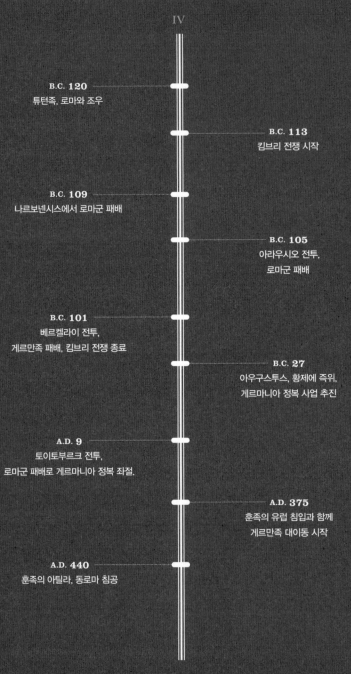

IV

B.C. 120
튜턴족, 로마와 조우

B.C. 113
킴브리 전쟁 시작

B.C. 109
나르보넨시스에서 로마군 패배

B.C. 105
아라우시오 전투,
로마군 패배

B.C. 101
베르켈라이 전투,
게르만족 패배, 킴브리 전쟁 종료

B.C. 27
아우구스투스, 황제에 즉위,
게르마니아 정복 사업 추진

A.D. 9
토이토부르크 전투,
로마군 패배로 게르마니아 정복 좌절.

A.D. 375
훈족의 유럽 침입과 함께
게르만족 대이동 시작

A.D. 440
훈족의 아틸라, 동로마 침공

THE GERMANS

로마 시대에 문명 세계는 사납고 미개한 야만인들의 대규모 침공에 무방비 상태였다. 정체를 알 수 없는 사나운 사람들이 홍수처럼 지중해 연안의 안정된 문명 세계로 쏟아져 들이닥치고는 했다. 이들은 주로 북쪽과 북동쪽 두 방향에서 밀려들었다. 동쪽에 있는 페르시아와 인도는 문명이 발달하고 안정되어 있었다. 남쪽의 이집트와 북아프리카는 고대 문명의 발상지로 새로운 종족이 나타나 이동하는 기미는 보이지 않았으며, 수단 너머 남쪽에서도 흑인들이 아프리카의 경계를 벗어나려는 징후는 보이지 않았다. 그러나 이탈리아 북쪽에는 방대한 미지의 땅이 널리 뻗어 있었으며, 그 너머 북동쪽과 다뉴브 강 너머에는 타타르족이 사는 광활하고 끔찍한 황야가 있었다.

로마가 겪은 1차 침공은 킴브리족이 갈리아에서 알프스를 넘어오면서부터였다. 그러나 율리우스 카이사르가 이들을 격퇴하고 복속시키는 데 성공했고, 제국의 북쪽 경계선은 이 전투로 결정되었다.

로마제국의 힘이 미치지 않는 저 너머에는 위대한 생명력의 원천이라고 할 무리들이 둘 있었다. 그 중 가장 큰 세력은 스키타이족이라고도 불리는 타타르족으로, 이들은 크림 반도에서 중국에 이르는 광대한 지역에 흩어져 살았다. 말타기에 능하고 성질이 사나우며 피부가 검은 아시아계 인종인 유목민들로 그 수가 엄청나게 많았다. 이들보다 로마에 좀 더 가까이 있던 종족은 발트 해 주변에 살았으며, 이들이 게르만족의 모체가 되었다.

　　라티움 평원의 로마인들은 키가 작고 피부가 검은 편이며, 포도주를 좋아하는 사람들이었다. 이들의 위대한 힘은 한 가지 목적을 위해서는 하나로 발휘되는 용기와 신의와 지성에 있었다. 이들은 20세기의 영국인들처럼 눈 덮인 스코틀랜드나 뜨거운 동양의 사막을 가리지 않고 어떤 기후에도 견딜 수 있는 체질을 지니고 있었고, 사실상 당시 문명 세계 전체를 정복했다.

　　그래도 게르마니아* 만큼은 정복하지 못해서 로마제국의 세력은 라인 강 너머 멀리까지는 미치지 못했다. 위대한 튜턴족은 로마인의 강력한 맞수였다. 체구가 작고 기운이 센 로마인들은 북쪽 삼림 지대에서 온 벌거벗고 희며 덩치 큰 튜턴족** 을 까만 눈으로 놀라서 바라보았다. 그들은 파란 눈에 사나운 얼굴을 하고, 노란 머리칼이나 밝은 선홍색으로 머리칼을 물들이고 있었다. 전쟁이

---

*　　Germania. 게르만족의 거주지라는 뜻으로 나라 이름 독일Germany의 어원이다.

**　　튜턴족은 엘베 강 북쪽에 사는 게르만족이다.

없을 때 튜턴족은 거의 알몸인 채로 크고 흰 몸뚱이를 드러낸 채 멋대로 게으르게 빈둥거렸다. 이에 비하면 로마인들은 깔끔하고 항상 품행을 의식하고 있었다. 자연히 로마인들은 사지에 흙을 묻힌 채 흙 속에서 뒹굴며, 만사에 무관심하고 게으른 이 노랑머리 튜턴족들에게 놀라면서 역겨워했다. 그러나 더욱 깊은 인상을 받은 사람들은 로마의 군인들이었다. 거대한 체구의 이 게으른 전사들이 정작 전시에는 엄청난 태풍처럼 내달아서 로마의 철제 성벽과 방패, 검과 창에 온 힘을 쏟아 몸을 던졌기 때문이다.

아우구스투스 황제의 재임 기간에는 게르마니아의 어두운 숲속에서 로마군이 심각하게 패한 적도••• 있었다. 그러나 그다음 황제의 통치 기간에는 위대한 게르마니쿠스•••• 장군이 게르만군을 무찔러서 심각한 패배를 안겼다. 이런 식으로 양쪽의 전쟁은 거의 500년이나 계속되었다. 전투가 닥치면 철갑으로 몸을 무장하고 평소에 완벽한 훈련을 한 로마군인들이 거의 알몸으로 싸우는 게

••• 토이토부르크 전투를 말한다. 게르마니아의 토이토부르크 숲에서 벌어진 이 전투로 로마군은 대부분의 병력을 잃었고, 아우구스투스는 게르마니아 정복의 꿈을 접어야 했다.

•••• 게르마니쿠스 율리우스 카이사르Germanicus Julius Caesar. 아버지는 게르마니아 전쟁에서 사망한 대大 드루수스이며, 큰아버지 겸 양아버지는 훗날 황제가 되는 티베리우스다. 부인은 아우구스투스의 손녀인 대大 아그리피나이며 아들은 훗날 황제가 되는 칼리굴라다. 토이토부르크 전투를 수습하여 게르마니아 지역 사령관이 된 이는 티베리우스였고, 티베리우스가 황제가 된 이후에는 게르마니쿠스가 게르마니아의 사령관이 되었다. 그러나 게르마니쿠스의 분전에도 불구하고 이미 기울어진 대세를 극복하기는 힘들었고, 이후 게르만과 로마의 북방 국경은 라인 강이 된다.

르만군보다 우세해 이 야만인들을 집단으로 쳐부술 수 있었다. 하지만 이 야만인들을 추격해서 늪과 어두운 숲을 지나 그들의 본거지와 병영으로 따라 들어갔다가는, 로마군이 항상 불리한 상황에 처하게 되었다. 로마군의 용기는 대단했지만 노련한 전사들조차 북쪽 야만의 땅, 어둡고 추운 게르마니아의 음울한 풍경에 이상한 공포심을 느꼈다. 그곳에서는 자신들의 자연적인 경계를 벗어났다는 느낌을 지우지 못했다. 그래서 로마의 세력은 실제로 라인 강을 멀리 넘어선 적이 없었다.

서로 적대적인 유럽의 두 종족은 이렇게 만났다. 태양이 강렬한 땅에 살며 눈과 피부가 검고 포도주를 좋아하는 사람들이 파란 눈의 거친 사람들과 접하게 되었다. 두 종족이 서로를 이해하고 만나서 섞이는 일은 불가능했다. 흰 피부를 가진 게르만계 종족들은, 거센 물결이 출렁이고 흰 눈이 덮인 채 겨울 해가 노랗게 비치고 완벽하게 아름다운 파란 얼음이 뒤덮인 북해에서 태어난 것 같았다. 그들은 북해의 사나움과 힘을 갖고 있었으며 얼음처럼 날카로운 면도 지니고 있었다. 그래서 그들은 로마인, 즉 태양의 자식들에게 저항했다.

로마인들이 처음 게르마니아를 알게 된 것은 그곳이 호박이 나는 땅이었기 때문이다. 로마에서는 호박을 아주 귀한 보석으로 여겼다. 상인들이 대개 최초의 탐험가이듯, 야만의 땅 게르마니아로 처음 들어간 사람들도 로마와 페니키아의 상인들이었으리라고 짐작된다. 이들은 호박이 무진장으로 묻혀 있는 금지 구역인 발트해의 회색 해안으로 들어갔다. 호박은 지구 생성의 초기에 땅속에 묻힌 커다란 소나무의 송진이 화석화된 보석이었다. 이 상인들은 틀림없이 야만적인 게르만족 원주민들에게 구리나 쇠로 만든 제품을 선물로 주고 호박을 받았을 것이다. 죽지 않고 살아서 돌아올 수만 있다면, 상인들은 로마의 시장에서 호박을 팔아 큰 부자가 되었다. 그리고 무사히 귀환하고 나서는 미지의 어둠에 싸인 북쪽 땅에 대한 신기한 이야기들을 들려주기도 했다.

당시 게르마니아는 라인 강 북쪽 지역 전체를 의미했다. 라인 강 북쪽으로 땅이 얼마나 뻗어 있는지를 아는 사람은 아무도 없었다. 그러나 로마인들은 멀리 떨어져 있는 북해와 거대한 섬들과 그 너머에 만년 빙하가 있다는 사실을 알고 있었다. 아마도 이들이 상상한 북해는 발트 해였고 거대한 섬들은 스칸디나비아 반도이거나 유틀란트 반도였을 것으로 짐작할 수 있다.

게르마니아 북쪽에는 거대한 평지가 있었다. 이 땅은 대부분 축축한 습지라서 통행이 불가능했는데, 그 사이로 거대한 라인 강과 그 지류들, 베저 강과 그 지류들, 엘베 강과 그 지류들이 구불구불 지나갔다. 그 남쪽에는 온통 광활한 전나무와 소나무로 뒤덮인 숲이 있었는데, 이 숲의 흔적은 오늘날까지 남아 있다. 헤르시니아라는 이름의 이 숲은 로마인들에게 깊은 인상을 남겼다. 숲이 얼마나 크게 뻗어 있는지는 아무도 아는 사람이 없었다. 게르만 원주민이 60일이나 걸려 이 숲을 통과하려고 했는데, 그래도 끝을 만나지 못했다. 끝이 없을 것 같은 숲의 그늘 속에서, 오직 소나무 줄기들만이 맨살을 드러낸 채 자라고 있었다. 바닥은 솔잎으로 뒤덮여 있었고 관목 덤불들도 없었다. 곳곳에 오직 정적만이 깔린 숲이었다. 나무 위로는 매서운 바람이 불고 있었지만 그것도 숲의 정적을 깨지는 못했다. 그림자를 짙게 드리운 소나무 둥치 사이로 사슴이 뛰어다니고, 머리에 뿔이 나뭇가지처럼 뻗어난 순록들이 떼를 지어 다녔다. 거대한 뿔을 단 커다란 엘크 사슴도 혼자 거무스름하게 서 있다가 바닥을 한 번 긁고는 어두운 나무 그림자 사이로 사라졌다. 곳곳에는 거대한 크리스마스트리처럼 전나무들이 빽빽이 들어선 곳이 있었고 검푸른 잎사귀들이 뚫고 지나갈 수 없을 정도로 무성했다. 그리고 전나무 숲이 끝난 곳에서 다시 소나무 숲이 시작되었다. 혹은 백양나무가 큰 숲을 이루는 경우도 있었으며, 딱총나무들이 여기저기 서 있기도 했다. 혹은 시냇물이나 연못이 나타나 관목들이 그 주변을 녹색 잎과 꽃으로 뒤덮거나 커다랗게 히스(진달래과의 관목) 덤불로 싸인 광경이 벌어지기도 했다. 어떤 때는 히스와 월귤과 넌출월귤로 길이 반쯤 열린 채 뻗어 있기도 했다. 그 건너로 야생 백조들이 날아다녔고, 사나운 야생 황소가 무릎까지 물이 차는 늪 속에 서 있었다. 다시 숲이 나타나고 어두운 전나무 숲이 끝없이 펼쳐졌다. 그 속에서 멧돼지가 먹이를 찾아 어금니로 땅을 파고 있었다. 회색 털을 가진 늑대 떼가 나타나 그 주변을 둘러싸면 멧돼지는 나무 그림자의 어둠 속에서 털을 곤두세우면서 죽을힘을 다해서 싸우고자 했다.

겨울이 빨리 오는 곳이었다. 10월이면 첫눈이 내렸고, 끝없이 펼쳐진 숲은 겨우내 몇 달씩이나 눈에 뒤덮여 나뭇가지가 휘어서 꺾어지기도 했다. 사슴들은 발로 눈 덮인 땅을 파서 이끼나 풀을 찾았고 늑대들은 나무줄기 사이로 무리를 지어 다녔다. 덩치가 커다란 곰은 땅속에 구멍을 파 웅크리고 겨울잠을 잤다. 그런데도 굶주림에 시달린 게르만 원주민들은 추운 겨울에도 반쯤 알몸인 채 추위와 싸우며 숲속에 들어가 사냥을 했다.

당시 북부 유럽은 지금보다 더 추웠을 것이다. 대규모 로마군이 얼어붙은 라인 강 위로 무거운 마차를 끌고 행진한 것으로 알려져 있기 때문이다. 지금은 얼음이 그 정도로 두껍게 얼지 않기 때문에 그런 일은 불가능하다. 한때 북쪽 늪지대와 헤르시니아 숲에서 돌아다니던 순록들은 이제 남부 발트 해 근처에서조차 서식하지 못한다. 조금 더 북쪽이 아니라면 순록들이 더위에 견디지 못하는 것이다. 기록에 따르면 로마 군인들의 포도주가 게르만군 막사에서는 얼어서 얼음덩어리가 되었다고 한다. 그러나 요즘에는 포도주가 얼어붙었던 바로 그 위치에서 포도나무가 자라고 있다. 아마도 그런 차이는 늪지대와 숲을 없앴기 때문이거나 아니면 세계 기후에 변화가 생겼기 때문일 수도 있다.

라인 강 주변의 로마군 막사에서는 군인들이 추위로 꽁꽁 얼어붙고 쩍쩍 갈라지는 어둠에 휩싸여 자신들이 경험한 이 땅의 무서운 이야기를 동료들에게 해주었다. 늑대 이야기, 울부짖는 곰 이야기, 갑자기 사나워지는 황소 이야기, 보이지 않는 곳에 숨어 있는 끔찍한 게르만족 이야기, 밤처럼 깜깜한 숲속에서 행해지는 소름끼치는 희생의식 이야기, 칠흑 같은 어둠 속에서 나무 사이로 들려오는 악마의 울부짖음, 피를 빨아먹는 여자로 변신한 무시무시한 늑대 이야기 등등. 어두운 헤르시니아 숲의 이야기는 멀리 로마나 안티오크에 있는 로마 사람들의 귀를 자극했다. 뜨거운 동양의 사막이나 아열대 지방의 정글도 이 북부의 숲만큼이나 로마인의 상상력을 감동시키지는 못했다.

춥고 원시적인 게르만 땅에는 서로 다른 종족들이 많이 살고 있었다. 북부 평원 지대에 사는 게르만족, 산악 지대에 사는 게르만족, 그리고 삼림 지대에 깊이 들어가 사는 게르만족 등은 각각 다른 종족이었다. 그러나 어디에 살든 이들은 도시나 사람들이 밀집한 마을은 피했다. 원래 게르만족은 이웃과 어울려 사는 것을 좋아하지 않았고, 집 근처에 널찍한 공간을 갖고 싶어 했다 그래서 종족과 종족 사이의 경계선에는 사람이 도저히 살 수 없는 지역, 즉 불모지나 삭막한 사막, 늪, 심지어는 통과가 불가능한 삼림 지대가 놓여 있었다. 각각의 종족들은 이렇게 떨어져 사는 것을 자랑스럽게 생각했다.

심지어 개인들 사이에도 공간과 거리가 절대적으로 필요했다. 누군가 집을 지을 때에도 그 사람은 시내나 우물이 근처에 있는 쾌적한 곳을 찾았다. 게르만족은 흐르는 물을 매우 좋아했기 때문이다. 그렇지 않은 경우에는 황야의 한구석이나 늪지대 가운데의 마른 초원에다 자리를 정했다. 그리고 홀로 이런 곳에 집을 짓고 살았다. 그는 하인이나 노예, 여자들의 도움을 받아 둥그런 통나무집을 지었는데, 막대기를 빙 둘러 땅에 박고 지붕은 짚이나 갈대로 씌웠다. 지붕 가운데는 구멍을 만들어 연기가 빠지도록 했다. 그는 결혼해서 독립할 때까지 이 집에서 가족, 하인들과 함께 살았다. 나중에 노예나 하인은 주인집에서 약간 떨어진 곳에 오두막을 짓고 따로 살았다. 전쟁이 없는 추운 날씨에는 이 오두막 속에서 난롯가의 땅바닥에 드러누워 지냈다. 그 곁에서 아이들은 알몸으로 뒹굴고 놀았다. 노예의 아이들과 주인의 아이들이 신분의 높고 낮음을 가리지 않고 함께 어울렸다. 여자들은 음식을 준비하거나 마 같은 옷감을 짜거나 바느질 등을 하면서 한가한 시간을 보내기도 했다. 바깥 온도가 따뜻해지면 남자들과 젊은이들은 거의 알몸으로 돌아다녔다. 여자들은 아마포로 만든 긴 속옷을 입었지만 팔과 젖가슴은 내놓고 있었다. 추운 날씨에는 가시나 핀으로 여미는 망토를 입었으나 신체의 다른 부분은 가리지 않았다. 아주 추울 때에는 팔다리를 천이나 가죽으로 감싸고 긴 가죽 띠로 단단히 얽어 묶었다. 돈이 많은 부자들은 아마포로 만든 바지를 입고 팔다리 언저리까지 가죽 띠나 색동 끈으로 감쌌으며, 다른 끈으로는 꼭 끼는 셔츠 위로 허리를 감쌌다. 게르만 사람들은 로마인들과 달리 길고 느슨한 옷을 입지 않고 몸에 딱 맞게 입었다. 여자들은 머리를 길게 늘어뜨렸다. 어떤 부족에서는 전쟁에서 적을 죽일 때까지 남자는 머리와 수염을 깎을 수가 없었다. 어떤 전사들은 머리를 뒤로 길게 늘어뜨리고 빨갛게 물을 들였다. 또 일부는 긴 머리를 뒤로 정성스레 꼬았다. 어떤 전사들은 자신들의 외양을 대단히 자랑스럽게 생각했다. 아름답게 바느질을 한 망토, 부드러운 모피로 만든 옷, 점박이수달이나 산족제비 가죽으로 언저리를 댄 부드러운 여우털 망토, 자줏빛 단을 댄 하얀 셔츠, 색깔을 넣어 만든 아마포 망토를 입고는 그것을 대단한 자랑거리로 여겼다. 어떤 사람들은 집을 지을 때 밝은색 흙을 칠했으며 여러 가지 색깔을 섞은 장식을 넣기도 했다.

그들의 재산은 작고 못생긴 소와 말, 노예와 무기가 전부였다. 무기, 노예, 말이 가장 소중한 재산이었으며, 이 재산은 장남에게 상속되는 것이 아니라 가장 용감한 아들에게 주어졌다.

그러나 게르마니아의 노예는 로마의 노예와는 아주 달랐다. 게르마니아에서 노예는 전쟁 때 다른 부족에서 잡아온 포로이거나 그 포로의 자식이었다. 노예는 로마에서처럼 몸과 영혼 모두가 소유되는 인간 가축이 아니라, 독립된 생활을 하는 자유인이었다. 게르마니아의 노예는 자신의 집과 가족을 갖고 재산도 소유했으며, 자신만의 생활도 꾸릴 수 있었다. 다만 노예로서 주인에게 치즈, 고기, 가죽 같은 공물을 바쳐야 했고, 주인의 가축을 먹이고 전쟁 때 나가서 싸워야 하는 의무도 지고 있었다. 솔직히 게르마니아의 노예는 노예라기보다는 농노에 가까웠다.

생활은 아주 무계획적이었다. 여름에는 약간의 보리를 밭에 심고, 가축을 늪이나 숲 주변에 놓아 방목했다. 고기와 조잡한 치즈, 보리죽, 딸기류를 먹었는데, 빵은 없었다. 이들의 주식은 고기였다. 매우 추운 겨울에는 가축들이 많이 굶어 죽었다. 곡물이 떨어질 때면 사람들도 극심한 굶주림에 시달렸는데, 이럴 때 전사들은 사냥을 하거나 난롯가에 드러누워 바닥이 날 때까지 맥주를 마셨다. 혹은 족장의 집에 가서 동료들과 노름을 하기도 했으며 절망에 빠져 집에서 가만히 누워 있기도 했다. 가난한 사람들은 추위와 기아가 닥치면, 지하실을 파고는 겨울 동안 거기서 움직이지 않고 몸을 움츠려 서로 껴안고 온기를 유지하려 했다. 보다 현명하고 여유 있는 사람들은 고기와 보리를 미리 준비했다가 집안에

유럽사 이야기

서 따뜻하고 아늑하게 지냈다.

자유를 사랑하고 다른 사람들과 떨어져 살기를 좋아하는 게르만족은 다른 사람에게 봉사하거나 다른 사람의 통제를 받는 일을 견디지 못했다. 그들에게 족장은 전쟁에서 그들을 인도하는 사람이었고, 가장 용감한 전사들 중에서 선발된 사람이었다. 평화시에 사람들은 각자 자기가 좋아하는 일을 마음대로 할 수 있었다. 중요한 일이 생길 경우에는 의사를 결정하는 의결 기구에 전사들이 무장을 한 채 참석했다. 그들은 야외에서 둥그렇게 둘러앉아 나무 통에서 맥주를 따라 마시며, 추장이나 나이든 현자나 사제가 중앙에 서서 연설하는 것을 들었다. 연설이 전쟁에 관한 것이거나 격렬한 성격의 것이면 전사들은 손에 쥔 창으로 방패를 때리면서 찬성의 뜻을 표시했다. 연설의 내용이 평화를 추구하는 성격이면 사람들은 비겁하다고 말하면서, 빙 둘러앉은 원을 따라 낮고 거친 목소리로 '부우'라는 소리를 연발해서 불만을 드러냈다. 그들은 이런 식으로 전쟁과 평화, 삶과 죽음의 문제를 해결했다.

게르만족에게는 전쟁이 가장 큰일이었으며 명성이 주된 보상이었다. 전사들은 소유물에 대해서는 별로 관심이 없었다. 물론 이름 있는 무기를 탐냈고 좋은 말과 몇 명의 노예도 소유하기를 원했다. 하지만 그 외에는 별로 관심을 두지 않았다. 토지는 특정인이 아닌 공동소유여서 매년 경작하는 사람을 새로 정했다. 농업은 멸시받았고, 싸움이 가장 중요한 인생의 과제였다. 그다음이 사냥과 술, 그리고 용감한 사람들에 관한 노래를 듣는 것이었다. 그 외에는 아무것도 중요하지 않았다. 이들은 무언가 생산하기 위해 살지 않았다. 이들에게 삶은 파괴를 향한 격렬한 경쟁이자 투쟁이었고, 상대방과의 투쟁에서 얻는 영광을 의미했다.

여자들도 남자들과 똑같았다. 결혼은 성스러운 것이었으며 여성은 깊이 존경 받고 공경 받았다. 그러나 여성도 전쟁에서의 영광스런 승리에만 관심이 있었다. 전쟁에서 많은 적을 살육한 남성은 위대한 전사로 추앙 받고 위대한 남성으로 받들어졌으며, 여성들은 그에게 극진한 찬양과 존경을 표했다.

한편으로 전사들은 게으르고 난폭했다. 그들을 일생 중 절반을 집안의 난로가나 집 밖의 풀밭에 드러누워 취할 때까지 마시거나 여러 사람이 함께 모여 노름을 하며 보냈다. 아니면 나무로 만든 족장 집의 넓은 방에 앉아 엄청난 양의 고기를 포식하거나 알몸의 청년들이 예리한 창으로 둘러싸인 가운데 민첩하고 재빠르게 위험한 춤을 추는 광경을 지켜보았다. 그러다가 이런 바보스러운 놀이에 진력이 나면 벌떡 일어나서는 나팔을 불고 집 밖으로 뛰어나가 곰과 멧돼지와 사슴을 사냥했다. 물론 그보다 더 좋은 것은 전쟁을 위해 모이는 것이었다.

이들은 무엇보다도 싸움을 좋아했다. 전쟁의 신호가 오면 마음이 기쁨으로 불타올랐다. 다른 부족이나 종족, 로마인과 싸우기 위해 모여서 뭉치고 나서는, 알몸으로 혹은 작은 망토를 걸치고 귀중한 창과 방패를 든 채 숲속의 길을 헤치고 들과 산을 넘어 행진했다. 나무나 고리버들로 만든 방패는 갖가지 색으로 눈부시게 칠해져 있었는데, 그들은 이를 가장 값진 소유물로 생각했다. 방패를 잃어버린 전사는 영원히 수모를 당해야 했다. 차라리 목숨을 잃는 게 더 나을 정도였다. 창도 매우 중요했다. 쇠가 대단히 귀했기 때문에 가늘고 날카로운 창날은 보물처럼 값진 것이었다.

때로 전사의 일부는 야생마를 타고 기병대를 형성했다. 여정이 긴 경우에는 부인들이 아이들을 데리고 뒤를 따랐는데, 남편들의 뒷바라지를 위해서였다. 여자들도 전사들만큼이나 용감하고 격렬한 훈련을 받았기 때문이다. 이들에게는 명예가 전부였고, 남자에게 명예란 적을 가장 많이 죽이는 일이었다. 용감하고 무서운 전사로서 두려움의 대상이 되고, 또 명예로운 부상을 입는 것이 남자가 꿈꿀 수 있는 최대의 희망이었다. 이 밖의 다른 것은 정말로 중요하지 않았다. 전쟁에서 가장 용감하고, 가장 사납고, 가장 노련한 사람이 족장으로 뽑혔다. 젊은이들은 자신들의 목숨을 바쳐 족장을 섬겼다. 족장이 전사하면 젊은이들도 그 주위에서 싸우다가 함께 전사했다. 족장이 살아남으면 그들은 족장의 집으로 가서 함께 먹고 마시면서 연회를 벌였다.

그들은 적진에 가까이 다가서야 전투 대열을 형성했다. 대열의 맨 앞에는 부족에서 선발된 청년들이 버티고 섰다. 이 청년들은 보병으로, 기병대를 따라 싸웠다. 군대는 전쟁이 시작되면 시끄럽고 거친 전쟁노래를 부르기 시작했다. 이 전쟁노래는 단조롭고 둔탁하게 시작하다가 시끄러운 함성으로 이어졌다. 전사들은 소리가 보다 크게 울리도록 오목한 방패를 입까지 치켜 올렸다. 그러다가 일제히 소리를 지르면서 앞으로 몸을 내던져 사나운 힘으로 적군에게 창을 찔렀다. 맨 앞에 선 알몸의 청년들은 말만큼이나 빨랐다. 그들은 바람처럼 몸을 날렸다가 옆으로 돌아서면서 창으로 찌르고 방패로 막았다. 그러고는 거칠고 대담한 지도자 뒤에 모여 섰다. 이 어린 전사들이 로마군의 철제 방패 방어막에 알몸을 내던지고 그들의 창을 로마군단의 철갑모와 흉갑에 내질렀을 때 일어날 결과는 상상하기조차 끔찍한 광경이 아닐 수 없다. 그들이 나름대로 성공을 거둔 것은 경이로운 일이라 하겠는데, 그것은 순전히 겁을 모르는 무서운 용기 때문이며, 바람처럼 재빠르게 몸을 날릴 수 있는 돌격 때문이었다.

전세가 밀렸다고 느끼는 순간 그들은 잽싸게 물러나 전열을 가다듬고 다시 한 번 공격을 위해 방향을 크게 바꾸었다. 그러나 끝내 밀려서 후방에 있는 아내와 가족에게로 달려오는 경우에는 게르만족 여인들이 가슴을 풀어헤쳐 보이면서 수치보다는 차라리 죽음을 달라고 청했다. 여인들은 남편들을 다시 전선으로 내보내고 남자들과 함께 서서 격렬하게 싸웠다. 전쟁이 끝나면 아내와 어머니들은 남자들에게 몸에 입은 부상을 보여달라고 요구했다. 여인들은 전사들의 몸에 난 영광의 상처를 치료하면서 기뻐했다. 만약 자식의 몸에 상처가 없으면 슬퍼했다.

때로는 전쟁이 계속 일어나 엄청난 손실이 생기기도 했다. 하지만 달리 방법이 있을 수 없었다. 알몸의 시체가 들판에 산더미처럼 쌓였다. 그러나 애도의 표시는 거의 없었다. 전쟁에서 죽는 것은 영광이었기 때문이다. 남자들은 죽은 자를 생각하고 침묵했으며 여인들은 죽음의 노래를 구슬피 불렀을 뿐이다. 그리고 기나긴 겨울밤 화롯가에 둘러앉아 죽은 자를 칭송하고 애석함을 표시했다.

전쟁이 끝나 집으로 돌아오면 평의회가 소집되어 가축과 토지와 말과 노예 전부를 전쟁에서 가장 용감했던 족장에게 바쳤다. 대신 족장은 피 묻은 창을 가장 용감한 청년에게 하사했다. 그다음으로 용감한 사람에게는 말이나 망토 고리를 주었다. 젊은 전사들은 족장의 큰 오두막집에서 함께 살고 함께 식사를 했다. 잠은 족장 집의 대청마루에서 잤다. 그들에게 주어지는 보상이나 대가는 이것이 전부였다. 게르만족 사회에는 화폐도 없고 재물이랄 것도 없었기 때문이다.

전쟁이 끝난 다음에는 게으름의 연속이었다. 전사들은 일을 하지 않는 것이 규칙이었기 때문이다. 전사들의 임무는 전쟁과 사냥을 하거나, 먹고 즐기는 것이었다. 노동을 하고, 땅을 파고, 가축을 먹이고, 아마를 기르고, 직물을 짜고, 가죽을 말리고, 사료와 음식과 땔감을 준비하는 것은 노예와 노인, 여자와 병자들의 몫이었다. 용감한 자는 전쟁 이야기를 나누고 영웅 이야기를 다룬 음유 시인의 노래에 귀를 기울였다. 그들은 취하도록 마시고, 깨면 다시 마시면서 노름과 노래를 했고, 이야기를 듣고, 춤추는 것을 지켜보았다.

노름과 술 중독은 이들 사이에서 최대의 악덕이었다. 생산과 창조라는 형태에 자신을 생활을 바치지 않는 사람은 항상 손실이나 위험을 감수하는 모험을 무릅써야 했다. 전쟁의 기쁨이 끝나면, 그래서 자신의 목숨을 잃거나 다른 사람의 목숨을 빼앗는 위험을 예민한 흥분제로 경험하는 즐거움이 끝나면, 그들은 노름이라는 평화로운 시합을 벌여야만 하는데, 노름은 자신의 모든 것을 걸고 상대방의 모든 것을 빼앗는 것이었다. 이것이 생산하지 않고 영원히 싸우기만 하는 사람들의 정열이었다. 게르만 전사들은 평화시에 이러한 노름을 하면서 집을 잡히고, 말을 잡히고, 무기를 잡히고, 노예를 잡히고, 아내를 잡히고, 아이들을 잡히고, 의복을 잡혔다. 그것도 모자라면 팔을 걸고, 그다음에는 다리를 걸었다. 나중에는 자신을 걸어 결국 지게 되면 노예로 팔려 모든 것을 잃을 때까지 노름을 했다. 그러면 전쟁이 일어나 자유와 재산을 다시 되찾을 기회가 올 때까지 노예로 일해야만 했다.

고대 게르만족의 종교에 관해 우리는 별로 아는 바가 없다. 우리가 알고 있는 것은 그들이 주로 캄캄한 숲속에서 기도를 올리는데, 그곳에는 조잡한 제단이 있고 그 위에 희생물과 말과 심지어는 사람까지도 제물로 바쳤다는 사실이다. 그들은 성스러운 나무 위에 사람의 두개골과 흉물스런 말의 두개골을 못질해두었다. 이것은 선사 시대에 있었던 나무 숭배의 일종으로 유럽 전체에 널리 퍼져 있었고 아메리카에서도 역사 이전 시대에 있었던 의식이었다. 피 묻은 제단이 있는 어두운 숲은 로마인들을 경악 속에서 몸서리치게 했다. 그럼에도 이러한 숲은 지중해와 마르세유 근처, 스페인과 영국과 독일등지에서 발견되었다.

생명의 나무에 대한 숭배로 알려진 나무 숭배는 항상 사람의 목숨을 희생하는 의식을 수반한 것으로 보인다. 생명이란 것은 이 나무에 열리는 과실에 불과했다. 이 나무는 어둡고 무서운 존재로 항상 사람의 목숨을 다시 돌려받을 것을 요구했다. 이 나무가 가지를 뻗으면 그것이 바로 십자가가 되었다. 오늘날까지 찬송가 중에 예수가 '나무에 매달리다'라는 노래가 있는 것도 우연은 아니라 하겠다.

나무 숭배는 이 종교의 핵심이었다. 그래도 그들이 숭배하는 다른 신이 없었던 것은 아닌데, 천둥의 신, 태양의 신, 다산의 신이 있었고 그들을 위한 신전도 따로 세워져 있었다. 북쪽에는 탄생과 생산의 대모신大母神이 발트 해의 한 섬 위에 큰 신전을 갖고 있었다. 이 위대한 어머니 신은 우리의 생명을 유지시키는 유순한 젖소와 같은 것이었다. 예수의 어머니가 예수를 낳았을 때에도 구유에는 평화와 풍요로움을 상징하는 젖소가 함께 있었다. 그래서 매년 이 신비스런 '어머니'는 은밀하게 장막으로 가려진 채 북쪽의 신전에 모셔졌다가 그곳에서 나와 소들이 끄는 수레에 실려 천천히 전국 곳곳으로 성스러운 행진을 했다. 이 신비스런 상이 행진을 하는 기간에는 게르마니아 전체에서 성스러운 평화가 지켜져야 했다. 누구도 손을 들어 폭력을 쓸 수 없었는데, 그것을 어기면 무섭고 고통스러운 형벌이 내려졌다. 그러므로 이것은 끊임없는 전쟁이 계속되는 동안에 종교가 평화를 제시해 사람들에게 숨을 쉴 수 있는 공간을 제공하는 것이기도 했다. 이러한 장치가 없었더라면 사람들은 자멸하고 말았을 것이다.

결국 로마제국을 무너뜨린 사람들은 로마 정신에 흔들리지 않고 끝까지 반대한 푸른 눈의 북부 튜턴족이었다. 이들 튜턴족은 로마에 대적해온 위대한 외부 세력이었다. 그러나 게르만족은 로마가 무너지면서 검은 눈을 가진 종족과 융합하게 되었다. 근대 유럽의 태동은 이 두 개의 서로 다른 적대적 정신이 융합하면서 비롯되었다. 서로 이질적이고 적대적인 피의 흐름이 섞이면서, 근대 유럽이 형성된 것이다. 두 극단의 융합은 근대의 위대함을 가져왔다. 반면 이 두 반대되는 힘의 적대적 성격은 과거와 마찬가지로 현재에 재앙을 불러일으키기도 한다.

V

고트족과
반달족

407년, 그 해의 암담하던 마지막 날에 게르만족의 무리가
얼어붙은 라인 강을 건너 갈리아로 침공해 들어왔다.
야만과 문명이라는 두 개의 유럽을 가르던 경계선이
무너진 것이었다.

In 407, on the last dark day of the year, hosts of
Germans marched over the Rhine, on the ice, into Gaul.
The barriers between savage and civilized Europe were
destroyed.

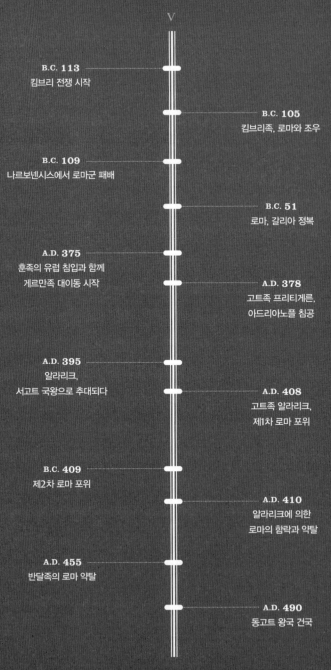

V

B.C. 113
킴브리 전쟁 시작

B.C. 105
킴브리족, 로마와 조우

B.C. 109
나르보넨시스에서 로마군 패배

B.C. 51
로마, 갈리아 정복

A.D. 375
훈족의 유럽 침입과 함께
게르만족 대이동 시작

A.D. 378
고트족 프리티게른,
아드리아노플 침공

A.D. 395
알라리크,
서고트 국왕으로 추대되다

A.D. 408
고트족 알라리크,
제1차 로마 포위

B.C. 409
제2차 로마 포위

A.D. 410
알라리크에 의한
로마의 함락과 약탈

A.D. 455
반달족의 로마 약탈

A.D. 490
동고트 왕국 건국

THE GOTHS AND
VANDALS

위대한 게르만족은 안정된 생활을 모르는 민족이었다. 삶의 참된 목표가 없었고 오직 서로 싸우고 적대하는 일이 전부였던 이들은 집에 머물러 있는 것에 금방 싫증이 났다. 이들에게는 모험이 필요했다. 이와 더불어 그곳의 땅이 넓다고는 해도 한 사람이 차지하는 공간이 넓었기 때문에 인구가 늘어나자 점차 여유가 없어졌다.

그에 따라 북해의 어두운 땅과 엘베 강 저 너머로 뻗어 있는 광활한 지역으로부터 푸른 눈을 가진 사람들이 겨울의 얼음이 녹아 생겨난 홍수처럼 지중해를 향해 수시로 그리고 갑자기 쏟아져 들어오곤 했다. 첫 번째 무리는 라인 강을 건너 갈리아 지방으로 들어갔다. 이미 기원전 105년경부터 로마인들은 흰 피부의 야만인 무리들의 출현에 놀라고 겁을 먹은 적이 있었다. 방패와 창을 든 이 전사들은 소가 끄는 엉성한 마차를 몰고 아내와 아이들을 데리고 나타났다. 이들이 기록에 나타난 최초의 이주자 무리였다. 이들이 게르마니아에서 왔으리라는 것은 틀림없다. 이들은 이탈리아 반도를 위협하고 로마 군대에 충격적인 패배를 안겨주었으며, 진로를 돌려 프랑스를 넘어 스페인으로 들어갔다가 다시 론 지방으로 이동했다. 그들은 수년에 걸쳐 느리고 불안하게 이동했다. 그러다가 마침내 마리우스Marius 장군이 이끄는 로마군에게 패해 사라졌다. 이들이 유명한 킴브리족*이다.

이 사건 이후 로마제국은 갈리아 지방에서 시작되는 침공을 수없이 격퇴해야 했다. 마침내 기원전 51년에 갈리아가 정복되자 로마제국은 라인 강을 따라 튼튼한 요새로 방어선을 구축했고, 강력한 군대를 주둔시켜 게르만족의 침략을 효과적으로 막았다. 이 방어선이 튜턴족까지 봉쇄했다. 그러나 늪과 숲지대 뒤에서는 여러 민족들이 동요하고 있었다. 발트 해와 북해 연안으로부터 최초의 노르만족이 이끄는 길고 날렵한 배들이 지중해로 쳐들어와 약탈을 하고 싸움을 벌였다. 이들 파란 눈의 노르만족 일부는 돌아가지 않고 지중해 연안에 남았다.

멀리 북쪽에서는 튜턴족의 힘이 끊임없이 커지고 있었다. 많은 배를 이끌고 나갈 수는 없었지만, 바깥으로 터져 나갈 수밖에 없

---

*   이 기간 동안 벌어진 전투를 킴브리 전투Cimbrian War라고 부른다. 초기에는 대부분 게르만족의 승리로 이루어졌으며, 이 중 로마 군대가 전멸에 가까운 피해를 입은 아라우시오 전투가 유명하다. 이후 군제개혁을 통해 군 체제를 일신한 이가 바로 마리우스 장군이다. 군역은 징병에서 모병제로 전환되었고, 로마군은 의무병에서 직업군인으로 변화했으며, 마리우스는 이 직업군인을 혹독한 훈련을 통해 정예군으로 변모시킨다. 이어진 마리우스의 설욕전에 힘입어 최후의 전투인 베르켈라이 전투와 함께 킴브리족은 역사에서 사라진다.

었다. 그런데 라인 강과 그 경계선은 철저하게 수비되고 있었다. 서쪽은 바다였으며 북쪽으로는 빙하였다. 움직일 수 있는 길은 동쪽밖에 없었는데, 게르마니아의 뒤로 돌아 남부 러시아를 가로질러 반대쪽에 있는 바다인 흑해로 들어가는 길이었다.

사건이 어떻게 일어났는지를 정확하게 파악할 수는 없다. 우리가 아는 것은 2세기 중반 북부 게르마니아에 고트와 반달이라 불리는 위대한 사람들 혹은 종족들이 살고 있었다는 사실뿐이다. 동쪽에 자리 잡은 고트족은 비수아Vistula 강 하구와 단치히Danzig 만 어구에 살았으며, 발트 해를 끼고 이보다 더 동쪽으로는 슬라브계나 켈트계의 베네티Veneti족 또는 벤드Wend족으로 불리는 종족들이 살았다. 게르마니아 서쪽으로는 오데르Oder 강 하구와 유틀란트 반도 남쪽에 반달족이 살았는데, 이들은 여러 종족으로 구성된 국가를 형성하고 있었다. 이보다 더 서쪽에는 유명한 롬바르드족이 북해와 연결된 엘베 강 하류에 살았다.

어떤 아주 큰 내면의 자극에 의해 이 민족들은 서서히 동쪽으로 이동하기 시작했다. 처음에는 러시아로 갔다가 이어서 흑해로 이동했고, 다시 남쪽으로는 콘스탄티노플, 남서쪽으로는 로마를 향해 움직여갔다. 이들 민족들은 모두 다뉴브 강을 건너 로마제국의 영토로 들어갔다가 이탈리아로 내려가는 데 성공했다. 먼저 고트족이 오고 그다음에 반달족이 왔으며, 마지막으로 롬바르드족이 왔다.

먼저 최초로 도착한 이들인 고트족의 경우를 보자. 150년경이나 그 무렵에 고트족은 아직 게르마니아에 살고 있었다. 그러나

220년경에는 흑해 근처에 나타나 다키아 지방의 로마 국경선 지대를 침범하고 다녔다. 다키아는 다뉴브 강과 드네스트르 강 사이의 지역으로 오늘날 루마니아가 위치한 곳이다.

150년과 220년 사이의 70년 동안 고트족 부족들은 남부 러시아와 폴란드를 지나갔던 것이 분명하다. 이들은 강줄기를 따라 천천히 이동하면서 베네티족과 같이 도중에 만난 부족 중에서 많은 사람들을 함께 데리고 갔다. 우크라이나는 가축을 배불리 먹일 수 있는 비옥한 땅이었고 꿀도 풍부했다. 이 야만의 땅은 가축과 벌, 그러니까 우유와 꿀의 보고였고 나중에는 곡물의 보고가 된다. 고트족은 이 땅에서의 생활에 만족했지만 한편으로 그들은 목가적인 생활을 경멸했다. 그래서 다시 모험과 전쟁과 약탈을 위해 거칠고 궁핍한 생활을 견디면서 계속 전진했다. 그렇게 해서 그들은 풍요로운 로마의 식민지인 다키아까지 이르게 되었다. 거기서 방향을 남쪽으로 돌려 드네스트르 강을 건너 다뉴브 강에 이르는 남부 지방을 약탈했다.

얼마 후 고트족은 다뉴브 강을 건너 평화스러운 로마제국의 영토로 침공해 들어가 노략질로 초토화시켰다. 그들은 대도시인 필리포폴리스*를 점령하고 약탈했으며 주민들을 학살했다. 이 불운한 해인 251년에 로마의 황제 데키우스Decius가 제국의 정예 부

---

*   알렉산드로스 대왕의 아버지로 유명한 마케도니아의 왕 필리포스 2세에 의해 세워졌으며, 그에 따라 필리포폴리스로 불려왔다. 고트족의 침략 당시에는 로마의 속주인 트라키아의 주도였다. 오늘날의 불가리아 중남부에 위치해 있으며, 현재 명칭은 플로브디프다.

대를 이끌고 반격에 나섰다. 대전투가 벌어진 끝에 고트족이 승리하고 데키우스는 사망했다. 황제의 시신은 습지에서 말발굽에 짓밟혀 늪 속으로 빠지는 바람에 찾을 수가 없었다.

전투 직후 로마제국은 이 야만인들에게 많은 선물을 주면서 다뉴브 강 너머로 물러갈 것을 설득했다. 그리고 라인 강처럼 다뉴브 강에도 요새를 세웠다. 고트족들은 자신들의 침공이 저지당한 사실을 깨닫게 되었다. 그들은 지금은 루마니아와 남부 러시아가 된 땅에 정착했다. 그러나 그들에게는 역시 모험이 필요했다. 고트족은 바닥이 평평한 큰 배를 만들어 흑해에서 남쪽 방향으로 거칠게 나아갔다. 이들은 보스포루스 해협을 지나 지중해로 들어갔다. 여기서 이들은 약탈과 방화를 일삼았고, 어떤 원정길에서는 아테네까지 약탈했다. 그러나 269년에 이 약탈자들은 큰 패배를 겪었다.** 함대는 파손되고 전사들은 대규모로 살육되었다. 전염병까지 고트족 무리를 덮쳐 이들을 깨끗하게 쓸어버렸다. 살아남은 사람들 중 여자들은 노예로 팔려가고 젊은이들은 로마 군대에 징집되었다. 나머지 부족들은 다뉴브 강 북쪽에 남아 있기로 동의했다.

이들은 약 50여 년 동안은 조용히 지냈다. 그러다 콘스탄티누스

**   당시 로마 황제는 클라우디우스 고티쿠스Claudius Gothicus다. 고티쿠스라는 칭호는 고트족의 물리친 업적을 기리기 위해 원로원에서 붙여준 것이다. 그러나 클라우디우스는 이듬해, 반달족 토벌에 나서다 전염병으로 사망하여 불과 2년의 짧은 재위 기간을 가진 황제가 되고 말았다.

대제 때 다시 평화를 깨고 침공을 시작했다. 322년에 대제는 침략군에 맞서 나아갔고 그들을 엄중하게 응징했다. 그러자 고트족은 서쪽에 인접한 이웃 야만 부족들을 침략했다. 이들이 지금은 코사크족으로 불리는 사르마티아인들이었다. 사르마티아인은 튜턴족들처럼 키가 크고 피부가 흰색이었지만 행동은 아시아계의 타타르족과 유사했다. 가죽으로 만든 헐렁하고 긴 옷을 입었으며 천막 안에서 살았고, 대부분의 삶을 말 위에서 보냈는데, 독화살을 쏘며 전쟁을 했다. 이들은 사납고 거친 종족으로 덥수룩한 턱수염을 기르고 가죽옷을 입고는 이상한 말을 쓰고 있어서, 고트족들에게조차 자기들보다 더한 야만인으로 보였고 로마 사람들에게는 끔찍한 종족으로 보였다.

사르마티아인은 헝가리의 평원 지대에 살고 있었다. 그들은 콘스탄티누스 대제에게 도움을 청했다. 대제는 군대를 직접 이끌고 와서 고트족에게 호된 교훈을 주었다. 그러나 이들 고트족에게도 평화를 돌려주어, 그들은 이후 내내 대제를 대단히 존경했으며 세월이 흐른 뒤 그의 나약한 후손들에게도 존중의 마음을 보였다.

알다시피 콘스탄티누스 대제는 제국의 수도를 로마에서 콘스탄티노플로 옮겼다. 이렇게 해서 제국에 두 개의 중심부가 생기게 된 셈이었다. 얼마 지나지 않아 제국에는 두 명의 황제가 세워졌는데, 동부의 황제와 서부의 황제가 따로 있게 되었다. 그 결과 제국은 둘로 나뉘었고, 이로 인해 제국의 멸망으로까지 가고 말았다.

로마제국이 내부적으로 파멸하고 있는 동안 외부에서도 불길한 사건이 일어났다. 375년은 세계 역사에서 분기점으로 기록되는데, 이것은 광활한 미지의 아시아 대륙에서 훈족이 등장해 볼가 강을 건너 유럽으로 쳐들어온 해였기 때문이다.

이 무렵 고트족은 다뉴브 강 북쪽에 어느 정도 정착한 상태였다. 이들은 크게 두 개의 종족으로 구성되어 있었는데, 동고트Os-trogoth와 서고트Visigoth가 바로 그들이었다. 고대의 전체 고트족 왕이었던 유명한 헤르만리크Hermanric 왕은 동고트족이었다. 고트족 국가는 이 유명한 왕의 통치 하에 발전했고 문명국가가 되었다.

갑자기 화산이 터지면서 이 불행한 민족의 머리 위에 용암이 쏟아지듯, 훈족이 아시아에서 나와 수많은 검은 무리를 이룬 채 고트족을 덮쳤다. 훈족은 흉물스런 인상에 키가 작은 민족으로, 항상 말을 타고 다녔으며 야만적인데다 아주 사나웠고, 그 수는 메뚜기 떼처럼 많았다. 헤르만리크가 막아섰지만 오히려 전사하는 운명을 맞았다. 동고트족은 이 흉측하고 왜소한 적군에게 항복했다. 그러나 서쪽의 서고트족을 포함해 고트족 거의 대다수는 극도의 공포에 질려서, 사람이라기보다는 차라리 비비 원숭이처럼 보이는 적군의 무리를 피하기 위해 다뉴브강 방면으로 도망쳤다.

다뉴브강은 로마군이 철통같이 지키고 있었다. 공포에 질린 고트족들이 팔을 뻗고 울부짖으며 강을 건널 수 있게 해달라고 애원했지만 장교들은 황제의 허락 없이는 강을 건너도록 허용할 수가 없다며 기다리라고 말했다. 드디어 이들의 운명을 결정하는 허락이 떨어져, 고트족은 강을 건널 수 있게 되었다.

고트족이 진을 치고 있던 지점은 로마군의 진영과 마주보고 있던 곳으로 강의 폭이 1마일(1.6킬로미터) 정도나 되었으며 홍수가 져서 물살이 급하게 흐르고 있었다. 대형 선박이 투입되었으나 워낙 많은 사람과 짐이 실려 있어 되돌아 올 때 배를 운행하는 일이 쉽지 않았다. 많은 사람들이 급류에 휩쓸려나갔다. 수많은 불행한 고트족 가족들이 비명을 지르면서 물속으로 빠져 죽었다. 하지만 차츰 선원들이 급류에 익숙해지면서 연이어서 배들이 건너와 사람들을 실어 나르는 데 성공했다. 강둑에 남아 있던 고트족은 아우성치며 비명을 질러댔다. 병사들은 보초를 서면서 강 북쪽을 계속 감시했으며 밤에는 횃불을 올려 강물을 밝혔다. 대형 선박들이 쉬지 않고 밤낮으로 강을 건너 다녔다. 밤에는 맞은편 강둑에 커다란 횃불을 켜서 어두운 강을 밝혔고, 배에는 횃불과 철제 횃불 바구니를 매달았다. 여인들과 아이들을 대동한 고트족은 배 안에서 공포에 질린 채 빽빽하게 서 있었다. 배가 홍수 진 강물 위에서 바위에 부딪치고 이리저리 출렁거렸기 때문에 겁에 질려 아무 말도 하지 못했다. 그렇게 하고 나서야 그들은 안전하게 강을 건너 남쪽 해안에 내렸다. 수송 작전은 밤낮을 가리지 않고 계속되었지만 피난민들의 행렬은 끝없이 북쪽 강둑의 선착장으로 몰려들었다. 마침내 수송 작전도 거의 끝이 보이는 듯했다. 전사들이 드디어 철수 준비를 하고 고트족 보초병들도 진지를 떠나 강을 건널 준비를 해서 왼편 강둑에는 인적이 없어졌다.

로마제국에는 엄청난 수의 피난민들이 사방에 자리 잡았고 지방까지 불쌍한 사람들로 뒤덮였다. 먹을 것도, 비바람을 막아 줄

유럽사 이야기

천막도 모자랐다. 고트족은 기근으로 죽어나가기 시작했는데, 제국은 끔찍하게 늘어난 피난민들을 먹여 살릴 능력이 없었기 때문이다. 이제 고트족에게는 기아가 훈족보다 더 무섭게 다가왔다. 불만의 큰 목소리들이 터져 나왔고 싸울 수밖에 없다는 의견도 나왔다. 로마의 군인과 시민들은 피난민들의 흉흉한 기세에 위협을 느끼기 시작했다.

바로 이 시점에 동고트의 왕이 남아 있던 자들을 데리고 서쪽 강둑에 도착해서 강을 건너게 해달라고 간청했다. 그런데 이번에는 로마 측의 태도가 완강했다. 로마의 입장에서는 지금도 위협을 느끼는 상황에 더 이상의 위험과 혼란을 덧붙일 수 없었다. 갈 곳 없고 배고픈 피난민들이지만 동시에 강하고 사나운 종족이기도 한 이들을 더 받아들여 압도당할 수는 없었다. 겁에 질린 동고트족은 강둑을 따라 건널 곳을 찾다 마침내 로마군의 도움 없이도 강을 건널 수 있는 장소를 찾아냈다.

그리고 끔찍한 시기가 뒤따랐다. 기근이 닥쳐 여자와 아이들이 굶어 죽어가는 가운데, 남자들은 굶주린 이리 떼처럼 먹이를 찾아 헤맸다. 로마군은 보급품을 노리는 무리에게 대규모로 살육되었다. 고트족은 게걸스레 로마의 영토를 삼키면서 사방으로 퍼져나갔다. 로마군은 이를 저지하려고 했고, 그래서 전쟁이 일어났다.

고트족은 용감한 프리티게른Fritigrn의 휘하에서 뭉쳤다. 377년에 살리시스 평원에서 대규모였지만 결정적이지는 않은 전투가 벌어졌다. 고트족 병사들의 커다란 뼈와 로마 군인들의 작고 보기 좋은 뼈가 평원을 하얗게 덮었다. 378년에는 고트족 병사들이 발칸 반도를 휩쓸고는 콘스탄티노플과 멀지 않은 지점에 위치한 아드리아노플까지 침공해 들어갔다. 그들은 여기서 용맹스런 황제 발렌스Valens가 이끄는 로마군과 접전을 벌였다. 몸집이 큰 고트족 전사들이 사생결단의 각오로 함성을 지르면서 로마군의 대열을 덮쳤다. 로마의 보병 군단은 대파되어 황제는 부상을 입었다. 황제가 겨우 빠져 나와 오두막에서 부상을 치료하고 있었는데 고트군이 함성을 지르면서 그 집을 포위했다. 고트군은 문을 부수고 안으로 들어가는 것이 불가능하다는 사실을 알게 되자, 풀로 엮은 지붕 위로 불을 붙인 화살을 날렸다. 집은 금세 화염에 싸였고, 불길이 집 안에 있는 사람들을 삼켜버렸다. 군인 한 명이 창문으로 간신히 빠져나와 콘스탄티노플까지 가서 이 무서운 소식을 알렸다. 이 전투에서 로마군의 3분의 2가 사망했다. 제국이 입은 최초의 치명타였다.

고트족은 아드리아노플에서 물러났다. 그리고 서서히 콘스탄티노플을 향해 진격했다. 북쪽에서 내려온 이 야만인들은 수도 변두리의 언덕에서 멀리 푸른 바다로 둘러싸여 아름답게 빛나는 도시를 경이롭게 쳐다보았다. 그러고는 약탈한 전리품을 싣고는 북쪽으로 돌아갔다.

로마인의 가슴속에는 고트족이라는 이름과 관계된 모든 것에 대해 공포와 증오가 가득 찼다. 콘스탄티누스 대제 이후 로마제국과 고트족 사이에는 얼마간 우의 관계가 형성되어 있었다. 고트족은 로마로부터 문명의 기술을 빠르게 배워가고 있었으며, 로마제국은 북방의 이방인을 가르치는 데서 즐거움을 느끼고 있었다. 그

유럽사 이야기

결과 아시아의 여러 도시에서는 고트족 청년들이 로마인의 가정에서 로마식 생활을 배우는 사례가 많이 있었다. 그러나 이제 고트족에 대한 공포와 혐오 때문에 동방에 사는 로마인들은 몰래 음모를 꾸몄다. 어느 날 동방의 모든 도시에 살고 있던, 열넷, 열여섯, 스무 살의 키 크고 잘생기고 훌륭한 교육을 받았으며, 그리스어나 라틴어를 유창하게 말하고, 로마인 친구들을 형제처럼 생각하는 고트족 청년들이 경기나 공연을 관람하는 줄로만 알고 시장터에 다함께 모여들었다. 그런데 갑자기 이들은 한날한시에 모두 살해당하고 말았다.

이 사건은 로마제국과 고트족 사이의 거리를 돌이킬 수 없이 멀어지게 만들었다. 그런데 고트족은 절제된 행동을 길게 유지하지 못하는 사람들이었다. 시간이 흐르면서 그들은 세웠던 계획에 진력을 느끼고 급기야는 계획을 포기했다. 프리티게른의 사망 이후 고트족의 군대는 무너져가고 있었다. 이러한 동안 현명한 테오도시우스Theodosius 황제가 고트족 지도자들과 친선 관계를 맺고, 발칸반도에 평화롭게 정착해 국가를 세우도록 설득했다. 콘스탄티노플과 황제의 아름다운 궁전에서 친구로서 환대를 받게 되자 야만인 족장들은 화려함과 문명에 익숙해졌고 그들의 전투적인 정열도 어느 정도 사그라졌다.

그러나 평화는 길지 않다. 395년 테오도시우스 황제가 서거한 몇 주 뒤에 고트족은 다시 무기를 들었다. 새로운 약탈 지역을 찾아 족장 알라리크Alaric가 이끄는 고트군이 그리스로 들어갔고, 그곳을 초토화시켰다. 원정이 성공하자 그는 군사 대열 앞에서 방패 위에 높이 올려졌고, 전사들에 의해 '서고트 국왕 알라리크'로 추대되었다. 다시 한 번 고트족은 용맹하고 꾀 많은 지도자 아래 뭉치게 되었다.

로마는 구원받을 길 없는 공포의 도가니에 빠진 나약한 상태였다. 알라리크는 공격할 때가 된 것을 깨달았다. 서로마제국의 황제 호노리우스Honorius는 겁에 질려, 전방에 있던 군단들, 특히 영국과 라인 강의 군단들에게 회군하라고 명령했다. 로마군이 갈리아를 지나 이탈리아로 회군하면서 수백 년 동안 라인 강을 굳게 지켜온 요새는 원주민들에게 넘겨져 붕괴되는 위기를 맞았다. 포스에서 클라이드에 이르는 대장성 위에서 로마군 보초병들은 북쪽의 안개 낀 고원의 산악 지대를 마지막으로 바라본 다음, 다시는 올라가지 못할 초소를 내려왔다. 대장성은 분노에 찬 스코틀랜드 사람들에게 맡겨졌다. 군단은 서서히, 그러나 확신 없는 발걸음으로 로마를 향해 회군했다.

400년에 알라리크는 이탈리아를 침공했다. 로마의 지형에 익숙해지기 시작한 그의 날렵한 군대는 베로나를 지나 겁에 질려 벌벌 떠는 황제가 있는 밀라노를 향했다. 호노리우스가 도주하고 고트 군의 기마대가 그를 추격했다. 위대한 장군 스틸리코Stilicho가 이끄는 로마군이 남부에서 올라오지 않았더라면 황제는 포로가 될 뻔했다.

스틸리코는 원래 반달족 태생이었다. 그러나 그는 로마인에 의해 키워졌고 자라서 로마에 충성을 다하던 사람이었다. 그는 적이 불리할 때, 이들을 치려는 계획을 세웠다. 고트족은 동로마제국과 접촉한 후로 기독교도가 되어 있었다. 알라리크의 휘하에 있던 야만족들도 토리노 근처에서 성스러운 부활절 휴일을 경건하게 지키기 위해 쉬고 있었다. 자신이 기독교도이고 그가 이끄는 군대도 기독교도들로 구성되어 있었지만, 스틸리코는 전략상 이 기간을 이용하기로 하고 작전을 세웠다. 그는 고트족이 가장 성스러운 축일을 기념하고 있는 사이에 그들을 기습했다. 급작스런 공격에 고트족은 당황했으나 금세 질서를 회복했다. 그들은 용감하게 싸웠으나 참혹하게 패배했다. 이 폴렌티아 전투는 고트족을 크게 패배시켜 이탈리아를 구원한 것으로 유명하다.

알라리크는 알프스로 도망쳤다. 훗날 그는 새로이 군대를 이끌고 내려왔으나 스틸리코 장군에게 또다시 패했고 그 자신도 어렵사리 빠져나가서 아드리아 해를 건너 멀리 후퇴했다. 이탈리아는 다시 한 번 자유를 누리게 되었다.

이번에는 모든 게르만족이 고삐가 풀려 이탈리아로 쏟아져 내려오는 듯이 보였다. 게르만족은 구름 떼처럼 발트 해에서 다뉴브 강 상류로 이동하다가, 뒤에서 밀고 오는 훈족의 압력에 다시 앞으로 나아가기 시작했다. 이들은 405년에 알프스를 넘어 이탈리아로 들어왔다. 스틸리코가 다시 북진해서 대승을 거두었다. 이 전투에서 12,000명의 게르만족이 포로로 잡혀 로마로 들어왔는데, 반달족, 부르고뉴인, 수에비족 등이 섞여 있었다. 스틸리코는 다시 한 번 '이탈리아의 구원자'로 추앙되었다. 포로로 잡히지 않은 나머지 야만인들은 갈리아로 밀려났다.

407년, 그 해의 암담하던 마지막 날에 게르만족의 무리가 얼어붙은 라인 강을 건너 갈리아로 침공해 들어왔다. 이번에 그들은 격퇴되지 않았고, 그 결과 로마제국의 국경선은 영원히 무너지고 말았다. 야만과 문명이라는 두 개의 유럽을 가르던 경계선이 무너진 것이었다. 라인강을 끼고 뻗어간 로마제국의 국경선은 오랫동안 평화를 유지했다. 그 땅은 로마식 집인 빌라와 정원과 정교하게 만들어진 로마식의 도시로 아름답게 꾸며져 있었다. 그리고 이렇듯 아름답게 가꾸어놓은 풍경이 갈리아 너머까지 멀리 뻗어 있었다.

게르마니아에서 말을 달리며 사냥을 하는 데 익숙했고 헤르시니아 숲속에서도 안전하게 돌아다니던 사람들, 그리고 로마제국 국경 도시의 장터와 서커스 공연장에서 키 큰 게르만 사람들을 보면서 평화롭게 물건을 사고 구경을 하며 평화롭게 살던 주민들이, 갑자기 아무 예고도 없이 화염이 솟아오르고 창칼이 번뜩이는 광경을 목격해야만 했다. 갈리아는 야만인들에 의해 침략 당했다. 식민지의 주민들은 살육되었고 국토는 잿더미가 되었다. 영국에 주둔한 로마군이 반란을 일으켜 독립을 선언한 것도 이 해에 일어난 일이었다.

로마인들은 이러한 분란에도 불구하고 정신을 차리지 못했다. 408년에 그들은 궁정 내부의 질투와 음모 때문에 위대한 장군 스틸리코를 야비하게 참수형에 처했다. 로마의 왕궁은 아드리아 해변에 있던 라벤나 시의 늪지대에 세워져서 함락은 물론 접근하기조차 쉽지 않았다. 황실은 이 궁전 안에서는 안전하다고 느껴서 이탈리아에서 어떤 일이 일어나든 관심을 두지 않았다. 호노리우스는 불안에 떨면서 또 기쁨에 들뜨기도 했다. 그는 궁전 안에 머물면서 스틸리코 장군의 처형을 승인했다.

알라리크는 자신의 위대한 적수가 수치스럽게 죽었다는 소식을 들었다. 그는 회심의 미소를 지으면서 어리석은 호노리우스 황제와 교활하게 협상을 하는 척해서 라벤나가 조용히 있게 만들었다. 그리고 이렇게 얻은 틈을 이용해 고트족 군대를 이끌고 플라미니우스 가도를 따라 곧장 로마로 쳐들어갔다. 그는 위풍당당한 아치들을 지나 위대한 도시의 성벽 아래에 진을 쳤다. 408년의 일이었다. 고트족이 왔던 똑같은 땅에서 나온 야만인인 킴브리족과 튜턴족이 제국을 침공한 이후 619년 동안 로마는 적군의 발길에 짓밟힌 일이 없었다. 이제 로마는 기아에 시달리기 시작했다. 그러나 알라리크는 기독교도였고 자신은 성스러운 도시의 적이 아니라고 공언했다. 그는 로마에 있는 황금과 은과 고급 가구들 모두를 달라고 요구했고, 게르만족 노예들의 석방도 조건으로 내세웠다. "남겨두는 것은 무엇이란 말인가?"라고 겁에 질린 로마인들이 묻자 이 서고트인은 경멸에 찬 눈으로 "너희들의 목숨이다"라고 대답했다. 그러고는 조용히 북쪽으로 행진했다.

409년에 알라리크는 다시 로마를 포위했다. 황제 호노리우스와 그의 신하들은 라벤나의 늪지대 뒤에 있어서 적의 침공으로부터 안전을 보장받고 있었다. 알라리크는 이탈리아 여러 도시의 주교들을 로마로 보내 강화를 제의했다. 그러나 로마는 알라리크를 동맹자로 받아들일 준비가 되어 있지 않았다. 이러한 거절에도 불구하고 아직 그는 로마를 공격하지 않았다. 대신 그는 로마의 외항으로 내려가 로마가 항복할 때까지 식료품을 수송하는 배들을 볼 모로 잡았다.

그래도 어리석은 호노리우스는 알라리크와 타협하려 들지 않았다. 대신 그는 고트족과 적대 관계에 있는 야만족 족장에게 군대를 주어 알라리크를 치게 했다. 이러한 라벤나 궁전의 비겁한 처신으로 로마는 세 번째의 대가를 치르게 되었다. 410년 분노에 찬 알라리크가 로마 시의 정면에 나타났다. 자정이 되자 살라리아 문이 배반자에 의해 열리고, 게르만족, 러시아인, 아시아인, 튜턴족, 슬라브족, 켈트족, 타타르족으로 구성된 군대가 한 번도 침공되지 않은 고풍스런 로마 거리로 분노에 차서 노도처럼 밀려들었다. 기독교도인 알라리크는 기독교로 귀화한 고트군에게 사람은 죽이지 말고 재물만 차지하라고 명령했다. 재물만 차지하라는 명령은 쉽게 받아들여졌다. 그러나 난폭한 슬라브계 알라니족과 사르마티아인들, 피에 굶주린 훈족들, 크고 잡다한 군대 속에서나 자신의 의미를 찾으며 아직도 기독교로 귀의하지 않은 게르만족들이 질서 없이 섞여 있는 군대를 통제하는 일은 불가능했다. 무서운 대학살이 거리와 민가와 심지어는 교회에서까지 자행되었다. 로마는 함락당했고 제국의 자존심은 영원히 꺾이고 말았다.

야만족 군대는 6일 동안 로마를 점령했다. 그러고는 이탈리아 전역을 약탈했다. 다음에는 서로 흩어져 전리품을 즐기는 데 시간을 보냈다. 돈 많은 로마인들이 모두 살육당한 뒤여서, 이 야만인들은 바닷가에 있는 로마 부자들의 아름다운 별장에 큰 대자로 드러누워 술을 마시고 노름을 하고 노래를 불렀으며, 자기 집에서처럼 축제를 벌였다. 그들은 따뜻한 대리석 테라스에 누워 비단으로 된 쿠션 방석 위에 다리를 뻗고, 오렌지나무와 아몬드나무 너머로 지중해의 푸른 물결을 바라다보았다. 우아하고 아름다운 여자 노예들이 몸집이 큰 전사들의 시중을 들었다. 그녀들은 눈에 식힌 찬 포도주와, 희귀한 음식과, 꿀로 만든 정교한 사탕 과자와, 살구와 오렌지와 건포도를 가져왔으며, 또 예쁘게 잘 익은 포도송이와 잎사귀가 그대로 달린 달디 단 복숭아를 들고 나왔다. 이러한 분위기 속에서 야만인 용사들은 소리를 지르고 노래를 불렀으며, 멀리 떨어져 있는 잿빛 발트 해의 이야기나 황량한 러시아의 스텝 지대 이야기를 쏟아놓았다.

410년에 알라리크는 시칠리아 섬으로의 원정을 준비하다 사망했다. 그때 그의 나이는 서른네 살에 불과했다. 고트족은 부센토 강의 물줄기를 옆으로 돌려서 알라리크의 시체와 무기와 보물을 강 아래의 관에 묻었다고 전해지고 있다. 그 뒤 강물의 물줄기를 다시 원위치로 바꾸어놓아 지금도 강의 물결이 위대한 서고트인의 위로 흐르고 있다. 이 작업에 투입되었던 노동자와 노예는 공사가 끝난 다음에 모두 죽여서 비밀은 영원히 지켜지게 되었다.

이탈리아에 주둔한 고트족 군대에는 전염병이 퍼지기 시작했다. 새로 뽑힌 족장 아타울푸스Ataulphus는 호노리우스와 강화 조약을 맺었으며, 얼마 후 황제의 여동생 플라키디아Placidia와 결혼했다. 그는 군대를 이탈리아 밖으로 철수시켜 나라 안에 평화를 가져왔다. 그리고 갈리아로 들어갔다가 그 후 피레네 산맥을 넘기로 결정했다.

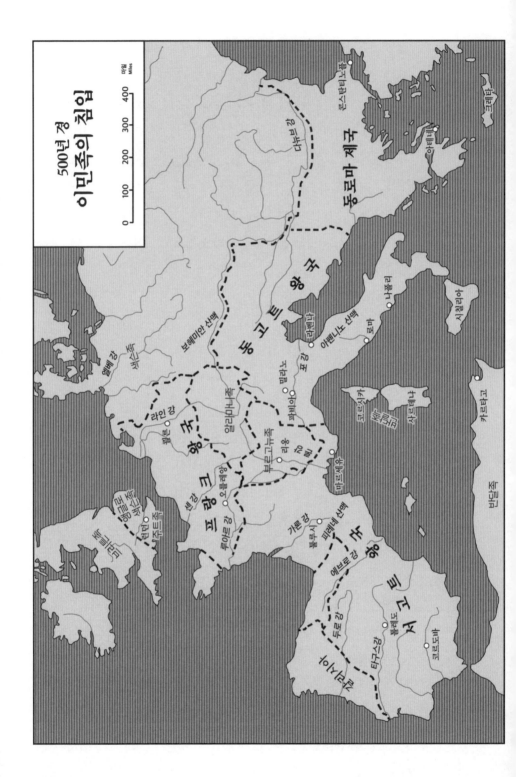

500년 경
이민족의 침입

마일
Miles
0   100   200   300   400

크림
비잔티움
콘스탄티노플
동로마 제국
아테네
시칠리아
동고트 왕국
다뉴브 강
라벤나
나폴리
로마
아펜니노 산맥
포강
밀라노
파비아?
구강
마르세유
카르타고
반달족
코르시카
사르데냐
루아르 강
센강
오를레앙
부르고뉴족
리옹
에브로 강
팜플로나
부르고뉴 왕국
가론 강
툴루즈
피레네 산맥
두로 강
티구스강
톨레도?
코르도바
서고트 왕국
알레마니족
라인 강
쾰른
프랑크 왕국
엘베 강
색슨족
보헤미안 산맥
튀링겐족
앵글족
색슨족
주트족
북해
브리타니아
픽트족
스콧족

영국 주둔 군단과 마찬가지로 스페인 주둔 로마군단도 로마제국에 대한 충성을 포기하고 반란을 일으켰다. 407년 그들은 포악한 야만인 무리를 국내로 불러들였는데, 이들 야만족은 라인 강을 건너 갈리아로 들어왔다. 이들 야만족 중에서 반달족이 주요 종족이었다. 반달족은 고트족보다 훨씬 더 사납고 더 파괴적이었다. 오늘날 잔인한 파괴 행위를 '반달리즘vandalism'이라고 부르는 이유가 여기서 유래한다. 아름답고, 또 고도로 문명화된 로마제국의 속주였던 스페인은 로마의 주둔군이 반달족으로 하여금 피레네 산맥을 넘어서 나라 안으로 들어오게 하는 반역적인 행동을 하게 되면서 소멸하고 말았다.

하지만 415년에 알라리크를 이어 왕이 된 아타울푸스는 로마와의 관계를 우호적으로 개선시킨 후, 서고트군을 이끌고 피레네 산맥을 넘어 파괴를 일삼는 반달족을 쫓아내기로 결심했다. 원정은 성공했다. 그는 야만적인 반달족을 대파하고 북부 스페인에 왕국을 세웠으며, 바르셀로나를 수도로 정했다. 그래서 서고트족의 스페인 통치가 시작되었다. 노르만 왕조가 영국에서 그랬듯이, 서고트족도 스페인에서 귀족과 자유인이 되었으며 원주민들은 하층 계급으로 전락했다. 나중에 무어인이 들어와 스페인을 점령하면서 서고트족의 통치를 종식시켰으나, 수백 년 뒤에는 무어인이 다시 스페인에서 밀려나는 운명에 처하게 되었다. 알라리크가 이끌던 고트족의 피가 혈관 속에서 흐르는 것을 자랑스럽게 생각하는 스페인 사람들은 무어인이 쫓겨간 이후 다시 스페인 반도를 지배하게 되었다.

서고트족이 북부 스페인에 정착하는 동안 남부는 여전히 반달족이 장악하고 있었다. 428년에 북아프리카의 로마 총독이 로마 제국에 반기를 들었다. 그는 지브롤터 해협을 건너 사신을 보내 사나운 반달족에게 도움을 청했다. 조선술에 능숙한 반달족은 이 기회를 놓치지 않았다. 그들은 가이세리크Gaiseric 왕의 영도 하에 배를 타고, 한때는 로마의 곡창지대였던 아름답고 풍요로운 북아프리카로 건너갔다. 가이세리크는 무섭고 비인간적인 지도자였다. 반달족은 햇빛이 따사로운 아프리카의 도시들을 죽음의 먹구름으로 뒤덮었다. 곧 그들은 로마인들을 쫓아내고 지금은 트리폴리로 알려진 땅에 강력한 반달족 해상 왕국을 세웠는데, 수도는 역사상 위대한 고대 도시 중 하나인 카르타고에 정했다. 아프리카에 세워진 반달 왕국은 534년까지 지속되었다.

한편 유럽도 혼란의 도가니에 빠져 있었다. 아프리카의 반달 왕국이 해상을 약탈하는 동안 또 다른 반달족들이 이탈리아에 상륙해서 455년에는 로마를 약탈했다. 갈리아 지방에서는 테오도리쿠스Theodoricus가 인솔하는 서고트족이 프랑스 남쪽에 왕국을 세웠는데, 아키텐이라고 알려진 이 지역은 경치가 매우 수려했다. 그들은 평화와 번영을 누리면서 세력을 북부 스페인까지 뻗쳐 영광스런 서고트 왕국을 다스렸다. 그들은 이미 기독교에 귀의한 상태였다.

게르만계 종족인 부르고뉴인들은 론강과 쥐라 지방과 라인강 상류의 비옥한 평원에 평화롭게 정착했다. 그들도 기독교에 귀의했다. 게르만계인 프랑크족은 갈리아의 북쪽인 스헬데 강, 솜 강,

그리고 모젤 강 근처에 자리를 잡았다.

490년에는 동고트족의 또 다른 테오도리쿠스가 이탈리아에 동고트 왕국을 세우면서 서유럽에서 로마제국은 영원히 사라졌다. 동로마제국은 수도 콘스탄티노플에서 통치하면서 여전히 그 명맥을 이어가고 있었지만 국운은 속수무책으로 약한 상태였다. 540년경 콘스탄티노플의 황제는 롬바르드족의 도움을 요청했다. 이것이 사나운 롬바르드족을 남부 유럽으로 불러들이는 계기가 되었으며, 그들의 후예가 아직도 남부 유럽에 남아 있는 원인이 되었다.

이 시기야말로 전투적인 야만인들이 무리를 지어 유럽을 뒤죽박죽 돌아다니던 진정한 암흑 시대였다. 로마제국의 영광과 평화는 완전히 사라졌다. 이탈리아에서는 전쟁과 전염병으로 인구가 줄어들었다. 국토는 완전히 황무지로 변해버렸다. 한때는 사람들을 미소 짓게 하던 아름다운 이탈리아의 시골로 여행을 나온 사람도 이제 자신이 야생의 땅에 왔다고 상상할 수밖에 없는 상황이었다. 보이는 거라고는 로마식 건물의 폐허와 잔해 그리고 로마대로밖에 없었다.

여전히 야만인의 물결은 다뉴브 강 위를 계속 흐르고 있었다. 그러나 그 물결은 게르만족의 물결이 아니라 슬라브족이거나 아시아인의 것이었다. 전쟁을 좋아하는 불가리아인들이 발칸 반도에 왔는가 하면, 게르만족처럼 키가 크고 피부가 하얀 슬라브족이 그 뒤를 따랐다. 이들은 아시아인처럼 옷을 입고, 하는 행동도 아시아인과 같았는데, 차이점이라고는 슬라브계 언어를 쓴다는 것뿐이었다.

　그러므로 위대한 로마제국이 콘스탄티노플의 경계 안에서 쇠락해가는 동안 유럽은 나머지 지역은 게르마니아와 러시아와 아시아에서 들어온 야만족으로 홍수를 이루었다. 이 야만인들도 마침내 한곳에 정착했는데, 그곳의 원주민들과 섞이기도 하고 아니기도 했지만 이들은 위대한 근대 국가의 기초를 닦거나 형성했다. 이들이 오늘날의 영국인, 프랑스인, 스페인인, 롬바르드인, 스위스인, 불가리아인 등등이다. 이들은 모두 각 종족들의 야생적인 혼혈의 산물이었다. 슬라브계를 예외로 하면 이 암흑시대에는 게르만계의 요소가 가장 지배적이었다.

VI

훈족

훈족의 힘은 새로운 세계를 건설하는 일과는 전혀
무관했다. 게르만계 종족들이 들어와서 새로운 유럽을
세우는 기초가 된 반면, 훈족의 힘은 유럽 곳곳에 번개를
요란하게 내리친 먹구름처럼 지나갔다.

It did nothing toward building up a new world.
The Germanic races entered in and formed the basis
of a new Europe. The Hunnish force rolled away like a
thunder-cloud that has burst and struck the land.

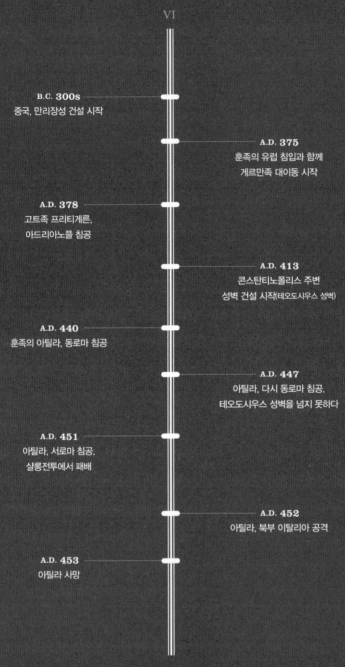

VI

B.C. **300s**
중국, 만리장성 건설 시작

A.D. **375**
훈족의 유럽 침입과 함께
게르만족 대이동 시작

A.D. **378**
고트족 프리티게른,
아드리아노플 침공

A.D. **413**
콘스탄티노폴리스 주변
성벽 건설 시작(테오도시우스 성벽)

A.D. **440**
훈족의 아틸라, 동로마 침공

A.D. **447**
아틸라, 다시 동로마 침공.
테오도시우스 성벽을 넘지 못하다

A.D. **451**
아틸라, 서로마 침공.
샬롱전투에서 패배

A.D. **452**
아틸라, 북부 이탈리아 공격

A.D. **453**
아틸라 사망

THE HUNS

로마제국의 쇠퇴기에 유럽을 덮친 게르만계 야만인들의 대홍수는 유럽의 기질을 영원히 바꾸어놓았으며, 심지어 여러 나라의 종족 분포도를 바꾸거나 변형시켰다. 게르만족은 자신들이 머무는 곳에 그대로 정착했고, 그들이 뿌리 내린 새 땅에는 시간이 흐르면서 유럽 역사에서 완벽에 가까운 문명이 일어났다. 영국에 정착한 색슨족, 덴마크족, 노르만족은 모두 게르만계 혈통을 받은 종족들이었으며, 이들 종족이 영국의 원주민들과 혼합하면서 현재의 영국인들을 탄생시켰다. 프랑스 남쪽에서는 서고트계의 아키텐 왕국이 독자적인 문명을 발전시켰다. 아키텐 지방은 사자심왕 리처드Richard Coeur de Lion가 통치하던 무렵에 유럽에서 가장 문명화된 지역이었다. 스페인에서는 두 개의 서로 다른 문명이 발전했다. 북쪽에서는 고트계 문명이, 남쪽에서는 아랍계나 무어인의 문명이 발전했다. 그러다 마지막에는 고트계가 승리를 거두어서 스페인 전역을 장악했다. 이탈리아에서는 롬바르드족이 롬바르드 지방을, 베네티족이 베네치아를, 나중에는 노르만계가 시칠리아와 나폴리를 점령해서 자신들의 문명을 발전시켰다. 이들은 이 탈리아 원주민들과 혼합되어 15세기에 제2의 그리고 가장 위대한 전성기를 꽃피웠다. 프랑스에는 보다 평화로운 게르만계 부르고 뉴인들이 론 강과 쥐라 강 주변에 정착해서 자신들의 땅을 아름답게 가꾸었다. 한편 프랑스 북부에서는 사나운 프랑크족이 라인 강에서 루아르 강에 이르는 지역을 점거하고 있었는데, 이들 프랑크족은 프랑스 전역에 자신들의 이름을 퍼뜨리게 되었다.

여기서 우리는 4, 5, 6세기에 걸쳐, 심지어는 11세기까지 여러 원주민 국가들에 게르만계 종족들이 분포되면서 유럽의 근대 국가를 일으켰다는 사실을 깨닫게 된다. 그런데 여기 우리가 언급하지 않은 위대한 야만족이 하나 있는데, 이들의 이름은 고대 세계 전역에서 공포를 불러일으키는 대명사가 되었다. 앞에서 375년은 세계의 역사에 새로운 전환점으로 기록될 것이라고 언급한 바 있는데, 그 해가 바로 훈족이 볼가 강을 넘어온 해였다. 실제로 훈족의 이름은 고트족이나 반달족의 이름보다 훨씬 더 무섭게 받아들여진다. 그러나 훈족은 이미 허물어진 로마제국을 후려친 파괴적인 검은 망치였을 뿐이다. 훈족의 힘은 새로운 세계를 건설하는 일과는 전혀 무관했다. 게르만계 종족들이 들어와 새로운 유럽을 세우는 기초가 된 반면, 훈족의 힘은 유럽 곳곳에 번개를 요란하게 내리친 먹구름처럼 지나갔다.

볼가 강 너머로 우리에게 아직도 잘 알려지지 않은 중앙아시아의 광활한 평원이 뻗어 있다. 로마제국 시절에 이 광대한 지역은 오직 한쪽 변두리만 알려졌을 뿐, 커다란 어두운 그림자로 남아 있었다. 이 광대한 미지의 땅으로부터 때때로 야만스럽고 공포스러운 인간 집단의 검은 구름 떼가 솟아오르고는 했다. 이 검은 구름은 유럽을 덮쳤는데, 먼저 러시아를, 그다음에는 다뉴브 강과 비수아 강을 넘어 게르마니아를 덮쳤다. 동쪽에서 검은 구름이 터져 나올 때마다 게르만계 및 슬라브계 야만족의 흰 구름은 유럽의 남쪽까지 밀려나갔다. 그래서 훈족이 로마제국을 파멸시켰다는 말은 게르만족 및 슬라브족이 그랬다는 말로 대체할 수 있으며 그들을 남쪽으로 밀어냈다는 말이기도 하다.

수천 년 동안 훈족은 중국과 볼가 강, 북극 지방과 페르시아에 속해 있는 타타르와 스키타이라고 불리는 황량한 땅의 광활한 분지 사이를 떠돌았다. 그들은 타타르족이거나 몽고족으로 피부색이 짙은 황색인 아시아계였다. 타타르족의 특징은 천막 생활을 하며 이곳저곳으로 이동해 다녔다는 점이다. 땅을 개간하지 않았고 말 위에서 살았으며, 얼굴에는 수염이 없었고 헐렁한 옷을 입었다.

그런데 타타르족 중에서도 훈족이 가장 무서운 종족이었다. 훈족은 가족과 씨족 단위로 함께 살았고, 이들 가족 집단은 시간이 지나면서 점점 커지기 시작했다. 이들은 수천 명씩 떼를 지어 유목민이라 불리는 이동집단을 이루어 옮겨 다녔다. 이들이 벌통이나 술통처럼 생긴 구조물 위에 말 털로 만든 천을 덮어서 둥글고 검은 천막을 치게 되면, 들판은 여러 마일에 걸쳐 까맣게 천막촌을 이루었다. 그들은 수없이 많은 가축들과 말들을 방목하고 지켰다. 이 가축들은 천막 주변의 황량한 초원에서 풀을 뜯었다. 가축이 모든 풀을 먹고 나면 벌떼처럼 요란하고 북적거리는 소음을 내면서 검은 천막이 거두어졌다. 그 뒤 마차에 짐이 실리고, 말을 탄 사내들은 파리 떼처럼 들판 여기저기를 뛰어 다녔다. 그러고 나서 이들 거대한 무리는 지평선 너머 광활한 미지의 땅으로 이동해 갔다.

민첩하게 말을 몰고 다니는 훈족의 남자들을 유럽과 아시아 모두 무서워했다. 유럽을 침략해서 말썽을 부리기 훨씬 전에도 이들은 아름답고 문명화된 중국의 제국을 폐허로 만든 적이 있었다. 이들은 두 번이나 중국의 광대하고 잘 경작된 땅을 정복해서 엄청난 조공을 받아냈다. 또한 이들은 타타르 여자들이 추하게 생기고 야만스러웠기 때문에, 매년 아름다운 중국 처녀들을 조공으로 바칠 것을 요구했다. 타타르 족장에게 공물로 바쳐진 중국의 한 불행한 공주*가 써놓은 시는 지금도 전해지고 있다. 공주는 고국에 있는 부왕의 궁전에서 섬세하고 비단결 같으며 꽃처럼 아름답게 자라던 자신이 먼 야만의 타타르 나라로 보내져서 무섭도록 흉물스러운 후궁들과 섞여 살아야 하는 신세를 울먹이며 한탄한다. 음식이라고는 날고기뿐이며, 음료수라고는 발효시킨 우유뿐이고, 궁궐 대신 말 털로 짠 천막에서 자면서, 들리는 음악이라고는 온

* 한나라 때 사람으로, 중국 4대 미녀 중 한 명인 왕소군王昭君을 말한다. '오랑캐 땅에는 꽃도 풀도 없으니胡地無花草, 봄이 왔지만 봄 같지 아니하구나春來不似春'라는 구절의 시를 쓴 것으로 알려져 있으나, 사실 이 구절은 당나라 시인 동방규가 쓴 「소군원昭君怨」이라는 시의 일부다.

통 타타르족의 찢어지는 듯한 말소리뿐이라며 눈물 섞인 탄식을 내뱉는다. 새가 될 수만 있다면 고국으로 날아갈 수 있을 텐데! 그러나 가엾은 공주는 중앙아시아의 여기저기를 무리 지어 떠돌다가 야만인들 사이에서 죽어갈 수밖에 없었다.

기원전 300년경에 중국은 세계의 불가사의인 만리장성을 쌓기 시작했는데, 바로 타타르족의 침공을 막기 위해서였다. 그러나 훈족들은 계속 침략을 감행해서 문명의 땅을 황폐하게 만들고 살육을 자행했다. 그래도 중국은 수세기 동안 증오스러운 적에 맞서는 힘을 길렀다. 군대를 훈련시켜 완벽하게 조련했으며, 사기를 진작시켰다. 그러다가 결국 만리장성의 축조가 끝난 600년 후인 300년경에 군대를 이끌고 나가 타타르족과 훈족에게 통렬한 패배를 안겼다. 이 승리는 타타르족의 땅 깊숙이, 황무지 초원의 저 너머, 만리장성을 넘어 저 멀리에서 이루어진 것이었다. 자부심에 넘친 중국 군대는 승리를 기념하기 위해 대첩비를 세우고 전승을 기록한 돌기둥을 세웠는데, 그것은 지금까지도 남아 있다.

훈족이 서쪽으로 이동하기 시작한 시기가 바로 중국에게 크게 패한 그 이후였다. 중국에 복속하는 것을 거부한 이들이 무리를 지어 서쪽으로 서서히 옮겨가기 시작했다. 이들 중 첫 번째 유목민이 드디어 유럽에 다가왔다. 그들은 볼가 강 주변에 살던 용맹한 슬라브계 알라니족을 쳐부수었다. 375년에는 뗏목과 바닥이 평평한 배를 타고 볼가강을 건넜다. 그 뒤 어떻게 그들이 다뉴브 강 근처의 고트족과 발트 해 주변의 게르만계 종족을 쓸어냈는지는 우리가 알고 있는 그대로다. 못생겼지만 작고 매우 민첩한 말을 탄 훈족은 믿기 어려울 만큼 짧은 시간에 유럽 곳곳을 짓밟 았다.

훈족의 모습은 보기에도 무서웠다. 그들은 말 위에서 살았는데, 말 등에서 먹고, 마시고, 심지어는 자기도 했다. 그들은 집회에 나가거나, 시장에서 물건을 사고팔 때도 항상 야생의 작은 말 위에 앉아 있었다. 그들은 말 위에 앉은 채 멀리 있는 적에게 화살을 날리고 창을 던졌으며, 가까이 있는 적에게는 말을 탄 채 사납게 칼을 빙빙 돌리며 휘둘렀다.

훈족이 말에서 내려 땅 위에 섰을 때의 모습은 대단히 흉했다. 다리가 안으로 굽어 걸을 때에는 뒤뚱거렸다. 남자들은 키가 작고 체구가 땅딸막했으나 어깨가 떡 벌어지고 힘이 셌다. 큰 머리통은 동물의 두개골을 연상시켰으며, 머리칼은 검고 거칠고 뻣뻣했다. 납작한 얼굴에 검고 작은 눈이 깊숙하게 반짝거렸으며, 커다란 입이 열렸다 닫혔다 했다. 얼굴에 수염은 없었고 대신 뻣뻣한 털이 여기 저기 나 있었다. 어렸을 때 얼굴에 상처를 내는 습관 때문에 수염이 자랄 수가 없었기 때문이다.

이 길들일 수 없는 사람들은 동물과 다를 것이 없었다. 그들은 동작이 매우 날쌨고 예측이 어려웠는데 특히 먼저 도착한 무리들에게는 인간적인 감정이 거의 없는 것 같았다. 그들이 처음으로 고트족 영토를 침공했을 때 닥치는 대로 마구 살육을 저질렀다. 큰 입을 벌리고는 같은 훈족이 아니면 무엇이건 살아 움직이는 것은 주저 없이 죽였다. 그들은 날카롭고 높은 소리를 질렀으며 몸짓은 괴상하고 야만스러웠다. 살육을 끝내고 나면, 탐욕스럽게 원

유럽사 이야기

하는 것을 모조리 전리품으로 가져갔다. 원하지 않는 것이나 태울 수 있는 것은 전부 태워버렸다.

고트족이 이들을 무서워해 도망친 것은 당연한 일이었다. 그들은 이들의 무시무시한 얼굴 속에 인간의 마음이라곤 들어 있지 않다고 생각했다. 인간적인 대화도 불가능하다고 여겼다. 훈족의 말은 날카로운 비명 같아 동물의 울부짖음처럼 들렸다. 그들은 또 악마처럼 탐욕스러웠다.

로마의 기독교도들은 그들이 인간이 아니라고 말했다. 그들은 아시아의 황량한 사막에 사는 마녀와 교접한 악령의 자식들이라는 것이었다.

인간이든 아니든, 로마인들은 곧 이들 훈족을 상대해야 했다. 이 무리들의 주력 부대가 서서히 다가오고 있었다. 여인네들은 대여섯 마리의 황소들이 끄는 크고 어설프게 만든 수레에 실려 왔다. 전리품을 실은 커다란 마차의 곁을 포로들과 노예들이 걸어서 따르고 있었다. 그 뒤로 가축의 무리가 줄을 섰다. 그래서 무리의 행군은 자연히 느려질 수밖에 없었다.

이 전체 무리의 느린 행군과 달리 전사들의 동작은 매우 빨랐다. 전사들이 다음에는 어디서 튀어나올지 아무도 몰랐다. 이 전사들은 짐을 갖고 다니지 않았다. 식량이라고는 육포 몇 점이 전부였다. 그들은 이 육포를 안장처럼 싣고 다니다가 필요한 경우에는 말의 몸통과 자신들의 사타구니 사이에서 나는 열기로 약간 데워서 먹었다. 야만적이면서도 몸의 기운을 강하게 북돋우는 전사들의 음식이었다. 이 밖에 그들은 딱딱한 치즈를 둥글게 작은 덩이로 갖고 다니다가 그것을 쪼개서 물에 녹여 먹었다. 달리 먹을 걸 찾지 못한 경우에도 그들은 이런 식으로 간단한 음식만 먹은 채 며칠씩 견디며 활동할 수 있었다.

훈족의 무리는 다뉴브 강을 건너서 곳곳을 노략질했다. 그러고는 공동의 적인 로마에 대항하기 위해 고트족, 반달족과 합세했다. 알라리크가 로마를 함락했을 때 상당수의 훈족도 있었는데, 그 무렵 로마에 대항하는 거의 모든 야만인 군대 안에 훈족 병사들이 섞여 있었다. 이들 훈족은 로마를 싫어했는데 특히 동로마를 증오했다. 그들은 동로마에서 사용하는 그리스어로 말하는 것을 수치로 생각했다. 그러나 고트족과 훈족 모두 라틴어 군사 용어를 배우게 되었을 때는 그것을 자랑스럽게 생각했다.

이들 훈족의 선발대 무리들이 이곳저곳을 떠돌고 있는 동안, 대부분의 훈족들은 다뉴브 강 너머에 세운 나라에 그냥 머물러 있었다. 훈족은, 지금도 그들의 나라이며 그들의 이름을 지니고 있는 헝가리, 즉 훈족의 땅이라 불리는 탁 트이고 광활한 평원에 살고 있었다. 이 땅에서 그들은 여기저기 옮겨 다니면서 사냥도 했으며, 시간이 지나면서 나무집을 짓고는 큰 부락을 형성해서 반영구적으로 정착하기도 했다. 그러다가도 갑자기 마을을 한동안 비운 채 다른 곳으로 떠돌아다니기도 했다.

하지만 점차 그들은 고트족과 로마로부터 많은 것을 배우게 되었다. 훈족은 그들 나름대로 민첩하고 영리했다. 그들은 매우 빠르게 라틴어를 배우고 로마식 생활방식을 익혔다. 그러나 한편으로 그들은 종래의 관습을 버리지 않았다. 그들은 돈을 매우 사랑했다. 그래서 다뉴브 강을 건너 로마인들의 시장으로 가서는 가축과 치즈와 가죽과 말 털을 내다팔았다. 대신 그들은 로마인들이 만든 물건을 샀다. 그러나 항상 사는 것보다 파는 것이 많았다.

훈족은 다뉴브 강 상류의 주인으로 자리를 잡았다. 곳곳에 커다란 평저선과 통나무의 가운데를 파서 만든 카누들이 매여 있었다. 족장은 종종 그의 부하들과 마차를 이끌고 유럽 바깥으로 나갔다가 전리품을 싣고 돌아오고는 했다. 그럴 때에는 훈족의 마을에 흥분의 물결이 일었다. 원정을 나갔던 훈족의 군대는 게르마니아와 이탈리아에서 금발의 백인 여자들을 잔뜩 데리고 왔기 때문이다. 이중 일부는 족장이 갖고 일부는 이웃 사람들에게 팔았다. 또 원정군은 질 좋은 가축과, 훌륭한 가구, 금, 로마인의 빌라에서 빼앗은 보물들을 가져왔으며, 과일과 맛있는 음식, 그리고 포도주통을 가져왔다. 그러면 언제나 큰 축제가 열리고 술판이 벌어졌다. 훈족들 또한 이따금씩 취하도록 마시는 것을 즐겼기 때문이다. 타타르 지방에서는 암말의 젖을 발효시킨 쿠미스koumiss라는 독한 술을 만들었다. 그러나 포도주 맛을 알게 되면서부터 훈족은 자신들의 토속주보다 이 포도주를 더 좋아했다. 이 점은 게르만인들이 이탈리아산 포도주를 마실 수 있게 되면서 자신들의 토속주인 맥주는 쳐다보지도 않게 된 것과 똑같았다.

그렇게 훈족의 부락들도 서서히 부유해졌고 조금씩 문명화되었다. 훈족들은 집에서는 그렇게 잔혹하지 않았다. 노예와 포로로 잡아온 여자들에게도 다소 거칠 때는 있지만 친절한 편이었다. 훈족 남자들은 전쟁의 난폭한 불길에 휩싸였을 때는 마치 완전히 술에 취한 것처럼 눈앞에 보이는 모든 것을 죽이고 태웠지만, 일상에서는 잔혹하지 않았다.

훈족 국가는 야생 그대로이며 법도 없었고 누군가의 통치를 받아들이는 일도 없었지만 군사 지도자나 왕의 통솔에는 자발적으로 따랐다. 5세기 초엽 훈족의 왕 루길라스Rugilas가 콘스탄티노플과 라벤나의 궁정에 사자를 보냈다. 비잔티움의 황제는 다뉴브 강과 티서 강 주변의 땅을 차지하고 있는 훈족 왕에게 350파운드의 황금을 매년 공물로 주고 로마 장군의 칭호를 부여하기로 했다. 그러나 훈족은 비잔티움 사람들을 마음속 깊이 증오했다. 423년에 루길라스 왕이 사망하자 그의 조카 아틸라Attila와 그의 형 블레다Bleda는 즉시 추가 공물을 주장하며 콘스탄티노플에 피신해 있는 훈족 이민자들을 모두 송환하라고 요구했다. 비잔티움 제국은 훈족 피난민들을 돌려보냈는데, 이들은 경멸스러운 동로마제국에서 평화롭게 살려고 했다는 죄로 돌아가자마자 십자가에 매달려 처형되었다.

아틸라는 훈족 중에서 가장 위대한 인물이다. 그는 키가 작고 등이 넓었으며, 머리가 크고 얼굴도 넓적했다. 하지만 작은 눈 속에서는 엄청난 정열이 번뜩였으며, 근육으로 다져진 몸에서는 거대한 힘이 넘쳐났다. 교만하기 짝이 없는 이 작은 인간은 의기양양하게 걸었으며, 눈을 무섭게 굴려 상대방에게 공포심을 주고서는 겁을 먹은 모습에 즐거워했다.

그는 힘이 센 만큼이나 영리하기도 했다. 그는 친형인 블레다를 죽이고, 444년에 볼가 강에서 다뉴브 강에 이르는 거대한 훈족 왕국을 세웠다. 나무로 만든 아름다운 궁전이 헝가리에 세워졌는데, 목조 주택으로 이루어진 도시 한가운데에 자리를 잡았다. 궁전은 깨끗했으며 기둥마다 조각이 새겨져 있었고 아름다운 대청이 많이 있었다. 궁전 안 침실에는 처첩들이 머물렀다.

아틸라는 그때까지 살았던 야만족 정복자 중에서 가장 위대한 인물이라 할 수 있다. 백성들은 그를 사랑했으며 위대한 마술사로 숭배했다. 전사들은 '아틸라, 우리 아틸라'라고 노래했다.

처음에 아틸라는 동부로 진군했다. 그리고 러시아, 게르마니아, 심지어는 로마제국도 손을 뻗치지 못한 스칸디나비아까지 점령했다. 그는 동쪽으로 더 나아가 중국과 대치하다가 중국 황제와 동등한 입장에서 강화조약을 체결했다.

450년 아틸라는 다뉴브 강 상류에 있는 그의 목조 궁전에서 다시 출정했다. 아프리카의 용맹한 반달족 왕 가이세리크가 북부 이탈리아로부터 로마제국을 공격해달라고 요청해왔기 때문이다. 갈리아의 프랑크족도 그의 도움을 요청한 바 있었다. 탐욕스러운 훈족의 피를 이어받은 그는 갈리아에서 전쟁에 참여했던 훈족 병사들로부터 갈리아 땅이 얼마나 비옥한지를 들은 바도 있었다. 그래서 '신의 회초리 아틸라'라는 공포스런 악명을 얻은 그는 군사를 이끌고 지금은 오스트리아, 바이에른, 스위스로 알려진 땅을 지나 라인 강으로 진군했다. 그리고 거기서 그의 휘하에 있는 러시아와 게르만 출신 장군들을 소집했다.

라인 강 주변에 수천 명 단위로 여러 종족의 군대가 집결했다. 훈족 기병대가 구름처럼 빠르게 선봉에 서서 갈리아를 공략했다.

풍요롭고 아름다운 갈리아 땅은 공포에 떨었다. 시골에 사는 농부들과 도시의 시민들이 평화롭게 자기 일에 몰두하다가 고개를 쳐들어 언덕 너머로 기마병들이 다가오는 광경을 보았다. 얼마 지나지 않아 선봉에서 오던 기마병들은 까만 벌떼처럼 밀려들었다. 그들은 바람처럼 언덕을 내려왔다. 도시의 시민들은 급히 성문을 닫고 잠시 침략군에 대항해 보았다. 겁에 질린 시민들이 성벽 너머로 밖을 내다보았을 때는 이미 선봉대들이 밖에서 진을 치고 있었다. 그러는 사이 언덕 너머로 무거운 마차들이 서서히 다가오고 있었다.

갑작스럽고 예기치 않게 훈족 병사들이 도시 안으로 밀려 들어왔다. 전쟁의 흥분에 휩싸인 키가 작은 병사들이 벌떼처럼 몰려들어 살육의 환희에 차 닥치는 대로 주민들을 죽였다. 훈족 전사들은 사제와 주교들이 서둘러 아이들에게 세례를 하는 광경을 목격했다. 세례 받지 못한 아이들에게 죽음이 먼저 닥쳐와 그 가엾은 아이들의 영혼이 사라지지 않도록 하기 위해서였다. 이런 모습은 키 작은 야만인 훈족 전사들에게 더욱 경멸의 비웃음만 샀을 뿐이다. 사제와 주교들은 순식간에 목이 달아났고 아이들은 공중으로 던져서 창에 찔렸다. 기독교의 종교의식을 행하는 광경이 훈족 전사들의 기분을 극도로 불쾌하게 만들었기 때문이다. 그러고 나서 도시는 철저히 약탈되었고 음식과 술은 바닥났다. 야단법석을 피우며 모조리 거덜 낸 다음 전사들은 후퇴하면서 도시에 불을 질렀다. 멀리 떨어진 곳에 살던 갈리아인들은 하늘이 붉게 물든 것을 보고 무슨 일이 일어났는지를 알아차렸다. 도시들은 까만 재로

유럽사 이야기

뒤덮인 채 불타버렸다. 석조 건물들도 대부분 나무 서까래와 나무 기둥으로 받쳐져 있었고, 가난한 사람들의 주택 지대는 전부 나무로 지어졌기 때문이다.

메츠와 트레브처럼 로마 시대에 건립된 아름다운 도시들이 모두 이러한 운명을 맞았다. 훈족 전사들은 갈리아 지방으로 깊숙이 진격해 들어갔다. 그들의 뒤에는 까만 재로 덮인 땅만 남았고 불탄 남녀들의 숯덩이 같은 잔해들만 흩뿌리고 있었다. 아틸라의 말 발굽이 지나간 곳에는 풀도 나지 않는다는 말이 떠돌 정도였다.

훈족 군대가 성지인 오를레앙 시를 공격하고 있을 때, 아시아 지방 타타르족 출신인 아이티우스Aetius 장군이 인솔하는 로마 군대와 노장군 테오도리쿠스가 이끄는 아키텐의 서고트 군대가 연합하여 그들을 위협했다. 아틸라는 군대를 이동시켰다. 그는 도시 안에 갇히는 것이 두려워서 넓은 평원에서 대치하려고 했다. 수많은 마차를 이끌고 서서히 후퇴하고 있는 동안 뒤에서는 로마군과 서고트군이 추격해오고 있었고, 론 강에서 온 부르고뉴군과 메로베치Merovech 장군이 이끄는 프랑크군이 로마군을 도우러 오고 있었다. 그래서 아틸라는 센 강 건너편으로 후퇴했다. 그는 자신의 수많은 무리들을 넓게 펼칠 수 있는 평원을 찾고 있었다.

마침내 마른 강 근처에 있는 샬롱 평야에서 양쪽 대군이 대치하게 되었다. 아틸라 쪽에는 훈족, 고트족, 부르고뉴족, 색슨족, 프랑크족, 슬라브족의 군사들이 셀 수 없을 정도로 자리 잡고 있었으며, 아이티우스 장군과 테오도리쿠스 장군 쪽에는 로마군, 고트군, 부르고뉴군, 프랑크군, 훈족으로 구성된 군대 등 거의 모든 종족의 군사들이 수없이 늘어서 있었다. 그 모습은 마치 야만 세계의 절반이 야만 세계의 또 다른 절반과 결투를 벌이는 것 같았다.

근처에는 살롱 평야를 내려다보는 산이 하나 있었다. 로마계 갈리아군을 이끄는 아이티우스 장군과 테오도리쿠스 장군의 아들인 토리스문드Thorismund가 인솔하는 고트군이 이 산을 먼저 점령했다. 그날 오후 전쟁이 시작되었다. 미리 준비된 전략이 있던 것은 아니었다. 두 군대가 서로 돌격해 들어가서는 각자 상대방 군대 속에서 말없이 접전과 살육을 오랜 시간 계속했다. 마침내 서고트군이 그날의 승리를 결정지었다. 그들은 아틸라 편에 있던 동고트군을 밀어내면서 당황한 훈족 군대의 측면을 찔렀다. 훈족은 혼란에 빠져 전열이 흐트러졌고 전차와 마차 뒤로 숨어들어가 방어진을 형성하려 했다. 고트군도 마찬가지로 싸움을 중단했다. 그래도 어둠이 내려 앞이 보이지 않아 싸우고 죽일 수가 없을 때까지 고함과 피에 얼룩진 대량 살육은 계속되었다.

다음 날 아침 양쪽 진영에는 엄청나게 놀라운 광경이 벌어져 있었다. 고트족은 자신들의 왕이 없어진 것을 알게 되었다. 그들은 왕이 전사했다고 판단했고 마침내 왕의 시신이 전사자들의 시체 더미 속에서 나왔다. 군사들은 애도의 함성을 크게 지르면서 방패를 부딪쳤고 토리스문드를 방패 위에 올린 다음 새로운 왕으로 추대했다. 한편 아틸라는 자신의 훈족 병사들과 마차 뒤에서 포진하고 있었다. 그도 대부분의 군대를 잃었다. 전하는 바에 의하면 그는 그때 죽을 결심을 하고 말안장을 쌓아 올려 화장용 장작더미로 만들었는데, 로마군이 공격하면 안장더미에 올라가 치솟는 화염 속에서 스스로 화장을 당하려고 했다고 한다.

그러나 갈리아와 로마의 연합군을 이끄는 아이티우스 장군도 공격을 시도하기에는 극도로 지쳐 있었다. 그는 상대방의 동정을 살피며 기다렸다. 아틸라도 적의 눈치를 살피면서 기다렸다. 긴장 속에서 여러 날이 지나갔다. 아틸라가 갑자기 진을 거두고 동쪽으로 후퇴하기 시작했다. 아이티우스가 이들을 뒤쫓았다. 아틸라는 북쪽으로 가서 라인 강을 다시 건너갔다. 갈리아는 자유의 숨을 쉬게 되었고 유럽은 구원받았다. 만약 452년에 아틸라가 마른 강 인근의 카탈루냐 평원에서 일어난 샬롱 대전에서 승리를 거두었더라면, 유럽은 타타르족의 통치 아래로 들어갔거나 적어도 '신의 회초리'한테 아주 끔찍스런 고통을 받았을 것이다.

샬롱 전투에 참전한 위대한 장군들이 모욕적인 대우를 받은 것은 서글픈 일이다. 우리는 반달족의 위대한 장군 스틸리코가 400년에 처형된 사실을 알고 있다. 이번에는 허물어져 가는 제국을 지탱할 수 있는 유일한 사람이었던 아이티우스 장군이 발렌티니아누스Valentinianus 황제의 손에 의해 억울하게 죽음을 맞았다. 한편 젊은 토리스문드는 자신의 형제에 의해 살해되고 말았다.

아틸라는 끝난 것이 아니었다. 그는 자신의 패배에 화가 났고, 로마제국에 대해 짜증이 난 상태였다. 이 야만인 왕은 천성적으로 대단히 자부심이 강했다. 그는 자신이 세상의 어느 군주나 황제보다 더 훌륭하다고 믿고 있었다. 그래서 세상에서 가장 지위가 높은 공주를 이미 많이 거느리고 있는 처첩들 가운데 하나로 맞아들여야만 한다고 생각했다. 그래서 아틸라는 발렌티니아누스 황제에게 그의 여동생인 호노리아Honoria 공주를 아내로 달라고 요구했다. 사실은 어리석고 불행한 호노리아 공주 자신이 아틸라에게 먼저 반지를 보내 자신과 결혼해달라고 비밀리에 간청한 바 있었다.* 로마 시민들은 이러한 상황에 더할 나위 없이 놀랐다. 호노리아는 삼엄한 경비 속에 감금되고 아틸라의 요구는 차갑게 거절되었다.

이 사건은 훈족 왕의 심기를 매우 상하게 했다. 그는 많은 처첩이 있었지만, 기어이 유서 깊고 콧대가 높은 로마의 공주를 새 아내로 맞이하고 싶었다. 452년, 그는 자신의 목조 궁전을 떠나서 동부 알프스를 넘고 아드리아 해로 진군했다. 아드리아 해안 꼭대기에는 고귀한 도시 아퀼레이아 시가 있었다. 이 항구는 동쪽으로부터 이탈리아로 진입하는 관문이자, 아드리아 해의 여주인 역할을 하고 있었다.

아틸라는 아퀼레이아 시를 함락시키고 매우 불편한 자신의 심기를 이 도시에 다 쏟아 부었다. 크고 풍요로운 이 도시를 그가 어찌나 야만스럽고 철저하게 초토화시켰는지, 30년 뒤에 이 도시의 유적지에 서 있던 사람이 과거의 흔적조차 찾을 수 없을 정도였

---

* 당시 호노리아 공주는 시종인 에네게우스와 연애 관계에 있었고, 연애 상대인 에네게우스를 황제로 추대하려는 반역을 시도하다 발각당해 동로마의 콘스탄티노플에 유폐당해 있었다. 설상가상으로, 청혼을 받아들인 아틸라는 호노리아 공주와 함께 지참금으로 서로마제국 영토의 절반을 요구했다.

다. 항구 주변의 땅은 사람의 손이 닿지 않은 사막이었다. 아퀼레이아 시와 인근 마을에서 겨우 도망쳐 나온 사람들은 공포에 질려 얕은 바다 주변의 늪지대와 섬으로 숨어 들어가서 초라한 오두막을 짓고는 생선과 조개 따위를 먹고 살았다. 이것이 훗날 세계적으로 유명한 바다 위의 도시, 베네치아가 형성되는 최초의 시작이 되었다.

아틸라는 포 강 평야로 진군해 들어갔다. 비첸차, 베로나, 베르가모 시가 피에 덮였고, 모든 재물들은 끝없는 탐욕으로 가득 찬 훈족 군대에 의해 수탈당했다. 밀라노와 파비아는 저항 없이 항복했다. 이탈리아 북부 전체가 아틸라의 손에 들어갔다. 밀라노는 후기 로마제국의 황제들이 즐겨 머무르던 황제의 도시였다. 아틸라는 밀라노 황궁에 거처를 잡았다.

궁전 안에는 커다란 벽화가 한 점 있었다. 옥좌에 앉은 로마의 황제에게 다른 모든 왕들이, 특히 야만국 왕들이 엎드려 공물이 든 자루를 바치는 내용의 그림이었다. 아틸라는 이 그림에 화가 났다. 그는 황실 전용 화가를 불러 그림 속의 얼굴을 바꾸게 했다. 작업이 끝났을 때, 그림 속의 옥좌에 앉은 사람은 아틸라 자신이었고 공물을 들고 그의 앞에 꿇어앉은 사람은 로마의 황제를 비롯한 모든 왕들로 변해 있었다. "이게 더 사실에 가까운 거지!"라고 그는 외쳤다. 그리고 그의 말은 현실에 더 가까웠다.

아틸라는 밀라노에 계속 머물렀다. 그러는 동안 이탈리아는 어찌할 바를 모른 채 떨고 있었다. 절망과 공포에 시달린 끝에 로마인들은 아틸라에게 정식으로 사신을 보내 그의 발아래 무릎을 꿇었다. 사신 일행은 훈족의 왕이 이탈리아를 침공하지 않을 것을 약속해준다면 황제와 제국의 이름으로 이탈리아의 보물 전부를 주겠다고 제안했다

아틸라는 신중하게 생각했다. 그는 햇볕이 따뜻한 나라에 너무 오랫동안 머물렀다. 부하들도 여기저기 흩어져 잔치판을 벌이고 취하도록 마시면서 몸에 맞지 않는 생활을 하고 있었다. 이것은 그들에게 자연스러운 것이 아니었다. 질병과 전염병이 발생해 많은 훈족 병사들이 파리 떼처럼 죽어갔다. 그는 이들을 공기가 차고 신선한 북쪽으로 데려가야만 했다.

그래서 그는 많은 재물을 받고 후퇴하기 시작했다. 호노리아 공주를 자신에게 보내지 않으면 무서운 보복을 하겠노라는 위협도 잊지 않았다. 그는 서서히 이탈리아를 지나쳐 알프스 쪽으로 진입했다. 그러고는 헝가리에 있는 자신의 수도로 가기 위해 북쪽의 다뉴브 강 상류로 진군했다. 지나는 길목마다 모두가 예외 없이 항복했다.

도중에 그는 야만족의 공주*를 보고 그녀에게 매혹되었다. 그는 그녀를 데리고 귀국길을 재촉했다. 다뉴브 강을 건너서 드디어 궁전이라고 부르기에는 조금 미치지 못하는 자신의 궁전으로 돌아왔다. 그는 훈족의 전통에 따라 결혼식을 올린 새 아내를 위한 결혼 기념 잔치를 커다랗게 벌였다. 이는 자신의 승리를 축하하는

* 기록에는 일디코Ildico라는 이름만 전하고 있다. 독일의 영웅 서사시 「니벨룽의 노래」의 주인공 중 하나인 크림힐트의 원형이 된 인물이다.

잔치이기도 했다.

모두들 푸짐하게 차려진 음식과 술을 먹고 마시며 노래를 불렀고 왕을 칭송하는 말도 끝없이 이어졌다. 마침내 밤이 깊어 사람들은 모두 지쳐서 쓰러졌다. 아침에 왕이 늦잠을 자는 눈치였다. 왕은 늦잠을 자는 습관을 가진 사람이 아니었다. 시종들이 그의 침실 밖에서 귀를 기울였지만 안에서는 아무 소리도 들리지 않았다. 결국 시종들이 문을 두드리고 왕을 불렀지만 아무 대답도 없었다. 마침내 시종들은 문을 부수고 안으로 들어갔다.

그들은 신부가 베일을 뒤집어쓴 채 침상 옆의 한쪽 구석에서 겁에 질려 떨면서 웅크리고 앉아 말문을 열지 못하고 있는 모습을 보았다. 침대 위에는 피에 흥건히 젖은 채 아틸라가 누워 있었다. 강렬하게 솟아 흐르는 피의 힘을 감당하기에는 그의 혈관이 너무 약했던 탓에, 아틸라는 밤중에 동맥이 터져 죽은 것이었다.

이것이 453년의 일이었다. 훈족이 누렸던 지고의 권세는 '아틸라, 우리 아틸라!'라고 훈족 전사들이 외치던 신의 회초리 아틸라와 함께 사라졌다. 그럼에도 불구하고 훈족의 존재는 유럽에 위협으로 남아 있었다. 여전히 작달막한 기마병의 구름 떼가 평화롭게 살고 있는 땅을 휩쓸곤 했다. 그들은 헝가리와 오스트리아에서 나와 다뉴브 강을 따라 진군하고는 바이에른, 슈바벤, 게르마니아, 프랑스를 덮쳤다. 그들의 예고 없는 공격은 10세기까지 계속되었다. 그러나 공격은 점차 작아지고 위험도 줄어들었다.

훈족들 자신도 여러 차례 새로 일어난 아시아 민족들에 의해 정복되었다. 그 중 최초로 온 것은 6세기 말에 있었던 타타르계 아바르족이었다. 그들은 훈족을 복속시킨 다음 헝가리에 국가를 세웠다가 샤를마뉴 대제에 의해 무너졌다. 그다음에는 900년경에 또 다른 타타르계 종족인 마자르족이 헝가리에 정착했다. 우리는 오늘날 헝가리 사람들이 마자르어를 쓰고 있기 때문에 마자르족의 나라라고 말하고 있다. 그러나 헝가리 민족은 여러 종족의 피가 혼합된 민족이다. 마자르족의 이동 이후 헝가리는 다른 계열의 타타르족과 몽고족에 의해 정복당했고 마지막으로는 투르크족에 의해 정복되었다. 헝가리는 훈족의 정착 이후 계속 아시아계 종족들에 의해 지배되어 왔다. 훈족 이전의 헝가리는 슬라브족의 땅이었다.

유럽사 이야기

VII

갈리아

"바닷물이 휩쓸어버리더라도 이보다는 덜 황폐했을 것이다." 갈리아는 황폐하고 초토화된 땅으로 남았다. 오직 기독교의 주교들만이 난파선 위로 머리를 쳐들고 있었다. 주교들은 현명하게도 고개를 북쪽으로 돌렸다.

"The Ocean sweeping over it could not have added to the desolation." Gaul was left a waste, stranded region, with only Christian bishop keeping their heads erect in the wreckage, the bishop quite rightly looked to the north.

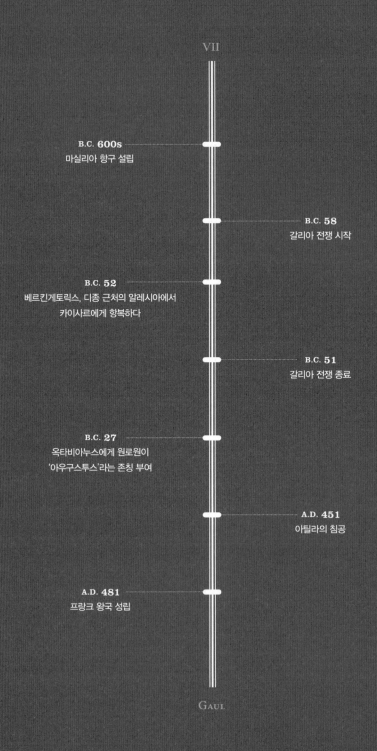

VII

B.C. **600s**
마실리아 항구 설립

B.C. **58**
갈리아 전쟁 시작

B.C. **52**
베르킨게토릭스, 디종 근처의 알레시아에서
카이사르에게 항복하다

B.C. **51**
갈리아 전쟁 종료

B.C. **27**
옥타비아누스에게 원로원이
'아우구스투스'라는 존칭 부여

A.D. **451**
아틸라의 침공

A.D. **481**
프랑크 왕국 성립

GAUL

가델Gadhel은 선사 시대 유럽에 존재했던 오래된 신화적인 영웅이다. 그에 대해 알려진 것이라고는 그가 '가델' 혹은 '게일Gael'이라 불리는 위대한 민족에 자신의 이름을 남겼다는 사실밖에 없다.

영국에는 아직도 게일족이 남아 있다. 그들의 언어인 게일어는 스코틀랜드, 아일랜드, 웨일스, 브르타뉴에서 사용되고 있다. 게일어는 한때 프랑스 전체의 언어였다. 로마제국 이전에는 프랑스, 영국, 아일랜드 모두 게일인이라고 불리는 단일 종족이 점유하고 있었기 때문이다. 이들이 바로 켈트족이라고 알려진 민족이다.

로마인들은 아주 초창기부터 게일족, 즉 켈트족을 알고 있었다. 이들이 이탈리아의 북쪽을 점령해 남쪽으로 침공해왔었기 때문이다. 기원전 388년경 작은 도시 국가로 자리 잡으려고 애쓰던 로마는 한때 게일족 무리에게 약탈당한 적이 있었다. 그 뒤 약 200년 동안 신흥 로마 공화국은 북쪽으로 세력을 뻗으려 안간힘을 썼다. 그러나 카이사르의 시대 이전에 북부 이탈리아와 마르세유 지역의 게일족은 이미 로마제국에 복속해서 로마화되어 있었다.

로마인들에게 '게일'이라는 말은 발음하기 쉽지 않았다. 그래서 '게일' 대신 '갈루스Gallus'라고 불렀다. 그런데 영어에서는 '갈루스'가 이질적인 발음이었다. '갈루스'는 다시 영어에서 '골Gaul'로 바뀌었다. 로마인들은 골 사람들이 사는 땅을 '갈리아Gallia'라고 불렀다. 이곳이 지금의 프랑스에 해당하는 광대한 나라로 그 영토는 라인 강까지 뻗어 있었다.

갈리아인, 즉 켈트인들은 야만족이 아니었다. 아주 초기부터 이들은 지중해의 풍요로운 생활에 어느 정도 참여하고 있었다. 갈리아 남쪽에 오늘날 마르세유로 알려진 마실리아 항이 있었다. 예수가 태어나기 600년 전 동부 지중해에서 온 사람들이 세운 항구였다. 마실리아는 금세 중요한 항구로 부상해서, 시칠리아 섬 남쪽에 있는 북아프리카에서 페니키아인들이 세운 대도시 카르타고와 경쟁하게 되었다. 훗날 마실리아는 티레, 시돈과 카르타고를 넘어서는 도시가 된다. 오로지 신흥 대도시인 알렉산드리아에게만 밀렸을 뿐이다.

율리우스 카이사르가 태어나 세상의 판도를 바꾸기 훨씬 전에도 마실리아 항에서는 무역이 대단히 활발하게 진행되었다. 이집트, 그리스, 시리아, 아프리카, 그리고 로마에서 온 상인들이 부두에 정박해서 싣고 온 포도주, 철물, 무기, 갑옷, 향료, 의류 등의 짐들을 말에 실었으며, 다시 이 상품들을 갈리아 땅을 지나 여러 방면으로 운반했다. 갈리아가 영국과 접촉을 계속하고 있었던 점을 감안하면, 비록 대다수는 아닐지라도 이 상인들 중 일부가 상품을 싣고 해협을 건너 영국까지 왔으리라는 데는 의심할 여지가 없다. 한편 갈리아는 로마와 아프리카로 모직물 의류와 잘 훈제된 햄, 고산 지대에서 나는 치즈와 커다란 개들을 수출했다. 따라서 갈리아는 비록 거칠고 질서가 없으며 미개한 땅이기는 했으나, 결코 야만적이거나 원시적인 곳은 아니었다.

센 강 남쪽의 갈리아인들은 키가 중간 정도였으며 키가 작은 로마인들보다는 큰 편이었다. 푸른 눈에 길게 늘어뜨린 금발에다, 혈색은 붉은 편이었고, 얼굴은 둥글고 뭉툭하게 나온 편이었다. 그들의 머리 또한 둥근 편으로 총알 모양을 하고 있었다. 아마포로 만든 옷을 입었고, 꼭 끼는 짧은 바지와 몸에 달라붙는 윗옷을 입었다. 갈리아인은 짧은 바지를 입는 것으로 유명했는데, 로마인의 눈에는 그것이 망측하게 비쳤다.

센 강 북쪽에는 갈리아족의 한 계열인 벨가이족이 살았다. 그들이 남쪽 갈리아인들과 다른 점은 키가 좀 더 크고, 머리 모양이 길게 생겼으며, 성질이 더 사납고 고집스럽다는 것이었다. 아마 벨가이족의 켈트계 혈통 속에는 게르만계 혈통도 섞였기 때문인 것으로 보이는데, 라인 강이 벨가이족과 게르만족을 갈라놓고 있었지만 넘을 수 없는 장벽으로 작용하지 않아서였다.

갈리아는 카이사르가 군대를 끌고 오기 훨씬 이전부터 더 문명화되고 힘도 더 강했던 것으로 알려져 있다. 켈트족의 전설, 특히 아서 왕의 전설을 통해 알려진 바로는 그들에게 훌륭한 기사 집단이 있었고, 원탁에 둘러앉은 이 기사들은 형제처럼 모두가 동등한 입장에 있었다. 이 시절에는 켈트의 자유민들이 누구의 지배 아래 놓여 있지 않았고 또 누구도 두려워하지 않았다. 그들이 두려워한 대상은 오직 드루이드Druid뿐이었다. 드루이드는 종교적인 집단이었다. 이 집단에는 세 가지 계급이 있었다. 먼저 우아드Ouadd는 제물을 준비하는 사제로, 맨 아래 계급에 속했다. 그다음 계급은 바드bard로, 이들은 성스러운 영감에 가득 찬 환희의 노래와 이야기를 통해 연회장에 모인 기사들과 청중들의 영혼을 감동시키는 사제 시인들이었다. 맨 위쪽 계급에는 성스러운 드루이드가 위치해 있었는데, 이들은 어두운 숲속에 살기 때문에 사람들의 눈에는 잘 띄지 않았다. 드루이드는 오크나무 그늘 속에 숨어서 은둔자처럼 살면서, 성스러운 신비에 대해 명상을 하고 두려움 또는 미지로 불리는 위대한 신의 뜻을 탐색하는 일에 전념했다. 어두운 숲속에서 드루이드는 훌륭한 가문의 자제들에게 가르침을 전수했다. 젊은이들은 드루이드로부터 켈트족에 대한 모든 지식이 들어 있는 긴 시와 송가와 전설을 배웠다. 스톤헨지 같은 커다란 원형 석조물이나 오크나무 숲속에서 무서운 희생 의식을 치러야 할 때에는 드루이드 자신이 직접 의식을 집전하러 나왔다. 또 드루이드는 겨우살이Mistletoe를 자르는 가장 경건한 날에도 대중 앞에 모습을 드러냈다. 겨우살이 가지는 성스러운 것이어서 오직 드루이드만이 만질 수 있었다. 때가 되면 드루이드는 먼저 몸을 정화한 다음 금식을 하고 기도를 올린 뒤에, 경건한 행렬을 이룬 사람들 앞에 나타났다. 그의 앞에는 커다란 오크나무가 솟아 있었는데, 이 나무는 지고의 유일신에게 바치는 신성하며 무서운 나무였다. 오크나무 위의 갈라진 틈 사이에는 황금 가지, 달콤한 맛의 원천이자 성스러운 겨우살이가 자라고 있었다. 이 장엄한 나무 앞에서 공손한 태도로 드루이드는 황금 가지, 겨우살이이자 전능한 나무의 황금색 아이이며, 무서운 아버지의 예쁜 아들을 자르기 위해 다가가면서 그 신비함에 감동하여 몸을 떨었다.

여기서 고대 켈트족의 생활에서 그 중심은 드루이드였음을 알 수 있다. 그는 알아야 할 모든 것을 아는 사람이었다. 그는 해와 별과 그들의 움직임, 계절과 그 변화를 아는 사람이며, 탄생의 과정과 죽음의 신비를 아는 사람이었다. 그는 또한 나라 안의 중요한 기사들과 친분이 있었고, 외부에 있는 위험한 적의 동정을 전부 알고 있었다. 예언을 하고, 상담을 하며, 명령을 내리고, 전쟁을 제안하며 전투 계획을 세우고, 정의를 집행하고, 사형을 선고하는 사람이 바로 드루이드였다. 그는 어둡고 비밀스러운 은둔처에서 켈트족의 세계를 통치했는데, 모든 사제들이 드루이드 대사제 아래 뭉쳐 있었기 때문이다. 기사들과 족장들, 혹은 기사들이 자신들 가운데에서 뽑은 왕조차 드루이드를 존경하고 그에게 절대적으로 복종했으며, 그가 내릴 수 있는 파문이라는 무서운 위협을 무엇보다도 두려워했다. 드루이드가 가르친 내용을 바드가 기사들의 모인 대청에서 노래하기 때문에 기사들의 정신도 자신도 모르게 신비의 사제에 영향을 받아 형성된 것이었다.

그런데 율리우스 카이사르가 갈리아에 왔을 때는 사제와 기사들의 서열이 무너지고 있었다. 드루이드들은 점점 세속적으로 변해가며 지식도 얕아져서 그들의 강력한 영향력을 잃어간 반면 기사들은 탐욕스럽고 교활해졌고 자유민들은 노예 같은 기사의 추종자로 전락했다. 기사들은 사제들을 경멸하면서 권력을 장악하고 스스로 절대군주가 되었다. 어떤 족장들은 주민들의 안전을 위해 강가나 늪 뒤의 언덕 위에 자리 잡은 마을들이나 작은 도시들을 통치했다. 몇몇 족장들은 꽤 큰 도시들의 주인이 되었다. 이러한 도시에는 커다란 나무 기둥 때문에 안이 어둡고 낮은 목조 건물들이 많이 있었고, 크고 뾰족한 초가지붕을 얹고 둥글게 나뭇가지로 엮은 오두막들이 늘어선 거리가 있었다. 이런 큰 도시에는 상인들과 직공들이 살았으며, 많은 노예들과 족장의 눈치를 보는 추종자들과 군인들과 자유 농민들이 있었다. 갈리아인은 게르만인과 달라 혼자 있기를 싫어했다. 그들의 오두막들은 항상 이웃집과 바짝 붙어 있었다. 하지만 그들은 지저분하고 불규칙적인 생활을 했으며, 자신이나 자기 일족의 이해가 걸린 문제에 대한 분쟁을 제외하고는 만사에 무관심했다. 더구나 이들은 생활을 늘 말다툼과 질투에 소모하고 있었기 때문에, 혼자서 살 수 없는 만큼 집단으로도 살기 힘든 사람들이었다.

기사는 각자 힘이 닿는 한 자신과 씨족 집단을 위해 작은 도시를 지배했다. 타타르족처럼 켈트족도 가족이나 씨족끼리 모여 살았기 때문이다. 도시에는 파수꾼들이 항상 망을 보았는데, 씨족과 씨족 사이에 늘 싸움이 그치지 않았기 때문이며, 족장들이 장닭들처럼 거드름을 피우며 돌아다니다가 싸움을 걸어 상대방을 공격했기 때문이다. 도시 밖에는 들판이 있었는데 거기에서는 닭처럼 소리 지르면서 도전하거나 싸우고 훔치는 것이 훨씬 더 사내답다고 생각하는 노예들과 자유민들이 대충대충 농사를 지었다. 오두막 주변에서는 반쯤 발가벗은 아이들이 흙탕물 속에서 뒹굴고 있었으며, 누더기를 아무렇게나 걸친 여인네들이 의심하는 눈초리로 밖을 내다보고 있었다. 돼지들이 꿀꿀거리면서 집 주변을 돌아다녔고, 염소는 말뚝에 매여 있었다. 이러한 광경과 그다지 떨어지지 않은 곳에는 기사의 대청이 있었는데, 그 안에서는 기사가 수십 명의 추종자들과 탁자에 마주 앉아, 타락한 바드가 하프에 맞추어 자신을 찬양하는 노랫소리에 귀를 기울이고 있었다. 그럴 때면 밖에서는 그의 친척들이 모여 기사를 칭송하고 아첨하는 소리를 외쳤다. 기사와 그의 추종자들은 소리가 나는 밖으로 나가 떠들썩하게 군사 훈련을 했다.

누추하고 호전적이며 가난한 생활 조건에도 불구하고 갈리아인은 좋은 옷을 좋아하고 밖으로 뽐내기를 좋아했다. 번지레한 격자무늬의 타탄 천과 인조 은을 만들어낸 민족이 바로 갈리아인이었다. 은과 금으로 만든 호사스런 갑옷과 훌륭한 말, 은으로 만든 전차를 구입하기 위해 족장이 씨족들의 재산을 탕진하는 경우도 가끔 생겼다. 대족장 중 일부는 돈이 많았는데, 그들은 규모가 큰 씨족 집단의 주인으로 많은 사람들로부터 공물을 받았으며, 또 자신이 통치하는 도시들로부터 재산을 모았기 때문이다. 이들 영주들은 뽐내며 화려하게 사는 것이 주된 일이었다. 영주들은 기사들에게 생활에 필요한 것을 공급해주고 가문의 명예를 수호했으며, 일족의 누구도 배를 곯지 않도록 돌보았다. 식량을 충분하게 공급해야 이웃과의 전쟁에서 일족을 끌어들일 수 있었기 때문이다. 그렇지만 평화로운 시기에 족장들은 힘센 말이 끄는 은제 마차를 잘생긴 마부에게 몰게 하고는, 그 마차를 타고 여기저기 달리는 것으로 자신을 과시했다. 이때 영주는 눈부시게 반짝이는 갑옷을 멋있게 입고 투구의 깃털과 오색찬란한 외투를 바람에 날리며 무기들을 든 채, 마차 안에서 꼿꼿하게 서 있었다. 이 모습이 구경꾼들에게는 마치 신처럼 보여서 전율을 느끼게 했다. 노예들은 영주의 곁이나 뒤에서 뛰었고, 남루한 옷을 입은 자유민은 그가 지나가면 크게 환호했다. 이것은 도도함과 용기를 과시하는 것이었으며, 한 사람의 영광을 위해 만인을 비천하게 만드는 짓이었다. 물론 이것도 사람들이 스스로 선택한 것임은 말할 것도 없다.

반면 드루이드들은 여전히 숲속에 남아 있었다. 겉치레나 뽐내는 족장들은 드루이드들에게 신경을 쓰지 않았으며, 드루이드들도 족장들의 화를 돋우지 않으려고 신경을 썼다. 바드들은 기사의 대청에서 노래로 아부하는 것을 쑥스러워하지 않는 식객이 되었다. 나라는 각자의 영광을 위해 서로 시끄럽게 다투는 씨족들로 사분오열되었다. 이런 와중에 백성들은 비참한 상황에 빠져 원한에 찬 노예생활을 했다. 그러나 몇몇 큰 씨족에게는 드루이드들이 영향력을 계속 행사했는데, 이들 큰 씨족들을 싸움에서 이기는 것은 아주 어려운 일이었다.

영국은 드루이드의 본거지로 알려져 있다. 영국에서는 기사들의 사치와 어리석음이 통하지 않았고, 여전히 드루이드가 나라를 통치했다. 물론 영국은 갈리아에서 로마인들이 하는 일들을 자세히 알고 있었다. 드루이드들은 카이사르가 올 것에도 대비했다. 상인들과 사제들이 영국해협을 오가며 로마와 왕래를 했다. 그러나 영국과 갈리아 두 나라는 더 이상 하나로 뭉쳐 있지 않았다.

카이사르가 갈리아 총독으로 임명된 것은 기원전 58년이었으며, 그는 기원전 49년까지 총독 자리에 있었다. 이 시기에 로마는 갈리아의 남동쪽을 지배했고, 북쪽은 게르만족이 차지하고 있었다. 카이사르는 켈트계 헬베티족이 갈리아로 나오는 것을 막기 위해 로마에서 제네바까지 8일 만에 진군해갔다. 그는 론 강의 다리를 부수어 헬베티족을 돌아가게 만들었다. 헬베티족을 물리친 다음에는 북쪽을 향해 가서 게르만 족장 아리오비스투스Ariovistus를 패배시키고 게르만족의 갈리아 진입을 저지했다. 다음 해에 카이사르는 벨가이족을 치기 위해 진군했다. 레미라는 종족이 다른 종족들을 시기해서 자신들의 수도 랭스의 성문을 로마군에게 열어주었다. 카이사르는 이 덕분에 북부에 요새를 갖게 되었다. 언제나 그렇듯 로마군은 켈트족 사이의 시기심을 이용해 전쟁에서 승리를 이끌어냈다. 만약 갈리아인들이 굳게 뭉쳤더라면 승리는 불가능했을 것이다.

기원전 55년 카이사르는 영국에 도착했다. 주목적은 영국과 갈리아 사이의 관계를 끊고, 갈리아인 신앙의 본거지로 생각되던 갈리아인들의 성지 영국에 일격을 가하는 것이었다. 다음 해 카이사르는 다시 영국으로 왔는데, 족장 카시벨라우누스Cassivellaunus가 항복하는 척하자 약간의 진주와 노예를 공물로 받고는 철군했다. 그러나 영국에서 그는 사실상 아무것도 하지 못했다. 영국은 그의 관할 밖이었기 때문이다.

성지에 대한 카이사르의 공격은 항복한 갈리아인들의 반란을 촉발하는 계기가 되었다. 결국 갈리아인들을 하나로 뭉치게는 했으나, 이미 시기를 놓친 일이 되었다. 드루이드들이 사람들을 소집했는데, 이들은 밤에 외딴 장소에서 만나 봉기 계획을 세웠다. 로마군은 이들에게 겁을 먹었다. 기원전 53년 카이사르는 10개 군단의 대병력을 소집해서 북부지역을 휩쓸었다.

갈리아 최후의 위대한 대족장인 베르킨게토릭스Vercingetorix가 등장한 것도 바로 이 전쟁에서였다. 그는 용감하게 싸웠고 카이사르로부터 눈부신 승리를 거두었다. 카이사르가 유일하게 패전의 쓰라린 맛을 본 곳이 바로 이 전쟁에서였다. 그러나 카이사르는 얼마 지나지 않아 복수할 기회를 잡았다. 베르킨게토릭스는 패배했고 갈리아의 정신적 지주는 디종 근처의 전투에서 무너지고 말았다.

베르킨게토릭스와 얼마 남지 않은 그의 군대는 중부 프랑스의 산악 지대에서 로마군단들에 포위되었다. 겹겹이 포위된 채 그는 갈리아군 기병대를 내보내 전국에 봉기를 촉구했다. 그의 부름은 열렬한 호응을 받았다. 사방에서 갈리아군이 용감한 지도자를 구원하기 위해서 진군해왔다. 그러나 구원군은 쫓겨 갔고 베르킨게토릭스는 도시로 후퇴했으나 포위되고 말았다.

그는 사태가 절망적임을 깨달았다. 그는 굶주렸으나 충성스런 군사들을 모두 불러 모아놓고 그들을 꼭 구원해 줄 것이라고 약속했다. 그런 다음 시종들에게 가장 눈부신 갑옷과 군복을 자신에게 입히라고 명령했다. 반면 카이사르는 맞은편 진영의 높은 회의장에서 장교들에 빙 둘러싸인 채 군사회의를 개최하고 있었다. 그러는 사이 갑자기 소란이 일어났다. 한 족장이 눈부시게 반짝이는 갑옷을 입고 투구의 깃털을 날리면서, 팔에는 금으로 만든 팔찌를 감고 또 말에는 반짝이는 은과 형형색색의 천을 얹은 채 카이사르 앞으로 뛰어들었다. 그는 말에서 뛰어내렸다. 로마인들이 입지 않는 꽉 끼는 격자무늬 바지를 입은 모양으로 보아, 그는 갈리아인이었다. 카이사르의 호위병들이 그를 둘러쌌다. 그는 카이사르의 발에 엎드려 항복한다고 크게 외쳤다. 그는 포위된 부하들을 살리기 위해 스스로 항복하러 온 베르킨게토릭스였다.

카이사르는 그를 호되게 꾸짖고는 부하들에게 가두라고 일렀다. 베르킨게토릭스는 로마로 보내져 카이사르의 개선 행진에 끌려 나갔다. 그러고는 그의 숭고한 영혼을 썩히면서 6년 동안이나 투옥되었다가 나중에 교수형에 처해졌다.

기원전 51년에는 갈리아 전체가 카이사르의 통치 아래 놓이게 되었다. 그러자 즉시 정복자의 태도가 달라졌다. 그는 뛰어다니면서 뽐내기를 좋아하는 갈리아인들을 진정으로 좋아했다. 그는 알로다Alauda 또는 종달새라 부르는 갈리아인 군단을 따로 창설했다. 드루이드들을 없애고 사람을 제물로 바치는 의식을 금했다. 또 사람들에게 보다 많은 자유를 허용하고 공물의 양도 줄여주었다.

그렇게 해서 대변화가 시작되었다. 갈리아인들은 정복자를 엄청나게 존경하게 되었고, 로마인들을 훌륭한 사람이라고 생각했다. 그래서 그들은 로마인들을 모방하기 시작했다. 천성적으로 성급하고 변덕스러운 갈리아의 족장들이나 기사들은 새롭게 온 사람들과의 접촉을 통해, 라틴어와 로마식 생활양식을 어느 정도 배웠다. 그리고 이것을 대단히 자랑스러운 것으로 생각했다. 갈리아 군사들과 자유인들도 그들의 족장들을 모방했다.

갈리아에서 카이사르는 300만 명의 갈리아인과 싸웠다고 전해 진다. 그 중 100만 명은 죽었고, 100만 명은 노예가 되었으며, 나 머지 100만 명은 자유인으로 남았다. 그 결과 100만 명의 노예가 새 주인을 맞게 되었다. 대부분의 족장들은 로마에 항복해서 자신 의 집과 노예와 씨족들을 그대로 유지했다. 이렇게 해서, 새로운 삶이 시작되었다. 갈리아인들은 아이를 많이 낳기 때문에, 인구는 금세 불어났다.

예로부터 '프로방스'라고 알려진 갈리아 남동부는 이미 로마화 해서 문명이 깊이 들어와 있었다. 많은 사람들이 로마식 옷을 입 고 라틴어를 썼다. 수 세대 동안 마실리아로 들어오는 배는 구세 계에서 가장 큰 해양 도시들인 티레, 카르타고, 아테네 같은 곳에 서 상품과 사람들을 싣고 들어왔다. 이 배들은 그리스와 시리아의 기술을 갈리아의 남부로 가져와서 마실리아, 나르본, 툴루즈, 아 를 같은 아름다운 도시들을 계몽시키고 문명화시켰다. 반면 갈리 아 북부는 반쯤은 야만 상태로 남아 있었으며 파리는 아직 도시로 존재하지도 않았다.

'프로방스'가 갈리아에서 선도적인 위치를 갖게 된 것은 아우구 스투스 황제 때였는데, 그것은 카이사르 시절에는 프로방스 사람 들과 전쟁을 치렀기 때문이다. 아우구스투스는 갈리아인들이 자 신들의 종족과 종교를 잊고 로마인이 되었다고 생각하기를 바랐 다. 그는 드루이드들을 추방하고, 씨족들이 애국적인 족장에게 충성을 바치지 못하게 하려고 노력했다. 많은 족장들이 로마로 초청되었다. 갈리아인 원주민들이 신성한 곳이라 생각하는 갈리아의 옛 도시가 있으면, 아우구스투스는 그 인근에 새 도시를 세워 종래의 영향력이 사라지게 만들었다. 그래서 유서 깊은 갈리아의 옛 도시 비엔에서 얼마 떨어지지 않은 장소에 론 강을 끼고 리옹을 건설했다. 그 후 사람들은 비엔을 중심지로 생각하지 않게 되었다. 중심지가 리옹으로 옮겨온 것이다. 예루살렘이 아일리아로 바뀌었던 것처럼 새 도시가 건설되지 않을 경우 옛 도시에는 항상 새 이름이 주어졌다. 그러면서 전국은 네 개의 주로 분할되었고 각 주는 더 이상 종족 차별을 하지 않도록 조율되었다. 벨가이족이 한 주에만 거주하지 않고 어떤 벨가이족은 벨기카, 또 어떤 벨가이족은 리옹에 있게 된 이유가 바로 여기에 있었다.

아우구스투스는 갈리아의 로마식 수도를 이 네 개 주의 중앙에 건설했다. 그는 갈리아 지역을 로마식 수도를 갖춘 로마의 훌륭한 속주로 만들기를 희망했다. 건축가와 측량사가 후보지를 검토하다가 론 강 근처의 작은 마을을 선정했다. 새로운 도시를 건설하기 위해 수많은 노예와 노동자가 투입되었다. 15년 뒤 이 작은 마을에는 휘황찬란한 수도가 건설되었다. 대도시 리옹이었다. 장인과 학자, 상인, 법률가, 집정관들이 이탈리아에서 초빙되었고, 로마인들이 넓은 거리를 웃으며 활보했다. 거대한 시장이 서고, 갈리아 화폐를 찍는 조폐소가 생겼으며, 손 강이 론 강과 만나는 지점에 갈리아인의 중앙 사원이 눈부시게 건립되어 아우구스투스 황제와 로마제국에 헌정되었다. 거리 옆에는 상점, 서점, 수사학과 웅변 학교, 빌라, 작업장이 들어섰다. 먼 곳에서 갈리아 사람들이 거대한 시장에 오고, 극장에 가고, 학교에 다니기 위해 모여들었다. 론 강에는 배들이 오르내렸고, 부유한 갈리아 족장들이 시내에 로마식 대저택을 지었다. 갈리아인을 태운 마차들이 거리를 요란하게 지나다니고, 마차의 주인들은 이 훌륭한 도시에 있게 된 것을 자랑스럽게 생각했다.

대신전에는 아우구스투스에게 바치는 제단이 건립되었으며 그 주위에는 갈리아의 행정 구역을 상징하는 64개의 동상이 제단을 둘러싸고 있었다. 또 하나의 제단은 로마의 여신에게 바쳐진 것이었다. 매년 여러 '도시'나 주의 대표들이 리옹 시에 모였다. 이 대표들은 경건하게 황제와 여신을 위한 제의에 참여했으며, 제의를 지낸 다음에는 국정을 토의하기 위해 의회에 참석했다.

동시에 리옹은 거대한 도로망의 중심지이기도 했다. 이탈리아에서 출발한 로마대로가 알프스 산을 넘어 똑바로 리옹의 시장까지 들어왔다. 스위스나 헬베티카에서는 로마대로가 제네바를 지나 리옹으로 이어졌다. 로마대로는 도시의 시장을 지나 갈리아에 나 있는 4개의 아우구스투스대로로 연결되었다. 첫 번째 대로는 북쪽으로 나 있는데 메츠와 트레브를 지나 라인 강의 코블렌츠로 연결되었다. 두 번째 대로는 북서쪽으로 뻗어 볼로냐로 연결되었는데, 이 길은 영국으로 가는 길이었다. 세 번째 대로는 서쪽으로 뻗어 비스케이 만으로 이어졌다. 네 번째 대로는 남쪽으로 가는데, 마실리아와 나르본으로 뻗어서 지중해까지 이어지는 대로였다.

이 로마대로에는 로마식으로 지은 갈리아의 신도시들이 서 있었으며 도시에서 도시로 끊임없이 통행자들이 이어졌다. 라인 강이나 영국으로 가는 로마군단의 행군이 있었고 그 뒤를 짐마차가 따랐다. 갈리아인 귀족들이 금장식을 번쩍이며 마차를 타고 달렸고, 노예나 전령들이 터벅거리며 걸어갔다. 갈리아에서 새로운 삶을 시작하기 위해 이탈리아를 떠난 식민지 개척자들이 피곤한 걸음을 걷거나 말을 몰았다. 짐을 실은 말을 이끄는 상인들, 꾸러미를 멘 일꾼들, 짐을 든 노예들, 게르마니아나 영국, 아프리카나아시아에서 온 나그네들이 모두 이 길에서 만나 서로 인사를 했다. 그들이 사용하는 언어는 라틴어 방언이었는데, 모두가 의사소통을 할 수 있을 만큼은 라틴어를 배웠다.

갈리아는 완전히 로마화했다. 갈리아의 족장들과 부유한 자유민들은 나무집 대신 로마인들이 시골에 건립하는 빌라(로마식 대저택)를 지었다. 이 아름다운 빌라는 돌이나 벽돌로 널찍하게 지은 이층집으로 테라스가 있고, 때로는 낮은 사각형 탑이 붙어 있었다. 마당과 정원은 높은 담으로 둘러져 있었다. 뒤쪽에는 마구간과 노예들이 사는 막사와 곡물창고, 외양간 혹은 축사가 있었다. 집 주변에는 열매가 환한 미소를 지으며 달려 있는 경작된 땅이 뻗어 있었다. 이 땅은 노예들이 가꾸었다. 노예들은 감독자의 감시를 받으면서 아침 일찍 들에 나가서 저녁까지 일을 하고는 어두워지면 다시 막사로 돌아와 밤에는 감금되는 생활을 했다.

그러나 갈리아의 자유민들은 여전히 자기 마을에서 살며, 자기 땅을 경작했고, 모직물을 짰다. 비록 빌라와 부유한 집들이 시골에 많이 퍼져 있기는 했지만, 자유민들의 수가 여전히 더 많았다. 갈리아의 부자들은 꼭 끼는 전통식 바지를 입는 대신 헐렁한 로마식 토가toga를 입기 시작했으며, 라틴어나 라틴어 방언을 사용해 대화를 나누었다. 평민들도 대부분 라틴어 방언을 썼다. 행정구역들은 로마에서 임명한 관리들에 의해 통치되었고 법관들은 로마법을 적용했다. 모든 일이 로마화해서 공정하게 운영되었다. 그러나 도시에서 멀리 떨어진 시골에서는 갈리아인 농부들이 같은 씨족끼리 뭉쳐 살았으며, 드루이드들에 대한 기억도 소중하게 생각했다. 반면 프로방스로 알려진 지방에서만은 생활이 이탈리아에서보다 더 이탈리아처럼 되어 있었다. 커다란 로마식 건물들이 서 있었고, 경작지는 이탈리아식으로 개간되었으며, 풍경도 이탈리아처럼 보였고, 사람들도 이탈리아인처럼 보였다. 갈리아적인 것은 경시되고 거의 잊혀 갔다. 구세계를 대표하는 국제도시로 자처하던 마실리아는 자랑스럽게 그리스식 학교를 운영해서 그리스 학문의 중심지가 되었다.

이렇게 갈리아를 훌륭하게 정착시키고 통치하는 데는 많은 돈이 필요했다. 세금이 과도하게 부과되었다. 자유민인 소작농과 장인들은 처음부터 세금 때문에 신음해야 했다. 세금은 항상 갈리아인들의 저주의 대상이 되었다. 게다가 세월이 흐르면서, 간악한 황제들이 하도급을 주는 징세청부 제도를 허용했는데, 가장 많은 액수를 써낸 낙찰자에게 세금 징수 권한을 주었다. 세금 착취가 불가능해진 대신 세금 액수가 오를 수밖에 없었다. 그래도 세금 문제를 빼면 대체로 갈리아에는 오랫동안 행복한 세월이 흘렀다. 예수 탄생 후 2세기 말까지 갈리아는 로마제국에서 가장 살기 좋은 땅의 하나로 소문이 자자했다.

그러나 곧 어려움이 닥쳐왔다. 갈리아인들이 로마에 흡수된 반면, 게르만족은 계속해서 문제를 일으켰다. 214년에 게르만족의 한 갈래인 알레마니족이 북동부에서 말썽을 일으켰고, 241년에는 대규모의 프랑크족 무리가 갈리아 지방을 완전히 가로질러 스페인으로 가서 약탈했다. 다수의 게르만인들이 갈리아 북부로 들어와 농사를 지으며 살았다. 갈리아는 이탈리아와 게르마니아 사이에 놓여 있어 이를테면 망치와 모루 사이에 들어 있는 셈이었다. 게르마니아가 약해지면 로마가 갈리아로 들어왔고 로마가 약해지면 게르마니아가 갈리아 땅을 강타해서 나라를 산산조각 냈다.

북쪽에서 야만인들이 요동치고 있는 동안, 남쪽에서는 기독교가 움직이기 시작했다. 기독교는 동방에서 왔다. 그리스, 안티오크, 요파에서 나와 바다를 건너 마실리아 항으로 들어왔다가 론강을 따라 올라가 리옹으로 들어갔다. 이 무렵 동방에서는 그리스어가 국제적으로 통용되는 언어였다. 그리스어는 성 바울의 언어이기도 했다. 갈리아에도 그리스어를 사용하는 소규모 기독교인 공동체들이 늘어나기 시작했다. 새로운 복음이 확산되었다. 244년에는 로마교회가 라틴 선교단을 보냈는데, 큰 성과를 냈다. 갈리아인들은 드루이드 신앙의 관습 때문에 지고의 유일신이라는 개념에 익숙해 있었다. 오히려 그들은 로마식의 다신교를 진지하게 받아들일 수 없었다. 그런데 마침 기독교가 나타났으며, 그들에게는 그것이 훨씬 더 자연스럽게 느껴졌다. 그래서 그들은 기독교를 쉽게 받아들였는데, 특히 도시들에서 더 그랬다.

로마에서 갈리아로 일곱 명의 주교가 왔다. 마실리아로는 가지 않았는데, 마실리아는 구세계 문화에 너무 밀착해 있었기 때문이다. 그들은 나르보에 상륙해 그곳에 선교 본부를 세우고 갈리아의 중심부로 세력을 확산시켰다. 251년에는 디오니시우스와 11명의 수사가 루테티아(지금의 파리)에 자리 잡고 북부 프랑스 교회를 창건했다. 이때부터 기독교는 빠른 속도로 퍼져나가기 시작했다. 백년도 지나지 않아서 모든 갈리아인이 기독교인으로 바뀌었다. 사실상 이탈리아가 아니라 갈리아가 새 종교를 이끌어가는 초석이 된 셈이었다.

로마제국이 행복하던 시기에는 로마인이든 갈리아인이든, 부자든 빈자든 모든 시민은 자유롭고 동등했다. 강압 받는 이들도 없었고, 훌륭한 재판관들이 정의를 보장해줬다. 그러나 로마제국이 타락하면서 자유가 사라졌다. 사람들은 돈과 권력을 위해서 권모와 술수를 주저하지 않았고, 가난한 사람들은 교활한 상류층, 돈을 쥐면서 상류층이 된 이들의 희생자가 되었다. 합당한 범위를 넘어 부과된 무거운 세금과, 벌금, 징병제도가 가난한 자유민을 절망으로 몰고 갔다. 부자나 교활한 사람 외에는 누구도 안전하지 않았다. 비참한 자유민들은 두려움에 떨며 외국과의 전쟁에 동원되거나, 세금 징수원들에게 재산을 모두 빼앗겨 굶어 죽을 지경이었다. 부잣집의 노예들의 삶이 더 안전하고 건강했다. 자유민으로 남아 백작이나 공작이나 관리의 탐욕이나 겁박에 희생되는 것보다 부자의 노예가 되는 것이 차라리 더 나았다. 부자들은 뇌물을 주거나 무력을 쓰거나 정부에 참여해 자신들과 자신들의 소유물을 보호하고 있었기 때문이다. 이런 절망감 속에서 자유민들은 하나둘씩 차례로 자신과 가족을 돈 많은 족장이나 로마인, 또는 탐욕스럽고 무자비한 부자의 노예로 예속시키게 되었다. 노예가 되면 더는 강제로 징집되어서 전쟁터로 보내지거나 체포되어 세금을 내라고 고문 받지 않아도 되었다.

잔인한 상황은 계속되어 갈리아 인구의 4분의 3이 노예가 되는 사태가 벌어졌다. 한 나라의 인간 중 4분의 3이 나약하고 허영심에 가득 찬 어리석은 귀족의 소유물이 된 것이다. 이 귀족들은 모두 갈리아의 형편없는 정부가 보유한 군사력과는 별도로 악랄한 군인 집단을 보유하고 있었다. 이들이 사람들의 재물을 빼앗고 파괴했다. 그 결과 나라는 점점 퇴락 속으로 빠져들었다. 로마 중앙 정부의 찬란하던 권력이 사라지면서, 갈리아는 옛날 자신들만의 시절보다도 훨씬 나약해졌다. 더 부유하긴 하나 살만 더 찌고 무기력해진 채, 지치고 기진맥진한 땅이 되었다.

'시체가 있는 곳에는 솔개가 있다.' 수년 동안 갈리아 자유민의 땅은 폐허가 되었으며, 이 기간 동안 게르만족 농민들이 이 황폐한 땅으로 들어와 정착했다. 게르만의 솔개가 절망적인 갈리아인들의 머리 위에서 맴돌기 시작한 것이었다. 406년의 마지막 밤에, 엄청나게 많은 수의 반달족, 훈족, 고트족, 알라니족이 라인 강을 건너 갈리아로 쏟아져 들어왔다. 수많은 도시가 얼마나 고통 받았는지에 대해 우리는 잘 알고 있다. 극악한 상황 속에서 비참한 농민들은 무서운 폭동을 일으켜서 닥치는 대로 죽이고 주저 없이 태우고는 결국 먹을 것이 없어 굶어 죽고 말았다. 그 결과 폭동 이전보다 더 비참한 상태에 빠지고 말았다.

412년에 생활방식에서는 이미 반쯤 로마화한 서고트족이 갈리아의 남부지역으로 쳐들어왔다. 그들은 산림 지대와 원예농지의 절반, 그리고 경작지의 3분의 2를 차지하고 이미 그곳에 살고 있던 갈리아인들이나 프로방스 사람들을 데리고 이 땅들을 관리했다. 몸집이 크고 마음씨가 착한 부르고뉴 사람들도 론 강 주변에서 비슷한 처지로 일했다. 그래서 서고트족과 부르고뉴인들의 침입은 갈리아의 남부와 동부에서는 오히려 축복이 되었다. 그들은 적군으로부터 국토를 수호했으며, 아무것도 파괴하지 않는 온화한 주인이자 이웃이었다. 그저 원주민들이 예전처럼 일을 하도록 내버려두었다가 수확량의 상당 부분을 가져갔을 뿐이다.

451년에는 훈족의 아틸라가 쳐들어왔다. 그는 샬롱 평야에서 패배했지만 그의 침입으로 갈리아는 폐허가 되었다. 북부는 초토화되었으며, 테오도리쿠스는 전사했다. 왕의 전사 이후 고트족은 잔혹한 내전을 겪었다. 잠시 평화가 찾아왔으나, 5세기 말경에는 다시 국토가 파괴되고 산산조각 났다. 부르고뉴 지방은 물론 모든 곳의 사정이 마찬가지여서 살육을 일삼는 싸움과 파괴와 파멸이 있을 뿐이었다. 전국이 폐허 속에 잠겼다. '바닷물이 휩쓸어버리더라도 이보다는 덜 황폐했을 것이다.' 가축은 살육되거나 몰수됐고, 사람들은 모두 죽었다. 들판은 황무지나 산림지대로 변했고 폐허가 된 로마식 거리에는 늑대와 곰이 어슬렁거렸다. 갈리아는 황폐하고 황량한 사막이 되었다. 이탈리아의 상황도 나을 것이 없었다. 로마인의 허약함과 야만인의 사나움이 문명화된 유럽을 파멸시킨 것이었다.

이러한 상황에서 유일한 희망의 빛은 기독교였다. 공작과 백작과 총독이 서로서로를 죽였기 때문에 정부가 완전히 사라졌다. 있는 것이라고는 애도의 부르짖음과 혼란스런 불안정이었다. 그러나 이런 와중에도 기독교의 주교와 사제들만은 자신들의 영혼을 깨끗하게 지키고, 정신을 강하게 유지했다. 주교들이 권위 있게 나서서 파괴된 도시가 도둑과 살인자, 늑대와 곰의 소굴이 되는 것을 막았다. 로마의 법정이던 바실리카 회당이 기독교의 교회가 되었고, 이 회당에서 사제들이 타락한 사람들을 꾸짖고 충고했다. 심지어 아틸라조차도 한 사람의 주교는 존경했는데, 그가 바로 트루아 시의 주교인 루푸스Lupus였다. 사나운 훈족조차 이 기독교 지도자에게서 고상하고 당당하며 두려움 없는 모습을 발견하게 된 것이었다.

로마는 종말을 맞았고 갈리아는 황폐하고 초토화된 땅으로 남았다. 오직 기독교의 주교들만이 난파선 위로 머리를 쳐들고 있었다. 어디에선가 새로운 힘이 나타나, 또 하나의 갈리아를 재건할 새로운 생명과 새로운 활력과 새로운 힘을 불어넣어야만 했다. 그러면 이 힘은 어디에서 올 것인가? 남쪽이 소진되었기 때문에 새로운 힘이 남쪽에서 올 수는 없었다. 현명하게도 주교들은 고개를 북쪽으로 돌렸다. 그들은 북부 게르마니아의 부족들 중 가장 강력한 부족의 움직임을 조심스럽게 지켜보았다. 바로 프랑크족이었다. 주교들은 이제 프랑크족을 주인 또는 하인으로 맞아야 할 시기가 왔음을 알았다. 주교들은 부패하고 어리석은 로마인들을 잊고, 북부의 사납지만 강인한 야만인들에게 의지해야만 했다.

VIII

프랑크족과
샤를마뉴

"슬프도다! 나는 낯선 사람들 사이에 홀로 남은
생존자로구나." 클로비스나 프랑크족은 통치자의 자질을
갖추지 못했다. 그들에게는 나라를 통치할 능력이 없었다.
그들은 오히려 나라를 망칠 뿐이었다.

"Woe is me! For I am left as a sojourner in the midst
stranger." Clovis and his Franks were no governors. They
could not rule a country. They could only spoil il.

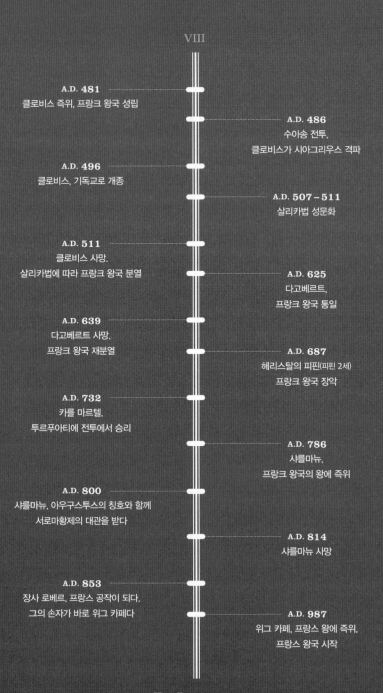

VIII

A.D. 481
클로비스 즉위, 프랑크 왕국 성립

A.D. 486
수아송 전투,
클로비스가 시아그리우스 격파

A.D. 496
클로비스, 기독교로 개종

A.D. 507 – 511
살리카법 성문화

A.D. 511
클로비스 사망.
살리카법에 따라 프랑크 왕국 분열

A.D. 625
다고베르트,
프랑크 왕국 통일

A.D. 639
다고베르트 사망.
프랑크 왕국 재분열

A.D. 687
헤리스탈의 피핀(피핀 2세)
프랑크 왕국 장악

A.D. 732
카를 마르텔,
투르푸아티에 전투에서 승리

A.D. 786
샤를마뉴,
프랑크 왕국의 왕에 즉위

A.D. 800
샤를마뉴, 아우구스투스의 칭호와 함께
서로마황제의 대관을 받다

A.D. 814
샤를마뉴 사망

A.D. 853
장사 로베르, 프랑스 공작이 되다.
그의 손자가 바로 위그 카페다

A.D. 987
위그 카페, 프랑스 왕에 즉위.
프랑스 왕국 시작

THE FRANKS AND
CHARLEMAGNE

5세기와 6세기, 가장 어두웠던 이 시대에는 기독교만이 유일하게 살아 있는 희망이었다. 갈리아의 무서운 혼란과 불안정 속에서, 일부 사람들은 싸우고, 훔치고, 불태우고, 훔치고 빼앗는 일에 지쳐 있었다. 그들은 무엇보다 영혼의 평화와 평정을 원했다. 그래서 이에 대한 해결책으로 수도원 생활이 제시되었다. 마음과 정신의 삶을 원하는 사람들이 교회나 수도원에 모였다. 거기서 이들은 사막 같은 세상의 신음에서 벗어나, 생각하고 글 쓰고 기도하면서 희망을 지닐 수가 있었다. 그들은 들판에서 밭을 일구면서 지상의 한 장소나마 햇살이 가득한 깨끗한 곳으로 지켰다. 그들은 사람들에게 다가가 그들을 도와주고, 용기를 주고, 가르치면서 영혼에 활력을 불어넣어 잔인한 삶의 허무 속에 빠지지 않도록 했다. 그들의 삶은 로마화한 갈리아인들의 타락하고 절망적인 노예적 삶에 대한 항의의 연속이었다. 인간이란 희망 없이는 살 수 없다. 이 희망을 지켜준 사람들이 시골에서는 수도사와 사제들이었고 도시에서는 주교와 성직자들이었다.

이 시기에 사람들은 기독교 신앙에 온갖 미신을 뒤섞었다. 우물가에 있는 몇몇 이교의 여신들을 숭배해서 꽃을 갖다놓던 사람들이, 이제는 여신의 우상 대신 성모 마리아상을 모시고서 동정녀 마리아가 물로 기적을 행한다고 믿었다. 밤에는 우물에서 나는 물소리에서 마리아의 목소리가 들린다면서 꽃이나 다른 제물들을 갖다 바쳤다. 드루이드의 신성한 나무는 대부분 잘려졌다. 그러나 시대가 달라지면서 사람들은 나뭇가지에 십자가를 못 박았고, 예수는 신비스런 나무신의 아들이 되었다. 한때 오크나무 그늘 아래에 작은 예배당이나 사당을 지어놓고 무서운 드루이드 신에게 바치던 제물을 새로운 신, 새로운 황금 가지, 황금의 예수에게 봉헌했다. 그래서 예수에게도 겨우살이가 신성한 제물로 바쳐졌다. 지금까지도 겨우살이는 기독교 축제에서 사랑의 입맞춤과 다산의 상징으로 바쳐지고 있다. 갈리아식의 기독교에서 옛 종교와 새 종교가 혼합되었다. 두 개의 정신이 하나가 되었으며, 예수는 나무신의 자손이 되었다.

그러나 이런 정도의 평화도 다시 깨지고 말았다. 남쪽의 서고트 왕국과 부르고뉴 왕국은 기독교 국가였으나, 로마교회가 아니라 동방교회에 속했다. 한편 북부의 게르만계 프랑크인들은 여전히 다신교로 남아 있었다. 프랑크인은 오랫동안 로마인의 친구이며 동지였다. 그들은 수년 동안이나 로마의 동지로서 라인 강 서부를 방어했으니 로마제국의 힘이 사라지자 라인 강 왼편의 땅을 차지하게 되었다. 이곳이 프랑크인 최초의 영토였으며, 그 뒤에도 계속 프랑크인들의 중심지가 되었는데, 현재 알자스, 로렌, 룩셈

유럽사 이야기

부르크, 벨기에로 불리는 지역이다. 그렇게 된 것은 프랑크인들은 라인 강 주변에서 다른 곳으로 옮겨가는 것을 좋아하지 않았기 때문이다.

프랑크인들은 단일 민족이 아니라 여러 부족들로 구성된 게르만족의 연합체였다. 프랑크라는 말은 '도끼로 무장한 사람'이라는 뜻으로, '도끼 전사인 게르만족'을 의미한다. 그들은 규칙에 얽매이지 않는 용감하고 야만적인 다신교도들로, 하나로 뭉치는 일은 거의 없었다. 북쪽에 사는 이들 프랑크족 중 한 부족이 살리족이었다. 살리족은 라인 강 하구의 늪지대에 살았다. 대단히 용감했으나 끊임없이 북부 갈리아에 쳐들어와 분란을 일으켰다. 그들은 나중에 프랑크족들 중에서 가장 중요한 종족이 되었다. 살리족의 족장은 게르만족 연합체 중에서도 가장 유력한 집안의 하나인 메로빙거 가문에서 나왔다. 이 메르비히족, 혹은 메르빙족은 아틸라와 맞서는 전쟁에서 프랑크족을 이끌었으며 아틸라가 라인 강을 건너갈 때까지 북쪽에서 그를 감시했다.

481년에 열다섯 살의 소년 클로비스Clovis가 살리계 프랑크족의 왕위 계승자가 되었다. 그의 종족은 수가 많지 않아, 전사의 수도 4,000명에 불과했으나, 로마인들이 마음속 깊이 존경한 바타비아Batavia계 게르만족으로, 대단히 용맹스러웠다. 부하들은 클로비스를 충실히 따랐으며, 그는 항상 앞장서서 싸웠다. 스무 살이 되었을 때, 그는 살리족이 전투부대의 핵심을 이루는 프랑크족 대군단의 사령관이 되었다.

수아송에 있는 시아그리우스Syagrius의 궁정에는 로마식 이름의 흔적이 남아 있었다. 브르타뉴로부터 프랑크 왕국과의 경계선에 이르는 땅과 아르모리카(브르타뉴)를 제외한 갈리아 전역이 야만인의 손에 들어갔다. 아르모리카는 갈리아 자유 공화국으로 남아 있었던 곳이었다. 시아그리우스는 로마식 이름으로, 파리가 중심이 되는 뫼즈와 루아르 사이에 위치한 넓은 땅을 다스리고 있었지만 시아그리우스는 수아송에서 무기력하게 통치하고 있었다. 그는 게르만족과 갈리아인 사이를 절충한 법을 이 지역에 적용하면서, 언제인가 북부 전체를 하나의 왕국으로 통합하고 싶었다.

그러나 그의 희망은 실현될 수 없는 운명이었다. 486년 젊은 프랑크인 클로비스가 시아그리우스를 공격했다. 시아그리우스는 살아남기 위해 저 남쪽, 젊은 서고트왕 알라리크의 수도인 툴루즈까지 도망을 쳤다. 클로비스는 지중해까지 사신과 전사들을 보내어, 툴루즈의 알라리크에게 시아그리우스를 내놓으라고 요구했다 알라리크는 무서운 이웃을 자신의 영토로 불러들인다는 점을 알지 못한 채 시아그리우스를 그에게 넘겼고, 클로비스는 시아그리우스를 그 자리에서 참수했다.

프랑크족이 불운한 시아그리우스의 영토를 차지하게 되었다. 클로비스가 북쪽은 라인 강, 남쪽은 루아르 지방, 동쪽은 부르고뉴 지방, 서쪽은 아르모리카에 이르는 광활한 영토를 소유하게 되었다. 갈리아는 이제 야만인들의 손아귀에 들어가게 되었고, 로마화한 갈리아인들은 자신들의 땅을 모두 잃게 되었다. 아르모리카만이 한쪽 귀퉁이에서 유일하게 자유의 땅으로 남았을 뿐이다.

갈리아의 로마교회는 시아그리우스의 땅인 북쪽에 세워져 있었다. 랭스는 가장 유명한 주교 관할구역이었다. 주교들은 이제 새로운 힘과 직면해야 했다. 바로 프랑크족들이 다가왔던 것이다. 프랑크족은 이교도였다. 그러나 주교들은 문명의 물을 먹지 않은 이 거친 게르만족들에 대해 항상 희망을 갖고 있었다. 왜냐하면 자신들이 이 프랑크족을 개종시킬 수만 있다면, 그들에게 미칠 수 있는 영향력은 대단한 것이었기 때문이다. 따라서 갈리아의 주교들은 이들 프랑크족을 기독교로 개종시키는 것을 대단히 갈망하고 있었다. 만약 개종이 성공한다면, 그들을 이용해 갈리아 교회의 권력을 그들 위에 세울 수 있었다.

랭스의 주교 레미기우스Remigius는 영리한 사람이었다. 그는 클로비스가 아주 젊은 시절부터 그와 가까웠다. 우정은 계속되었으나, 레미기우스는 젊은 이교도에게 고유의 신앙을 버리라고 감히 권유할 수가 없었다. 마침내 기회가 왔는데, 더욱 막강한 권력을 쥐게 된 클로비스가 결혼할 의사를 비쳤으며, 결혼상대로 공주를 원했다. 레미기우스는 아름다운 클로틸드Clotilde를 의심을 사지 않도록 넌지시 들먹였다. 클로틸드는 부르고뉴왕의 조카딸로, 로마교회의 신도였다. 그래서 클로비스는 클로틸드와 결혼했다.

레미기우스는 클로틸드에게 조심스레 교육을 시킨 바 있었다. 그는 게르만인들이 젊은 아내에게는 부드럽게 대하면서 잘해준다는 사실을 알고 있었다. 그는 또 당시 여자들이 자신들의 자유와 평등을 얻기 위해서는 기독교에 의지할 수밖에 없다는 점도 알고 있었다. 왜냐하면 이교도들은 아내를 뒷전으로 밀어두는 습성이 있었기 때문이다. 만약 클로틸드가 기독교도를 남편으로 맞아들인다면 그녀는 자유로운 기독교도 여성이 되겠지만, 그렇지 않다면 그녀는 뒷전에 묻혀 있는 이교도의 아내로 살 수밖에 없었다. 이 점에서 기독교의 초기 단계에 여성들이 사적인 생활에서는 가장 열렬한 전도사였다는 사실은 별로 놀라울 것이 없었다.

그러나 프랑크족 내에서 클로비스는 아직은 보잘것없는 한 명의 왕자에 불과했다. 496년 라인 강 상류에 본거지를 두고 있던 유명한 게르만족 연합인 알레마니족이 갈리아로 밀고 들어와 알자스에 정착한 프랑크족을 압박했다. 남부의 프랑크족이 북부의 프랑크족에게 도움을 호소했다. 클로비스가 자신의 살리족 군대를 이끌고서 남으로 내려왔다. 프랑크족 연합군과 알레마니족 사이에 대규모 전투가 벌어졌다. 전투는 프랑크군에게 불리하게 진행되고 있었다. 미친 듯이 흥분한 상태로 전쟁을 치르다가 자신이 전쟁에 지고 있다는 느낌을 받은 클로비스는 갑자기 집에 있는 왕비를 생각하게 되었다. 그는 자신도 모르게, 만약 클로틸드의 신이 자기에게 승리를 준다면 그녀의 신앙을 받아들이겠노라고 외쳤다. 그는 순간적으로 새로운 기운을 얻어 돌진해서 적군을 휩쓸었고 전쟁은 판도가 바뀌었다. 알레마니군은 극심하게 패주하고 말았다.

승리의 기쁨에 넘쳐, 프랑크족 연합군에 참가했던 거의 모든 부족들은 클로비스를 대군주로 추대했고 그는 휘하에 이 위대한 사람들을 거느리게 되었다. 이제 서약을 지켜야 할 시간이 왔다. 그러나 그의 냉정한 마음이 약속을 지키는 일을 주저하게 만들었다. 망설이는 그를 클로틸드와 레미기우스가 계속해서 설득했다. 결

유럽사 이야기

국 그는 개종에 동의했다. 랭스 대성당에서 그는 자신과 함께 새로운 신앙을 받아들이라고 명령하거나 권유했던 3,000명의 전사들과 더불어 세례를 받았다. 지금은 성자 레미로 불리는 레미기우스는 기쁨을 감추지 못했다. 그는 가능한 한 최고로 화려한 세례 의식을 거행했고 야만인 전사들은 마치 자신들이 천국으로 들어가는 듯한 느낌을 받았다.

주교들은 옛날의 로마군단에 속하는 유품과 군기, 그리고 상패들을 클로비스에게 전달했고 클로비스는 아르모리카를 제외한 북부 갈리아의 지배자가 되었다. 클로비스는 모든 갈리아 출신 성직자들과 마찬가지로, 진정으로 라틴교회 혹은 로마교회에 속하는 기독교도가 되었다. 반면 부르고뉴인들과 고트족들은 이단의 아리아인들이었으며 동방 기독교에 속하는 사람들이었다. 그래서 주교들은 그들을 미워했다.

클로비스는 주교들의 비수로 사용되었다. 그는 먼저 부르고뉴를 침공해서 500년에 그들의 왕 군도바트Gundobad를 패퇴시켰다. 다음에는 마르세유 근처 옛 로마제국의 땅 프로방스를 침략하고 그 땅을 그의 친구인 동고트 왕 테오도리쿠스에게 주었다. 그 뒤에는 비스케이 만에서 비옥한 땅 루아르까지 뻗어 있는 고트족의 거대한 왕국을 눈여겨보았다.

507년에 클로비스는 이렇게 말했다. "아리아계인 고트족이 갈리아 땅 일부를 차지하고 있다는 것은 기분 나쁜 일이야. 우리가 가서 하느님의 도움으로 그 땅을 점령하자." 그래서 그는 프랑크 군대를 이끌고 내려가서 서고트족을 공격했다. 클로비스는 알라리크와 일대일의 대결을 벌였다. 알라리크는 죽고, 그의 군대는 완패했다. 프랑크족이 고트족 나라 전체를 파괴하기 시작했다. 동고트의 테오도리쿠스왕은 옛 친구와 맞서서 나르본에서 피레네 산맥에 이르는 지중해 연안을 따라 남아 있던 서고트 왕국의 명맥을 유지하도록 구원했다. 이 서고트족 왕국은 이후 3세기 동안이나 더 이어나갔다. 이것이 셉티마니아Septimania 왕국이었다.

프랑크군은 서고트 왕국을 수치스럽게 다루었다. 그들은 실컷 노략질을 한 뒤, 값나가는 전리품과 수많은 포로들을 이끌고 북으로 후퇴했다. 아키텐의 갈리아계 로마인들은 북쪽에서 내려온 정통 로마 기독교도 친구들이 한 짓에 경악을 금치 못했으며, 그들에게 수백 년간이나 지속될 만한 증오심을 품게 되었다. 이 증오심은 보다 인간적이었던 정복자 고트족에게 품었던 증오심을 훨씬 능가하는 것이었다.

한편 동로마제국의 황제는 클로비스에게 사신을 보내 이 야만인 왕에게 로마의 집정관 직책을 부여한다는 임명장을 전했다. 클로비스는 기뻐하며 대단히 성대하게 집정관 서임식을 거행했다. 투르 성당에서 투르의 주교 마르탱은 클로비스에게 자주색 바지와 망토, 그리고 집정관의 관을 부여했다. 클로비스는 사람들이 환호하는 가운데 말을 타고 거리를 행진했다. 그는 이전에 율리우스 카이사르가 그랬던 것처럼 로마의 집정관이 된 셈이었다. 항상 로마제국의 위대했던 시절을 회상하곤 하던 갈리아계 로마인들은 매우 감격했다.

이제 클로비스는 게르만족의 어떤 족장이나 왕보다 더 높은 지위에 올랐다. 그는 자신의 손이 미치는 종족의 우두머리들을 모조리 죽여 자기의 위치를 안전하게 하려고 했다. 그는 족장들을 하나씩 차례로 죽인 다음 그들 종족의 왕이 되었다. 마침내 그는 자신의 친척들을 포함한 메로빙거족의 족장들을 모두 없애버렸다. 그래서 그는 만인이 인정하는 프랑크족의 유일한 수장의 자리에 올랐다.

"슬프도다!" 그는 결국 말했다. "나는 낯선 사람들 사이에 홀로 남은 생존자로구나. 불행이 닥쳤을 때에도 나를 도와 줄 친척은 한 사람도 없으니." 교활한 여우처럼 그가 이렇게 말을 한 데는 왕가의 친척인 척하는 사람을 가려내려는 목적이 숨어 있었다. 혹시라도 나서는 사람이 있으면 그 즉시 제거해버릴 준비가 되어 있었다. 그러나 그의 가식적인 탄식에 넘어가 나서는 사람은 하나도 없었다.

클로비스나 프랑크족은 통치자의 자질을 갖추지 못했다. 그들에게는 나라를 통치할 능력이 없었다. 그들은 오히려 나라를 망칠 뿐이었다. 갈리아의 주교들은 클로비스의 왕좌 주변을 에워싸고 아첨을 하면서 그를 교활하게 이용만 했다. 프랑크인들은 과거에 신비스러운 이교도 사제에게 했던 것처럼 있는 정성을 다 쏟아 주교들에게 공경의 마음을 표시했다. 클로비스가 교회에 어찌나 아낌없이 선물과 땅을 주었던지, 갈리아계 로마인들이 전쟁에서 잃은 것을 성직자들을 통해 되찾았다는 말이 나돌 정도였다. 갈리아계 로마인들이 성직과 주교직을 독점하고 있었기 때문이다. 프랑크인들은 성직에 종사할 생각을 전혀 하지 않았다. 그들은 오직 칼에 의지해 살 뿐이었다. 그래서 갈리아계 로마인들은 갈리아 교회를 완전히 자신들의 손아귀에 넣게 되었으며, 간접적인 방법으로 나라를 통치했다. 주교들이 프랑크인 왕자들을 가르치고 그들에게 조언을 했기 때문이다.

갈리아의 주교들은 전국 방방곡곡의 도시와 교회령 토지 안에 주교의 궁전들을 지었다. 로마제국 말기에 백작과 공작들이 모든 도시를 장악했듯이, 이제는 주교들이 그렇게 차지했다. 주교가 도시의 유일한 통치자였으며, 행정관인 동시에 호민관이었다. 그들은 세습제 지주 귀족들로 자리 잡았다. 그들은 사실상 자신들의 권력 안에 호전적인 야만인 왕을 거느린 셈이었다. 그들은 자만심에 가득 차고 세속적이며 오만한 인종, 가장 비기독교적인 인종이 되었다.

클로비스는 511년에 죽었다. 갈리아의 영토는 3명의 아들들에게 대략적으로 분배되었다. 영토에 정착하는 일은 서서히 진행되었다. 프랑크인들은 마음속으로 게르만적인 기질을 버리지 못하고 있어서 기회만 있으면 라인 강가의 옛 고향으로 돌아오곤 했고, 갈리아에는 새로운 프랑크인들이 무리 지어 들어왔기 때문이다.

프랑크인들은 정착지를 결정할 때 대단히 비정상적인 방법을 택했다. 우선 사람들이 붐비는 곳에 갇혀 있기를 싫어해서 도시를 피했다. 그래서 도시는 갈리아계 로마인들이 관장하게 되었다. 프랑크인들은 적은 수의 무리나 집단을 이루어 시골에 들어가 다른 집단과는 분리되고 독립된 생활을 했다. 왕의 영토는 대단히 크고 광활했다. 이들은 이 넓은 영토 안에 장원을 지었다. 그러면 왕은 신하들을 인솔해서 한 장원에서 그다음 장원으로 옮겨 다녔다. 하나의 장원이나 빌라에서 사냥감과 먹을 것이 바닥나면, 왕과 그의 부하들은 다시 말에 올라 다른 장원으로 가서 그곳에 진을 쳤다. 전쟁이 없을 때 이들은 하루 종일 술판과 노름판을 벌이고 사냥을 하면서 시간을 보냈다. 그들은 또 무술도 계속 단련해서 항상 바쁜 하루를 보냈다.

왕이 주교와 교회에 많은 땅을 하사했다는 사실을 우리는 알고 있다. 왕은 또한 그의 친구나 함께 싸운 전사나, 좋아하는 사람들에게도 봉토나 영지를 주었다. 하지만 왕을 독립적으로 수행했던 보다 큰 부족의 족장들은 훨씬 더 큰 땅을 차지했고 그 땅에 대해서 보다 완전하고 자유로운 권력을 행사했다. 따라서 클로비스 시대 이후 역대 왕들은 사냥과 놀이를 위해 자신의 영토에 지은 장원들을 번갈아 다녔는데, 보다 더 독립적인 영주들도 그들 나름대로 부하들을 데리고 자신의 영지를 똑같은 방식으로 순례했다. 그리고 왕이 그의 친구들에게 부여한 소규모의 봉토는 언제든지 다시 환수할 수 있었다.

프랑크족, 넓은 의미에서 말하자면 게르만족은 스스로 땅에 얽매이지 않으려 들었다. 그들은 인간을 우선으로 생각했을 뿐, 땅은 아무것도 아니라고 생각했다. 프랑크족의 왕은 자신이 '프랑스France 또는 프란키아Francia의 왕'이라고 불리는 것을 원하지 않았다. 그는 자신을 인간의 왕이며 프랑크족의 왕이라고 생각했다. 그에게 땅은 오직 사냥터이자 식량을 제공하는 들판이었다.

그래서 왕은 자신의 영토를 개간하는 문제에는 전혀 신경을 쓰지 않았다. 왕이 자신의 땅이라고 떼어둔 곳에서는 갈리아계 로마인들이 살면서 농사를 지었다. 필요로 하는 것을 제공하는 공물의 헌납 외에는 대부분 그들의 자율에 맡겨졌다. 대영주의 땅도 사정은 비슷했다. 갈리아계 로마인 귀족들과 자유민들은 자신의 별장이나 집에서 독립적으로 살았다. 그래도 프랑크족 영주들이 요구할 때는 곡물과 가축, 또는 노동을 제공해야 했다. 실제로 요구된 공물의 내용도 대영주에 대한 개인적인 봉사와 경작지에서의 노동이었다. 농장이나 장원을 받은 프랑크인들은, 만약 그곳이 빈 장원이라면 즉시 입주했다. 혹시 먼저 살고 있는 사람이 있다면 그를 쫓아내고 자신이 주인이 되었다. 농토 관리는 포로나 노예들의 일이었다. 왕을 위해 싸운 보상으로 땅을 받았기 때문에 장원을 얻은 프랑크인은 여전히 왕의 부하로 남아 있었다. 그는 언제든 왕을 위해 싸울 의무가 있었다. 그러나 식량을 일정량 제공하는 것 외에 공물을 바치지 않았다. 그의 생활은 거의 독립적이었다. 왕의 땅을 하사받고도 어떠한 형태로든 공물을 전혀 바치지 않는 사람은 독립권을 얻은 대영주들뿐이었다. 갈리아에 정착한 프랑크족 평민들은 자신들의 몫으로 포로, 가축, 물건, 돈 같은 것들을 받았다. 그러고 나서는 대영주의 보호 아래에 예속되었다. 그들은 공물을 바치는 대가로 영주에게 농토를 달라고 하거나, 아니면 영주의 집에서 그가 영주를 위해 수행할 수 있는 적당한 자리를 달라고 요구했다. 이들 중 일부는 대단히 낮은 지위로 떨어져 하인이나 농노가 되기도 했으며, 일부는 자유농으로 남기도 했다.

프랑크인들은 성직자들의 도움을 받아 영토의 질서를 유지했다. 이를 위해 이따금씩 회의가 소집되었다. 지방마다 재판소가 있었고, 재판장 역할은 왕이 임명한 판사가 맡도록 되어 있었다. 그러나 실제로는 대영주가 자기 관할 내의 사건을 자신이 임명한 사람이 주재하는 재판에 맡기게 했는데, 이 사람은 성직자나 사제의 도움을 받아 모든 문제를 해결했다. 영주들은 왕이 임명한 판사의 재판에는 신경을 쓰지 않았다. 그들의 생활은 대체로 거칠고 무질서했다. 그래서 많은 땅이 경작되지 않은 채 버려져 있었다.

갈리아계 로마인들의 생활은 사실 후기 로마제국의 지배 시절보다 프랑크족의 지배 시절이 훨씬 나았다. 프랑크족은 과도한 징수금이나 터무니없이 지나친 세금을 강요하지 않았다. 대신 자유의사에 의해 헌납되는 선물에 의지했다. 또한 게르만족은 남부 사람들보다 개인의 자유에 대한 감각이 훨씬 더 예민했다. 그들은 개인에게 속하는 노예를 소유하지 않았다. 집안에 노예를 두는 것을 싫어했으며, 노예들로부터 개인적 봉사를 원하지 않았다. 들판에서 감독이 지켜보는 가운데 사람들이 일하는 광경도 그들에게는 유쾌한 일이 아니었다. 로마제국의 힘이 사라지고 있을 때부터, 이미 갈리아계 로마인들은 노예 집단을 두려워하기 시작했다. 그때는 땅이 작은 구역으로 나누어져서, 그 작은 땅에는 오두막과 초가가 서 있었다.

노예들의 막사가 딸려 있고 화려함을 자랑하던 지난날의 로마식 저택은 사라졌다. 대신 장원으로 대체되었는데, 영주의 집에는 비둘기장이 있었고 가까이에는 교회가 있으며, 주변에는 노동자들이 사는 오두막들이 집단으로 들어서 있었다. 영주 저택 근처의 땅은 영주의 것이었다. 영주 땅 바깥의 토지는 작게 쪼개져서, 자유민이나 노예, 혹은 가난한 프랑크인에 의해 경작되었다. 여기서 우리는 노예들의 생활 조건이 많이 나아진 사실을 알 수 있다. 노예는 집을 소유했고 비록 그런 사람은 많지 않았지만 재산도 갖고 있었으며, 자신만의 생활도 영유했다. 이와 대조적으로 자유민의 생활은 악화되었다. 노예와 똑같이 자유민도 주인의 땅에서 일을 해야만 했다. 지배자나 영주가 노동자를 따로 데리고 있지 않았기 때문이다. 장원의 넓은 경작지는 마을에 사는 사람들에 의해 경작되었다. 노예나 자유민, 가난한 프랑크인은 모두 자신의 땅을 돌보기 전에 영주의 영지에서 상당한 기간 동안 일을 해야만 했다. 그 일이 끝난 다음에야, 자신의 농토에서 작업을 시작할 수 있었다.

사람은 누구나 자신의 영혼을 가지고 있었다. 땅에서 일하는 노동자의 대부분이 그러하듯이, 성직자들도 모두 갈리아계 로마인들이었다. 그들은 할 수 있는 한 동포를 도와주려 했다. 프랑크인들은 계획성이 없는 감독관이었다. 풍년일 때에는 아무 문제가 없었지만 흉작이 든 해에는 많은 농노와 그의 가족들이 기아로 죽었다.

그래서 갈리아인들은 다시 자신의 땅과 자신의 오두막을 소유하게 되었는데, 각자가 자신이 태어난 대지의 한 부분을 갖게 된 셈이었다. 그러나 그들의 신분은 농노에 불과했다. 그리고 이 신분은 이후 수백 년 동안 지속될 수밖에 없었다. 한편 게르만적인 독립심과 개인의 자유정신이 사회적 통합을 추구한 옛 로마의 이상과 결합되어, 진정으로 유럽적인 생활의 첫 번째 징후가 나타나기 시작했다. 그러나 아직 이 징후는 아주 조잡하고 미약한 수준에 불과했다.

클로비스의 세 아들에게 나라가 3등분된 것은 불행한 일이었다. 세 아들이 서로 싸웠기 때문이다. 프랑크 왕들은 정착 생활을 여자나 교회의 성직자들에게나 걸맞은 것이라고 생각해서 전투정신을 유지하려고 노력했다. 긴 금발을 늘어뜨리며 거칠게 행동하는 것에 익숙한 왕들에게는 전사들의 우두머리가 되는 것만이 모든 것이었고, 그렇지 않은 경우에는 아무것도 아니라고 믿었다. 그래서 끝없이 계속되는 격렬한 전쟁이 또 다시 살기 좋은 땅이 될 수 있었던 갈리아를 짓밟았다. 갈리아계 로마인들이 들에서 일을 하고, 성직자와 주교들이 질서를 유지하려고 애를 쓰는 동안, 지루하게 이어지는 파괴행위가 백 년 동안이나 계속되었다. 그러나 사실은 주교들도 귀족들만큼이나 사악했는데, 주교들은 땅에 대한 욕심으로 가득했고 교만했으며, 심지어 전쟁을 일으키는 데 열성적이었다.

625년에 훌륭한 왕 다고베르트Dagobert가 갈리아 전체의 왕이 되어서 나라에 평화를 가져왔다. 그러나 그가 사망하자 다시 옛날의 분쟁이 계속되었다. 북동부 네우스트리아Neustria 왕이 북서부 아우스트라시아Austrasia 왕과 전쟁을 시작했다. 훨씬 남쪽에서는 왕은 제쳐둔 채 귀족들끼리 끝없는 전쟁을 벌였다. 나라는 지쳐 있었고 전쟁으로 조각조각 찢겨 있었다.

이 무렵에 처음으로 조잡한 형태나마 성이 건립되었다. 갈리아계 로마 시절부터 내려오던 안락한 시골 저택과 별장, 그리고 툭 트인 장원은 방어에는 무용지물이었다. 프랑크계 귀족들은 두꺼운 벽과 부서지지 않는 탑이 있으며, 창이 없는데다 난방도 안 되어 거주 공간으로서는 춥고 비위생적이지만 그만큼 안전한 요새를 지었다. 오래된 안락한 집들은 대부분 부서지고 없었다. 새로지은 보기 흉한 건물들만이 방어하기 좋은 전략적인 위치에 서 있었고, 오두막들이 그 아래쪽이나 그곳에서 멀리 떨어지지 않은 길가에 집단으로 몰려 있었다.

로마식에 게르만 정신이 가미된 새 양식으로 지은 교회와 멋있는 수도원도 들어섰다. 곳곳에서 게르만 정신이 옛날의 양식에 스며들어 새로운 세계가 탄생하고 있었다. 수도원이 늘어나 전쟁에 지친 사람들에게 피난처를 제공했다. 하지만 주교와 수도원장들이 공작과 백작만큼이나 맹렬하게 싸웠기 때문에, 새로 지은 이 수도원들은 요새처럼 튼튼하게 지어야 했다.

687년에 헤리스탈의 피핀이 서부 프랑크족인 네우스트리아인들과의 테스트리 전투에서 승리해서 전 프랑크족 국가의 수장이 되었다. 그는 훌륭한 전사였으며 또한 현명한 사람이었다. 게다가 욕심 많고 교만한 주교보다는 수도사들을 선호했다. 그는 전국에 평화를 가져왔다. 그러나 국내의 싸움이 멈추게 되자 이번에는 외적들이 쳐들어왔다. 먼저 사나운 이교도 색슨족이 라인 강을 넘어왔으며 그다음에는 이슬람교도들이 나타났다.

프랑크인들은 말이나 정신, 행동에 있어서는 여전히 게르만족이었다. 사실 라인 강에서 센 강에 이르는 지역도 북부 프랑스라 기보다는 서부 게르만 지역에 가까웠다. 남부의 갈리아계 로마인 들은 북쪽 사람들을 증오했다. 그러나 프랑크족에게 최악의 적은 남쪽의 서고트족이나 동쪽의 부르고뉴인이 아닌, 북쪽의 사나운 색슨족과 스페인에서 오는 이슬람교도들이었다.

다시 한 번 갈리아는 두 개의 불길에 휩싸이게 되었다. 색슨족 이 라인 강 너머로 밀려오자 이슬람교도들이 피레네 산맥을 넘어 들어왔다. 이 아랍인들 혹은 무어인들은 718년 무렵에 마침내 스 페인의 서고트 왕국을 무너뜨렸다. 그리고 나서 이 검은 군대는 남부 갈리아로 쏟아져 들어왔다. 이들은 그곳에서 서고트족을 무 찌른 다음 보르도를 약탈하고 투르로 진군해 들어갔다.

전체 프랑크족의 수장 카를 마르텔Karl Martell이 아키텐으로 내 려와 아랍군의 대장군 압둘 라흐만Abd-el-Rahman과 대치했다. 압 둘 라흐만 뒤에는 아랍 병사들이 아름답고 재빠른 말을 타고, 섬 세하고 얇은 쇠로 만든 갑옷을 번쩍거리며, 사나워 보이는 까만 얼굴과 까만 턱수염을 드러내고 있었다. 그들은 모두가 잘생겼으 며, 그 위세가 대단했다. 카를 마르텔 뒤에는 키가 큰 금발의 프랑 크족과 게르만족 군대가 커다란 전투용 도끼로 무장한 채 버티고 서 있었다. 아라비아와 아프리카에서 온 검은 피부의 아들들이 유 럽의 젊은 피와 겨루게 된 것이었다. 두 군대 사이에 길고도 피로 얼룩진 투르 전투가 벌어졌다. 초승달 모양의 칼로 무장한 몸집이 가벼운 아랍 군인들은 프랑크족 군대가 흔들어대는 전투용 도끼 를 당해낼 수가 없었다. 무서운 살육이 벌어졌고 아랍인들은 남쪽으로 밀려났다. 그래도 프랑스 밖으로 완전히 밀려난 것은 아니었다. 몇 년 동안이나 그들은 지중해 연안을 따라 아키텐의 남부와 셉티마니아를 점령하고 버텼다.

훗날 '샤를마뉴Charlemagne'로 불리게 되는 불리게 되는 샤를은 768년에 프랑크족의 왕이 되었다. 샤를마뉴는 유럽 역사 전체를 통틀어 가장 유명한 사람 중 하나다. 그는 순수 프랑크계 게르만족으로, 키가 컸으며 밝은 색의 금발에 건강한 피부색을 지녔다. 게르만어가 그의 모국어이자 그의 가족들의 언어였다. 그러나 그는 라틴어도 할 줄 알았으며 그리스어도 알아들었다. 그는 프랑크식으로 옷을 입어 아마포 셔츠와 속옷을 살에 딱 붙도록 입었으며, 그 위에 비단으로 단을 덧댄 겉옷과 똑같은 옷감으로 만든 바지를 입었다. 그러고는 아마포 띠로 무릎부터 발목까지 다리를 감쌌다. 겨울에는 모피 또는 담비나 수달의 털로 만든 짧지만 따뜻한 외투를 헐렁하게 입었다. 그 위에 오색찬란한 프랑크족 특유의 망토를 입고, 금이나 은으로 만든 허리띠를 둘렀으며, 그 허리띠에 비스듬히 칼을 차고 다녔다. 그는 이국적인 복장을 싫어했다. 그는 프랑크족 병사들 사이에서 그들과 똑같이 먹고 살았는데 그것은 가식적인 보여주기가 아니었다.

참으로 그는 가장 위대한 사람 중 하나였다. 전사와 광대한 영토의 정복자로서 그는 오직 알렉산드로스 대왕이나 카이사르, 혹은 나폴레옹에 비교될 수 있는 사람이다. 그는 12개 나라와 싸웠으며, 엘베 강에서 피레네 산맥까지 그리고 이탈리아의 남쪽으로 내려가 로마까지 그의 방대한 제국을 확장했다. 아랍의 칼리프 중 가장 위대한 하룬 알 라시드Harun ar Rashid가 다른 유럽의 왕들은 다 경멸하면서도, 이 위대한 정복자만큼은 친구로 삼고자 간절히 원했다는 사실은 널리 알려진 이야기다.

샤를마뉴는 여러 면에서 위대한 사람이었다. 그는 학문에 조예가 깊었으며, 프랑스어로 받을 수 있는 교육은 모두 받았다. 훌륭한 건물이나 다리, 길도 많이 건설했고, 농업을 장려해서 사람들이 굶어 죽는 것을 막았다. 그는 신하들로부터 많은 사랑을 받았다. 그래서 세상에 견줄 자가 없을 정도로 뛰어나게 위대한 사람이 되었다. 동시대 사람들 중 오직 하룬 알 라시드만이 그와 비교될 수 있었다.

암흑시대를 맞아 이탈리아는 비참함과 전쟁의 혼란 한가운데에 이었음에도, 로마의 교황과 주교들은 점차 권력을 장악하고 있었다. 교황은 교회의 수장이었으며, 모든 나라에서 교회는 점점 더 강해지고 있었다. 왕들은 모든 일을 주교들에게 의지했고, 내심 그들을 무서워했다. 프랑크왕들은 현명하게도 교황들과 좋은 관계를 유지했다.

799년 로마 시민들이 교황 레오 3세Leo III에 항거해서 폭동을 일으킨 일이 있었는데, 그가 저지른 여러 범죄들을 고려할 때 그를 파멸시키려는 것이었다. 레오 3세는 프랑크 왕에게 이전부터 복종적인 태도를 보였다. 폭동이 일어나자 그는 샤를마뉴에게로 도망쳤다. 왕은 그를 반갑게 맞이했으며 둘은 서로 친절에는 친절로 보답하자고 합의했다. 샤를은 자신의 군대를 이끌고 로마로 가서 레오 3세를 다시 교황의 자리에 앉혔다. 이에 대한 보답으로 레오 3세는 800년 크리스마스에 샤를이 바티칸에서 사람들 속에서 크리스마스 미사를 참석하고 있을 때, 갑자기 그에게 다가가 그의 머리에 기름을 붓고는 황금 관을 씌워주었다. 그 자리에는 모든 프랑크인과 로마인들의 유력한 지도자들이 모두 참석해 있었다. 그들은 무슨 일이 일어나고 있는지 알아차리고 즉석에서 이렇게 외쳤다. "샤를 아우구스투스 만세! 주님의 영광으로 위대하고 평화로운 로마 황제의 관을 받으신 샤를 아우구스투스 만세! 만수무강과 승리를 축복합니다."

그렇게 해서 다시 한 번 위대한 지도자 한 사람이 로마의 아우구스투스가 되었다. 서로마제국이 사라진 지는 오래되었다. 진정으로 로마적인 것은 이미 남아 있지 않았다. 그런데도 로마에서는 기독교의 사제가 게르만 군인에게 황제의 관을 씌우고, 네로와 하드리아누스가 받았던 칭호를 부여했다. 이 이상한 사건은 사라진 로마제국이 사람들의 마음에 미치는 힘이 얼마나 큰 것이었는지를 보여주고 있다. 이것이 거의 우리 시대까지도 지속된 신성로마제국의 시작이기도 했다.

샤를은 이제 샤를 대제(샤를마뉴)가 되었다. 그는 황제로서 유럽의 대부분을 통치했다. 그의 통치의 나머지 기간은 별다른 분쟁 없이 조용히 지나갔다. 그는 북부 게르마니아를 노략질하는 북방족 혹은 데인족(덴마크족)을 쳐부수기 위해서 한 번 출정해야 했다. 샤를이 어찌나 호되게 몰아쳤는지 이후 데인족은 육지를 피해 오직 배에 의존하게 되었는데, 이로 인해 그들이 영국과 프랑스 및 지중해 지역을 침략하게 되는 계기가 되었다.

유럽사 이야기

황제는 프랑스 전역을 평화롭고 훌륭하게 다스리려는 노력을 아끼지 않았다. 도시에는 두 명의 통치자가 있었다. 그 중 하나는 주교였고, 다른 하나는 백작이었다. 지방에는 치안 판사가 수시로 파견되어 모든 잘잘못을 가렸다. 치안 판사들에게는 백작까지도 재판할 수 있는 권한이 주어졌다. 샤를마뉴는 스스로 교회의 수장이 되어 주교들을 감시했다.

그러나 이러한 제도도 별 효과를 내지 못했다. 욕심 많고 호전적인 족장들과 주교들이 가난한 자유민들을 제 마음대로 다루고 있었다. 이들 가난한 프랑크족 자유민들은 자유 신분의 전사로 갈리아에 왔으며, 규모는 작았지만 자신의 농장이나 땅을 가진 것을 자랑스럽게 생각하면서 독립적인 생활을 누려왔다. 그러나 이제 그들은 몰락하게 되었다. 이들 중 많은 사람들이 전쟁에 동원되었다가 전사했다. 다행히 목숨을 건진 사람들도 돈 많은 지주들에 의해 지속적으로 위협을 받았다. 그들은 할 수 없이 특정 영주의 보호 하에 들어가 그 영주를 위해 봉사했다. 갈리아의 자유민들도 같은 운명에 놓였다. 그들은 모두 농노의 신분으로 떨어졌다가 노예로 전락하고 있었다. 이것은 암흑시대에는 필연적인 과정이기도 했다. 대부분의 사람들은 노예나 농노가 되어 소수의 사람들에 의해 좌지우지되어야 했다. 샤를마뉴 시절에 갈리아 사람들의 10분의 9가 농노의 신분이었으며 10분의 1만이 자유민이었는데, 이들 자유민의 대부분은 사제와 수도사들이었다. 샤를이 영국의 학자 앨퀸Alcuin에게 선물로 땅을 주었을 때, 그 땅에 딸린 노예의 수는 2만 명이나 되었으며, 이 2만 명이 모두 땅과 함께 앨

퀸에게 주어졌다. 하지만 그에게 주어진 영토는 그리 넓은 편이 아니었다. 그만큼 인간의 가치가 떨어져 있었다.

교회의 땅과 왕의 직영지에 예속된 농노들의 삶이 그렇게 나쁜 것이 아니었다. 대접도 그럭저럭 괜찮은 편이었고, 일부는 재산을 소유하게 되어 전사가 될 수 있다는 판정을 받은 경우도 있었다. 풍년이 든 해라면 이들의 생활은 만족스러웠다. 그러나 영농 방식이 조잡한 편이어서, 어떤 해에는 무서운 흉년이 들기도 했다. 805년과 806년에는 수천 명의 노예와 그들의 가족이 굶어죽었다. 이런 시기에는 많은 사람들이 수도원으로 가서 수도사가 되려고 했다. 그 수가 너무 많아지자 왕이 수도원 입적을 금지하는 명령을 내리기도 했다.

근대 프랑스인의 선조인 갈리아계 로마인들이 이 무렵 너무나 무기력한 삶에 빠져 노예의 신분으로 떨어진 것을 우리는 충분히 이해할 수 있다. 프랑크인들은 갈리아 사람들이 병역에 종사하는 데는 적합하지 않다고 생각해 그들을 군인으로 차출하지 않았다. 샤를마뉴는 수많은 이들 농노와 예농villein 집단이 처한 생활 조건을 향상시키려고 부단히 노력했다. 그러나 이들 자신이 이 문제에 대해 너무나 냉담했고, 프랑크인들은 갈리아인들을 모두 묶어서 경멸하면서 문제 해결을 위해 골머리를 썩히고 싶지 않았다. 갈리아계 로마인들은 자유에 대한 관심을 잃은 채, 비참한 삶을 그대로 끌고서 나갔다. 때로는 이상하고 무서운 미신을 열심히 믿었으며, 신전으로 순례를 떠난다며 모든 일을 내팽개쳤다. 그들은 또 자신의 몸에 이상한 속죄의 벌을 가하고, 부적을 쓰고 마술을 행하면서 나무나 숲, 또는 우물에 가서 신비스러운 의식을 치렀고, 이상한 범죄를 저지를 마음의 준비가 되어 있었다.

샤를마뉴는 814년에 죽어 자신의 고향인 엑스라샤펠Aix-la-Chapelle에 묻혔다. 그의 대제국은 금세 산산조각이 났고, 옛날의 암흑이 전국을 뒤덮었다. 대영주들이 서로 싸웠으며 소영주들은 살해되었다. 샤를마뉴의 후손들이 스스로 황제의 칭호를 사용하면서 통치를 시도했다. 하지만 이들은 너무나 약했고 노력 또한 부족했다.

프랑크인들은 서서히 게르만어를 버리기 시작했다. 주교나 성직자, 교사나 강사는 모두 갈리아계 로마인으로, 라틴어 방언을 사용하고 있었다. 갈리아인들에게 어려운 게르만어를 가르치기보다 프랑크인들 스스로가 '시골 라틴어'라고 부르던 갈리아식 로마어를 배우는 것이 더 쉬웠다. 한때 프랑크족 지식인은 양쪽 언어를 다 사용한 적도 있었다. 그러나 시간이 가면서 게르만어는 점차 잊혀 갔다. 850년이나 900년경에 이르렀을 때는 로마어가 갈리아계 로마인뿐만 아니라 갈리아의 프랑크족 언어로 정착되었다.

왕의 힘이 약해지면서 공작과 백작의 힘이 강해지기 시작하다가, 드디어 방대한 땅을 소유하는 사실상의 독립적인 영주로 변했다. 고티아 공작, 가스코뉴 공작, 부르고뉴 공작, 브르타뉴 공작, 아키텐 공작, 툴루즈 백작, 플랑드르 백작, 베르망두아 백작 등은 각자의 영토에서만큼은 가난한 카롤링거 왕조의 왕들보다 훨씬 더 강력했다. 이렇게 해서 봉건제가 시작되었다. 9세기에는 가공

할 노르만족이 프랑스를 침공하기 시작했고 공작과 영주들은 이들의 공격에 대비해 거대한 봉건적인 성을 구축했다. 10세기에는 노르만족이 센 강을 끼고 정착하기 시작했다. 그들의 땅은 노르망디가 되었으며 새로운 노르망디 공작이 나타났다. 얼마 지나지 않아 노르망디인들도 프랑스어를 쓰기 시작했을 뿐 아니라, 오히려 프랑스 사람들보다 더 프랑스적으로 변해갔다. 그래도 혈통상으로는 순수한 게르만계인 데인족이었다.

탐험가인 장사 로베르Robert the Strong가 파리 근처 중부의 작은 지역에서 프랑스 공작이 되었다. 987년에 카롤링거 왕조가 끝나자, 프랑스 공작 위그 카페Hugues Capet가 자신이 프랑스 왕임을 선포했다. 이것은 그가 여전히 독립적으로 남아 있던 모든 공작들과 백작들을 이끄는 전쟁 사령관이자 지도자가 되었음을 뜻하는 것이었다. 위그 카페와 함께 진정한 프랑스 왕국이 시작되었다. 완전히 게르마니아에서 분리되어, 그리고 이탈리아와 로마에서 분리되어 프랑스의 영주들은 한 사람의 수장, 오직 한 사람의 지도자를 갖게 되었다.

IX

교황과 황제들

프리드리히가 교황이 타는 말의 고삐를 잡아줄 수
있겠는가? 바르바로사는 자신은 위대하다고 생각했기
때문에 안 된다고 거절했다. 이에 대해 교황은 자신이 더
지고한 존재라고 주장했다. 해묵은 싸움이 다시 시작된
셈이었다.

Would Frederick hold the bridle of the Pope's house?
Barbarossa said no, for he was greatest. The Pope claimed
supremacy for himself. Tho old quarrel at once began.

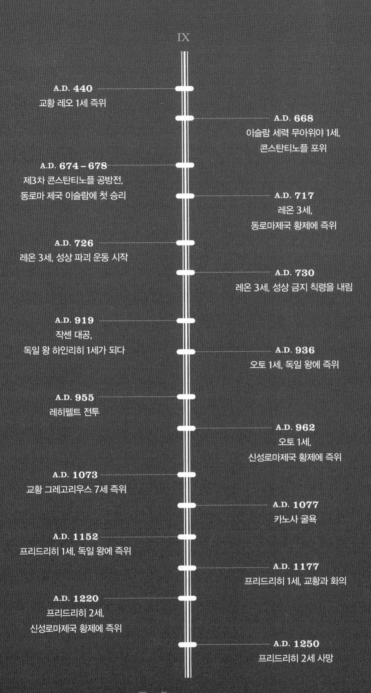

A.D. 440
교황 레오 1세 즉위

A.D. 668
이슬람 세력 무아위야 1세,
콘스탄티노플 포위

A.D. 674 – 678
제3차 콘스탄티노플 공방전,
동로마 제국 이슬람에 첫 승리

A.D. 717
레온 3세,
동로마제국 황제에 즉위

A.D. 726
레온 3세, 성상 파괴 운동 시작

A.D. 730
레온 3세, 성상 금지 칙령을 내림

A.D. 919
작센 대공,
독일 왕 하인리히 1세가 되다

A.D. 936
오토 1세, 독일 왕에 즉위

A.D. 955
레히펠트 전투

A.D. 962
오토 1세,
신성로마제국 황제에 즉위

A.D. 1073
교황 그레고리우스 7세 즉위

A.D. 1077
카노사 굴욕

A.D. 1152
프리드리히 1세, 독일 왕에 즉위

A.D. 1177
프리드리히 1세, 교황과 화의

A.D. 1220
프리드리히 2세,
신성로마제국 황제에 즉위

A.D. 1250
프리드리히 2세 사망

THE POPES AND THE
EMPERORS

알다시피 처음에 교황은 로마 시의 주교였고 성직자와 신자들에 대한 영향력을 제외하고는 아무런 세속적인 힘을 갖지 못했다. 그러나 기독교 교회가 커지고 신자들의 수가 늘어나면서 주교는 엄청난 양의 교회 헌금, 그리고 늘어난 땅과 재산의 주인이 되었다. 그래서 곧 도시에 거주하는 시민들에 대해 커다란 권위를 지니게 되면서, 로마 사회의 중요한 인물로 오르게 되었다.

황제들이 떠나간 로마에서 주교들이 수도에서 가장 높은 사람이 되었다. 그들은 베드로의 후계자임을 자칭하면서, 예수가 인간 영혼을 통치할 권위를 베드로에게 위임했으므로, 자신들이 기독교 신자들의 정신적 생활의 주재자라고 주장했다. 또한 그들은 정신적 생활이 세속의 생활보다 훨씬 더 높은 차원에 있기 때문에 정신적 영역의 주재자가 속세의 통치자보다 훨씬 더 위대하며, 후에 자연스럽게 교황으로 불리게 되는 주교의 권위가 황제보다 더 높다고 주장했다. 교황 레오는 446년에 이런 주제로 강론을 했으며, 교황 겔라시우스Gelasius도 494년에 이 점을 분명히 밝히는 서한을 콘스탄티노플에 있는 아나스타시우스Anastasius 황제에게 보낸 바 있었다.

대교황 그레고리우스Gregorius the Great의 재임기간이던 590~604년, 로마제국은 이미 폐허가 되었으며, 오직 기독교 교회만이 유일하게 조직화된 권력으로 남았다. 이탈리아와 시칠리아, 그리고 보다 더 먼 지방에서까지 교회는 비옥한 땅을 획득했으며, 땅들의 관리는 부제副祭나 차부제次副祭에게 맡겨져 있었지만 땅에 대한 실제 지배권은 주교들이 갖고 있었다. 그래도 아직 이 주교들은 평화의 사제들이었다. 교회의 영지에서 나온 임대료나 생산된 곡물들은 테베레강 하구에 모아두었다가, 교회의 4대 성축제 때가 되면 교황에 의해 성직자, 집사, 수도원, 교회, 묘지 관리 사무소, 구빈원, 로마의 병원과 로마의 여러 교구 등에 보내졌다. 매달 첫째 날에는 교황이 가난한 사람들에게 하사품을 나눠 주었는데, 계절에 따라 다르긴 했지만 대개 곡물, 포도주, 치즈, 기름, 채소, 생선, 옷감, 돈 등이 주종을 이루었다. 당시 이탈리아의 상황은 너무 비참해서 아무것도 가진 것 없는 귀족들도 있었는데, 그들 역시 교황의 선물을 기꺼이 받아갔다. 병자와 장애자들은 물론 순례자과 이방인들까지도 계속해서 교황의 도움을 받았다. 교황 그레고리우스가 이탈리아의 아버지로 불린 이유도 공연하게 그런 것이 아니었다. 롬바르드족이 로마를 무섭게 침공해왔을 때도 혼자 맞서서 그들을 타이르고 설득했던 사람이 바로 그레고리우스였다. 이외에도 그는 선교단을 사방에 보냈는데, 영국을 기독교로 개종시킨 사람도 그였다.

유럽사 이야기

시간이 지나면서 이탈리아에서의 시민 생활은 점점 혼란스러워지기 시작했다. 로마 시에는 외적으로부터의 방어능력이 없었으며 나라를 통치하는 실제 정부도 없었다. 교황은 원로원 의원들과 원로 시민들이 선출했다. 그러다 교황에 대해 불만이 생기면, 그를 살해하거나 쫓아내거나 무릎을 꿇게 만들었다. 로마 주변은 황무지로 변해 있었다.

게다가 지금은 그리스정교로 불리는 콘스탄티노플교회가 로마교회에 대해 심한 반감을 품고 있었다. 콘스탄티노플의 총대주교는 자신을 '전 세계의 주교'라고 부르면서 로마의 주교를 자신의 권위에 복종시키려고 들었다. 물론 로마의 교황들은 이를 거절했다. 이와 동시에 콘스탄티노플의 황제들이 — 사실상 불가능했지만 — 이탈리아의 통치권을 주장했다. 730년경에는 콘스탄티노플의 황제가 성상聖像의 사용에 대해 이탈리아 교회와 일대 논쟁을 벌였다. 로마의 기독교도들은 예수의 어머니 조상彫像, 아기 예수의 조상, 예수의 조상 및 십자가를 좋아했다. 반면 비잔티움의 통치자들은 이러한 성상들을 없애고 파괴하려고 했다. 이번에는 동방교회와 서방교회 사이에 종교적인 문제를 가지고 거대한 투쟁이 벌어졌다. 로마의 주교들은 성상과 십자가와 제단을 고집했는데, 서방의 기독교도들도 이것들을 좋아했다. 결국 로마교회가 승리했고 비잔티움교회는 밀려나 서유럽을 내버려 둔 채 자신들의 그리스정교를 흑해와 러시아로 퍼뜨려 나갔다.

교황이 대중적 인기를 얻으면서 주교들의 힘도 강해졌다. 그러나 시대가 불안했기 때문에 어느 곳에도 안전에 대한 보장이 없었다. 갈리아의 부유한 주교들은 제후처럼 군림하면서 로마에서 어려움을 겪고 있는 교황들을 자주 잊거나 무시했다. 이러는 사이 이슬람교의 힘이 강해지고 있었다. 630년에는 동방 기독교세계를 최초로 침략했고, 그 뒤 지중해 연안을 따라 승리해나갔다. 기독교도들은 이들 무슬림들과 싸워야 했으며, 기독교 세계의 위대한 수장인 교황은 사람들 앞에서 명확한 태도를 보여야 했다. 다시 한 번 카를 마르텔, 피핀, 샤를마뉴 같은 프랑크족의 군주들은 그들이 무질서한 세상에 후원자와 버팀목으로서 필요하다는 사실을 깨달았다. 그들은 풍랑에 표류하는 로마의 교황들에게 확고한 우군이 되었고 그 대가로 교황들은 이들 군주들에게 왕과 황제의 관을 씌워주었다. 이렇게 해서 교황은 기독교세계의 강력한 수장으로 확고하게 자리 잡았다.

그러나 샤를마뉴 이후 프랑크제국은 산산조각으로 분열되었다. 정신이상자였던 뚱보왕 샤를 시절에 멸망할 때까지, 프랑크 황제들의 힘은 축소되었고 점점 어리석고 약하기 짝이 없는 상태에 빠졌다가 얼마 지나지 않아 제국의 이름마저 사라지고 말았다. 프랑스는 군주들과 대공들의 진흙탕 속에 휘말리게 되었다. 샤를마뉴제국의 잔재는 독일, 프랑켄, 로렌 같은 공국의 형태로 지속되었다.

샤를마뉴 가문을 시칭하던 카롤링거 왕조의 몰락은, 프랑크 황제들이 통치하면서 교황들과 긴밀한 연관을 맺었던 이탈리아에 커다란 재앙을 불러왔다. 교황들은, 원로원 의원이나 집정관을 자칭하는 캄파냐의 도둑기사들에 의해 임명되고 물러나기를 거듭하다가, 마침내 교황청의 권력이 품행이 나쁜 여자들의 손아귀로 들어갔다. 교황들은 돈 많고 무분별한 정부情婦들의 종속물로 전락했다.

당시 독일은 작센, 프랑켄, 튀링겐, 슈바벤, 바이에른, 로렌의 6개 대공국으로 나뉘어 있었다. 이 공국들은 사실상 독립국이었으나 공동의 왕을 인정했다. 샤를마뉴가의 통치가 끝나자 원래의 프랑크 왕조에는 후계자가 없어졌다. 919년에 작센공국과 프랑켄공국의 사람들이 모인 의회에서 작센 대공 하인리히Heinrich를 독일 민족의 왕으로 선출했다. 보통 그는 '새 사냥꾼 왕 하인리히'로 불렸다. 그는 힘이 세고 활동적인 사람이었다. 노르만계 바이킹들과 싸웠으며 동쪽에서 독일을 위협하는 슬라브족들과도 싸웠으나, 이 무렵 중부 다뉴브 강에서 넘어와 유럽을 침공한 사나운 훈족과 마자르족과 주로 싸웠다. 새 사냥꾼 왕 하인리히는 독일의 다른 대공국들의 지지를 얻어 사후에 아들 오토Otto를 다음 왕으로 승계시키는 데 성공했다. 오토는 슬라브계 프로이센인들과 맞서 싸웠고 왕국의 세력을 엘베 강까지 밀고나갔으며 마그데부르크 대주교구를 동부의 견고한 중심 지역으로 확립했다. 그는 또 국경에 팔츠공국과 마르크공국을 세웠다. 955년에는 마자르족에게 치명적인 패배를 안겨주어 그들이 헝가리로 후퇴하게 만들었는데, 지금까지도 마자르족은 그곳에 살고 있다.

오토는 그를 시기하는 독일의 대공들로부터 결코 안전하지 않았다. 그래서 그는 주교들과 친분을 두텁게 했다. 독일의 주교들은 로마로부터 멀리 떨어져 있었다. 그들은 나라 안에서 유일하게 교육을 받은 사람들이었고, 부와 권세는 군주들과 동등할 정도로 컸다. 그래서 오토는 이들 주교들의 손에 나라의 행정을 맡겼다. 공작들이 서로 싸우고 노략질을 하고 파괴를 일삼는 동안, 쾰른, 마인츠, 보름스, 마그데부르크의 대주교들은 세금을 거둬들이고, 재판소를 유지하고, 독일의 독자적인 군대를 조직했다.

그런데 첫 번째 야만인들이 로마를 침략한 이후 독일인들은 이탈리아에 대해 강한 매혹을 느끼고 있었다. 오토는 교황들의 불명예와 수치를 참을 수 없었다. 그는 독일 주교들에게 의존하고 있는 입장이었다. 이 주교들의 수장인 성스러운 아버지 교황이 수치의 대상이 되어 있다면 어떻게 주교들이 사람들의 존경을 받을 수 있겠는가? 더구나 힘이 있는 마인츠의 대주교는 이미 오토의 명령에 자발적으로 복종하기를 거절한 상태였다. 오토는 친히 이탈리아로 진군해서 교황을 바로 세우고 나면, 국내 성직자들의 지배자가 될 수 있을 것이라고 생각했다.

그는 알프스 산을 넘어 쉽게 북부 이탈리아를 장악했다. 그리고 로마를 점령해서 교황 요한을 그의 적들로부터 구출했다. 962년에 오토는 신과 교황의 은총에 따라 로마황제의 관을 썼다. 신성로마제국은 이렇게 탄생했다. 신성로마제국은 중세에 가장 중요한 조직이 되었다. 교황과 황제 사이의 가장 중요한 관계도 여기서 시작되었다. 또 여기서부터 독일 왕들은 이탈리아를 통치하고, 그들의 대제국을 발트 해에서 알프스를 넘어 시칠리아와 칼라브리아까지 넓히려는 강한 야심을 품게 되었다. 그런데 이탈리아 사람과 독일 사람들은 너무도 달랐기 때문에 이것은 불가능한 꿈이었다. 로마가 독일을 통치할 수 없다면 어떻게 독일이 로마를 통치할 수 있겠는가? 그러나 극단적으로 다른 유럽의 이 두 나라가 상대방에게 매력을 느끼는 것은 어쩔 도리가 없었으며 서로 싸우는 것도 그칠 수 없었다.

게르만인이 이탈리아에 매력을 느꼈다는 점은 노르만족이 시칠리아와 남부 이탈리아를 점령한 사실에서도 드러난다. 노르웨이와 덴마크에서 살던 노르만족인 무서운 바이킹들이 샤를마뉴 시절에 유럽과 영국을 침략한 사실을 우리는 알고 있다. 이들이 센 강 계곡에 정착해서 노르망디 공국을 세웠으며, 짧은 시간 안에 프랑스 사람들보다 더 프랑스적으로 되었다는 사실도 우리는 익히 알고 있다. 노르망디에서 나온 이들이 1066년에 영국을 정복했다는 사실 또한 우리는 알고 있다. 1040년에는 노르만족의 소규모 무리가 남부 이탈리아에서 용병으로 활약했다. 노르망디의 오트빌 성에는 12명의 아들을 둔 탕크레드Tancrede라는 기사가 살고 있었다. 12명의 아들들은 모두 외지로 나가 자신들의 인생을 개척해야 했다. 아들들 중 일부는 남쪽으로 내려가 칼라브리아로 갔다. 이 가운데 한 명이 로베르토Roberto였는데 그는 '교활한 로베르토Roberto Guiscard'라는 별명을 갖고 있었다. 그는 키가 크고 멋진 바이킹 청년으로, 길고 노르스름한 턱수염을 바람에 날리며 푸른 눈에서는 불이 반짝거리는 듯했다. 그는 콘스탄티노플에서 온 그리스인들이 교황과 싸우고 있는 남쪽으로 가서 동포들과 합세했다. 나중에 교황은 로베르토를 풀리아와 칼라브리아의 공작으로 임명했고, 그가 배신한 그리스인들로부터 승리해서 획득한 시칠리아와 이탈리아의 땅도 그의 영토에 편입시켰다. 영국 정복 6년 전인 1060년의 일로, 시칠리아와 나폴리에 자리 잡은 유명한 노르만 왕국의 시작이었다. 이 왕국은 아주 오랫동안 유지되었고 지중해의 강자로 군림했으며 교황의 옆구리에 박힌 가시 같은 역할을 했다. 노르만족은 옛날 바이킹이 그랬듯 배를 타고 대규모 집단으로 이주해서 로베르토 치하의 시칠리아에 정착했다. 그러므로 다시 한 번 북부가 남부에 정착해서 차지한 셈이다.

교황은 한편으로는 노르만족과 이웃했다. 북쪽으로는 토스카나 지방이 있었으며, 그 너머로는 막 독립해서 새로운 세력으로 떠오른 롬바르디아 지방의 대도시인 밀라노, 볼로냐, 피렌체, 베로나, 피사, 제노바 등이 있었다.

1073년에는 수도사 힐데브란트Hildebrand가 교황의 자리에 올라 그레고리우스 7세Gregorius VII가 되었다. 그는 키가 작았지만 매우 인상적으로 생긴 사람이었다. 사람들은 그를 좋아했으며 수도사와 주교와 귀족 중에서도 많은 수가 그의 편에 서 있었다. 그는 기독교 세계에서 제일의 권력자가 되겠다는 결심을 했다. "로마 교황은 세상에서 유일무이한 사람이다. 교황만이 주교를 해임하거나 서임할 수 있다. 누구도 교황을 비판할 수 없다. 로마교회는 누구에게도 기만된 적이 없으며 기만될 수도 없다. 로마 교황은 황제도 퇴위시킬 수 있는 권리를 갖고 있다. 인간의 자존심이 왕의 권력을 창조했으며, 신의 자비는 주교들의 권한을 창조했다. 교황은 황제들의 주인이다." 이것이 힐데브란트의 선언이었다.

당연히 교황과 황제 사이에 문제가 생기게 되었다. 하인리히

4세는 현명한 황제였다. 독일 안에서 주교를 임명하고, 성직에 대한 상징으로 반지와 주교 지팡이를 수여하는 것이 황제와 귀족들의 관행이기도 했다. 이것은 명확하게 주교들이 교황보다 황제의 명령에 먼저 복종해야 한다는 것을 의미했다. 힐데브란트는 이런 관행에 동의할 수 없었다.

1075년에 힐데브란트는 이렇게 선언했다. "어떤 황제나 왕, 공작이나 후작, 또는 백작, 어떤 평신도인 개인이나 세속 권력 기구가 스스로 주교를 서임할 권한이 있다고 생각한다면, 그는 파문의 벌을 받는다는 사실을 알아야 할 것이다." 교황은 이러한 주장을 함으로써, 황제가 왕국의 행정을 전적으로 맡기고 있는 주교들을 황제의 손에서 빼앗아가려는 의도를 천명했다. 하인리히는 곧 이에 대한 대답을 했다.

"찬탈의 방법이 아니라 신의 성스러운 서임을 통해 임명된 왕 하인리히는 지금 교황이 아니라 가짜 수도승인 힐데브란트에게 고하노니, 그대가 강탈한 자리를 포기하고 내려오라. 종교의 탈을 쓰고 폭력을 사용하지 않으며 성 베드로의 건전한 복음을 가르칠 수 있는 다른 사람이 성 베드로의 옥좌에 오르게 하라. 신의 은총으로 왕위에 오른 나 하인리히는 그대에게 고하노니, 자리에서 내려오라, 내려오라, 그리고 영원히 저주를 받으라."

교황의 대답은 이렇게 시작한다. "사도들의 수장 성 베드로여, 기도하노니 성스런 귀를 기울여 당신의 종인 저의 말을 들어주소서. 당신께서는 아기 때부터 제게 일용할 양식을 주셨고, 과거에도 저를 미워했고 지금도 미워하고 있는 사악한 자의 손에서 저를 자유롭게 했나이다……." 교황의 글은 이렇게 끝난다. "황제 하인리히에게 바친 서약의 속박에서 모든 기독교도들을 해방하노니 누구도 그를 왕으로 섬기는 것을 금하노라. 기독교도로서 지켜야 하는 복종의 의무를 비웃고 주님의 곁을 저버린 채 돌아오지 않은 그를 파문의 사슬에 묶노라."

노르만족과 토스카나의 마틸다Matilda와 롬바르디아의 대도시들을 포함한 이탈리아 대부분이 교황의 편에 섰다. 힐데브란트는 하인리히의 본거지인 독일에서조차 동조자를 얻었지만 하인리히는 자신의 독일제국에 속한 귀족들과도 싸워야 했다. 1077년 독일제국의 의회에서 귀족들은 모두 왕의 면전에서 왕에게 맞서는 말을 내뱉었는데, 교황이 아우크스부르크에 직접 와서 다음 의회에 참석하고 왕을 축출하는 것이 바람직하다고까지 주장했다.

황제는 자신의 안전부터 지키는 게 낫다고 생각해 그 해 겨울에 알프스 산을 넘어갔다. 힐데브란트는 토스카나 공국 마틸다의 손님으로 초청받아 카노사 성에 머물고 있었다. 카노사 성은 아펜니노 산맥의 북쪽 기슭에 있었다. 날씨가 추워서 땅 위에 눈이 쌓여 있었다. 황제는 먼저 교황에게 사신을 보내 속죄할 수 있는 알현의 기회를 간청했다. 힐데브란트는 이를 거절했다. 황제는 사흘 동안이나 연이어서 맨발로 성문 앞에 공손히 서서 눈 속에서 참회를 했지만 힐데브란트는 세 번이나 황제를 그냥 돌려보냈다. 마침내 마틸다가 황제를 받아들이라고 교황을 설득했다. 하인리히에게 들어오라는 허락이 떨어졌다. 그는 힐데브란트의 발아래 엎드렸고 교황이 그를 일으켜 파문의 죄를 사해 주었다. "본인이 깊이 참회하고 있고 이 자리에 있는 사람들도 끝없이 간청하므로, 이제 파문의 사슬을 풀어 마침내 성찬 의식에 그를 받아들이고 성스러운 어머니 교회의 생활에서도 그를 받아들이노라." 교황 그레고리우스 7세, 힐데브란트는 이렇게 말했다.

그러나 하인리히는 보여준 행동만큼 겸손한 사람은 아니었다. 그는 이렇게 항복을 함으로써 독일 내에서의 입지를 살렸다. 그리고 귀국한 뒤 힘을 모아 다시 교황에게 반기를 들었다. 그는 다시 파문되었다. 그러자 이번에는 하인리히가 힐데브란트는 교황이 아니라고 선언하고 교황의 칭호를 독일의 어떤 주교에게 수여했다. 그러고는 독일군 대부대를 거느리고 티롤 산악의 통행로를 넘어서 베로나 가도를 거쳐 이탈리아로 들어갔다. 그는 로마의 성문 앞까지 진군했으나 군인들 사이에 말라리아가 돌자 후퇴하지 않을 수 없었다. 그러나 3년 뒤인 1084년 그는 다시 로마의 성문 앞에 다다랐다. 그는 도시를 함락하고 성 안젤로 성에 있던 교황을 포위했다. 힐데브란트는 교활한 로베르토와 노르만족에게 매우 간절하게 원군을 호소했다. 로마에 황제가 있는 것을 원하지 않던 로베르토는 아드리아 해안의 두라초Durazzo 포위망을 풀고 서둘러 진군해서 교황을 구해내었다. 그동안 독일군은 알라리크 휘하의 고트족이나 가이세리크가 거느린 반달족이 했던 것과는 비교도 안 될 정도로 로마 시를 약탈했다.

이러한 재앙이 그들에게 떨어졌다는 이유 때문에 로마인들은 교황을 증오하게 되었고, 그래서 교황은 로마를 떠났다가 얼마 지나지 않아 살레르노에서 죽었다. 그는 이렇게 말했다. "나는 옳은 것을 사랑하고 부정한 것을 미워했노라. 그래서 나는 타향에서 죽었노라."

하인리히 4세는 1106년에 죽었으나 분쟁은 계속되었다. 1122년에 개최된 보름스 협약에서는 주교의 임명은 교회에 일임되며 반지와 지팡이는 교황이 수여한다고 합의했다. 그러나 황제 자신이나 황제의 대리인이 모든 주교 선출 자리에 참석하고, 논란이 있는 선출은 반드시 황제의 결정에 일임한다는 단서가 붙여졌다. 더욱이 모든 주교는 황제의 영지 안에 있는 주교 소유의 땅에 대해 공물을 바치도록 되어 있었다. 이것은 적어도 독일 안에서는 황제가 주교들의 주인임을 밝히는 것이었다.

그러나 이것으로 교황과 황제 사이의 암투가 끝난 것은 아니었다. 신성로마제국의 황제는 자신의 칭호에 알맞게 전 세계적인 주권을 주장했다. 반면 교황은 교황대로 지고의 권한을 내세웠다. 이 두 개의 상반된 주장은 주교의 임명 문제로 결정될 성질의 것이 아니었다. 그러나 초기 황제들은 충실한 가톨릭교도들이었으며 그들 나름대로 교황을 사랑했고, 교황은 교황대로 황제의 위대한 힘을 존중했다. 이것은 또한 독일의 위대한 힘이 로마의 권력과 평형을 이루는 것을 의미했다. 그러나 이제 이것은 국가와 국가 간의 세력 균형이 아니라 정신적 힘과 군사적 힘의 세력 균형이기도 했다. 힐데브란트는 하나의 거대한 수도원을 통치하듯 유럽 전역 위에 군림하는 그의 교회를 통일시켰다. 성직자들은 오직 신과 교황에게만 충성의 의무를 지녔을 뿐 황제나 왕이나 귀족에게는 그런 의무를 지지 않았다. 유럽 전역에서는 오직 하나의 언어, 라틴어가 성직자들에 의해 사용되었으며, 오직 하나의 교리만이 가르쳐졌다. 교회의 땅은 여러 나라에 흩어져 있기는 했으나 황제의 땅만큼이나 넓고 비옥했다. 모든 유럽의 왕과 군인들을 교회의 종으로 사용하려 한 것이 힐데브란트의 사고였다. 반면 성직자들을 제국의 이해관계에 사용하려 한 것이 하인리히의 생각이었다.

당시 독일은 왕국이었지만 우리가 지금 이해하고 있는 왕국의 개념과는 달리 생각해야 한다. 이 왕국은 독립된 대공국들의 연합에 불과할 뿐이었다. 왕이 죽으면 다음 왕은 대공들 중에서 대공들에 의해 선출되었다. 이 말은 왕이 무엇보다도 대공이듯이 황제도 자기 영토에서는 대공일 뿐이며, 그러고 나서야 선출된 독일의 왕이자 교황에 의해 왕관을 부여받은 황제라는 것을 의미했다. 독일은 성장하고 있었다. 오스트리아가 동쪽 변방 지역의 대공국으로 부상했고, 북쪽에는 브란덴부르크가 등장했다. 새로운 공작, 후작, 백작들이 나타나서 새로운 선거후로 자리를 잡았다.

1152년에 바르바로사Barbarossa 혹은 붉은 수염이라 불리는 프리드리히Friedrich가 독일의 왕으로 선출되어 신성로마제국 황제의 관을 썼다. 그는 먼저 프랑켄과 슈바벤의 대공이었는데, 그곳은 콘스탄츠 호에서 북으로는 로렌까지 뻗어 있는 남부지방이었다. 그의 이름은 프리드리히 호엔슈타우펜Hohenstaufen으로 슈바벤의 비벨린Wibelin 성 성주였다. 그의 가문은 '비벨린'이라는 발음을 제대로 못하는 이탈리아 사람들이 '기벨린Ghibelline'이라 부르는 호엔슈타우펜가의 한 분파였다. 이 무렵 독일에서 또 한 사

호엔슈타우펜가 치하의 독일

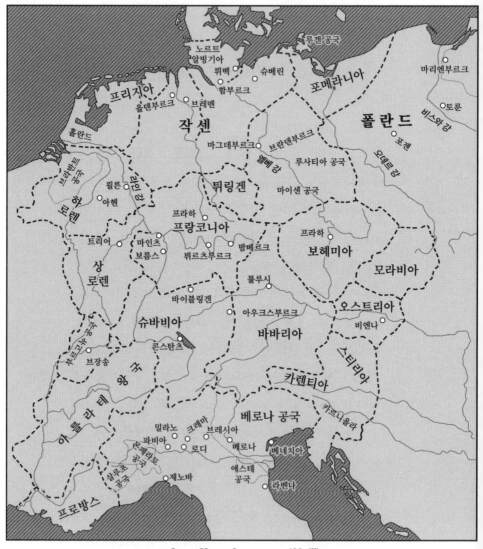

노르트
알빙기아
뤼벡
슈베린
루겐 공국
포메라니아
마리엔부르크
토룬
함부르크
프리지아
올덴부르크
브레멘
작센
폴란드
비스와 강
홀란드
마그데부르크
브란덴부르크
포젠
루사티아 공국
오데르 강
브라반트 공국
쾰른
라인 강
튀링겐
마이센 공국
하르렌
아헨
프라하
프랑코니아
프라하
보헤미아
트리어
마인츠
보름스
뷔르츠부르크
밤베르크
모라비아
상로렌
룩셈부르크 공국
바이블링겐
툴루시
아우크스부르크
오스트리아
슈바비아
비엔나
브장송
콘스탄츠
바바리아
스티리아
부르고뉴 공국
카렌티아
카르니올라
하부라테
베로나 공국
밀라노
크레마
브레시아
파비아
로디
베로나
베네치아
몬페라토 공국
에스테 공국
살루초 공국
제노바
라벤나
프로방스

0   50   0   100   마일
                           Miles

람의 위대한 인물은 작센 공국의 대공, 사자공 하인리히Heinrich the Lion였다. 그는 이탈리아 사람들이 '구엘프Guelph'라고 부르는 바이에른의 벨프Welf 가문 출신이었다. 프리드리히와 하인리히는 독일과 이탈리아에서 수백 년 동안이나 서로 싸워온 두 명문 구엘프와 기벨린가를 대표하는 사람들이었다.

황제가 된 프리드리히는 사자공 하인리히를 가까이해야 한다는 사실을 알고 있었다. 그렇지 않은 경우에는 이 무서운 대공이 독일 내에서 반란을 일으킬 가능성이 컸기 때문이다. 그래서 그는 하인리히를 바이에른 공작으로 임명했으며 대신 하인리히는 황제의 대의명분에 진심으로 맞추어주었다. 작센 공국은 북쪽의 발트 해로 막혀 있었다. 힘이 막강해서 사실상 독립적인 왕이었던 하인리히는 브레멘을 원래 주인인 군사력을 지닌 대주교들로부터 빼앗고, 뤼벡을 홀슈타인의 아돌프Adolph로부터 확보했다. 브레멘과 뤼벡, 그리고 발트 해의 다른 도시들에서 그는 스웨덴, 노르웨이, 그리고 심지어는 영국과 유명한 발트 해 무역을 시작했다. 발트 해 가장자리의 땅들은 늪지대였다. 그는 플랑드르와 홀란드에서 정착할 사람들을 데려다가 농사를 짓기 위해 관개사업과 개간 사업에 착수했다. 그러고는 덴마크 왕과 연합해서 발트 해 무역을 넘보는 슬라브족 해적들을 괴멸시켰다. 그는 북부 독일에서 가는 곳마다 슬라브족을 몰아내었다. 몰아내기가 어려울 때에는 수도사들을 보내 설교를 통해 그들을 기독교도로 개종시켰다. 프로이센과 메클렌부르크와 포메른의 슬라브족들이 이렇게 독일인이 되었다. 그는 비밀스러운 슬라브식 종교의식의 본거지인 성스러운 섬 뤼겐을 점령해서, 그 섬의 가장 신성한 사원을 파괴했다. 그러고는 슈베린, 메클렌부르크, 올덴부르크 등등의 신도시에 주교구를 설립했다. 주교들은 모두 전투에 익숙한 제후들 중에서 뽑았다. 이렇게 해서 그는 독일 내에 방대한 왕국을 갖게 되었고, 수많은 도시를 장악하게 되었으며, 활발한 무역을 통해 중요한 해상세력으로 부상했다. 하지만 백성들은 그를 미워했다. 그가 사람들을 무자비하게 짓밟았기 때문이다. 그는 교만해져서 프리드리히 황제가 그에게 원군을 청했을 때에도 부름에 응하지 않고 이탈리아로의 군대 파견을 냉정하게 거절했다. 그러나 1181년에 다른 대공들과 백작들이 그에게 반기를 들었기 때문에, 어쩔 수 없이 황제에게 복종했다.

프리드리히 바르바로사는 독일 내에서 질서를 바로잡으려고 노력했다. 공작과 백작과 귀족들이 항상 서로 싸우고 있었기 때문이다. 상업의 대하 라인 강과 그 주변의 대로를 따라서, 인근 지방에서 노략질을 일삼는 도둑 기사들의 난공불락의 성들이 서 있었다. 그는 일반 평화 헌장을 발표하고 인접하는 영주들이 서로 평화를 지키자는 합의를 끌어내었다. 그는 많은 도둑 기사들을 쫓아냈고, 무역을 장려했으며, 법률을 제정하는 의회 혹은 평의회를 열었다. 나라는 더 번창했고 교육이 전국으로 확산되었으며, 시인들이 나디니 나라의 한쪽 끝에서 다른 쪽 끝까지 독일어로 쓴 새로운 노래와 시가들이 불렸다. 많은 영지를 확보한 프리드리히는 자신의 아들을 로마 왕으로 만들어, 선거에 의존하지 않고 아버지로부터 아들로 제국이 계승되게 조치했다.

유럽사 이야기

그럼에도 바르바로사는 독일에 머물 수가 없었다. 그는 이탈리아를 통치해야만 했다. 그는 시종들과 군인들을 인솔해서 알프스 산을 넘었으며, 1154년 롬바르디아 평원에 수많은 군사들을 이끌고 내려왔다. 그는 아직도 자신이 하드리아누스나 디오클레티아누스 시절의 로마 대제국 통치자라고 생각하고 있었다. 프리드리히는 니콜라스 브레익스피어Nicholas Breakspear라는 이름의 영국 출신 교황 하드리아누스 4세Hadrianus IV에 의해 로마에서 황제의 관을 썼다. 만사가 순조롭게 진행되고 있었다. 그러나 프리드리히가 이탈리아를 떠나기 전에 교황과 황제는 결정적으로 서열 문제 때문에 다투게 되었다. 프리드리히가 교황이 타는 말의 고삐를 잡아줄 수 있겠는가? 바르바로사는 자신은 위대하다고 생각했기 때문에 안 된다고 거절했다. 이에 대해 교황은 자신이 더 지고한 존재라고 주장했다. 해묵은 싸움이 다시 시작된 셈이었다.

하드리아누스가 죽은 다음 교황 알렉산데르 3세가 들어섰다. 알렉산데르는 황제를 모욕했다. 바르바로사는 그를 인정하기를 거부하고 빅토리우스 4세Victorius IV를 대항하는 교황으로 세웠다. 전쟁이 뒤따랐다. 교황 알렉산데르는 프리드리히의 군대에 의해 이탈리아에서 사방으로 쫓겨 다녔다. 그러나 롬바르디아 지역의 대도시들이 일치단결해서 황제에게 맞섰다. 그는 밀라노가 기아에 지쳐 항복할 때까지 3년 동안 도시를 포위했다. 그러고는 1162년에 밀라노를 평지가 될 정도로 파괴해 버렸다. 그는 알렉산데르를 프랑스로 몰아낸 다음 독일로 돌아갔다. 그러나 알렉산데르는 금세 로마로 돌아왔다. 밀라노는 재건되었으며, 1166년에 프리드리히는 다시 한 번 대군을 이끌고 이탈리아로 내려오지 않을 수 없었다.

또 다시 그는 교황을 성도聖都에서 몰아내었다. 알렉산데르는 시칠리아의 노르만 왕가로 피신했다. 그동안 독일 군대에는 자주 그랬듯이 무서운 전염병이 돌아 수천 명의 군인들이 묘지로 들어갔다. 프리드리히는 이탈리아를 그대로 내버려둔 채 독일로 회군했다. 롬바르디아 동맹의 도시들이 너무 강하게 저항을 했기 때문이다.

유명한 롬바르디아의 도시들은 교황을 위해 밀라노의 남서쪽에 도시를 방어하는 튼튼한 요새를 세웠다. 이것이 알레산드리아Alessandria로 알려진 요새였다. 1174년에 바르바로사는 알레산드리아를 복속시키기 위해 이탈리아로 다시 내려왔다. 포위는 1175년까지 계속되었다. 교황의 원군이 왔으며, 프리드리히가 독일에 있는 사자공 하인리히에게 도움을 요청한 것도 이때였다. 하인리히는 그 요청을 거절했다.

프리드리히는 밀라노로 진군하기로 결정했다. 롬바르디아 동맹의 도시들은 그를 제지하기로 했다. 동맹군은 발 빠르게 나아가 1176년에 레냐노에서 그와 만났다. 죽음의 형제단으로 알려진 동맹군의 정예 부대는 북쪽에서 내려온 황제에게 항복하느니 마지막 숨을 거둘 때까지 싸우기로 결심하고 군기를 세워놓은 마차 주변을 둘러쌌다. 프리드리히는 적진을 뚫고 군기가 있는 마차까지 다가갔지만 도중에 말에서 떨어졌다. 따르던 독일 기사들이 안간힘을 써봤지만 허사였다. 그는 이 전투에서 처참하게 패해 거의 홀몸으로 자신에게 충실한 파비아 시로 도망쳤다.

이것이 유명한 레냐노전투이며, 승리를 이끈 사람들은 공작과 백작들이 아니라 자신들의 자유와 권리를 위해 싸운 시민들이었다.

1177년 7월, 카노사에서 황제 하인리히 4세가 교황 힐데브란트 앞에서 무릎을 꿇은 지 정확히 1세기 뒤에, 황제 프리드리히는 베네치아의 산마르코 성당에서 엄숙한 화해의 의식이 진행되는 가운데 교황 알렉산데르의 발아래에 엎드렸다. 베네치아에서 황제는 성 베드로의 세습 유산(교황의 세습적 지위를 말함)과 세속적 권리에 대한 요구를 모두 철회했다. 1183년에 롬바르디아 동맹 도시들과 체결된 최후의 콘스탄츠조약에서는 롬바르디아 통치권을 포기했으며 롬바르디아 동맹 도시들은 자치권을 부여 받게 되었다.

그러나 이번에도 황제는 보여준 행동만큼 겸허한 사람이 아니었다. 롬바르디아 동맹 도시들 사이에 분쟁이 일어나자 그는 자신의 세력을 그들 사이에 심었다. 1186년에는 그는 아들 하인리히를 시칠리아의 노르만 왕조 상속녀 콘스탄체Constance 공주와 결혼시켰다. 이렇게 시칠리아와 나폴리 왕국의 강력한 힘이 황제의 편에 더해지자, 교황은 허를 찔린 셈이 되었다. 이것은 황제와 교황 사이의 분쟁에 새로운 전기를 가져왔다.

1189년 늙은 황제는 십자군을 인솔해서 팔레스티나왕국으로 출정했다. 이듬해 그는 소아시아에 있는 강물에서 목욕을 하다가 익사했다. 그렇게 해서 가장 위대하고 가장 정력적이었던 독일인 한 사람이 일생을 마쳤다.

바르바로사의 아들 하인리히 6세는 남부 이탈리아에서 끔찍한 실정을 저질렀다. 그러나 그는 1197년에 죽고 그의 어린 아들이 왕위를 계승했다. 1198년에는 중세의 위대한 교황으로 불리는 인노켄티우스 3세Innocentius III가 교황으로 선출되었다. 인노켄티우스는 이탈리아의 귀족 가문 출신이며 법률가였다. 그는 힐데브란트와 마찬가지로 교황이 유럽 전체를 정신적으로 지배해야 한다고 믿는 사람이었다. 그는 정신적 지배를 위해서는 교회가 힘을 가져야 하며, 힘을 갖기 위해서는 중심지와 수도를 로마에 둔 왕국, 이름만이 아닌 실제 왕국을 가져야 한다고 보았다. 그래서 그는 모든 왕들과 군주들을 원래의 자리로 돌려놓고 유럽 전체를 하나의 큰 나라처럼 실제로 통치할 작업에 착수했다. 그는 현명하고 훌륭한 사람이었다. 전쟁의 잔인함과 낭비를 원하지 않았고, 훌륭하며 도덕적인 통치체제를 수립하고자 했다. 그러나 힐데브란트처럼 그도 이 계획에서 결국 실패하고 말았다. 적어도 어느 정도 규모가 큰 지역에서는 칼 없이 인간을 통치한다는 것이 불가능했기 때문이다.

하인리히 6세의 죽음 뒤에 이어진 혼란 속에서, 인노켄티우스는 정치 문제에 개입하려고 했다. 그는 스티븐 랭튼Stephen Langton의 경우처럼 자신이 직접 선출한 주교들에게 수사회를 통해 영향을 미치면서 영국 문제에 개입하려 했다. 그는 존John 왕을 무릎 꿇게 만들었고 영국에서 많은 공물을 걷었다. 그는 재임기간 내내 정직한 사람들과 가난한 사람들을 위해 후원하려 했으나, 사람들 사이에 깊은 반목의 골만 만들고 말았다. 독일에서도 사정은 마찬가지였다. 주교와 대주교들은 막강한 대군주들이었고 생활방식도 대단히 독일적이었다. 현실의 생활에서도 매우 귀족적이며 세속적이었고, 자신들의 주교 관할구역과 독일 내의 권력에만 관심을 쏟으면서 멀리 떨어진 로마에는 신경도 쓰지 않았다. 그들은 성직자들 중에서 가장 비로마적이었으며 또 독립적이었다. 교황은 이런 면을 시정해서 그들을 보다 더 겸허하고 기독교적인 자들로 만들려고 했다. 독일인 주교들은 있는 힘을 다해 이에 저항했다. 성직자든 군주든 가난한 사람이든 독일인들은 하나같이 교황의 개입을 싫어했다. 그 당시 만들어진 노래나 시가는 모두 인노켄티우스를 저주해서, 그를 분쟁과 증오를 일으키는 사람, 자기 권력만을 추구하는 악마라고 불렀다. 그러나 엄격히 말해 그는 가톨릭의 관점에서 옳은 일을 행하려 했을 뿐이다.

인노켄티우스는 위대한 업적을 이루기도 했다. 사람들이 개별적으로나 국적에 따라 행동하기를 원했다면 그는 범세계적인 권위를 유럽에 적용하려고 했다. 그는 국가와 군주가 좀 더 현명하게, 좀 더 공정하게, 좀 더 훌륭하게 행동하게 만들려고 끊임없이 애쓴 사람이었다. 1215년 그가 주도한 라테란 공의회에는 400명의 주교들, 800명의 수도원장들 외에도 모든 중요 국가의 대사들이 참석했는데, 유럽에서 개최된 공의회 중에서 가장 빛나는 것이었다. 공의회는 교회를 개혁했는데, 예를 들어 시험을 통해 판결하거나 결투에 의해 판결하는 잔혹한 재판방식을 금지하고, 진정으로 공정한 재판에 의해 판결하는 등, 모두 현명하면서도 넓은 범위에 걸친 새로운 교회법이나 교회 규범을 제정했다.

그러나 어린 프리드리히는 자라면서 교황청과 제국 모두를 파멸의 벼랑으로 몰아갈 조짐을 보이고 있었다. 부왕 하인리히 6세가 서거했을 때 프리드리히는 3살이었다. 그는 어머니 콘스탄체와 함께 시칠리아와 남부 이탈리아에 살면서 교황의 보호 아래에 있었다. 그는 호엔슈타우펜가의 진정한 후손답게 붉은 머리칼을 갖고 태어났지만 키가 작고 허약했다. 그의 가정교사는 호노리우스Honorius로, 훗날 교황이 된 사람이었다.

프리드리히는 아마도 중세에서는 가장 똑똑한 사람일 것이다. 그는 4살부터 시칠리아와 나폴리의 왕이 되어서 아주 유리한 입장에 있었다. 그는 궁정에서는 초기 이탈리아어나 프랑스어에 가까운 로망스어를 사용했다. 그는 하프에 맞추어 시를 읊고 노래를 부르는 음유 시인들을 좋아했다. 그래서 아주 어린 시절부터 노래를 배우고 시를 쓰기 시작해서 시인으로서도 훌륭한 편이었다. 이탈리아어가 그의 모국어였다. 시칠리아의 궁정에는 무어인과 아랍인 출신도 있었다. 무어인들은 스페인과 시칠리아에 강력한 왕국을 세웠다. 그들은 대체로 유럽인들보다 좀 더 교육받고 개화된 사람들이었다. 무어인들은 자기들만의 아름다운 문학과 건축술을 보유했다는 것 외에도 수학자, 천문학자, 의사, 그리고 식물학자로서는 세계에서 최고 수준이었다. 당시 시칠리아는 아름다운 섬으로 동양과 서양이 만나는 곳이었으며 문명의 꽃이라 불렸다. 그리고 프리드리히는 이 모든 것에서 완벽한 장점을 지니고 있었다. 그는 철학과 종교를 공부해서 교황보다 아는 것이 더 많았다. 매사냥에 대한 저작도 썼는데, 수세기 동안 그 분야에서는 가장 훌륭한 책으로 남겨질 정도였다. 그는 팔레르모에는 야생동물 수집관을 세우고, 살레르노에는 의과대학을 세웠으며, 나폴리 대학도 설립했다. 그는 유럽에서 가장 개명한 사람이었으나 독일인이라기보다는 이탈리아 사람이었다. 그와 동시대 사람들은 그를 '세계의 경이驚異'라고 불렀다.

그는 야심가에다 전쟁을 좋아한다는 점에서 나폴레옹과 닮았다. 나폴레옹도 이탈리아의 섬에서 태어나 훗날 다른 나라 사람들의 황제가 되었다. 그러나 프리드리히는 나폴레옹처럼 고집스럽고 하나의 목표만 추구하는 외골수가 아니라, 훨씬 더 훌륭한 인간성을 지닌 편이었다.

1198년 프리드리히가 아직 어렸을 때 그의 어머니가 사망했는데, 어머니는 그를 교황 인노켄티우스 3세의 후견 아래 두었다. 1211년에 보헤미아 왕, 오스트리아 공작, 바이에른 공작을 비롯한 일련의 독일 군주들은 구엘프가를 미워해서, 멀리 시칠리아에 떨어져 있는 소년 프리드리히를 독일의 왕으로 선출했다. 1212년 열다섯 살밖에 되지 않은 프리드리히가 독일로 용감하게 달려와 곧 구엘프가의 황제 오토에 반대하는 세력을 대규모로 규합했다. 1214년에는 우세를 점해서 오토 4세를 패배시켰다. 프리드리히는 엑스라샤펠에 있는 샤를마뉴의 바실리카식 성당에서 엄숙하게 대관식을 올렸다. 그러나 대관식 뒤 곧 이탈리아로 떠났으며 그 뒤 단 두 번, 1235년과 1236년에 다시 독일을 찾아왔을 뿐이었다. 이 두 번의 방문은 별로 중요한 일이 아니었다. 그의 혈통은 독일계였지만, 그 자신은 철저하게 이탈리아인이었다.

인노켄티우스 3세는 오토 4세를 축출하는 데 프리드리히에게 큰 도움을 주었다. 그 이유는 프리드리히가 교황에게 겸허하고 순종적인 사람이기를 바라서였다. 1216년 인노켄티우스가 서거할 때까지 두 사람 사이의 관계는 평화로웠다. 인노켄티우스 다음의 교황은 호노리우스 3세로 그는 프리드리히의 선생이었다. 그는 성격이 온화하고 박식한 사람이어서, 이번에도 교황과 프리드리히 둘 사이의 관계는 우호적이었다. 1220년에 프리드리히가 로마에서 황제의 대관식을 올렸지만, 로마 사람들은 싫어하는 외국인 황제가 등극했을 때 보여주던 소요를 일으키지 않았다. 인노켄티우스의 희망은 북쪽의 제국과 시칠리아왕국이 한 황제의 통치 아래 힘을 합하지 않게 하는 것이었다. 만약 그렇게 되면 교황청이 가위의 양날 사이에 들어가는 것과 같았기 때문이다. 그러나 불행히도 호노리우스는 두 영토가 하나로 합치는 것을 승인했다. 그래서 교황청은 황제의 손아귀에 들어가게 되었다.

교황들은 십자군을 파병시키는 문제에 무척 신경을 썼고, 프리드리히가 이 성전에 참가하도록 압박했다. 그러나 프리드리히는 이러한 요청을 오랫동안 거절했고 이에 대해 교황은 파문을 하겠다고 위협했다. 프리드리히는 십자군 원정을 바보 같은 짓이라고 생각했다. 호노리우스가 1227년에 사망하고 그의 뒤를 이은 교황 그레고리우스가 프리드리히 2세로 하여금 브린디시 항에서 원정군을 이끌고 출발하도록 몰아세웠다. 출항하고 바다 위에서 하루나 이틀이 지난 뒤, 프리드리히는 병에 걸려 회군을 했다. 그러자 즉시 그에게 파문의 벌이 내렸다. '좋아.' 프리드리히는 이렇게 생각했다. '팔레스티나까지 가보지.' 1228년 그는 성지로 들어간 상태였다. 프리드리히의 비웃는 듯한 영리한 처신을 눈치 챈 교황은 그를 다시 파문했다. 그러나 이러한 처사는 적절한 것이 아니었다. 그는 세상을 향해 이렇게 외쳤다. "보다시피 짐은 기독교 세계의 수호자이다." 전 유럽이 그에게 박수를 보냈고, 로마 시민들은 봉기해서 그레고리우스를 쫓아냈다. 황제는 이에 만족했다. 그는 팔레스티나나 성지에 대해서는 조금도 관심이 없었지만 그가 노린 목표는 달성한 셈이었다.

강력한 적군을 등 뒤에 둔 채 팔레스티나에서 전투를 벌이며 시간을 낭비하는 대신, 그는 카이로의 술탄과 협약을 맺어 예루살렘, 베들레헴, 나자렛을 기독교도에게 양도하고 해안과 왕래할 수 있는 수단도 확보했다. 전쟁으로도 이룰 수 없는 대성공을 거둔 셈이었다. 그러나 교황은 분노해서 협약 전체가 무효라고 선포하면서 파문당한 사람의 성공은 자신과 아무 관계가 없다고 말했다. 프리드리히는 조용히 스스로를 예루살렘 왕으로 임명하고, 예루살렘 신전의 제단에서 사제들은 감히 손도 대지 못하는 왕관을 직접 자신의 머리에 얹었다. 그러고는 교황에게 우정 어린 서한을 보냈다. 그레고리우스는 이미 벌어진 일에 동의하지 않을 수 없었다.

프리드리히가 원정을 간 사이에, 교황은 이탈리아 사람들을 선동해서 시칠리아에서 그가 이루어놓은 훌륭한 업적들을 모두 원래대로 돌려놓았다. 그러나 1230년에 교황과 황제는 다시 친구가 되었으며 파문은 철회되었다. 그리고 나서 프리드리히는 자신의

호엔슈타우펜가 치하의 이탈리아

롬바르디아 왕국

마지오레 호수

브레시아 가르다 호수

베로나 공국

밀라노

비센차

베로나

몬테라토

파비아

베네치아

토르토나

파르마

페라라

알레산드라

제노바

볼로냐

라벤나

피사

토스카나

피렌체

안코나

페루자

아시시

스폴레토

코르시카

교황령

로마

탈리아코초

루세라

풀리아

바리

카푸아

나폴리

베네벤토

멜피

브린디시

살레르노

타렌토

레체

아말피

사르데냐

칼라브리아

팔레르모

메시나

시칠리아

100   50   0   100   마일
                          Miles

일에 착수했다. 그는 시칠리아 왕국을 사랑해서 그곳을 세상에서 가장 모범적인 나라로 만들기로 결심했다. 그는 독재 정치에 가까운 순수한 전제정치를 확립해서 엄격한 정부 형태를 세웠다. 이러한 체제는 평화를 유지하고 나라의 번영을 눈부시게 이룩하는 데 아주 효과적이었다. 궁정은 훌륭하고 지성적이었으며, 과학과 교육과 건축술이 번창했다. 어느 나라도 도달하지 못한 발전이었다. 프리드리히가 이런 업적을 이룩할 수 있었던 것은 앞섰던 위대한 노르만인들의 업적을 바탕으로 진전할 수 있었기 때문이다.

그는 이번에는 이탈리아로 눈을 돌렸다. 롬바르디아 동맹의 막강한 도시들과 싸워서 하나씩 차지해나갔다. 1237년에는 밀라노와 싸워 눈부신 승리를 거두었으며, 이것으로 레냐노 전투에서 패한 선조의 불명예를 씻어냈다. 1239년에는 이탈리아 전체를 손에 넣고 국가의 틀을 재조직하기 시작했다. 그는 시칠리아의 재판소에서 출발해서 전 이탈리아를 총괄하는 황실 재판소를 설치해 제국의 남반부를 통치했고, 아들인 하인리히가 수장이 되어 일으킨 독일에서의 반란을 진압한 다음 그를 종신형에 처했다.

그러나 이제 황제와 교황 사이의 반복적인 전쟁은 불가피했다. 교황은 자신의 기독교 왕국이 프리드리히가 이탈리아에 뻗친 세력권에 둘러싸여 와해될지 모른다고 생각했다. 1239년에 황제는 다시 한 번 파문을 당했다. 교황청과 호엔슈타우펜 제국 사이의 최후의 대결이 시작된 것이다.

"이 늑대 같은 독재자의 얼굴에 붙은 가면을 떼어내어 세속의 일과 지상의 행사로부터 손을 떼고 오직 예수의 성스러운 발자취만 따라가도록 만들겠다." 프리드리히는 교황에 관해서 이렇게 썼다. 교황은 프리드리히가 이단자로서 영혼의 불멸을 믿지 않을 뿐만 아니라 모세와 아브라함과 예수를 3대 사기꾼이라고 공언했다고 응수했다.

두 사람 사이의 싸움은 이제 목숨을 건 싸움이 되었다. 양 진영은 유럽 전체를 갈등 속으로 넣으려 하고 있었다. 교황은 독일이 황제에 대항하도록 획책했으나 실패했다. 다시 교황은 모든 나라의 추기경과 주교들을 소환해서 프리드리히를 온 세계가 엄숙하게 비난하게 만들려고 획책했다. 그러나 운 좋게도 프리드리히는 테베레 강 하구로 이들 교회의 지도자들을 싣고 가는 제노바 배 22척을 나포해서 그들을 투옥했다. 이탈리아 전역에서는 수사들과 떠도는 설교사들이 무신론자 황제를 비방하며 사람들을 선동했다.

1241년 그레고리우스가 서거하고, 인노켄티우스 4세가 선출되었다. 황제와 교황 사이의 관계를 개선해 보려는 노력이 있었으나, 실패로 끝나고 말았다. 인노켄티우스 4세는 모든 나라의 교회로부터 돈을 강제로 거둬들여서 황제와의 거대한 싸움을 지속하려고 했다. 1244년에 교황은 제노바로 피신해서 자신이 악마 프리드리히의 폭력에 희생된 순교자라고 세상에 호소했다. 1245년에는 리옹으로 가서 대 공의회를 소집해서 황제를 파문시킨 다음 황제의 자리에서 축출하고 퇴위시켰다고 선언했다. 교황은 독일 국민을 선동해서, 하인리히 라스페Heinrich Raspe를 대립 황제로 선출했다. 그러고 나서 교황은 이단자 프리드리히에 대한 성전을 선포했다. 인노켄티우스 4세는 호엔슈타우펜가를 말살하기로 작정했고, 호엔슈타우펜가는 교황청의 권력을 말살하기로 작심했다. 인노켄티우스는 프리드리히가 파라오이자 헤로데이며 네로이기 때문에 예수의 이름으로 반드시 파멸시켜야 한다고 외쳤다.

황제는 즉각 대꾸했다. "짐은 짐의 왕관을 오로지 하느님으로부터 받았다. 따라서 교황이나 리옹의 공의회나 어떤 악마도 내게서 왕관을 강탈할 수 없다." 황제는 더 나아가 이렇게 말했다. "지상에서 짐보다 더 낫거나 동등한 사람이 없는데, 출신이 미천한 인간이 교만에 차서 황제를 감히 깎아내릴 수 있겠는가?"

이탈리아는 추악한 전쟁터가 되었다. 북쪽에서는 프리드리히의 부관 에첼리노 다 로마노Ezzelino da Romano가 잔인한 전쟁을 벌여서 역사에 추악한 이름을 남겼다. 프리드리히는 남부에서 활동했다. 그러나 1247년에 파르마가 교황 쪽으로 넘어갔다. 프리드리히가 서둘러 가서 사태를 수습하려 했다. 그는 파르마를 포위하고 비토리아 시를 건립해서 반격의 근거지로 삼았다. 그러나 오랜 포위에 시달리던 파르마의 시민들이 갑작스레 성 밖으로 뛰쳐나와 비토리아 시를 불태우고 황제의 군대에 치명타를 안겼고 심지어 황제의 관까지 빼앗았다. 이 패배는 황제의 대의명분에 결정타를 날렸다. 그는 이제 더욱 사나워져서 가장 가까운 친구들까지 의심하기 시작했다. 그들은 프리드리히에게 '헛소리나 늘어놓는 붉은 야수'라는 별명을 붙였다. 그는 교황청을 없애야 한다는 생각으로 완전히 정신이 나가 있었다. 나중에는 나폴레옹처럼 교황들의 음모를 두려워할 필요가 없는 아시아가 얼마나 행복한 곳인지 부러워했다. 그는 자신이 마호메트처럼 신이 지명한 예언자라고 주장했다. 그는 옛날 아우구스투스(존엄한 자)라 불렸던 황제들에게나 주어진 성스러운 명예가 자신에게도 주어지기를 원했다. 그는 자신의 출생지인 시칠리아를 성지로 선포하고, 그의 고문 피에트로Pietro de lla Vigna를 베드로이자 제국 교회가 세워질 반석이라고 말했다.

하지만 이 모든 행동은 자신의 실패와 교황에 대한 지독한 증오심이 광적인 형태로 나타난 것이었다. 1249년에는 황제의 사절인 엔지오Enzio가 볼로냐 시민군과의 전투에서 패해 투옥되었다. 프리드리히는 북쪽으로 군대를 급파해 그를 구출하려 했다. 그러나 1250년 12월 13일 프리드리히가 사망하면서, 이탈리아를 통치하려던 호엔슈타우펜가의 마지막 희망은 사라지고 말았다. 황제의 사생아 만프레트Manfred가 용감히 싸워서 12년 동안 크든 적든 이탈리아를 지배했지만 1266년 전투에서 전사하면서 모든 것이 끝났다. 부왕의 서거 직후 독일에서는 황제의 아들 콘라트Konrad가 황제의 자리에 올랐으나 어린 아들 콘라딘Konradin만을 남긴 채 그도 아주 빠르게 1254년에 죽었다. 용감하고 유능한 청년 콘라딘은 만프레트가 죽은 지 2년 뒤인 1268년에 이탈리아로 쳐들어왔다, 그는 프랑스군의 도움을 받은 이탈리아군에게 패해 잡혔다가 교수형을 당하는 신세가 되었다. 이렇게 해서 교황과 프랑스 사람들이 '독사의 혈통'이라고 불렀던 호엔슈타우펜 가문은 끝나고 말았다.

교황은 승자로 보였지만 실제로는 그의 권력도 산산조각 나고 말았다. 이제 프랑스가 최고의 강대국으로 부상해서 권력은 프랑스인의 손으로 들어갔다. 유럽에서 중앙집권적인 교황의 권력은 사라졌다. 수년 동안 교황들은 남부 프랑스의 아비뇽에 유폐되어 살았다. 독일에는 작은 황제들이 나타났다 사라지곤 했으나, 이들은 중요한 인물들이 아니었다. 이제 여러 국가와 영방과 도시들이 독립하고 강해졌다. 교회의 막강한 유일 권력은 사라졌다. 이제 중세의 기독교 세계를 떠나서, 중세 후기의 분권화된 유럽을 살펴보기로 하자.

X

십자군

"이는 정녕 하느님의 뜻이로다!"라고 교황이 화답했다.
거대한 흥분의 물결이 유럽 전체를 휩쓸었다. 군주들은
자신들의 영지를 저당 잡히고, 귀족들은 자신들의 성을,
농부들은 가축과 농기구를 저당 잡혔다.

"It is indeed the will of God," replied the Pope.
The greatest excitement spread over Europe. Princes
mortgaged their estate, barons their castles, peasants sold
their cattle and implements.

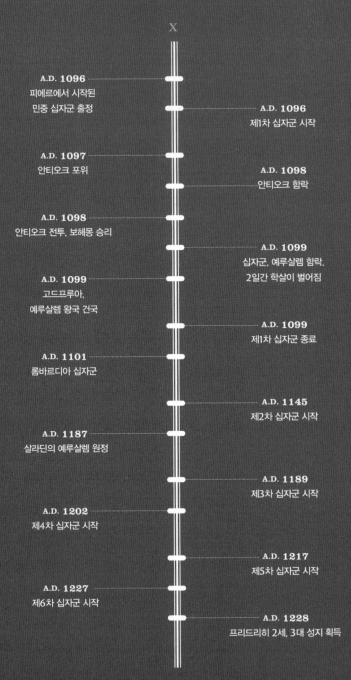

X

A.D. **1096**
피에르에서 시작된
민중 십자군 출정

A.D. **1096**
제1차 십자군 시작

A.D. **1097**
안티오크 포위

A.D. **1098**
안티오크 함락

A.D. **1098**
안티오크 전투, 보헤몽 승리

A.D. **1099**
십자군, 예루살렘 함락.
2일간 학살이 벌어짐

A.D. **1099**
고드프루아,
예루살렘 왕국 건국

A.D. **1099**
제1차 십자군 종료

A.D. **1101**
롬바르디아 십자군

A.D. **1145**
제2차 십자군 시작

A.D. **1187**
살라딘의 예루살렘 원정

A.D. **1189**
제3차 십자군 시작

A.D. **1202**
제4차 십자군 시작

A.D. **1217**
제5차 십자군 시작

A.D. **1227**
제6차 십자군 시작

A.D. **1228**
프리드리히 2세, 3대 성지 획득

THE CRUSADES

중세 초기에 유럽은 이후에는 다시는 나타나지 않을, 하나의 거대한 왕국이었다. 엄밀히 말하자면 그것은 유럽이 아니라 기독교 세계였다. 도처에 작은 국가들이 있었지만 그것들은 별로 중요하지 않았다. 사람은 먼저 기독교도였으며, 그다음으로 노르만족이거나 색슨족이었고, 마지막으로 프랑스인이거나 영국인이었다.

유럽인 대부분은 땅에서 일을 하는 농노였는데 이들은 운명을 바꾸려는 노력을 하지 않았다. 이들은 죽음에 대한 두려움 같은 이상한 두려움에 가득 차 있었고, 어떤 놀라운 일이 일어나리라 기대하는 기묘한 흥분에 가득 차 있었다. 어두운 숲, 북극광이 번쩍이는 추운 겨울, 폭풍우, 갑작스레 발생한 질병, 기근, 사나운 맹수, 변화하는 세상의 소용돌이⋯⋯. 당시에는 이 모든 것들이 사람들을 삶의 공포로 가득 차게 했다. 또한 더 아름답고, 더 즐겁고, 더 놀랍고, 더 흥분되는 어떤 일들의 환영으로 가득 차게 만들었다. 성직자들이 와서 죽은 뒤의 삶에 대해 가르쳤는데, 더럽고 비참하고 공포에 떠는 농노들에게 너무나 아름다운 천국과 너무나 끔찍한 지옥에 대해 가르쳤다. 이 당시 사람들은 천국과 천사를 열정적으로 믿었는데, 그래서 천사들이 사는 도시에서의 장엄한 모습을 갈망했다. 또 그들은 고귀하고 눈부신 천사들과 기분 좋게 대화하며 우아한 흰옷을 입고 하느님의 얼굴을 쳐다보며 살아가는 밝고 즐거운 삶을 갈망했다. 그들은 악마에 관해서도 천사만큼이나 강하게 믿었다. 그들이 들판이나 숲에서 일을 하는 동안에 천사들은 하늘에서 날아다녔고, 악마는 관목 숲 뒤나 깜깜한 밤의 어둠 속에서 나타나 사람을 유혹했으며, 무섭고 놀라운 일들이 반쯤은 감추어진 채 곳곳에서 기다리고 있었다.

더럽고 버겁고 감옥에 갇힌 것 같은 삶에 만족하지 못하는 사람들에게 초자연적인 공포와 아름다움과 희망과 경이를 가르친 것은 위대한 교회였다. 하지만 아직도 곳곳에서 농민들은 무서운 공포의 옛날 신을 경배하면서 나무나 샘에 제물을 바쳤다. 수많은 전쟁과 무시무시한 삶 속에서, 또 엄청난 절망 속에서 전지전능하신 예수와 천국에 대한 생각은 인간에게 말할 수 없는 경이로움을 주었다. 그러면서도 그들은 여전히 거칠고 사납고 야만적인 삶을 즐겼다. 정신의 반은 교회의 사제들로부터 천국과 사랑을 배우는 황홀함에 쏟았다. 그리고 나머지 반은 여전히 폭력과 욕정, 싸움과 살육으로 피에 젖는 흥분, 그리고 미신적 희생의 즐거움에 바쳤다.

그들 위에는 두 개의 큰 권력이 존재했다. 하나는 귀족들이며 또 하나는 성직자들이었다. 성에 살고 있는 귀족들은 그들에게 농노의 삶과 전쟁, 모험의 흥분을 의미했다. 기독교 정신을 가르치는 성직자들은 그들에게 저 너머 사후세계의 위대한 황홀함을 알려주는 신비와 복종과 겸허한 노동을 의미했다.

그런데 전쟁에는 돈이 들었고 귀족들은 항상 돈에 쪼들렸다. 기독교도들 사이에 고리대금이 금지된 시절에 대단히 중요한 역할을 하는 유대인 고리대금업자들이 여기서 등장한다. 고리대금업자 외에 도시에서는 귀족들의 보호를 받는 상인들이 등장하기 시작했다. 이 상인들은 귀족들의 보호를 받기 위해 아주 많은 돈을 지불했다.

마지막으로 성직자들 속에는 수도사들이 있었다. 이 무렵 사람들에게는 두 종류의 영웅들이 있었는데, 그 중 하나는 스스로 세상에 이름을 떨친 위대한 투사였으며, 다른 하나는 천상에서 힘을 가진 위대한 성자였다. 병사들이 갑자기 갑옷을 버리고는 수도원으로 들어가 영원한 구원을 찾는 경우도 자주 있었다. 반면 팔을 접고 빡빡 깎은 머리를 숙인 수도사들을 보고, 남자도 여자도 쓸 만한 가축도 아니라고 비웃는 병사들도 있었다. 그러나 위험이 닥쳐왔을 때 수도사들은 승복 속에 갑옷을 입고는 전장으로 달려가 군인들 못지않게 용감히 싸웠다. 전 유럽은 이런 식으로 두 개의 열정 사이를 왔다 갔다 하고 있었는데, 하나는 전투와 폭력에 대한 열정이며 또 하나는 축복받은 신성神性에 대한 열정이었다.

그러므로 우리는 당시의 사회생활을 간단하게 정리할 수 있다. 암벽 위에는 무시무시한 성이 솟아 있었고, 시냇가와 연못가에는 수도원이 들어서 있었으며, 그 사이에는 교구 사제도 함께 포함된 비참한 오두막집들이 있는 마을이 자리 잡았고, 어쩌면 교회나 예배당도 있었을 것이다. 더불어서 공포와 비참함과 미신과 즐거움과 흥분에 가득 찬 생활을 하는 사람들이 있었다.

교회는 좀 더 힘을 가져야 했다. 왜냐하면 교회는 사람들을 문명화시키는 데 크게 영향을 미쳤는데, 사람들에게 평화와 생산의 기술을 가르쳤기 때문이다. 그러나 한편으로 인간의 마음속 깊은 곳에는 싸움과 모험에 대한 절대적인 필요성이 자리 잡고 있었다. 이 두 개의 상충되는 충동이 어떻게 조화를 이룰 수 있을 것인가? 교회는 사람들의 가슴속에 있는 투쟁의 본능을 만족시켜 주어야 했다. 그렇지 않으면 그들을 붙잡아두거나 그들을 진정시키거나 그들에게 질서를 지키게 할 길이 없었다.

마호메트는 609년에 아라비아에서 설교를 시작했다. 그의 추종자들은 금세 세력을 확장해서 소아시아를 휩쓸고 콘스탄티노플을 공략하기 시작했다. 그들은 예루살렘과 동방의 성지들을 이미 장악한 상태였다. 기독교도들은 옛날부터 예루살렘으로 성지순례를 오고 있었다. 하지만 원래 이 순례는 이교도적인 관행에서 온 것이었다. 고대 그리스인들은 성스러운 사당이나 사원으로 가서 서약이나 탄원을 하곤 했다. 기독교도들이 예루살렘에 다녀오는 것은 여기서 유래했다.

아랍인들은 성지를 점령한 뒤에도 기독교의 총대주교가 예수의 성묘聖墓를 관장하도록 허락했다. 예수가 마호메트보다 위대하지 않지만 그래도 예언자라고 생각했기 때문이다. 그래서 수많은 사람들이 유럽에서 예루살렘으로 왔으며, 이들이 낸 입장료가 이슬람교도들을 살찌게 했다. 이들의 여행길은 비교적 안전했다. 특히 샤를마뉴 시절에 그러했는데, 샤를마뉴가 위대한 칼리프이자 군주인 하룬 알 라시드●의 친구였기 때문이다. 이 무렵은 이슬람교도들이 기독교도에 대해 심한 증오심을 품기 이전이기도 했다. 매년 봄 대공들과 주교들과 가난한 사람들이 어울린 기독교도의 무리가 유럽과 아시아를 지나 예루살렘으로 여행했다.

그러나 1000년에 투르크족이 아시아에서 나와 아랍계 이슬람교도들에게 대항하기 시작했다. 1070년에는 이들이 소아시아를 점령했고, 그다음에는 예루살렘도 손에 넣었다. 투르크족은 이슬람교도가 되었는데, 보다 개화되고 현명한 칼리프들이 했던 것과는 다르게 기독교도들을 점잖게 대하지 않았다. 그들은 순례중인 기독교도 여행단을 덮쳐서 물건을 빼앗고 괴롭혔다. 순례의 길은 이제 한 걸음 한 걸음 위험과 비참함이 도사린 길이 되었다. 마침내 가엾은 순례자들의 일부가 지치고 기운이 다 떨어진 채 돌아와, 투르크족의 손에 당한 고초들을 호소했다. 상당수의 순례자들은 돌아오지도 못했다.

1090년경 '피에르Pierre'라고 불리는 프랑스의 수행자가 성묘를 참배하고 돌아가던 길에 콘스탄티노플에 도착했다. 그는 수도사였는데, 동시에 투르크인들에게 고초를 당한 순례자였다. 수도

● 아바스 왕조의 5대 칼리프다. 아바스 왕조 시대는 중세 이슬람의 황금시대라 불렸으며, 하룬 알 라시드는 그 중 최전성기에 집권한 왕이었다. 그러나 라시드 사후 아바스 왕조는 분열되어 쇠락했고, 이후 10세기경 셀주크 왕조의 침략을 받아 지역의 실권을 대부분 내주고 만다.

사가 되기 전에는 신사 계급(기사 계급보다는 한 단계 낮은 귀족과 평민의 중간 계급)이었다. 피에르와 콘스탄티노플의 총대주교는 기독교도들이 겪은 고통과 수치 때문에, 그리고 기독교의 성지가 잔인한 이교도의 손에 들어가 있다는 사실 때문에 함께 얼싸안고 울었다. 총대주교는 콘스탄티노플의 나약하고 부도덕한 황제들로부터 전혀 도움을 받지 못하는 처지였다.

"귀하를 위해 유럽의 군사 대국들에게 일어설 것을 촉구하겠습니다"라고 피에르가 큰소리로 말했다. 총대주교는 피에르의 말에 크게 놀라서 위임장을 써주었고, 피에르는 서쪽을 향해 서둘러 길을 재촉했다. 그는 로마에서 교황의 발에 키스를 한 다음 자신의 임무를 밝혔다. 그는 광신자였지만 사람들의 가슴을 울리는 설교자와 선동자로서의 재능은 훌륭한 편이었다. 교황 우르바누스 2세Urbanus II는 피에르에게 기독교 세계를 하나의 통일된 행동에 나서도록 선동하는 임무를 맡기는 것이 현명하다고 판단하여 그에게 축복을 내리고 성지 탈환을 촉구하라고 고무했다.

수행자 피에르는 키가 작고 볼품이 없는 인물이었다. 그러나 그의 영혼은 불타올랐고, 눈에서는 불꽃이 쏟아져 나왔다. 게다가 그에게는 상대방을 설득하는 재능이 있었다. 그는 항상 나귀를 타고, 무거운 십자가를 메고 다녔다. 머리에는 아무것도 쓰지 않고 맨발에다가 검은색의 조잡한 옷감으로 만든 옷을 입었는데, 단식과 열정으로 인해 몸은 마르고 지쳐 있었다. 그는 이탈리아로 갔다가 프랑스로 갔으며, 거기서 다시 독일로 가서 교회나 시장이나 길가에 모인 군중 앞에 서서 설교를 했다. 그는 그들에게 순례자들이 겪는 고통을 이야기해주고, 투르크족에 의해 더럽혀진 성묘 때문에 예수 앞에서 얼굴을 들 수 없을 정도로 부끄럽다고 울부짖었다. 그리고 마치 머리 위에서 예수와 성모를 본 것처럼 그들을 불렀고, 예수와 성모가 군중들과 함께하셔서 그들의 발걸음을 밝혀달라고 애원하며 흐느꼈다. 그는 오두막이나 성이나 왕궁을 가리지 않고 들어가 가난한 자와는 잿빛 밀가루 죽을, 백작과는 사슴고기와 포도주를 함께 먹으면서 집 안에 모인 사람들에게 허리띠를 단단히 묶고서 성전을 준비하라고 외쳤다. 그러면 농민이나 귀족이나 농장 주인이나 주교나 모두 하나같이 귀를 기울이고, 고통 받는 예수를 눈앞에서 보기나 한 듯 신음소리를 내고 울부짖으며 사랑하는 하느님을 위해 이 일에 적극 나서겠다고 맹세했다. 당시 사람들은 마치 예수가 자신들 한가운데에서 고통을 참으며 아름다운 모습으로 서 있다고 느꼈다. 게다가 마치 예수가 섬세하면서도 아주 훌륭한 마음의 형제처럼 여겨져서 그를 수호하고자 했다. 그리고 농노나 귀족이나 왕이나 주교나 할 것 없이 모두가 이런 느낌에 공감했다. 훌륭하고, 감미롭고, 섬세한 예수와 그 예수의 상냥한 어머니의 이름만 떠올리면 모두의 심장이 하나같이 타올랐고, 모두가 거대하고 뜨거운 열망으로 가득 찼다. 예수에 대한 이러한 열정은 노예나 전제군주의 계급적 차이를 넘어서 사람들을 하나로 뭉치게 했다. 노예나 영주나 다 똑같이, 사람들은 하나의 정열로 뭉쳤으며 그들의 가슴은 하나처럼 뛰었다. 이런 열정은 중세 초기의 이상하게 열정적이던 시절 이후 다시는 그렇게 나타나지 못했다.

위대한 힐데브란트, 즉 교황 그레고리우스 7세Gregorius VII는 이미 이슬람교도들을 상대하기 위해 유럽 전체를 무장하려고 준비한 바 있었다. 그러나 이 운동을 본격적으로 추진한 사람은 우르바누스 2세였다. 그는 이탈리아, 프랑스, 부르고뉴, 슈바벤, 바이에른 등지에서 온 200명의 주교가 참석한 공의회를 소집했다. 피아첸차Placentia 교외의 평원에서 열린 이 대규모 집회에는 4,000명의 사제와 30,000명의 평신도들이 참여했다. 콘스탄티노플에서 온 대사들이 동방에서 일어난 슬픈 이야기들, 베들레헴과 골고다에서 벌어진 수치스런 이야기, 동방 기독교도들이 겪은 비참하고 고통스런 이야기들을 들려주자, 집회에 모인 이 거대한 집회 참가자들 수천 명이 눈물을 흘리며 통곡했다. 이들 중 가장 열성적인 사람들은 즉시 하느님과 그분의 종들을 구하기 위해 행군할 의사를 밝혔다. 교황 우르바누스는 조금 더 시간을 끌면 사람들이 더 모이고, 사람들의 감정도 더 깊어질 것이라고 판단했다. 그러는 동안 유럽 내의 모든 교구에서는 사제들이 성전의 임무를 설교했다. 아키텐의 클레르몽에서 또 한 번 대규모 집회가 소집되었다. 교황이 시장에 임시로 마련한 높은 연단에 올랐을 때는 수많은 청중이 그의 설교를 들으려고 몰려와 있었다. 교황이 입을 열어 청중에게 호소하고 촉구하며 설득하자 갑자기 군중 속에서 외침이 터져 나왔다. "데우스 불트Deus vult! 데우스 불트!" 한 성직자가 순수한 라틴어로 외쳤다. "디에 엘 볼Diex el volt! 디에 엘 볼!" 이번에는 북쪽에서 온 가난한 사람이 소리쳤다. 남쪽에서 온 사람은 "디에 로 볼Deus lo volt! 디에 로 볼!"이라고 외쳤다. 이러한 외침은 합창처럼 한 목소리로 터져 나왔는데, 모두 같은 내용을 뜻하는 것이었다. "하느님은 하고자 하신다! 하느님은 원하신다!"

"이는 정녕 하느님의 뜻이로다!"라고 교황이 화답했다. "성령께서 주신 기념비적인 이 말씀이 너희들 예수님의 전사들에게 전쟁의 함성이 되리라. 예수님의 십자가는 너희들의 구원의 상징이니, 붉은, 피에 젖은 십자가를 가슴에 달거나 어깨에 메면 그것이 너희들의 되돌릴 수 없는 서약의 영원한 증표가 되리라."

거대한 흥분의 물결이 유럽 전체를 휩쓸었다. 구세주의 성소를 해방하고 하느님을 구원하며, 황금의 도시 예루살렘의 탑들을 둘러보고 요르단의 경이를 보며, 예수가 눈물을 흘린 올리브나무를 직접 만져보고 예수의 백합을 구경하기 위해, 사람들은 미쳐 있었다. 칼리프들의 경이로운 궁궐과 마술과 같은 아라비아인들의 황금과 벽옥과 에메랄드, 감미로운 계피나무 숲과 검은 눈동자의 아리따운 동양 여인들에 대해서는 전 유럽인들이 들은 바 있었다. 그러니 모험을 갈구하는 영혼에 불을 지펴놓은 셈이었다. 이 훌륭한 궁전을 장악하고, 보석과 황금을 손에 쥐고, 향료를 맛보고, 부드러운 눈매를 가진 여인들과 만나기를 그들은 갈망했다. 동방의 엄청난 보물 못지않게 천국에서의 영원한 영광을 얻으리라는 확신에 젖어, 군주들은 자신들의 영지를 저당 잡히고, 귀족들은 자신들의 성을, 농부들은 가축과 농기구를 저당 잡혔다. 말과 갑옷과 무기가 엄청나게 비싼 값에 거래되었고, 소와 땅과 가구의 가격은 바닥으로 떨어졌다. 상인과 성직자와 유대인을 빼고는 모두 성스러운 전쟁에 나가기를 원했다. 모든 사람이 스스로 지팡이를 장만하고 음식 주머니를 준비해야 했다. 모두가 옷의 어깨 위에 붉은 십자가를 꿰매야 했다. 부자는 자주색 비단을 황금빛 실과 보석으로 꿰매고, 가난한 자는 거친 붉은 천으로 십자가를 달았다. 어떤 사람은 맨살의 어깨에다 달군 쇠를 갖다 대어 십자가를 만들기도 했다.

1096년 8월 15일이 원정의 출발일로 잡혔다. 그러나 이른 봄부터 60,000명의 가난한 사람들이 남녀노소를 가리지 않고 프랑스 동부와 로렌 지방에 모여 수행자 피에르의 인도 하에 즉시 출발하려고 기다렸다. 앞에는 8명의 기마병이 서서 15,000명의 보행 순례자들을 인솔했다. 다른 사람들은 수많은 분대를 형성해서 그 뒤를 쫓았다. 그다음에는 수도사 고데스칼Godescal의 인도 하에 15,000명의 독일 농부들이 행진했다. 이들과 좀 거리를 두고, 유럽에서 가장 저질적인 악당들 수천 명의 무리가 뒤따랐는데, 이들은 도둑질이나 다른 범죄를 노리며 어슬렁거리고 있었다. 생각이 깊은 사람들은 모두 이러한 원정이 사악함에 가득 찬 바보짓임을 알고 있었다. 일부 백작과 기사 계급들은 3,000명의 기마대를 이끌고 군중들을 돌보기 위해 뒤따랐다. 미친 군중들의 맨 앞에서는 성령이 들어 있다고 믿는 상징물로 거위 한 마리와 염소 한 마리를 데려가고 있었다. 이런 식으로 미치고 흥분하고 창피를 모르는 군중들의 행렬이 유럽을 가로질러 갔다.

피에르는 모젤 강과 라인 강 방면으로 나아갔다. 이들이 제일 먼저 한 일은 유대인 학살이었다. 베르됭, 트레브, 메츠, 슈파이어, 보름스 등지에서 수천 명의 불운한 사람들이 예수를 십자가에 못 박았다는 죄명으로 학살과 약탈을 당했다. 이 국경지대 대도시들에서 유대인들은 무역 본거지를 만들어 번영을 누리고 있었다. 그러나 이 무역 중심지들은 모두 파괴되었다. 이 무서운 집단은 사방을 황폐화시키면서 다뉴브 강까지 진군해 나아갔다. 그러고는 방향을 남쪽으로 돌려 헝가리와 불가리아를 통과하고 콘스탄티노플을 향해 나아갔다. 헝가리인들이나 훈족이나 마자르족은 가축 외에는 별로 먹을 것을 넉넉히 갖고 있지 않았는데, 아직도 그들은 곡식을 기르지 않고 가축에서 얻는 우유와 고기에 의존해서 살았기 때문이다. 그래서 넓은 갈대밭 들판에는 군중들을 먹일 식량이 넉넉하지 않았다. 십자군들은 비축식량을 요구하면서 모자라는 식량을 강탈해서 금세 먹어치웠다. 새롭게 기독교도로 개종했지만 피 속에는 여전히 이교도적 습성이 남아 있던 헝가리인들은 분노해서 재빠른 조랑말을 타고, 왕의 인솔 아래 이동하는 군중들에게 화살을 퍼부었다. 불가리아인들도 이들 대규모 군중을 공격했다. 추한 살육과 싸움이 잇따랐다. 무방비 상태의 십자군 가운데 3분의 1이 수행자 피에르와 함께 트라케 산맥으로 피신했다. 나머지는 죽어서 발칸 반도에 뼈를 묻었다.

그리스 황제의 군대가 이 전투에서 피난민들을 콘스탄티노플로 안전하게 인도하고, 그곳에서 보다 훌륭한 인품의 십자군 지도자들이 도착할 때까지 기다리게 했다. 그러나 순례자들은 너무나 수치스럽게도 콘스탄티노플 시내의 민간인 집으로 서슴없이 쳐들어가 물건을 훔치기 시작했다. 그래서 황제 알렉시우스Alexius가 이들을 보스포루스 해협의 아시아쪽 해안으로 끌어냈다. 이들은 이곳에서 팔레스티나로 가는 길을 점령하고 있던 투르크족을 야만인 무리처럼 공격했다. 투르크의 술탄은 이들을 좀 더 먼 곳으로 끌어내었다. 니케아 평원에서 이들은 투르크군의 화살 세례에 압도되었고 이들의 백골은 피라미드처럼 쌓이고 말았다. 그래서 귀족과 정규 군인들로 구성된 십자군들이 나중에 도착했을 때 이들이 패배한 장소가 어디인지 금방 알아볼 수 있었다. 정규 십자군이 출발 준비를 완료했을 때, 선발대 중 사상자는 300,000명을 헤아렸다. 그러면서도 투르크군에 대적하는 군사행동은 전혀 이루어지지 않은 상태였다.

정규 십자군 가운데는 대영주들이 많이 포함되어 있었다. 로렌의 공작인 부용의 고드프루아Godefroi는 가장 유명한 사람 중 하나였다. 그다음으로 유명한 사람은 베르망두아의 백작 위그Hugues와 노르망디의 공작 로베르였다. 로베르는 윌리엄 루퍼스William Rufus와 친형제 사이로 십자군으로 출정하기 위해 노르망디를 25,000파운드에 저당 잡힌 인물이었다. 그 밖에도 플랑드르의 백작 로베르와 샤르트르의 백작 스테판Stephen도 있었다. 베르망두아 백작, 노르망디 공작, 플랑드르 백작, 그리고 샤르트르 백작 등 4명이 노르망디, 영국, 북부 프랑스의 순례자들을 이끄는 지도자들이었다. 남부 프랑스의 순례자들을 인솔하는 지도자들은 퓌의 주교와, 툴루즈의 공작인 레이몽Raimond이었다. 로베르토 기스카르의 아들 보헤몽Bohemond은 남부 이탈리아에서 10,000명의 기마병과 20,000명의 보병을 인솔했다. 그의 부대에는 대단히 유명하고 또 완벽한 기사로 알려진 조카 탕크레드Tancrede가 동반자로 참가했다. 그 밖에도 많은 귀족들이 참가했는데, 여기서 다 언급하기에는 그 수가 너무 많을 정도다. 신사 계급의 부인들과 누이들은 그들과 함께 가기를 원했다. 그들은 재산을 금괴와 은괴로 바꿔서 말에 싣고 대열에 참가했다. 군주와 귀족들은 여흥을 즐기기 위해 사냥개와 매까지 데리고 갔다. 이들 무리는 수가 너무 많아서 함께 가기에도 불편하고 음식을 찾기가 어려울 것으로 판단해서, 서로 다른 길로 가서 콘스탄티노플 인근에서 만나기로 합의했다.

로렌의 공작인 부용의 고드프루아는 독일인 무리와 북부 프랑스인 무리를 인솔하고 다뉴브 강을 따라 불가리아를 거쳐 콘스탄티노플에 도착했다. 먼저 온 원정군이 저지른 범죄와 그들이 겪은 참혹상에 대해 이야기를 들은 고드프루아는 헝가리 왕과 평화조약을 맺었다. 그는 이 덕분에 동방의 수도 콘스탄티노플까지 아무런 유혈사태 없이 도착할 수 있었다. 프로방스의 원정군과 함께 온 툴루즈의 레이몽은 토리노와 베네치아를 통과하고 아드리아 해의 북쪽 끝을 돌아서 달마치아를 거쳐 남쪽으로 내려가다가, 그치지 않는 안개와 반쯤은 적대적인 산악족 때문에 40일 동안 처참한 행군을 해야만 했다. 거기다 먹을 것도 없고 쉬지도 못한 채 고생을 하다가 겨우 콘스탄티노플에 도착했다. 노르망디인들, 프랑스인들, 영국인들은 노르망디의 로베르와 베르망두아의 위그의 인솔 아래 당당히 알프스를 지나 로마대로를 이용해서 로마까지 진군했고, 이탈리아의 모든 도시들에서 축제 같은 환대를 받았다.

대열에서 병사들이 조금씩 이탈해 줄어들었는데, 그것은 북쪽 사람들이 아름다운 이탈리아 도시에 남고 싶은 유혹을 이기지 못했기 때문이다. 그들은 로마에서 한바탕 사열 행사를 벌인 다음 브린디시 항으로 내려갔는데, 봄까지 항해를 연기해야만 했다. 그들이 콘스탄티노플에 도착한 것은 1097년의 이른 여름이었다.

한편 네 번째 무리인 남부 이탈리아와 시칠리아의 노르만족은 보헤몽과 탕크레드의 지휘 하에 바다를 거쳐 왔다. 그들은 무장도 든든했고, 배를 다루는 기술도 뛰어났기 때문이다. 구대륙의 주민들은 주로 동로마 황제에게 충성하는 그리스인들이었는데, 그들은 십자군의 침공을 못마땅하게 생각하고 있었다. 보헤몽은 무서운 성격이었다. 그는 진군을 방해하는 성을 만나게 되면 폭풍처럼 덮쳐서 그들의 땅을 사정없이 약탈했다.

가엾은 알렉시우스 황제는 투르크인들에 대항하기 위해 로마의 기독교 세계에 도움을 호소했다가 이제는 무섭고 파괴적인 우군이 줄을 지어 떼거리로 몰려와 영토를 짓밟는다는 소식을 접해야만 했다. 황금 갑옷을 입은 24명의 기사가 콘스탄티노플로 먼저 들어와 베르망두아의 위그가 오고 있음을 알렸는데, 로마 기독교도들의 대장군이며 왕 중의 왕인 프랑스 왕 필리프의 친동생을 황제가 정중하게 영접할 것을 요구했다. 알렉시우스는 이런 통고에 경악하고 분개했다. 그의 생각으로 프랑스의 왕이란 야만인에 불과하며 오늘날로 치면 아프리카의 족장 정도밖에 되지 않기 때문이다. 그는 기다렸다. 그러나 무장한 북방인 무리가 진군해서 아름다운 그리스 영지를 짓밟는 것을 막을 길이 없었다. 드디어 교만하고 무례한 위그 백작이 도착했다. 그의 태도가 너무 참을 수가 없어 황제는 그의 군대가 도착하기 전에 그를 투옥해버렸다. 십자군 중에서 가장 훌륭하고 가장 강력한 지도자인 부용의 고드프루아가, 발칸 반도를 거치는 동안 처참하고 지칠 대로 지친 상태에서 위그 백작의 투옥 소식을 들었다. 그는 대단히 화가 나 찬란한 수도의 교외를 습격했다. 불쌍한 알렉시우스 황제는 투르크족보다 더 지독한 기독교도들을 보고는, 어떻게 대처해야 할지 당황했다. 황제는 자기들을 굶겨 죽이거나 익사시키려 한다는 십자군들의 비난까지 듣게 되었다.

그러나 평화 협상이 이루어졌으며 황제는 고드프루아에게 보스포루스 해협의 아시아 쪽에 군대를 주둔시키도록 설득하는 데 성공했다. 배가 군대를 해협 건너편으로 실어갔고 군대가 내리자마자 빈 배만 바로 콘스탄티노플로 돌아와 아무도 해협을 건너오지 못하게 했다. 위그의 군대도 실려 갔다. 유럽에서 군대가 도착하는 즉시 황제는 그들을 해협 저편으로 보내서 다음에 도착하는 군대와 이 위대한 수도에서 합류하지 못하게 만들었다. 황제는 세계에서 가장 아름답고 가장 부유한 도시, 그가 사랑하는 콘스탄티노플이 점령되고 약탈될까 두려웠다. 십자군의 지도자들은 손님으로 콘스탄티노플에 남아 있었고, 군대와 군중들은 바다를 건너 아시아 쪽 지역에 머물러 있었다.

대군주들이 한 사람씩 황제의 궁정에 나타났다. 보헤몽과 툴루즈의 레이몽은 도착하자마자 고드프루아에게 힘을 합해 콘스탄티노플을 공격하자고 압박했다. 고드프루아는 이 제안을 거절했다.

자신은 십자군으로 온 것이지 침략자로 온 것은 아니라는 이유에서였다. 그래서 불쌍한 황제는 고드프루아를 신뢰하게 되었고 심지어는 그를 양아들로 삼았다. 이렇게 해서 콘스탄티노플의 그리스인 대신들과 원정군의 사이의 관계가 다소 우호적으로 개선되었고, 알렉시우스는 사나운 원정군 지도자들과의 관계를 향상시키는 일에 최선을 다했다. 그리스인들이 두려워한 보헤몽은 찬란한 궁을 하나 배정받아서 황제 같은 대접을 받았다. 어느 날 그는 복도를 지나다가 어느 방의 방문이 부주의로 열려 있는 것을 보고 그 안을 들여다보았다. 거기에는 금과 은, 보석과 비단, 정교한 가구들이 무질서하게 높다랗게 쌓여 있었다. "이런 보물들을 가질 수만 있다면 어떤 정복전쟁이라도 주저하겠는가?" 탐욕스런 노르만족 보헤몽이 말했다.

"그것을 다 가지셔도 좋습니다"라고 그리스인 시종이 말했다. 그는 탐욕에 이끌려 그 보물을 다 차지했다. 그 뒤부터 그리스인들은 보헤몽이 물욕에 굴복했다고 생각했다. 노르망디의 로베르, 샤르트르의 스테판, 툴루즈의 레이몽이 모두 차례로 비잔티움의 화려하고 눈부신 황제의 옥좌 앞에 무릎을 꿇었다.

그들은 모두 콘스탄티노플 궁정의 화려함에 경탄했고, 자신들의 조잡한 북쪽 성에서는 상상조차 하지 못하는 물건들을 신기하게 바라보았다. 그들은 로마에 도착한 야만인과 같았다. 그러면서도 동방의 황제에게 바쳐야 하는 봉신의 예의를 마음속으로는 싫어했다. 그러나 그러지 않을 수도 없는 입장이었다. 황제의 배가 없으면 보스포루스 해협을 건널 수 없었으며, 황제의 영토가 뻗어 있는 소아시아를 지나가는 데도 황제의 지원과 안내가 필요했다. 그래서 황제가 높은 황금 옥좌에 앉아 있는 동안 그들은 그 앞에서 무릎을 꿇어야 했다. 그러나 마음속 깊은 곳에서는 일단 아시아로 들어가면 황제에게 칼을 돌릴 수 있기를 마음속으로 희망했다.

황제의 젊고 영리한 공주 안나 콤네나*는, 지금까지 전해 오는 그녀의 비망록에서 부왕의 수도로 찾아온 십자군 원정대에 대한 글을 썼다. 그녀는 북쪽에서 온 백작과 귀족들을 좋게 여기지 않았는데, 그들은 교만하고 무례하고 저속하며, 궁전의 보물을 보면 탐욕으로 입을 닫지 못하는 철저한 야만인들로 보았다. 그들의 거친 행동은 섬세한 어린 공주의 마음에 역겨움을 일으킬 정도였으며, 그들의 이름도 그녀의 그리스 발음으로는 낯설고 거슬렸다. 그녀는 이들 중 일부는 미남임을 인정했으나, 행동은 하나같이 교양이 없었다고 말했다. 그녀는 툴루즈의 레이몽을 가장 좋게 보았지만 시칠리아의 보헤몽은 최악이어서 싫어했다. 그녀는 또 북방에서 온 이 대군주들을 부왕이 고용한 용병에 지나지 않는 것처럼 적고 있다.

그들이 모두 보스포루스 해협 저쪽으로 옮겨갔을 때 공주는 감사한 마음을 금할 수가 없었는데, 이유는 수도에 머무르던 그들의 수가 너무 많아 아주 거추장스러웠기 때문이다. 유럽 전체의 기초

---

*   안나 콤네나Anna Comnena. 역사서인 『알렉시아스』를 썼으며, 서양 최초의 여성 역사가로 유명하다.

가 느슨하게 빠져서 아시아로 내동댕이쳐졌다고 그녀는 말하고 있다. 하늘의 별보다도, 해변의 모래알보다도 그들의 수가 많았으며, 그들은 게걸스레 먹어대는 메뚜기 떼처럼 지나갔다는 것이다.

실제 그들의 수가 헤아릴 수 없이 많긴 했다. 대부분 프랑스에서 왔지만 거의 모든 나라가 다 이들 무리를 보냈다. 심지어는 아일랜드와 스코틀랜드에서 온 벌거벗은 야만인들도 있었는데, 이 것은 아무리 가난해도 기독교도라면 성전에 참가할 수 있었기 때문이다. 이들 중 얼마나 많은 사람들이 무더운 남쪽 나라에서 병으로 죽었으며, 또 얼마나 많은 사람들이 시리아에서 갈증과 기아로 죽었는지는 아무도 모른다. 소아시아에 사는 그리스인들은 이들에게 대단히 불친절했고, 생각 없는 무리들이 비축식량을 금세 다 먹어버려 그들 사이에 기아가 퍼졌기 때문이다. 급기야 배고픔을 참지 못한 십자군은 죄수들을 구워 먹기까지 했던 것으로 전해지고 있다. 보헤몽의 주방으로 들어가 본 첩자들은 투르크인과 사라센인의 시체가 쇠꼬챙이에 끼어져서 불에 구워지고 있는 것을 보았다고 말했다. 그러나 이러한 이야기는 자신의 이름이 공포의 대명사가 되도록 보헤몽 자신이 만들어낸 거짓말일 수도 있다. 그러는 사이 적군은 십자군의 주변을 맴돌면서 낙오자들을 처치하거나 방심하고 있는 무리에게 기습공격을 가하고는 했다. 그래서 유럽의 군인들은 무장하지 않은 군중을 보호해야만 했다.

대규모 군중들은 분산되었다. 마르마라 해 근처에 있는 술탄의 수도 니케아가 포위되어 결국에는 함락되었다. 이중 한 부대가 니케아를 떠나 전진해 나아갔다. 그러나 그들이 바다에서 멀어지고 더위에 지치자, 투르크족 기마병들이 재빠르게 움직이며 화살 세례를 퍼부었다. 보헤몽, 탕크레드, 그리고 노르망디의 로베르가 전투에 참가해서 전쟁을 끌어가고 있었는데 전세는 패색이 짙었다. 바로 그 순간에 고드프루아와 레몽이 이끄는 60,000명의 십자군 기병대가 니케아에서 도착해서 대접전을 벌였다. 투르크군의 화살에 4,000명의 기독교 병사들이 희생되었다. 그러나 저녁 무렵이 다가오면서 아시아 기마병들의 재빠른 동작이, 느리지만 패배를 모르는 프랑크군의 철통같은 힘에 밀리기 시작했다. 솔리만Soliman이 이끄는 군대의 전세는 완전히 꺾여 그의 진영은 금은보화와 함께 십자군의 손으로 들어갔다.

투르크인들과 북방인들은 전쟁을 싫어하는 그리스인들과 나약한 소아시아인들을 극도로 경멸했다. 그러나 투르크인과 북방인들은 서로 상대방이 겨뤄볼 만한 가치가 있는 적이라는 사실을 인정했다. 투르크인들은 패배를 모르는 프랑크족의 느린 힘을 존경하게 되었다. 투르크인들은 십자군을 모두 '프랑크인'이라고 부르고 있었는데, 실제 참전중인 기사의 대부분이 게르만계, 노르만계 또는 프랑크계였기 때문이다. 그리고 이들 십자군들도 드디어 투르크인들을 만나 그들이 겁 없고 노련한 군인임을 알게 되었다.

십자군은, 후퇴하는 적에 의해 버려진 황폐한 남부 아시아 지역을 지나갔다. 사막에서는 물이 모자라, 갈증을 해결하기 위해 한 방울의 물에도 은으로 값으로 치를 정도였다. 어쩌다 강둑에서 낮게 내려간 곳에서 강물이라도 만나게 되면 질서 없이 서로 밀치면서 달려갔는데, 그 외중에도 서로 밟아서 가파른 강둑 아래로 떨어뜨렸고 강물 속에 빠져서 많은 희생자가 나왔다. 그러고 나서 그들은 타우루스 산의 가파르고 미끄러운 등성이를 힘겹게 올랐다. 부용의 고드프루아는 곰에 물려서 부상을 입어 들것에 실려갔다. 툴루스의 레이몽도 병이 심각해져서 겨우 참으면서 나아갔다. 설상가상으로 겨울이 엄습해 오고 있었다.

1097년 10월, 안티오크에 대한 포위 대공세가 시작되었다. 사방으로 흩어진 십자군들이 모두 소집되었으나 로마의 위대한 건축술이 남아 있는 이 도시를 포위하기에는 그 수가 모자랐다. 그들은 무력으로 성벽을 넘어가는 것이 불가능하다는 것을 알았다. 그렇다고 전 도시를 기아로 몰고 가 항복을 받는 일도 불가능했다. 1098년이 오고 2월이 되었지만 아무런 진전도 없었다. 그동안 십자군 쪽에서는 사망자가 수천 명에 이르렀다. 오히려 그들 자신이 극심하게 굶고 있는 실정이었다.

십자군 사이에서는 어느 쪽이든 먼저 성을 함락시킨 사령관이 안티오크 시를 차지한다는 합의가 이루어졌다. 보헤몽이 가장 야심적이었다. 그는 내걸린 상이 대단히 크다는 점 때문에 그 상을 자신이 가져야 한다는 욕심에 사로잡혔다. 그는 공격해오는 이슬람 군을 물리치면서, 어떤 수단을 써야 성을 함락시킬 수 있는지를 골똘히 연구했다. 안티오크의 원주민은 로마 시대부터 기독교를 믿어온 기독교도들이었다. 강요에 의해 이슬람교를 받아들였을 뿐, 가능한 한 빠른 시일 내에 다시 기독교로 돌아설 준비가 되어 있었다. 보헤몽은 이들 중에서 시리아인 배교자 한 사람이 도시의 감시탑 3개를 감시하는 책임자임을 알아내고, 자신과 자신의 전사들이 시내로 들어갈 수 있도록 그를 회유하려고 획책했다. 6월 초의 어느 날 밤 공격용 사다리가 도시의 성벽에서 내려왔고 보헤몽과 로베르 공작은 군대를 이끌고 조용히 들어가 도시를 접수하는 데 성공했다. 날이 새자 십자군들은 보헤몽의 깃발이 안티오크 시 위에서 나부끼는 것을 보았다. 처참하게 패색을 느끼고 있던 십자군들은 구원이 이루어졌다고 느꼈다.

그러나 안티오크 시는 함정에 불과했다. 도시를 지키는 성채가 여전히 투르크군의 손에 있었으며 검은 피부의 전사들로 구성된 아미르 케르보가Amir Kerboga 휘하의 대군이 평원 너머에서 계속 전진해 오고 있었다. 기독교도들은 이제 전쟁에서 졌다며 낙담했다. 굶어 죽든지 아니면 칼에 맞아 죽든지 둘 중 하나밖에 없는 것 같았다. 많은 사람들이 절망한 나머지 도시를 빠져나와 도망쳤다. 도시에 남은 십자군은 성문을 굳게 닫고 성벽에 군사를 배치한 다음 포위공격과 굶주림에 대비했다.

이때 기적이 일어났다. 프로방스 출신의 영리한 사제 피에르 바르톨로뮈Pierre Bartholomew가 예수가 십자가에 못 박혔을 때 예수의 옆구리를 찌른 성창聖槍이 안티오크의 성 베드로 성당 제단 아래 묻혀 있다고 발표했다. 자신의 꿈에 성자 안드레아Saint Andrea가 세 번이나 나타나 그 성창을 찾아내라고 말했다는 것이다. 엄청난 흥분 속에서 성창 파내기가 시작되었고 마침내 창을 찾는 데 성공했다. 보헤몽 측에서는 노골적으로 그 창은 성직자와 프로방스 사람들이 일부러 묻어놓은 것이라고 주장했다. 그러나 이런 주장은 대부분의 십자군들에게 별다른 영향을 미치지 못했다. 모두가 성창을 믿은 것이었다.

도시 안에 25일 동안이나 포위되어 있는 동안, 기독교도들은 전멸의 위기에 처하게 되었다. 에미르가 십자군에게 죽음이 아니면 노예 둘 중 하나를 선택하라고 통고했기 때문이다. 십자군의 수는 처음 출발했을 때에 비하면 상당히 줄어들어 이제 얼마 남지도 않은 상태였다. 남은 사람들은 먼 타향 땅 아시아에 뼈를 묻기로 작정하고 있었다. 그런데 포위 25일이 되던 날 성창이 발견된 것이었다. 창머리는 사라센 방식으로 만들어졌고, 비단과 금으로 만든 보자기에 싸인 창이 십자군 앞에 그 모습을 드러냈다. 환희와 희망의 열기가 뒤섞인 커다란 함성이 전 도시에 울려 퍼졌다. 기도 의식이 진행되었다. 그러고 나서 군인들은 자신들의 막사로 돌아가 마지막으로 제공되는 식사를 마음껏 먹고 말에게 남은 여물을 다 먹인 후 새벽녘에 대비했다.

다음 날 동이 트자 병사들이 집합했다. 모든 준비가 갖추어지자 성문이 활짝 열리고 전투대열이 진군해서 도시 밖의 평원에서 전열을 가다듬었다. 성직자들은 대열을 이루어 성가를 불렀다. "주여 일어나셔서, 원수들을 흩어지게 하소서." 종교적 흥분에 미친 것 같은 기독교 십자군은 놀란 투르크군에게 공격을 퍼부었다. 그리고 엄청난 승리를 거두었다. 투르크군은 60만 대군이었던 것으로 알려져 있다. 엄청나게 많지만 기세에 눌린 대부대가 와해되었고 군사들은 공황상태에 빠져 사방으로 도망쳤다. 그것은 정녕 기적과 같은 일이었다. 천사와 순교자들이 하늘에서 내려와 그들 한 가운데에서 눈부신 빛을 반짝이면서 자신들과 함께 싸웠는데, 천사들이 밝게 빛나는 칼을 들어 검은 피부의 투르크 병사들을 찌르고 죽이는 광경을 봤다고 십자군들이 믿는 것도 전혀 놀라운 일이 아니었다.

하지만 이제 십자군의 병력은 크게 줄어든 상태였다. 끔찍하기 짝이 없는 안티오크 포위 기간 동안, 수천 명이 질병과 기아로 죽었다. 1097년 10월에는 60,000명의 기마병이 이 도시에서 거행된 사열에 참여했으나 1098년 6월에는 2,000명만 남아 있었으며, 이들 중 200명만이 전투에 참여할 수 있었다. 이들을 데리고 사기를 유지한 사람은 부용의 고드프루아와, 보헤몽, 그리고 탕크레드뿐이었다. 심지어 고드프루아는 전투 당일에 말을 빌려 탈 수밖에 없었는데, 그의 말이 다 죽은데다가 더는 새 말을 살 돈도 없었기 때문이다.

전쟁에 승리하자 보헤몽은 안티오크를 자기 소유로 요구했다. 레이몽은 투르크인들이 원래 그리스의 황제로부터 도시를 빼앗았기 때문에 황제에게 돌려주어야 한다고 맞섰다. 그러나 보헤몽은 고집을 굽히지 않고 결국 안티오크를 차지하게 되었다. 그는 소수의 군대만 데리고 주변의 땅도 자신에게 속한다고 주장하면서 그의 도시 안티오크에 남았다. 나머지는 남쪽 해안을 따라 예루살렘으로 나아갔으나 수는 엄청나게 줄어 있었다. 베르망두아의 위그와 샤르트르의 스테판은 이미 유럽으로 돌아간 뒤였다. 그들은 전쟁에 진절머리가 나서 더는 싸움을 원하지 않았다.

십자군이 다마스쿠스에서 얼마 떨어지지 않은 트리폴리 항에 왔을 때, 레이몽이 진군을 멈추고 자신의 군대와 함께 그곳에 정착했다. 그곳은 마음에 드는 곳이었다. 거기서 그는 안티오크에 대적할 수 있는 자신만의 나라를 세우기로 작정했다. 고드프루아의 동생 보두앵**Baudouin**은 에데사에 정착했다. 이들 대지도자들은 이제 십자군 원정보다는 땅에 더 욕심을 내기 시작했다. 그들은 거대한 식민화 사업에 참여했으며, 동방은 유럽의 식민지가 되어야 하며 자신들이 그 식민지의 통치자가 되어야 한다고 생각했다.

나머지 십자군은 이런 상황에 질려 곧바로 예루살렘으로 나아갈 것을 요구했다. 그들은 자신들이 침공하고 있는 투르크 제국이 기울어져 가고 있다는 소문을 듣고 있었다. 소아시아에서 아랍인들은 30년간이나 투르크인들에 의해 쫓겨나 있었다. 그래서 이집트의 칼리프는 투르크 군주들의 힘이 쇠퇴해 가고 있는 것을 기쁜 마음으로 지켜보고 있었다. 그는 옛날의 영토를 다시 돌려받고 싶었다. 십자군들이 시리아에 있는 동안 이집트 왕은 아랍 군대를 예루살렘으로 보내 투크르군과 싸우게 했고, 성도聖都를 차지하는 데 성공했다. 이렇게 예루살렘은 이집트에서 온 파티마**Fatimah** 왕조의 아랍군에 의해 장악되었으나, 그 힘은 그다지 강하지 않았다. 안티오크가 십자군에 의해 함락되자 카이로의 궁정은 사신을 보내어 비단옷과 값진 화병과 금과 은이 든 주머니를 고드프루아와 보헤몽에게 전달하면서, 예루살렘이 아랍인의 것임을 밝혔다. 또 카이로의 왕실은 순례자들이 성도를 방문할 때 공물을 바치던 샤를마뉴 시대와 같은 조약을 맺는 것이 좋겠다는 의사도 전달했다.

유럽사 이야기

고드프루아는 이런 요구를 거절했다. 그는 기독교도들이 예루살렘을 방문하는 데 허가를 받을 필요가 없다고 당당하게 선언했다. 그리고 이집트 왕이 즉각적인 공격을 피할 수 있는 유일한 길은 예루살렘을 제때에 내놓는 항복밖에 없다고 통고했다. 그러나 겨울이 찾아왔다. 십자군들은 죽음에 지쳐 있던 나머지 시리아의 감미롭고 사치스러운 여러 도시에 흩어져 위안을 찾았다. 그들은 먹을 것을 충분히 공급받았으며, 에미르도 넉넉한 공물을 보내왔다. 이 무렵 투르크인들은 서로 분산되어 힘이 약해졌으며, 싸움을 피하기 위해 적군에게 선물을 바쳤던 것이다.

드디어 고드프루아 휘하의 이제는 소수에 지나지 않는 십자군이 카이사레아에서 출발해서 진군했다. 그리고 1099년 6월에 예루살렘 인근의 산 위에서 도시를 내려다보게 되었다. 긴 여행에 지친 영웅들은 그들이 탈환하기 위해 그렇게 고생한 성스러운 도시, 신의 도시 예루살렘을 눈으로 보게 되자 크게 환호하며 뜨거운 눈물을 흘렸다. 고드프루아는 그의 군기를 골고다 산 위 첫 번째 언덕에 꽂았다. 좌측에는 탕크레드와 로베르 공작이 진을 쳤으며 함께 따라온 레이몽 백작은 예루살렘 성채와 시온 산 중간에 막사를 차렸다.

도착한 지 5일이 되던 날 십자군은 대공세를 펼쳤다. 하지만 치욕스럽게도 많은 사상자만 낸 채 능수능란한 아랍군에 밀려 후퇴해야 했다. 그래서 그들은 도시를 포위한 채 시간을 끌었다. 그러나 먹을 것과 물, 특히 물이 모자라서 또 다시 고통을 겪어야 했는데, 예루살렘의 언덕 지대는 메마른 토양인데다가 바위밖에 없었다. 더구나 공격도구로 사용할 목재도 구할 수 없었다.

하지만 결국 이동식 탑을 만드는 데 성공했다. 나무로 만든 높은 탑을 성벽에 가까이 밀고 가서 탑의 꼭대기에 있던 십자군 병사들이, 성벽을 방어하는 아랍군에게 불화살 세례를 퍼부으며 아랍군을 밀어내기 시작했다. 그러고는 나무로 만든 높은 공성장비에서 성벽으로 나무사다리를 내렸다. 1099년 7월 15일 오후 3시, 부용의 고드프루아는 예루살렘의 성벽 위에 승자로 우뚝 서게 되었다. 이렇게 해서 아랍의 우마르Umar가 도시를 장악한 지 460년 만에 예루살렘은 이슬람교의 지배에서 해방되었다.

무서운 학살이 자행되었다. 동정심을 조금이라도 보인 사람은 탕크레드뿐이었다. 십자군은 사흘 동안 남녀노소를 가리지 않고 이슬람교도들을 학살했다. 피가 기독교도들의 발목까지 차올랐다고 전해지고 있다. 유대인들은 자신들의 예배당 안에 갇혔다가 불에 타 죽었다. 칼에 찔려 죽은 이슬람교도의 수는 70,000명에 이르렀다. 한두 주일이 지나자 죽은 시체더미에서 나온 병균이 돌아 전염병이 퍼지기 시작했다.

예루살렘에 평온이 회복되자 정복자들은 맨머리에 맨발로 겸허한 몸가짐을 갖추고 천천히 행진해서 골고다 산으로 올라갔다. 사제들도 큰소리로 성가를 부르며 행렬에 참가했다. 그들 모두 기쁨과 참회의 뜨거운 눈물을 흘리면서 예수의 무덤을 덮은 돌에 입맞춤을 했다.

부용의 고드프루아가 성묘의 수호자라는 직함을 달고 예루살렘의 통치자가 되었다. 유럽에서는 교황 우르바누스가 성도 탈환

8일 뒤에 사망했는데, 그는 예루살렘을 탈환했다는 소식을 듣지 못했다. 이렇게 해서 제1차 십자군 원정이 끝났다. 이 원정은 기독교 사회를 하나로 뭉치게 한 최초의 사건이자 유럽을 잠에서 깨우는 최초의 위대한 운동으로 상당히 성공한 편이었다.

고드프루아의 후임자로 보두앵이 예루살렘의 왕이 되었다. 저 멀리 동방의 여러 곳에 라틴 국가들이 세워졌다. 보헤몽은 안티오크를 통치했는데 그는 마치 왕이 된 것 같았다. 그의 뒤는 탕그레드가 이었다. 레이몽은 아시아의 트리폴리를 통치했다. 기사단이 대두하기 시작해서 아크레, 티레, 요파, 아스칼론 같은 도시들과 항구들을 지배했다.

기사단은 종교적 성격을 띤 기사들의 연합이었다. 이들 중 첫 번째인 구호기사단Hospitalers은 예루살렘의 자선기관과 순례자들을 보호하는 임무를 띠고 시작되었다. 뒤에 대단히 강력한 단체로 발전하게 되는 성전기사단Templar은 예루살렘 신전을 방어하고 예루살렘으로 가는 길을 지키기 위해 8명의 기사들이 뭉쳐서 1123년에 출범했다. 기사들은 전투를 하는 수도사들로 승려기사라고도 하는데, 하느님의 적을 쳐부수는 임무에 목숨을 바치기로 한 사람들이었다. 이들은 순결을 지키고 독신생활을 서약했으며 수도사처럼 기도하는 규칙을 준수해야만 했다. 기독교 세계 어디에서나 이들은 거처와 수도원을 갖고 있었으며, 거기서 신에게 일생을 바칠 것을 맹세하고 일정한 견습 기간을 거쳐 붉은 십자가를 가슴에 단 갑옷을 입고는 예수를 위해 봉사하는 일에 보내졌다.

1100년부터 1200년까지 강력한 전사들의 집단이 지속적으로

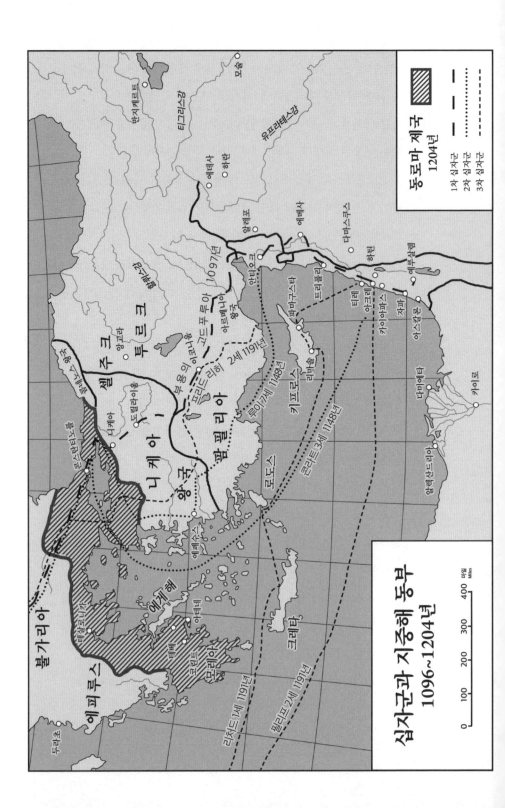

십자군과 지중해 동부
1096~1204년

동로마 제국
1204년

1차 십자군
2차 십자군
3차 십자군

Miles
마일
0 100 200 300 400

불가리아

에피루스

두라초

콘스탄티노플

테살로니키

에게 해

테베

코린트

모레아

크레타

아테네

라거드 1세 1191년
필리포 2세 1191년

세르비아

셀주크 투르크

니케아

도릴라이움

나케아

필라델피아

부용의 고드프루아 1097년

니케아 왕국

플필리아 왕국

안티오크

에페수스

로도스

루이 7세 1148년
콘라트 3세 1148년

키프로스

파마구스타

리마솔

카이로

에페수스

알레포

에데사

하란

유프라테스강

티그리스강

만지케르트

모술

다마스쿠스

하틴

예루살렘

자파

아스칼론

카이로

알렉산드리아

다미에타

트리폴리

티레

아크레

바이바르스 2세 1191년

동방으로 파견되어 성지들이나 라틴 국가들을 보호했다.

어느 정도는 동방의 라틴 국가들 덕분에 베네치아, 제노바, 시칠리아의 동방무역이 풍요로우며 중요한 위치를 차지할 수 있었다. 중세 내내 선박들이 줄을 이어 시리아 해안에서 베네치아, 피사, 제노바 같은 유럽 항구로 동양의 상품을 싣고 항해했으며, 다시 유럽에서 물건을 실은 배들이 트리폴리, 티레, 아크레, 요파, 안티오크로 돌아왔다. 이것은 동방의 도시들에 유럽의 기사들과 귀족들과 평민들이 정착해서 살았기에 가능한 일이었다. 그들은 오늘날 인도에 정착한 영국인들처럼 이곳에 정착해서 영토를 다스리고 인생을 즐겼다. 이슬람교도들이 프랑크인이라고 부른 이들 유럽인들은 땅을 소유한 정복자로 거의 200년 동안이나 동방에 장착해서 마상경기와 전투와 무역을 하면서 살았다. 이탈리아의 항구에서 출발한 선박들은 곧바로 목적지 항구로 항해했기 때문에 한때 동방 유일의 항구이며 최대 항구였던 콘스탄티노플은 점차 쇠퇴해서 뒷전으로 밀려났다.

십자군 원정은 여러 차례 있었지만 1차 원정만큼 대단한 규모는 아니었다. 다시는 1차 원정 때와 같은 열정이 유럽을 휩쓸지 못했기 때문이다. 1101년에 대규모의 원정군이 유럽을 떠났는데, 목표는 투르크군에게 사로잡힌 보헤몽을 구출하고 안티오크에서 프랑크 군주국을 되찾는 것이었다. 이 십자군은 바그다드를 점령하려는 계획도 갖고 있었다. 그러나 그들은 모든 측면에서 실패하고 말았다.

1차 십자군이 공격해왔을 때 이미 무너지고 있던 셀주크Seljuq 왕조가 1127년 장기Zangi 왕조로 대체되었다. 1144년에 장기 왕조는 동방의 기독교도들을 공격하기 시작해서 그들의 떠오르는 세력이 성지를 위협하기에 이르렀다. 프랑스 클레르보의 수도원장이며, 역사상 가장 위대한 수도사 중 한 사람인 성 베르나르St. Bernard가 새로운 십자군의 출정을 설교했다. 1147년에 프랑스의 루이 7세Louis VII와 황제 콘라트 3세Conrad III가 성지로 출발했다. 그들은 투르크인의 손에 들어간 다마스쿠스에 도착해서 공격을 시도했으나 패배하고 말았다. 결국 이 원정도 참담하게 실패로 끝났다.

1187년에 예루살렘이 다시 투르크족의 수중에 들어갔다. 위대한 술탄 살라딘Saladin은 이미 이집트까지 자신의 아시아 왕국에 합병시킨 상태였다. 그는 시리아로 가서 기독교도들을 패퇴시켰다. 거칠고 열광적인 종교적 열정에 찬 1차 십자군이 이슬람교도들의 무관심과 부주의한 약점 덕분에 팔레스티나를 정복할 수 있었듯이, 불같은 이슬람교도들의 열정이 성전의 열기로 번져, 이 기적이고 어리석고 분열을 일삼던 프랑크인들의 무관심과 부주의 덕분에 팔레스티나를 다시 빼앗을 수 있었다.

3차 원정군은 성도를 구하기 위해서 조직되었다. 먼저 프리드리히 바르바로사가 출정했으나 1189년에 익사하는 바람에 그의 군대 중 일부만 안티오크로 갔다. '사자심왕'으로 불리는 영국 왕 리처드와 프랑스의 존엄왕 필리프Philip Augustus도 출정한다고 다짐한 상황이었다. 그들은 1190년에 출발했다. 리처드는 바닷길을 택해 먼저 시칠리아로 가서 거기서 겨울을 났다. 이듬해 봄 그는 아크레를 향해 떠났다가 도중에 키프로스를 정복했다. 영국군과 프랑스군의 함대가 출정했을 때 아크레는 이미 2년째 기독교 도들에게 포위된 상태였다.

리처드는 위대한 지도자였으며 위대한 사람이었다. 실제로는 영국인이 아니었고 영어를 한마디도 하지 못했다. 그는 프랑스 아키텐 사람으로, 남부 프랑스어로 시를 쓰고 그 시로 노래를 만들기도 했다. 키가 크고 성질이 급했으나, 금발에 얼굴도 잘생긴데다 용맹해서 지도자로서 자질이 매우 출중했다. 그래서 그는 투르크인들에게 공포의 대상이 되었다. 그러나 리처드와 필리프는 사사건건 의견이 갈렸다. 1191년 리처드는 아크레를 빼앗았다. 그런데 필리프는 건강이 나쁘다는 이유로 프랑스로 돌아가고 말았다.

아크레의 함락은 리처드에게 2,000명의 포로를 인질로 안겨주었는데, 살라딘은 이들에 대해 몸값을 내겠다는 약속을 한 바 있었다. 그러나 살라딘은 돈을 내지 않았다. 리처드는 인질들을 학살하고 아스칼론으로 행진했다. 그런데 그는 비록 훌륭한 지도자이기는 했으나 배와 보급품이 있는 곳에서 멀어져 내륙으로 행진할수록 메마른 사막에서 어찌할 바를 몰랐으며 해결할 방법도 전혀 찾지 못했다. 그런데도 그는 앞으로만 밀고 나갔다. 1192년 봄에 그는 예루살렘이 눈앞에 보이는 지점까지 도착했다. 그의 부하들이 멀리서 도시의 탑을 관찰하기 위해 산 위로 올라갔다. 그러나 리처드는 그들과 함께 올라가지 않았으며 도시를 바라보려고 하지도 않았다. 더는 나아갈 수가 없다는 사실을 알았기 때문이다. 그는 대단히 쓰라린 마음으로 회군해서 해안으로 돌아왔다.

그는 키프로스를 예루살렘 왕 기 드 뤼지냥Gui de Lusignan에게 내주었다. 기는 아크레를 재정복했으나 예루살렘은 기독교 세계에서 떨어져 나갔다.

1202년에 또 한 차례의 십자군, 귀족들의 십자군이 떠났다. 이번에도 바닷길을 택해 베네치아에서 출발했다. 1203년에 함대가 콘스탄티노플에 도착했다. 베네치아 사람들이 콘스탄티노플 사람들과 싸운 일이 있었는데, 그들은 실제로는 콘스탄티노플을 점령할 목적으로 온 것이었다. 십자군은 콘스탄티노플을 포위했다. 그렇게 오랜 세월 동안 함락되지 않던 이 아름다운 도시는 13일 동안의 포위 끝에 항복해서 베네치아인과 십자군에 의해 점령되었다. 그들은 그 이상 동쪽으로 나아가기에는 너무 늦었다는 구실을 대면서 계속 도시에 남아 있었다. 비잔티움 사람들은 자신들의 황제를 죽이고 라틴인들에게 대항해서 그들을 몰아냈다. 1204년에 콘스탄티노플은 다시 한 번 베네치아인과 십자군에 의해 점령되는 운명을 맞았다. 도시는 공격받고 짓밟히고 약탈되고 무너졌다. 수많은 보물들이 파괴되었으며 고대 그리스 시대부터 내려오던 아름다운 동상들이 구리돈을 만드는 재료로 녹아버렸다. 중동의 고드프루아와 보헤몽과 기를 모방해서 플랑드르의 보두앵은 자신을 콘스탄티노플의 황제로 임명했고, 몬페라토의 보니파키우스Bonifacius는 테살로니카의 왕이 되었으며, 그 밖의 다른 백작과 남작들은 모레아와 아티카, 보이오티아, 그리고 소아시아 여러 곳의 영주가 되었다. 아테네 공작과 아카이아 군주도 생겨났는데 이들 모두가 이탈리아와 북쪽에서 온 귀족들이었으며, 대부분 게르만족 출신 귀족들이었다. 가장 이득을 본 쪽은 베네치아였다.

이제 베네치아는 콘스탄티노플이 수백 년간 누려온 지위인 동방 바다의 주인이 되었다.

소위 4차로 알려진 이 십자군 원정은 눈부신 모험이기는 했지만 다분히 세속적인 성격을 띠었다. 그것은 서부와 북부에서 온 귀족들이 근동과 동유럽 지역을 약탈하고 정복하며 합병하려는 시도였을 뿐이다.

1228년에 프리드리히 2세가 팔레스티나로 진군해 카이로의 술탄과 만족할 만한 조약을 체결해서 순례자들의 3대 성지인 예루살렘, 베들레헴, 나자렛을 획득했다. 그는 스스로 예루살렘의 왕이 되었다. 그러나 이것은 정복이 아니었다. 사실상 성지를 소유한 것도 아니었고 살라딘의 허락에 의한 점유에 가까웠다.

1244년에 예루살렘은 다시 한 번 기독교 세계에서 떨어져 나갔다. 그리고 동방의 라틴 왕국들은 사실상 모두 멸망하고 말았다. 1248년 프랑스의 루이 9세Louis IX가 군대를 이끌고 이집트의 술탄을 공격하는 원정을 진행했다. 다미에타 시를 함락하고 나일강 삼각주까지 진군했지만 사라센 군대의 공격을 받아 루이 9세는 사로잡히고 프랑스 군대는 항복했다. 사라센인들은 왕과 중요한 귀족들을 제외한 모든 군인들을 마지막 한 사람까지 살육했다. 프랑스는 루이 왕의 몸값으로 엄청난 돈을 지불했으며 다미에타는 다시 이집트에 내주었다. 왕은 성지로 가서 얼마 남지 않은 기독교도들의 입장을 강화하는 일을 시도하고 종교적인 의식도 행했다. 그는 3년 뒤에 프랑스로 돌아왔는데, 이룬 업적이라고는 자신의 군대를 잃은 것이 전부였다.

이들 십자군이 동방으로 원정을 떠난 성과라고는 프랑스로서는 독일의 황제들이 이탈리아에 원정을 간 것만큼이나 손실이었을 뿐이다. 그러나 인간은 어디에서나 싸우기 마련이므로 유럽 내에서 기독교도들끼리 싸우는 것보다는 멀리 나가 이슬람교도들과 싸우는 것이 나을 수도 있었다. 십자군 이후 유럽은 다시 뭉쳐서 행동하는 일이 없게 되었다. 사람들은 첫 번째로 그리고 무엇보다 앞서서 기독교도라고 생각하는 사고를 멈추게 되었다. 이제 중요하게 떠오른 것은 민족이었다.

XI

호엔슈타우펜 왕조
이후의 이탈리아

이 무렵 사람들은 천국에 큰 관심을 갖지 않았고
지옥은 더더욱 무서워하지 않았다. 왕들은 지상에 자신의
권력과 왕국을 확립하고자 했고, 이러한 일이 교황의
협박으로 간섭받는 것을 싫어했다.

Men were becoming less interested in heaven.
Kings wanted to establish themselves and their own
kingdoms on earth, and were not to be interfered with
by threats from a pope.

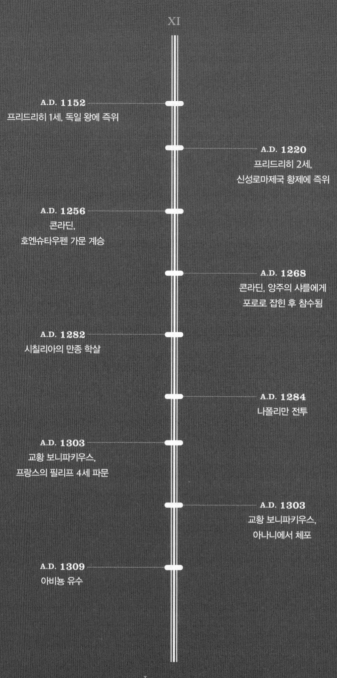

XI

A.D. **1152**
프리드리히 1세, 독일 왕에 즉위

A.D. **1220**
프리드리히 2세,
신성로마제국 황제에 즉위

A.D. **1256**
콘라딘,
호엔슈타우펜 가문 계승

A.D. **1268**
콘라딘, 앙주의 샤를에게
포로로 잡힌 후 참수됨

A.D. **1282**
시칠리아의 만종 학살

A.D. **1284**
나폴리만 전투

A.D. **1303**
교황 보니파키우스,
프랑스의 필리프 4세 파문

A.D. **1303**
교황 보니파키우스,
아나니에서 체포

A.D. **1309**
아비뇽 유수

Italy after
the Hohenstaufens

교황과 황제 사이의 대투쟁은 호엔슈타우펜가의 몰락과 함께 끝이 났다. 두 개의 큰 세력 간의 싸움은 양쪽을 모두 약하게 만들어, 왕들과 나라들, 도시들과 작은 공화국들이 큰 세력들이 몰락한 폐허 속에서 고개를 들고 독립할 수 있는 기회를 주었다. 교황들은 로마에 앉아 유럽을 통치하려는 희망을 버렸고, 그들의 원대한 이상은 무너지거나 주저앉고 말았다. 황제들은 더는 이탈리아와 교황을 지배해서 유럽을 장악하려고 들지 않았다. 교황이 단순하게 이탈리아인으로 남아 점점 유럽에서 멀어진 것처럼, 양쪽 모두 자기들의 세습 영토에 의존하게 되었다.

호엔슈타우펜 왕조의 가장 위대한 황제는 두 명의 프리드리히인데, 그 중 하나는 위대한 투사였던 프리드리히 바르바로사였고, 다른 하나는 젊은 시절 '세계의 경이'라 불리다가, 만년에 황제와 교황 사이의 증오심이 극한에 이르렀을 때는 '유럽의 야수'라고 불리던 프리드리히 2세였다.

호엔슈타우펜 가문은 독일의 유서 깊은 비벨린 성에서 시작했다. 독일 내에서 호엔슈타우펜가와 맞설 만한 경쟁자는 벨프**Welf** 가문이었다. 교황은 바르바로사와 프리드리히 2세를 상대로 치열한 싸움을 벌이며 호엔슈타우펜가와 적대적인 가문 사람들과 친교를 맺었다. 황제와 교황의 싸움이 계속되는 동안 벨프가의 공작들은 기사와 용맹한 군인들을 이탈리아로 보내 교황을 도왔다. 결과적으로 이탈리아는 이탈리아 말을 모르는 사나운 독일 사람들로 가득 차게 되었다. 무시무시한 독일 병사들이 이탈리아 농부를 붙잡고 "당신은 어느쪽인가? 벨프인가, 비벨린**Wibelin**인가?"라고 물었다. 교황파인지 황제파인지를 묻는 이 질문에 가엾은 농부는 어느 쪽인지를 밝혀야 했다. 애처롭게도 이 농부는 벨프와 비벨린이 무슨 뜻인지는 알고 있었지만 벨프와 비벨린이라는 단어를 잘 발음할 수는 없었다. 그래서 그는 '구엘프**Guelf**', '기벨린**Ghibel-line**'이라고 발음했다. 이탈리아에서 모든 사람은 구엘프나 기벨린이 되어야 했다.

구엘프파는 교황의 확고한 지지자들이었다. 프리드리히 2세가 죽은 후, 기벨린의 세력은 상당히 약화되었다. 프리드리히의 사생아인 용감한 만프레트**Manfred**가 프리드리히의 가장 아름다운 영토인 시칠리아와 나폴리의 왕이 되었다. 즉각 교황 우르바누스가 만프레트를 왕위 찬탈자라고 선언했다. 만프레트의 지지자들인 기벨린들이 로마에서 권력을 장악하고 우르바누스를 내쫓았다. 우르바누스는 프랑스 사람이었는데, 아버지가 트루아 시의 구두 수선공이었다. 이 시절에는 성직자의 길로 들어서면 누구든 가장 미천한 신분에서도 가장 높은 지위까지 오를 수가 있었다. 교황은 도움이 절실히 필요한 입장이었다. 그는 조국 프랑스로 시선을 돌려, 앙주의 샤를Charles에게 시칠리아로 와서 왕위 찬탈자 만프레트로부터 왕관을 돌려받아야 한다고 부추겼다. 샤를은 십자군 원정을 인솔했던 프랑스 루이 9세, 신앙심이 깊은 성자 같은 사람의 동생이었다.

만프레트는 파문을 선고받았다. 이제 프랑스인이 이탈리아를 차지하는 불행한 사태가 시작되었다. 과거 수백 년 동안 독일 황제들이 이탈리아를 휩쓸던 시기가 지나가고 프랑스의 위대한 왕권이 이탈리아를 점령하고 파괴하는 시기가 다가왔다.

프리드리히 2세와 만프레트는 너무나 이탈리아적이어서 이탈리아 태생의 원주민들과 다를 것이 없었다. 이탈리아인의 눈에 프랑스 사람들은 아주 싫어하는 외국인들이었다. 이탈리아를 사랑하고 이탈리아가 하나의 통일된 나라로 평화 속에 정착하기를 희망하는 사람들은 기벨린들이었다. 이탈리아 안에서 별개로 독립되길 바라고 통일을 원하지 않는 사람들은 교황의 편에 서 있었다. 독립적이어서 서로 질투하던 도시들은 교황 쪽이었으며, 이탈리아의 남쪽의 대다수와 북부의 일부 군주들은 만프레트 쪽으로 기울었다.

앙주의 샤를은 프랑스군, 스위스군, 롬바르디아의 이탈리아군으로 구성된 군대를 이끌고 남진했다. 1266년에 만프레트는 피부색이 검은 남부 이탈리아인, 사라센족, 시칠리아에서 온 무어인으로 구성된 군대를 이끌고 북진해서 샤를과 대치했다. 격전 끝에 만프레트는 죽고 그의 군대는 대패했다. 그는 당대에 가장 용감하고 가장 관대한 영웅 중 하나였다. 그러나 파문을 받은 처지였기 때문에, 앙주의 샤를은 종교적 의식을 갖춘 그의 장례를 허가하지 않았다. 그래서 그의 시신은 베네벤토 다리 앞쪽에 있는 길가 구덩이 속에 묻혀야만 했다. 이에 대해 부끄러운 처사라고 항의가 잇따랐다. 심지어 샤를 측의 군인들도 주머니에 돌을 하나씩 넣었다가 구덩이를 지나 다리를 건널 때마다 그 돌을 무덤 위에 던져, 커다란 추도 봉분이 솟아올랐다. 이것은 새 교황 클레멘스 4세Clemens IV를 대단히 화나게 만들었다. 그는 시신을 구덩이에서 파내어 아무도 모르는 황무지에 묻게 했다. 호엔슈타우펜 혈육에 대한 교황들의 증오심은 이토록 끈질겼다.

1268년에 호엔슈타우펜 왕조의 마지막 후계자인 젊은 콘라딘이 참수되었다. 앙주의 샤를이 시칠리아와 나폴리를 접수했다. 샤를의 새 왕국은 잔인한 프랑스 군인들에 의해 지배되었다. 사라센 의학자들이 의술을 가르치는 유명한 대학과 위대한 학교들이 있고 활기차고 훌륭한 도시들과 풍요를 누리는 사람들이 사는, 햇살이 눈부시게 빛나며 세련되고 최고의 문명을 누리는 땅, 이 아름다운 유럽의 정원이 이제 인정머리라고는 전혀 없는 프랑스 군대의 발아래 짓밟힌 것이었다.

난폭한 군주 샤를은 교황과 두터운 친교를 맺고는 프리드리히 2세가 그랬듯이 자신의 세력을 이탈리아 전역에 뻗히려고 했다. 그를 따라온 프로방스의 귀족들과 행정관들은 성격이 잔인하고 탐욕스러웠으며 이탈리아인들을 깔보고 못살게 굴었다. 교황 클레멘스도 이들의 잔혹함에 항의를 할 정도였다.

그러나 이들에 대한 복수가 준비되고 있었다. 이탈리아 남부 사람들은 프랑스의 점령을 증오하고 있었다. 시칠리아도 저항할 준비가 되어 있었다. 1282년 부활절이 있는 화요일, 팔레르모의 시민들은 도시에서 약 800미터쯤 떨어진 초원에 위치한 교회에 모였다. 그들은 여기서 춤을 추며 축제를 즐겼다. 그때 프랑스 기병대 한 무리가 그곳을 지나다가 말에서 내려 축제에 한몫 끼려고 모여서 앞으로 나아갔다. 그들은 시칠리아 청년들을 때려눕히고는 젊은 여자들을 붙들고 춤을 추자고 했다. 프랑스 군인 한 사람이 화환을 쓰고 있던 신부를 희롱했다. 프랑스 기병대가 때려눕힌 이탈리아 청년 중 한 사람이 그 신부의 신랑이었는데, 그는 이 광경에 격분해서 달려가 그 무례한 군인을 칼로 찔렀다. 그러자 "프랑스 놈들을 죽여라!"라고 외치는 소리가 터져 나왔다. 지난 10년 동안 이탈리아인들의 가슴속에 쌓였던 증오와 분노가 터진 것이었다. 시칠리아인들은 들고양이처럼 군인들을 덮쳐 칼질을 했고, 프랑스 기병들은 한 사람도 남지 않고 모두 살해당했다. 행락객들은 햇볕이 내리쬐는 꽃 위에 늘어선 시체들을 바라보았다.

이 사건에 관한 소식은 팔레르모 전체에 들불처럼 퍼져 나갔다. 소식을 들은 시칠리아인들이 집 밖으로 뛰어나와 모였다가, 프랑스 군인들에게 달려가 칼을 휘둘렀다. 저녁이 되기 전에 2,000명의 혐오스런 외국인들이 죽었다. 그들의 시체는 도시 밖 구덩이에 버려졌다.

이 사건은 '시칠리아의 만종 학살晩鐘虐殺'로 불리며 유럽에서 큰 반향을 일으켰다. 시칠리아인들이 들고 일어나 프랑스인들을 몰아냈다. 스페인 출신 아라곤 가문의 군주가 시칠리아의 왕위를 받을 수 있도록 초청되었다. 그러나 앙주 가문은 여전히 나폴리와 본토를 통치했다. 이렇게 해서 시칠리아와 나폴리의 훌륭하던 남부 문명이 철저히 파괴되는 길로 들어서고 말았다.

그러나 남부가 더러운 시궁창으로 떨어지며 죽어가는 동안 북부는 눈부신 발전의 길을 걷기 시작했다. 프랑스와 더불어 구엘프파가 기세를 올렸다. 교황이 이탈리아 내에서는 주요 권력이었으나 그의 권력은 대단히 제한되어 있었다. 이 틈에 북부의 도시들과 공국들은 그들이 원하는 대로 이룰 수 있는 기회를 얻었다.

5세기와 6세기에 로마제국이 멸망하고 이탈리아가 사막 같은 황무지로 변하는 동안, 살아남은 이탈리아의 귀족과 상류층이 가난 속에서 허덕였다는 사실을 우리는 알고 있다. 그들은 시골의 영지와 무방비 상태로 툭 터져 있는 별장을 떠나 성벽으로 둘러싸인 도시 안으로 얼마 남지 않은 추종자들을 이끌고 들어가, 재산까지는 아니더라도 목숨이나마 유지하고자 했다. 시골은 떠돌이 약탈자들과 야만인들의 손에 맡겨졌다. 도시는 성문을 단단하게 걸어 잠그고 외부의 침입을 방어했다.

이렇게 고립된 도시 안에서 귀족들은 이제 영주가 아니었다. 영지를 잃었기 때문에 다른 사람들과 다를 바 없는 성 안의 주민 또는 시민에 불과했다. 그러나 그들은 여전히 존경 받는 입장에 있었다. 도시는 통치되어야만 했다. 그래서 시민들은 이들 신사계급을 행정관으로 뽑아 자치단체장이나 시의원의 자리에 앉혔다. 이렇게 해서 이탈리아의 사막 같은 폐허 속에서 성벽에 둘러싸인 이 도시들은 외딴 섬처럼 서 있었으며, 이 안전지대 안에서는 그나마 법과 질서가 유지되고 바쁘게 일들이 진행되고 다소의 번영과 풍요도 안전하게 누릴 수 있었다. 이들 외딴 작은 도시들은 제각기 고립된 상태로 남아 스스로 통치했고 자신들의 일은 스스로 해결했다.

여러 도시에서 여러 가지 무역업이 시작되었으며 이것은 성공적으로 번창했다. 상당수 귀족 가문들이 적지 않은 부를 축적했다. 이 돈으로 그들은 직물 제조, 가죽 염색, 유리 가공 같은 산업을 일으켰으며, 부유한 상업 시민으로 성장했고, 도시의 자치행정을 이끄는 지도자가 되었으며 평화로운 시기에는 도시와 도시를 연결하며 바쁘게 무역을 했다.

성벽 안에서 안전하며, 사업으로 바쁘면서 독립적인 이 도시들은 자부심이 매우 강했으며, 개별적인 독립심을 지키려는 의지 역시 강했다. 그러나 도시들은 외부로부터의 공격에 결코 안전하지 않았다. 어느 순간 성이 포위되고 함락되어 재물이 약탈될지도 모르는 상태였다. 곡물과 포도를 재배하는 성 밖의 밭도 언제 파괴될지 알 수 없었다. 몇몇 시민들은 황제에게 충성을 맹세하면 자유로운 상태로 남아 있을 것이라 생각했다. 황제에게 공물을 바치고 군사적인 도움을 주면 평화스럽게 살 수 있고 모든 도시들은 안전하게 된다는 것이었다. 성장하는 도시들이 서로를 시기했기 때문에 도시들은 서로 상대방에 대한 치명적인 공격도 주저하지 않았다. 그러니 도시들은 서로에게서 결코 안전하지 못했다.

대군주로서 개별적인 도시정부의 일에 참견하지 않고 모두를 보호해줄 수 있는 강력한 황제에게 충성을 서약하면, 모든 도시들이 번영 속에서 통합할 수 있다고 믿는 시민들은 기벨린파였다. 반면 누구와도, 어떤 방식으로도 통합을 원하지 않는 사람들은 구엘프파였다. 구엘프들은 교황의 편에 섰는데, 교황이 결코 자신들을 복속시키지 않으리라고 믿었기 때문이다. 그래서 구엘프와 기벨린 두 파벌 또는 두 도당은 이탈리아를 분열시키고 말았는데, 특히 북부 이탈리아에서 그러했다. 로마, 피렌체, 밀라노, 파르마의 대가문 중 일부는 구엘프였으며 일부는 기벨린이었다. 이들 가문들과 그들의 추종자들은 때로는 거리 한복판에서 유혈이 낭자한 싸움을 벌이기도 했다.

그러나 도시들은 독립을 완강하게 고집했다. 도시마다 각자 자신들의 군대와 군기와 구호를 갖고 있었다. 바르바로사를 무찌른 것은 바로 롬바르디아 동맹이었다. 만프레트가 토스카나 지방의 구엘프파 대도시 피렌체를 치기 위해 군대를 파병했을 때, 유명한 카로키오caroccio를 둘러싸고 성 밖으로 뛰어나온 사람들도 피렌체 시민들이었다. 카로키오란 독특하게 만든 바퀴를 단 전차나 배를 지칭하는 말로, 그 위에 깃발이 꽂혀 있어 그 도시를 상징하고 있었다. 카로키오는 '죽음의 결사'라고 불리는 선발된 시민들이 둘러싸고 있었으며 이들 중 마지막 한 사람이 죽을 때까지 그것을 결코 빼앗을 수가 없었다. 그렇지만 만프레트의 군대는 피렌체 역사상 처음으로 피렌체의 카로키오를 빼앗았다. 토스카나의 아름다운 도시가 적군인 기벨린파의 손에 들어간 것이었다. 그러나 다행히도 도시는 으레 전쟁이 끝나면 그러했듯이 약탈되거나 파괴되지 않았다. 그리고 만프레트가 죽고 난 다음 즉각 피렌체는 다시 이탈해서 독립되었다.

피렌체는 아름다운 도시로, 유명한 시민들에 의해 훌륭하게 발전했다. 1266년 도시의 상인들은 7개의 '아르티Arti'라는 이름의 동업조합으로 뭉쳤다. 각각의 동업조합은 자기 분야의 조합과 거기에 종사하는 노동자들을 관리했다. 관리 규칙은 엄격했으며 누구도 그 규칙을 어길 수 없었다. 동업조합의 우두머리들은 그 도시에서 대단히 부유하고 또 대단히 유명한 사람들이었으며, 도시를 통치하는 자치 단체의 대표자들이나 시의회 의원들이었다. 여기서 우리는 상업에 전적으로 의지하면서 돈 많고 영향력 있는 소수의 시민들에 의해 통치되는 새로운 공화국의 탄생을 보게 된다.

피렌체의 대규모 동업 조합 중 하나는 칼리말라Calimala라는 직물의류 동업조합이었다. 옷을 만들고 염색을 하기 위해 영국, 프랑스, 플랑드르에서 피렌체로 직물이 보내졌다. 더러운 회색 기름이 묻은 직물의 큰 짐짝들이 아르노 강을 통해 배에 실려 오거나 짐을 나르는 노새 등에 실려 들어왔다. 이런 천이 피렌체 시민들의 손에서 여러 과정을 거쳤고 아름다운 색으로 염색되고 부드럽고 말랑말랑하게 펴져 다시 도시 밖으로 보내졌다. 제조공정에 대한 비법은 칼리말라 동업조합에 의해 엄격히 지켜졌다.

직물의 두루마리에는 동업조합의 낙인이 찍혔으며, 그것이 품질에 대한 보증이 되었다. 길이나 폭이 정확하게 기록되었고 물품의 질에도 하자가 없었으며 염색도 확실했다. 공장의 직공이나 포장공이 사기를 치거나 나태하게 행동하면 벌금을 물어야 했다. 벌

금을 내지 않으면 동업조합의 지도부에 의해 추방되었다. 추방된 사람은 다시는 피렌체에서 일할 수 없었다.

동업조합은 번창했다. 조합에는 힘센 보호자가 있었다. 유럽의 주요 도시에는 직물 동업조합인 칼리말라의 대표부가 설치되어 거래 상인들의 권리를 보호하고 완제품 상거래도 조정했다. 어느 곳 어느 나라든 예외 없이 사람들은 피렌체 동업조합에서 직조된 의류품을 사려고 들었다.

조합의 지도부인 유력한 시민들은 군주들만큼이나 중요한 인물로 대접받았다. 조합 대표부의 책임자는 대사 같은 대접을 받았다. 왕들은 이들 부유한 시민들에게 돈을 빌리거나 담보에 대한 보증을 요구하기도 했다. 이렇게 해서 피렌체의 상인들은 전쟁과 평화를 통제하는 지위까지 올랐다. 전쟁 수행에 들어가는 돈의 대부를 거절할 수도 승낙할 수도 있는 자들이 바로 이들이었기 때문이다. 전쟁의 수행은 어떻게 평화의 기술이 진행되느냐에 전적으로 달려 있어서, 왕은 이 상인들의 손아귀에 좌우되고 있는 셈이었다. 그러므로 이것은 상업이 왕과 귀족에게 최초로 크게 한방을 먹인 것을 의미했다. 이것은 또 거대 은행의 이권이 그 힘을 세상에 과시한 것이기도 했다.

상인들은 집에서 당당한 삶을 살았다. 그들의 집은 우아한 궁전 같았지만, 그래도 그들은 피렌체 안에서는 적어도 군주처럼 보이지 않으려고 조심했다. 시민들에게는 호의적이고 친숙한 태도를 취했고, 그들이 이룬 장엄한 영광도 개인을 위한 것이 아니라 도시를 위한 것이라고 역설했다. 시민들은 이런 말을 기꺼워했고,

　　　　　　　　　　　　　　　　　유럽사 이야기

자신들의 도시를 매우 자랑스러워했다. 시민들은 위대한 자치시민 대표들이 세상에서 가장 아름다운 궁전을 갖고 지상에서 가장 훌륭한 명성을 누리기를 진심으로 바랐다. 그것이 도시를 위하는 일이었고, 모든 것이 도시의 명성을 위한 일이었다.

그 결과 피렌체, 베네치아, 제노바에서 완벽한 궁전들이 솟아올랐고, 로마, 밀라노, 피사에 아름다운 성당들이 건설되었다. 이 매혹적인 건물들은 조각과 동상과 프레스코 벽화를 완전하게 갖추었다. 이렇게 해서 이탈리아 회화의 전성기가 시작되었고, 세계에서 가장 훌륭한 명화들이 그려졌다. 사람들은 작품들의 장렬함에서 가슴이 터질 것 같은 기쁨을 느꼈다. 시인들은 위대한 시를 썼고, 그 시는 불멸의 명작으로 남았다. 사람들은 자기가 사는 도시에 관한 노래를 부르고 시를 읊었으며, 그래서 거리는 활기로 가득 찼다. 시민들은 자신들의 주변에 생겨난 영광스럽고 아름다운 모든 것, 그림과 시와 대학의 찬란한 학문과 고상한 조각과 건물에 엄청난 자부심을 느꼈다. 그것은 이런 훌륭한 예술 작품들을 자신들을 위해 소유하게 되어서가 아니었다. 그들의 기쁨은 이렇게 훌륭한 작품들이 자신들의 도시에서 탄생했다는 점에서 나온 것이었다. 이렇게 되면서 시민들은 자신은 가난하고 다른 사람이 부를 누리더라도 그것을 기쁘게 받아들일 수 있었다. 그들은 아무리 돈이 많아도 자신들은 그러한 아름다움과 영광을 생산해낼 수 없다는 것을 알고 있었다.

피렌체는 구엘프파의 도시였다. 그러나 도시에는 기벨린파도 상당히 많았고 명사 중에 상당수는 기벨린파들이었으며, 그들은 강력한 황제가 나타나 이탈리아의 다른 도시들과 연합해 나라를 하나로 만들기를 바랐다. 피렌체에서 두 파벌은 심하게 다투고 싸웠으며 기회가 생길 때마다 반대파의 지도자를 도시 밖으로 추방했다. 그러나 이 투쟁은 오히려 피렌체 사람들의 신경과 기질을 강하게 만드는 결과를 가져왔다.

1284년 피렌체에서는 구엘프파가 상대방의 불행을 두고 매우 기뻐하는 사건이 발생했다. 아르노 강 하구에 중세부터 내려오는 큰 항구 피사 시가 있었다. 피렌체의 해양무역은 모두 피사의 손을 거쳐야만 했다. 그런데 피사는 기벨린파를 열렬히 지지하는 도시로, 피렌체가 구엘프를 지지하는 대가를 지불하도록 만들었다. 따라서 피사가 해상세력의 최대 적수 제노바를 바다 위에서 만나 접전 끝에 함대가 대파되었으며 그 결과 많은 배가 침몰되거나 나포되었고 대부분의 노련한 선원들이 영원히 사라졌다는 소식이 들려오자 피렌체에서는 기쁨에 찬 박수소리가 크게 울렸다.

피사는 그 이후 회복되지 못했다. 피사는 한때 동방 십자군들의 도시들인 티레, 요파, 아크레 같은 항구들과 대규모의 무역을 행했는데, 이것을 레반트 무역(동부 지중해 연안과의 무역)이라 불렀다. 이 무렵 피사는 제노바와 베네치아에 대적하는 지중해의 가장 큰 해상세력 중 하나로 부상해 있었다. 또 피사는 이탈리아 안에서 내륙의 세력으로 피렌체와 대결하는 입장이었다. 그런 피사가 침몰해서 다시 일어나지 못하게 된 것이다. 오늘날 피사는 반쯤 죽은 도시로 아름다우면서도 쓸쓸한 자태를 보이고 있는데, 대성당과 세례당과 사탑斜塔이 도시의 한 구석에 있는 풀밭 광장에 고요하고 황금빛을 띤 채 서서 중세의 영광을 보여주고 있을 뿐이다. 그리고 작은 전차들이 성벽 안에서 종점에서 종점으로 달리고 있을 뿐이다. 피사가 쇠락하자 토스카나의 여왕이자 이탈리아의 꽃인 피렌체가 아르노 계곡을 따라 흘러가는 교통의 흐름 중 의심할 여지없는 중심지가 되었다.

한편 외부세계에도 편안한 날이 없었다. 위대한 교황들 가운데 마지막 교황이 로마교회에 수모를 안겨주는 사건이 일어났다. 일찍이 세 명의 위대한 교황이 있었다. 첫째는 위대한 교황 그레고리우스 1세Gregorius the Great다. 그는 590년부터 604년에 이르는 기간 동안 로마를 구했고, 야만족들이 침공했을 때 시민들이 겪었던 고통을 덜어준 사람이었으며, 또 영국에 선교사를 보내 영국인들을 기독교도로 개종시킨 사람이었다. 그레고리우스 7세로 불린 힐데브란트는 교황이 유럽을 지배해야 한다는 생각을 갖고 황제 하인리히 4세를 카노사에서 무릎 꿇게 했다가 불행한 최후를 맞고 말았다. 그리고 세 번째 교황은 위대한 인노켄티우스 3세였다. 그가 교황청을 통치한 1198년부터 1216년 사이는 교황의 힘이 가장 빛나던 전성기였다. 그는 로마 교황청에 앉아 마치 유럽 전체 국가들의 대통령처럼 기독교세계 전체를 통치했다. 이 시기는 바르바로사가 죽은 다음이었으며, 프리드리히 2세가 너무 어려 통치할 수 있는 나이에 다다르기 전이었다. 그러나 그런 인노켄티우스조차 자신의 권위를 지켜나가기 위해 계략을 어렵게 세웠다가 너무나 자주 그 계획이 실패하는 경험을 맛보아야 했다. 다행히도 인노켄티우스는 후견인으로 보호하던 어린 프리드리히가 교황청에 슬픈 상처를 주기 전에 사망했다.

1294년 보니파키우스 8세Bonifacius VIII가 교황에 올랐다. 미남인 그는 이탈리아의 명문가 출신으로 법을 잘 알고 머리가 비상했으나, 너무 자신감에 넘쳐 교만한 면이 있었다. 그는 끔찍한 프리드리히가 등장하기 전에 인노켄티우스가 했던 것처럼 자신도 권력을 마음껏 행사할 수 있다고 생각했다. 그래서 그는 유럽의 정치에 개입하기 시작했다. 그러나 이러한 계획을 반대하는 적수는 황제만이 아니었다. 새로 탄생한 젊은 국가들과 권력을 강하게 키우려는 왕들이 그를 가로막았다.

이 무렵 사람들은 천국에 큰 관심을 갖지 않았고 지옥은 더더욱 무서워하지 않았다. 교황이 왕을 파문하고 왕의 영혼을 영원한 고통의 나락 속으로 밀어 넣는다고 위협해도 왕들은 그다지 동요하지 않았다. 왕들은 지상에 자신의 권력과 왕국을 확립하고자 했고, 이러한 일이 교황의 협박으로 간섭받는 것을 싫어했다.

자연히 왕들에게 명령을 하려는 보니파키우스의 노력은 그 자신을 재앙의 길로 이끌 수밖에 없었다. 이들 젊은 국가의 왕들은 지고한 황제의 통치나 교황의 지고한 정신적 통치 모두에 진력이 나 있었다. 국가든 도시든 모두 상위 권력의 간섭 없이, 자신들의 일을 스스로 해결하고 싶었다. 보니파키우스가 아라곤의 프리드리히 대공에게 시칠리아의 만종 학살 이후 시칠리아를 떠나라고 명령했을 때, 프리드리히는 그 명령을 따르지 않았다. 보니파키우스가 그를 파문하자 이 스페인 사람은 이를 무시하고 팔레르모에서 스스로 왕위에 올랐다. 보니파키우스가 칙서를 내려 왕이나 대공이 성직자나 교회령에 세금을 부과하지 못하도록 했을 때, 캔터베리 대주교는 영국 내의 성직자와 주교들에게 에드워드Edward 1세의 세금징수원들에게 세금을 내지 말라는 금지령을 포고했다. 그러자 에드워드 1세는 즉각 성직자들을 모두 불법이라 규정했다. 이에 놀란 성직자들은 왕에게 세금을 냈다. 그러나 그들은 이 세금을 자발적인 선물이라고 불렀다.

그런데 교황의 실제 싸움은 중세의 위대한 왕국인 프랑스와의 관계에서 일어났다. 프랑스의 필리프 4세Philippe IV는 교황의 칙서를 거부하고 프랑스에서 교황청으로 돈이 빠져나가는 것을 막았다. 싸움은 대단히 심각한 양상을 띠었다. 국왕 필리프는 프랑스의 성직자들에게 세금을 무겁게 부과했다. 그러자 주교들의 불평이 고조되었다. 교황이 나서서 주교들의 편을 들었다. 필리프는 교황의 특사를 체포해서 투옥시키고 왕에 대한 모독죄를 적용했다. 대칙서로 알려진 교황의 2차 칙서는 파리 시내에서 교수형 집행자에 의해 공개적으로 불태워졌다. 이 사건이 있은 직후 필리프가 쿠르트레전투에서 플라망족 군대에 패배하자, 사람들은 이를 그에게 내린 신의 심판이라고 말했다. 교황은 알브레히트Albrecht 황제와 친분을 맺었다. 알브레히트는 자신이 교황으로부터 권력을 부여받았다고 널리 공포했다. 이것은 보니파키우스의 승리를 의미했다. 이에 대적해서 필리프는 삼부회三部會, Etatsraux를 소집하고 보니파키우스를 이단과 마술과 흉악한 범죄의 주모자라 비난했다. 필리프는 더 나아가 보니파키우스를 교황으로 인정할 수 없다고 선언하고 교회공의회에 호소했다. 결국 1303년 9월 보니파키우스는 필리프를 파문했다. 그는 프랑스 신민들의 왕에 대한 충성서약을 풀어주고, 프랑스 왕가를 기독교 세계 밖으로 몰아내었다.

마지막 일격을 가할 시간이 닥쳐왔다. 필리프는 기욤 드 노가레Guillaume de Nogaret 장군과 로마의 귀족 스키아라 콜로나Sciarra Colonna에게 많은 자금을 주고 토스카나로 보내 반교황 세력을 일으키도록 했다. 이제 노인이 다된 교황은 마침 로마의 여름 더위를 피해 작은 고향 마을 아나니에 와 있었다. 9월 8일 조용히 잠든 작은 마을 아나니에 말발굽 소리가 요란하게 들렸다. 마을 사람들이 놀라서 밖을 내다보니 노가레 장군과 스키아라 콜로나가 300명의 군사를 이끌고 성문을 통과하고 있었다. 프랑스 왕의 문장과 깃발이 펄럭이고 있었고 군사들이 "교황 보니파키우스를 죽여라! 프랑스 왕 만세!"라고 외치고 있었다.

마을 사람들은 놀라서 그 광경을 지켜보았을 뿐 움직이지 못했다. 군인들은 햇살이 비치는 교황의 궁전 앞에 몰려섰다. 궁전을 지킬 병사는 없었고, 교황과 추기경들은 무방비 상태였다. 추기경들은 절망적이라고 판단하고 스스로 항복했다. 그러나 교황은 용감한 사람이었다. 그는 "예수 그리스도처럼 잡혀서 배반 때문에 죽어야 할 필요가 있다면, 적어도 교황답게 죽고 싶다"라고 말했다. 그는 시종들의 도움을 받아서 성 베드로의 망토를 입고 콘스탄티누스의 관을 머리에 쓰고 열쇠와 십자가를 손에 쥐었다. 그러고는 교황의 자리에 앉았다.

그는 노가레가 문 앞에서 함성을 지르는 동안 조용히 앉아 있었

유럽사 이야기

다. 쇠징을 박은 발소리가 복도에서 쿵쿵거리는 동안에도 전혀 동요하지 않았다. 곧 프랑스와 이탈리아의 적군들이 교황 앞에 나타났다. 보니파키우스는 꼼짝하지 않았다. 그는 늙고 뚱뚱했으나 여전히 미남이었다. 노가레는 그에게 즉시 교황의 자리에서 퇴위하라고 말했다. 그러나 교황은 계속 거절했다. 그는 결국 잡혀서 교황의 의자에서 끌어내려져 투옥되었고, 즉시 사임하지 않으면 죽이겠다는 위협을 받았다. 그러나 그는 계속 거절했다. 결국 항복할 때까지 그는 유폐될 수밖에 없었다.

사흘째 되는 날 연로하지만 당당한 교황에 대한 대접에 수치를 느낀 아나니 마을 사람들이 마침내 봉기해서 얼마 되지 않은 적군을 몰아내었다. 보니파키우스는 해방되었다. 그러나 79살의 노인에게 이 사건은 너무 큰 충격을 남겼다. 로마의 콜로나 가문과는 극도의 원수지간이던 오르시니Orsini 가문 사람들의 호위를 받으며 교황은 군중들의 환호 속에서 로마의 교황청으로 돌아왔다. 그러나 그의 시대는 끝난 것과 마찬가지였다. 그는 제정신이 아니었던 것으로 전해지고 있다. 마치 미친 사람처럼 자신을 계속 물어뜯었다고 한다. 그러다가 3주 뒤에 사망했다. 중세의 마지막 위대한 교황이 서거한 것이었다. 그 후 교황청은 다시는 유럽을 호령하는 권력으로 부상하지 못했다. 군주제가 승리했고, 왕들이 세상에서 가장 위대한 인물로 등장했다.

다음 대의 중요한 교황은 프랑스에서 선출되었다. 그가 바로 보르도의 대주교 베르트랑 드 고Bertrand de Got다.* 보르도는 당시 영국의 땅이었다. 그러나 베르트랑은 프랑스 사람이었으며 프랑

스 왕의 비위를 상하게 하는 일을 피하려고 했다. 그는 모든 교황이 그랬듯 로마로 갔어야 했으나 그러기를 거절하고 로마로 떠나지 않았다. 새 추기경들이 임명되었는데, 모두 프랑스 사람들이었다. 교황청도 보르도의 주교 궁에 설치되었다.

그러나 1309년에 교황과 추기경들은 론 강 연안에 있는 프로방스의 옛 도시 아비뇽으로 옮겼다. 그리고 교황청은 여전히 프랑스 왕의 보호 하에 남게 되었다. 프로방스에 다시 한 번 로마 시대와 같은 밝고 눈부신 옛날의 영화가 돌아왔다. 프로방스는 역사가 깊고 햇볕이 밝고 유쾌한 곳으로 위대한 과거의 추억으로 가득 차 있었다. 기후도 로마보다 좋았으며, 교황의 권위에 반항해 계속해서 위험한 분노를 터뜨리는 격정적인 로마 시민들과 달리 사람들도 조용하고 유쾌했다. 론 강 유역은 쾌적한 지역으로 경치가 아름다웠으며 말을 타고 달리기에도 좋았고 운동하기에도 매우 훌륭한 곳이었다. 그곳은 고대 로마의 위대한 역사의 기억으로 가득한 곳이었으며, 이 기억은 온화하고 감미로운 것으로 유혈의 흔적은 없었다.

교황들은 프랑크 왕국 시절의 갈리아 주교 같은 위치로 떨어졌다. 그들은 어떤 문제에도 깊이 관심을 보이지 않았다. 그저 론 강가의 커다란 교황청에서 축제의 나날을 보냈고 강물 위에서, 그늘진 숲속에서 즐거운 시간을 보냈다. 추기경들은 도시 안에 있는 궁전에 살았다. 신사와 숙녀들의 행렬을 뒤에 따르게 하면서 말을

•   공식명은 클레멘트 5세Clement V다.

탄 추기경들이 눈부신 선홍색 제복을 입고는 미소 띤 얼굴로 교황청을 향해 경쾌하게 행진을 할 때는 옛 도시의 거리가 환하게 밝아져서 눈이 부셨다. 최초로 귀부인들이 교황청 축제에 참석할 수 있도록 허락되었다. 시인들이 하프 반주에 맞추어 노래를 불렀으며, 바보로 분장한 광대와 익살꾼이 사람들을 웃기며 즐겼다. 포도주가 돌면서 아름다운 홀에는 즐거움이 넘쳤다. 그러면 음악가들이 화려한 무도곡을 연주했다. 그러나 시간이 지나면서 아비뇽의 교황들은 자금부족에 시달렸다. 로마에 있을 때와 달리 프랑스에 있는 교황청에서는 재원이 확보되지 않았기 때문이다.

1305년부터 1376년까지 교황들은 70년 동안이나 프랑스에 거주했다. 이 기간은 교회가 프랑스에 유폐되어 있던 것이 유대인들이 바빌론에 잡혀 있던 것과 비슷하다는 의미에서 '바빌론 유수幽囚 시대'라고 불리고 있다. 백년전쟁의 대투쟁이 일어나기 이전의 프랑스는 유럽에서 가장 위대한 강대국이었으나, 그래도 교황들이 노예상태에 놓여 있던 것은 아니었으며 프랑스 왕의 손아귀 아래 있던 것도 아니었다. 그러나 이 유폐 기간 동안 유럽인들이 교황청을 존경하는 마음이 시든 것도 사실이었다. 심지어 이전에는 하느님과 아주 가까우며 대단히 강력하다고 생각했던 교회의 수장 교황을 사람들이 경멸하는 사태까지 일어났다.

XII

신앙시대의 종말

사람들은 무엇인가가 금세
일어날 것 같은 예감을 느끼기 시작했다. 공포와 재난의
느낌이 들었는데, 동시에 놀랄 만한 희망과 기대의 느낌이
들었던 것이다. 무엇인가 무서우면서도 경이로운 일이
일어날 것 같은 예감이기도 했다.

Men felt that something was going to happen. There
was a feeling of feat, of calamity; and at the same time a
feeling of frightened hope or expectation.

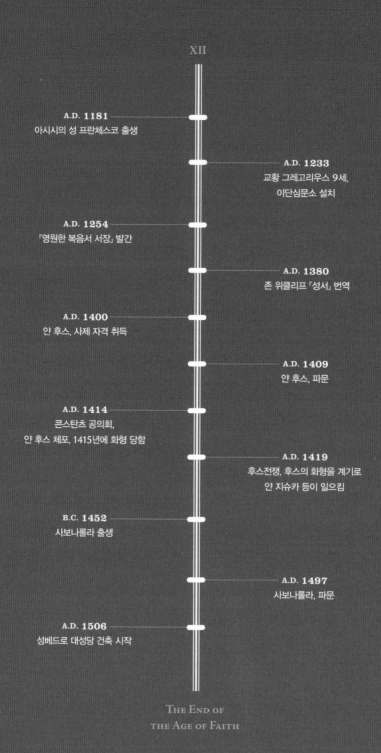

XII

A.D. **1181**
아시시의 성 프란체스코 출생

A.D. **1233**
교황 그레고리우스 9세,
이단심문소 설치

A.D. **1254**
『영원한 복음서 서장』 발간

A.D. **1380**
존 위클리프 『성서』 번역

A.D. **1400**
얀 후스, 사제 자격 취득

A.D. **1409**
얀 후스, 파문

A.D. **1414**
콘스탄츠 공의회,
얀 후스 체포, 1415년에 화형 당함

A.D. **1419**
후스전쟁, 후스의 화형을 계기로
얀 지슈카 등이 일으킴

B.C. **1452**
사보나롤라 출생

A.D. **1497**
사보나롤라, 파문

A.D. **1506**
성베드로 대성당 건축 시작

THE END OF
THE AGE OF FAITH

황제의 절대적인 권위 아래서 사람들이 지치기 시작하듯이 교황의 권위에 대해서도 사람들은 항거하기 시작했다. 교황들은 지고한 종교적 명령을 기독교세계 전체에 적용하려 했다. 이를 위해 교황이 보통 사람들보다는 훨씬 더 신에 가까이 서 있으며 하늘나라로부터 직접 성스러운 비밀과 명령을 받았다는 점을 믿게 해야 했다. 그리고 이런 믿음을 지속시키기 위해 종교 속에 신비와 경이로움이 존재해야만 했다. 보통사람들이 모든 것을 알아서는 안 되었다. 오직 사제만이 크나큰 비밀을 지닌 채 신과 보통사람들 사이에 있어야만 했다. 이것이 가톨릭교회의 기독교세계 통치 방식이었다. 『성서』는 신비롭고 성스러운 책으로 보통 사람들은 볼 수가 없었으며 설사 보더라도 읽을 수가 없었다. 라틴어로 씌어 있었기 때문이다. 천국의 문이 열리고 예수가 죽음에서 부활했을 때 묘지에 덮어둔 묘지석이 굴러가는 이야기를 사제들이 때로『성서』에서 조금씩 읽어주고는 했다. 이런 이야기는 무서우면서도 경이롭게 들렸다. 사람들에게는 마치 사제들이 엄청나게 심오한 비밀을 아는 것처럼 보였으며, 그 어마어마한 비밀 중 극히 작은 부분 하나만 보통사람들에게 들려주는 것처럼 보였다. 평범한 기독교도들은 글을 읽을 줄 몰랐으며, 신에 관해 아는 것도 없었다. 모든 것은 사제를 통해서만 알 수 있었다. 그래서 아이들이 옛날이야기를 듣듯이, 생생하고 놀라운 기적과 경이에 대한 이야기, 악마에 대한 끔찍한 설명과 무시무시한 지옥 이야기, 그리고 천국의 아름다운 모습에 대한 이야기를 들었다. 그 모든 것이 그들에게는 생생한 사실처럼 들렸다. 그들은 정말로 악마가 집 안 어딘가에 숨어 있거나 이웃과 친구들의 영혼을 빼앗는다고 믿었다. 또 그들은 실제로 사제들과 성자들이 이들 악마와 대화할 수 있다고 생각했다. 그들은 사제들이 십자로 성호를 그으면 악마들이 울부짖는 모습을 볼 수 있었고, 작은 도깨비들에게 성수 한 방울을 떨어뜨리면 아파서 낑낑거리는 소리도 들을 수 있었다. 요즘 아이들이 요정 이야기를 믿고 실제 요정을 본다고 상상하는 것과 똑같이, 기독교 초기에는 사람들이 악마와 천사를 실제로 믿었다. 평범한 사제도 신비로운 지식을 갖고 마술 같은 라틴어를 읽을 수 있어 악마에 대한 막강한 힘을 가졌는데, 도대체 교황은 얼마나 막강한 힘을 지니고 있을까? 교황은 사탄을 좌우할 수 있는 존재이면서 대천사와도 대화를 나눌 정도의 인물이 아닌가? 교황은 기독교 세계의 왕이면서 천국이나 지옥으로 가는 열쇠를 갖고 있는 존재였다. 교황이 어떤 이를 파문한다는 것은 그 사람이 불과 유황 속에서 영원히 불타도록 저주받았다는 것을 의미하며, 마귀들의 세계에서 고통당한다는 것을 뜻했다. 사람들은 이런 것을

유럽사 이야기

모두 믿었다. 이런 의미에서 교황의 힘은 대단한 것이었다. 그리고 이런 까닭에 우리는 중세를 '신앙의 시대'라고 부르고 있다.

신앙의 시대가 끝나자 이성의 시대가 동트고 있었다. 일찍부터 학생들과 사려 깊은 사제들이 『신약성서』를 공부하기 시작했다. 그들은 『신약성서』 속에서 교황의 영광이나 주교의 풍요롭고 화려한 생활, 사제들의 권한에 대한 내용을 찾을 수가 없었다. 그들이 본 것은 기독교도들이 자신들의 재물을 가난한 사람들에게 주어야 하며, 육체의 쾌락을 생각하지 말아야 하고, 오직 영혼의 구제만을 생각해야 한다는 단순한 교훈이었다.

1200년 이전에 유서 깊고 문명화된 땅 남프랑스에서 몇몇 사람들이 『성서』의 번역본을 입수해서 자신들의 해석을 가하기 시작했다. 그들은 가난을 받아들이고, 결혼을 부정하며, 단식을 실천하고, 육체의 쾌락을 부정하기 시작했다. 그리고 주교들의 풍요로운 사치를 비난했다.

이들 새로운 사람들은 '리옹의 가난한 사람들'이라고 불렸다. 교황은 이 교파가 세력을 불리게 되면 교회의 권력 전체가 무너질 위험이 있다는 점을 간파했다. 그래서 '리옹의 가난한 사람들'은 심한 박해의 대상이 되었다. 교황의 명령에 따라 이들에 대한 성전聖戰이 시작되어야 한다는 설교가 시작되었다. 1209년에는 영국의 레스터 백작 시몽 드 몽포르Simon de Montfort가 이들과 싸울 십자군을 보냈다. '리옹의 가난한 사람들' 수백 명이 학살되고 랑그도크의 유서 깊은 도시들이 파괴되었다. 당시 이 새로운 사람들의 본부였던 오래된 고딕풍의 수도 툴루즈에서는 적군의 포위에 맞서 끝까지 버티었다. 시몬 드 몽포르는 여자들이 성벽 위에서 조작하는 투석기에서 쏜 돌에 맞아 죽었다.

이 원정이 실패한 다음에는 종교재판이 열려 많은 사람들이 이단죄. 말하자면 거짓된 신앙을 믿는다는 죄로 심문을 받고 처형되었다. 1233년 새롭게 형성된 도미니쿠스Dominicus 수도회에 속하는 스페인의 학자 사제들이 교황청의 종교재판관으로 임명되면서 종교재판은 그들의 손에 의해 좌지우지되었다. 그들은 마녀와 마법사와 이단자들을 나무 기둥에 묶어 불태워 죽였다. 신앙의 시대는 또한 참혹한 시대이기도 했다.

같은 시기에 또 하나의 위대한 종교운동이 시작되었다. 몸은 약했으나 영혼은 열정적이던, 이탈리아의 명문가 출신 젊은이인 아시시의 성 프란체스코St.Francesco가 돌연 기독교적 삶의 진정한 의미가 무엇인지를 독자적으로 깨달았다. 그는 자신의 재산을 모두 남들에게 주고서는 자신은 아무것도 갖기를 원하지 않는다고 말했다. 그는 '가난'이라는 이름의 여인과 결혼했다고 공언했다. 그리고 이렇게 새로 발견한 삶에 아주 만족했다. 황제와 교황의 싸움으로 이탈리아가 조각 난 상황에서 프란체스코는 행복한 마음으로 돌아다니면서 사람들에게 다음의 내용들을 전파하려고 했다. 사랑만을 위해서 살고 아무것도 소유하지 않으며, 자신을 방어하거나 보호하지도 않고 또 항상 남을 사랑하고 돕고 거기서 기쁨을 찾으며, 다가올 예수와 함께하는 생을 기대하는 것이 얼마나 감미롭고 즐거운 것인지를 전파하려고 했다.

많은 사람들이 프란체스코의 생활방식에 매력을 느끼기 시작했

유럽사 이야기

다. 사람들은 예수의 제자들이 예수를 따랐듯이 모든 것을 버리고 그를 따라나섰다. 프란체스코를 사랑했던 성 클라라St. Clara는 자신의 주변에 여자들을 모으기 시작했다. 프란체스코 수도회는 남자든 여자든 금세 회원들이 불어났다.

모든 교황 중 가장 위대한 교황인 인노켄티우스 3세는 그 이전 교황이던 알렉산데르 3세보다 현명했다. 알렉산데르 3세는 '리옹의 가난한 사람들'을 학살한 십자군 파병을 불러일으킨 인물이었다. 그러나 인노켄티우스는 프란체스코를 좋아했기 때문에 위대한 프란체스코 수도회를 설립할 권한을 프란체스코에게 부여했다. 방랑하는 탁발 수도사들로 구성된 이 수도회는 훗날 유럽에서 너무나 유명하게 되며, 교회에 엄청난 도움을 주게 된다.

프란체스코 수도회의 수도사들은 다른 수도사들과 달랐다. 그들은 세상으로부터의 격리를 선택하지 않았다. 그들의 의무는 스스로는 아무것도 갖지 않고, 인류에게 사랑을 준다는 전제 하에서 세상을 돌아다니면서 모든 사람들을 가르치고 돕고 사랑하는 것이었다. 이전의 수도사들은 어둡고 사랑이 없는 사람들로 세상사에 전혀 관심이 없었다. 위대한 성 베르나르두스St. Bernardus가 아름다운 루체른 호를 항해한 적이 있었는데, 그때도 주변을 한 번도 둘러본 적이 없었을 만큼 자신의 일에만 몰두해 있었다. 그러나 프란체스코는 다르게 가르쳤다. 그는 하늘과 풀과 살아 있는 모든 것을 사랑했다. 언젠가 자신의 주변에서 날개를 팔락거리며 놀고 있는 새들에게 꼿꼿이 선 채 감미로운 설교를 했는데 그때 그는 새들을 "새들이여, 나의 작은 자매들이여"라고 불렀다.

도미니쿠스Dominicus 수도회도 돌아다니면서 설교를 했다. 그러나 이들은 배움이 깊은 수도사들로 엄격한 도덕심과 복종을 가르쳤다. 반면 프란체스코 수도회는 즐거움을 가르치고 감미로운 사랑을 가르쳤다. 그들은 희망을 가르쳤으며 사랑으로 통치하는 시기가 다가왔다고 말했다.

13세기가 끝나갈 무렵 유럽 전역에서는 인간의 영혼 속에서 거대한 열기가 끓어오르고 있었다. 황제들의 무서운 싸움도 끝나고 십자군원정도 어느 정도 끝나가던 시대였다. 공기 속에 이상한 조짐이 섞여 있다는 느낌이 들었다. 사람들은 무엇인가가 금세 일어날 것 같은 예감을 느끼기 시작했다. 공포와 재난의 느낌이 들었는데, 동시에 놀랄 만한 희망과 기대의 느낌이 들었던 것이다. 무엇인가 무서우면서도 경이로운 일이 일어날 것 같은 예감이기도 했다. 중세의 시가 늘 "죽음의 공포가 나를 누르네"라고 노래한 것은 이것을 예감한 것일지도 몰랐다.

인노켄티우스 3세와 프리드리히 2세의 사망 이후에 일어난 폐허와 혼란 속에서 기이한 생각들이 고개를 들기 시작했다. 어떤 사람들은 자신을 예언자라고 부르며 이상하고 무서운 일들이 일어날 것이라 이야기했다. 사람들은 공포에 질려 있었다. 1254년에는 『영원한 복음서 서장』이라는 책이 발간되었다. 1202년 나폴리에서 죽은, 유명한 선각자이자 예언자인 위대한 수도원장 조아키노Gioacchino의 가르침을 담은 책이었다. 이 저서에서 그는 유대교는 성부를, 기독교는 성자를 계시하는 종교인데, 이제 성령을 계시하는 종교가 도래할 것이니 사람들은 이에 대비해야 한다고 역설했다.

황당한 생각들이 사방으로 퍼지기 시작했다. 사람들은 성령의 시대를 기다리기 시작했다. 그들은 예수가 태어나기 이전까지는 성부가 다스렸고, 그 이후 자신들이 살고 있는 시대까지 성자가 다스렸으니 이제는 성령이 통치하는 시대가 올 것이라고 주장했다. 성령이 통치하는 시대가 오면 교황청과 사제직도 더 이상 존재하지 않는다고 『영원한 복음서 서장』에 씌어 있었다. 인간의 영혼을 다스리는 교회가 지상에는 없다는 것이었다. 당연히 교황은 이 책을 사악하고 이단적이며 거짓된 교리라고 매도했다. 그럼에도 『영원한 복음서 서장』은 사람들의 마음속에 엄청난 영향력을 행사했다.

1260년에 파르마의 노동자 제라르도 세가렐리Gherardo Segarel-li가 도시의 시장거리에 앉아 있다가 군중들 앞에서 그가 가진 모든 것을 집어던지기 시작했다. 그러고는 입은 옷을 다 벗어던져 알몸을 드러냈고, 끈으로 몸을 묶은 다음 요람에 누웠다.

그런 다음 그는 자신이 부활했고 신이 보낸 사도라고 선언했다. 그는 새로운 종교단체를 결성하고 그 모임을 '사도회the Order of Apostles'라고 불렀다. 그는 사방을 돌아다니면서 열광적이며 기묘한 교리를 설교했다. 사람들은 북부 이탈리아에서부터 그의 뒤를 따르기 시작했다. 그러나 1300년 도미니쿠스 수도회의 종교재판에 회부되어 이단이라는 선고를 받고 화형당했다.

그의 제자 중에 노바라의 돌치노Dolcino라는 사람이 있었다. 그는 인간은 아무것도 소유해서는 안 되며 다른 사람들과의 세속적인 인간관계도 맺어서는 안 된다고 주장했다. 아내는 남편을 떠나야 하며 아버지는 자식들을 버려야 하고, 인간적인 어떤 것도 영혼이 성령과 완전한 합치를 이루는 것을 방해해서는 안 된다고 역설했다. 그의 추종자들은 예수에게 기도를 하지 않았다. 그들은 성령이 그들을 찾아와 신기한 은총과 완전한 포만감으로 가득 채운다고 생각했다.

수천 명의 신도들이 알프스의 아름다운 계곡 피에몬테의 발 디세시아로 들어갔다. 그들은 그곳에서 반쯤 벌거벗은 채 살면서 단식과 기도를 했다. 그들은 성령이 자신들을 찾아오기를 기다리다가 마침내 성령이 가득해지면 예언을 하고 환상을 보았다. 그들은 일을 하지 않으면서 겁에 질리고 경외감에 압도된 농부들이 가져오는 음식물로 살았다. 이런 생활방식은 많은 사람들을 광적인 상태로 몰아넣었다. 모두들 미쳐가고 있었다.

1305년에 그들은 파문되었고 종교재판을 받는다는 위협이 가해졌다. 그들과 가장 가까운 도시의 통치자인 베르첼리의 주교가 군대를 파견해 그들을 토벌하려 했다. 비정상적인 흥분상태에 있던 성령의 사도들은 가파른 산으로 후퇴했다. 광적인 상태에서 그들은 공격해 오는 군사들에게 돌을 던지고 위에서 아래로 바위를 굴렸다. 그러고는 군인들이 올라갈 수 없는 가파른 절벽으로 올라갔다.

이제 그들은 실제로 미쳐 있었고 더는 인간이라 부르기 힘들었다. 음식을 주기 위해 그들 곁으로 오는 농부도 없었기 때문에 그들은 항상 굶어야 했다. 그들은 마을로 내려와 외딴 집을 습격해서 야수처럼 음식을 훔치고 빼앗아먹었다. 그들의 눈은 이상한 광채로 빛났다. 누구든 그들의 하는 짓을 막으면 눈을 무섭게 부릅뜨고 달려들어 칼로 난도질을 했다. 그러고는 절벽 꼭대기의 숨겨진 길을 따라 사라졌고, 다 함께 모여서 성령에게 호소해 힘과 분노를 채워달라고 호소했다.

제르발 산 위에 있던 그들의 요새는 1307년에 마침내 함락되었다. 길게 기른 머리칼을 휘날리고 눈에는 광기로 가득한 사도들은 살육되거나 흩어졌고 그 중 몇몇은 체포되었다. 각각의 사도들은 선택된 천상의 자매를 거느리고 있었는데 이 여자들은 늑대처럼 비명을 지르면서 싸웠다. 사도 돌치노와 그의 천상의 자매도 잡혔다. 돌치노의 여자는 돌치노의 눈앞에서 서서히 불에 태워졌다. 그의 육체도 빨갛게 불에 달군 집게로 한 점 한 점 살을 뜯겼다. 그러나 그는 한 마디의 신음소리도 내지 않았다.

이들 사도파 이후에는 '프라티첼리Fraticelli'라 불리는 종교집단이 형성되어 프란체스코 수도회를 모방했으나 이들도 가톨릭교회에 의해 추적되고 말살되었다.

1320년에는 프랑스의 목동들과 농부들이 이상하게 동요하고 있었다. 처음에는 무식한 농민들이 작은 무리를 이뤄 맨발로 돌아다니면서 구걸을 한다는 소문이 퍼졌다. 그리 신경 쓸 필요도 없는 소문이었다. 그런데 시간이 흐르면서 이들 무리의 수가 많아지기 시작했다. 맨발의 무리는 매일매일 도시와 마을의 거리를 지나갔다. 그들은 울부짖으며 적선과 기부를 호소하고 성지를 되찾을 것이라고 외쳤다. 온 나라가 이들 무리들로 가득 찼다. 누가 이들에게 영감을 주었으며 그들이 어디서 왔는지를 아는 사람은 아무도 없었다. 이들 무리는 서서히 하나로 뭉치기 시작했다. 그들은 모두 똑같은 광기에 빠진 것 같았다. 교육받은 사람들은 이들 남루한 군중이 뭉치는 모습을 공포에 질려 지켜보았다. 이 무식한 사람들의 집단은 모두 하던 일과 모든 것을 내팽개친 사람들로, 아무도 그들이 어디로 가는지를 아는 사람이 없었다. 그들은 '파스투로Pastoureaux, 목양자들'라고 불렸다.

이들 무리는 하나의 대군으로 성장했다. 이들은 파리를 향해 나아갔으며 대집단을 이루어 도시로 밀려들어갔다. 이들은 거리를 지나면서 닥치는 대로 부쉈다. 감옥의 문을 부수었으며 민가와 가게를 털어 원하는 것을 모조리 가져갔다. 이후에 이들은 군중심리에 충동되어 남쪽으로 출발해서 팔레스티나를 향해 간다고 말했다.

이렇게 움직여 가는 동안 이들은 만나는 유대인들을 모조리 학살했다. 이들은 유대인들만이 입는 특수한 옷을 보고 그들이 유대인임을 알아냈다. 이들은 귀족들의 성과 부잣집, 사제와 주교의 집으로 쳐들어가 원하는 것은 무엇이든 들고 갔다. 그러면서 모든 것이 성스러운 사명을 위한 것이라고 말했다. 더욱이 사방에서 군중들이 이들과 합세했다. 이 맹목적이며 남루한 옷차림의 커다란 무리는 론 강 유역을 지났다.

이들은 해안까지 다다랐으나 카르카손의 총독이 이탈리아로 들어오지 못하게 막았다. 파스투로 집단은 방향을 돌려 시골로 흩어져나갔는데, 저지대와 늪지대로 갔다. 그 수가 너무 많아 아무도 감히 공격할 엄두를 내지 못했다. 군대는 이들이 물결처럼 들어오는 것을 막기 위해 동정을 살폈다. 몇 주가 지나자 굶주림과 헐벗음 때문에 치명적인 열병이 일어났다. 병에 걸린 파스투로들은 파리 떼처럼 죽어갔다.

마침내 많은 수가 죽어나가자 군대가 공격을 감행했다. 이들은 살육당하거나 포로로 잡혔고 결국에는 진압되었다. 살아남은 자들은 잡혀가서 노역에 동원되었다.

파스투로 집단의 봉기는 프랑크족 출현 이전에 갈리아계 로마 노예들과 농민들의 봉기 사건이나 프랑스에서 발생했던 다른 끔찍한 농민봉기와 유사했다. 그것은 프랑스의 가난한 사람들이 끊임없이 불안정한 생활에 시달리다가 이러한 봉기에 빠진 것으로 보인다.

그런데 이러한 사건과 광기는 교황들이 아비뇽에 있던 바빌론 유수 시절에 일어났다. 그래서 교황청이 로마로 돌아오자 사람들은 여건이 개선될 것이라고 기대했다.

그러나 이런 기대는 이루어지지 않았다. 교황 그레고리우스 11세는 1376년에 로마로 돌아왔다. 1378년에 그레고리우스 11세가 사망했을 때 로마 사람들 모두 이탈리아 출신 교황을 목청 높여 요구해서 나폴리 대주교가 우르바누스 6세로 등극했다. 우르바누스는 엄격하고 근엄하고 양심적인 사람이었다. 그는 무절제한 추기경들에 대해 특히 엄격했다. 그러자 많은 추기경들이 이 이탈리아 출신 교황에게 반기를 들고 그의 선출이 적법하지 않았다고 주장했다. 그들은 여기서 한 걸음 더 나아갔는데, 1378년

9월에는 프랑스 출신 추기경들이 따로 모여 제네바의 로베르를 새 교황으로 뽑았다. 그가 바로 클레멘스 7세였다[•].

그 결과 두 명의 교황이 생겨난 셈이었다. 우르바누스는 로마에서, 클레멘스는 아비뇽에서 교황청을 열었다. 하나의 교회 안에 두 파벌의 추기경들이 생겼고 교회의 행정부서도 둘로 나누어졌다. 이로 인해 유럽은 둘로 분열되었는데, 이 사건을 대분열(서방교회의 분열)이라고 부른다.

교황들은 제각기 모든 국가들에게 자신에게 복종하라고 요구했다. 프랑스, 스코틀랜드, 카스티야, 아라곤, 나폴리는 프랑스 교황을 따랐고, 영국, 독일, 스칸디나비아 반도의 나라들, 폴란드, 포르투갈은 이탈리아 교황을 추종했다. 이런 와중에 큰 소동이 일어났다. 두 교황 모두 자신만이 유일하고 적법한 교황이라고 공언하기 시작한 것이었다. 두 교황은 서신과 공식포고령을 통해 상대방을 비방했고, 급기야는 상대방에게 파문을 내렸다. 마침내 사태는 더 심각해져서 전 기독교 세계는 반으로 나뉘어 한쪽의 사제들이 상대방 사제들에게 십자군 파병을 주장하는 사태로 나아갔다.

이런 사태는 모두 미친 짓에 불과했다. 십자군원정은 시작조차 못했는데 이유는 두 교황에게 자금이 없었기 때문이다. 양측의 교황청이 자금 조달을 시도하기는 했지만 결국 소요되는 경비의 반도 걷지 못하고 말았다. 두 교황은 자신에게 충성을 바치는 나라들에서 돈을 짜내려고 했지만 응하는 나라는 없었다. 교황에게 줄

•   종교개혁 시기의 클레멘트 7세와는 다른 인물이다.

돈은 없다는 것이었다.

그래서 그들은 다른 방법을 찾았다. 면죄부의 판매가 시작되었다. 면죄부는 이러이러한 죄에 대해 사면한다는 내용이 적혀 있는 작은 양피지 조각이었다. 사제와 수도사들이 주교구로 보내진 양피지 조각을 주머니 속에 가득 채우고 면죄부를 설명하기 위해 출발했다. 그들은 넓은 야외나 교회에 서서 사람들에게 이렇게 설교를 했다. 교황은 모든 죄를 용서할 수 있는 권한을 갖고 있으며, 교황이 양피지에 이러저러한 죄에 대한 면죄 내용을 썼으니, 모든 훌륭한 기독교도들은 이 기회에 면죄부를 사서 자신이 저지른 죄를 최후심판일의 장부에서 깨끗이 지워야 한다고 주장했다. 작은 죄에는 돈의 액수가 적었으며 큰 죄에는 돈이 많이 들었다.

우르바누스가 죽자 새 교황이 선출되었다. 그가 보니파키우스 9세다. 교황 클레멘스가 죽은 다음에는 스페인 출신 페드로 드 루나Pedro de Luna가 베네딕투스 13세Benedictus XIII로 즉위했다.••
프랑스는 스페인 출신 교황이 아비뇽에서 복무하는 것을 원하지 않았다. 그래서 그는 육군원수 부시코Boucicaut에 의해 교황궁 안에 감금되었으며 먹을 것이 떨어져 항복하고 말았다. 그는 프랑스에 의해 5년 동안 투옥되었다가 도망쳐 나왔다.

교회의 대분열은 심각한 골칫거리가 되고 있었다. 교회와 관계된 사람들 모두 이 분열이 끝나기를 희망했다. 1409년 피사에서 대공의회가 소집되었지만 여기서 결정된 것은 아무것도 없었다.

••   19세기에 활동한 베네딕투스 13세와는 다른 인물이다.

그러나 이 공의회의 결과로 교황의 힘보다 더 강력한 새로운 교회 권력이 떠오르게 되었다. 교회의 주요 지도자들이 모두 참여하는 평의회로, 바로 '대공의회Great Council'였다. 대공의회는 교황까지 축출할 수 있는 권한을 요구했다. 그래서 공의회는 후대의 교황들에게 두려움의 대상이 되었는데, 교황들은 두려움 때문에 공의회의 권한을 제한하려고 했다.

이러는 사이 새로운 이단사건들이 일어났다. 1380년 존 위클리프John Wycliffe가 『성서』를 영어로 번역하며 『성서』의 참된 의미를 가르치기 시작했다. 그는 사제들의 사악함을 비난하고 교황의 권위를 공격했다. 많은 사람들이 그의 의견에 찬동해서 그를 따르게 되었는데, 그들은 '롤라드파Lollards'라는 이름을 얻게 되었다. 롤라드파는 와트 타일러Wat Tyler의 난에서 주동자로 활약했다. 영국 정부가 롤라드파를 공격하기 시작한 것은 이런 이유에서였다. 위클리프의 유해는 1428년 레스터 주의 루터워스에서 불에 태워졌으며, 재는 강물에 뿌려져 예수의 재림이 일어났을 때 이단자의 영혼이 그 육체를 찾을 수 없도록 조치되었다.

그러나 그의 가르침은 유럽대륙으로 퍼져나갔다. 영국에서 수천 명의 학생들이 프랑스로 건너가 대스승 아벨라르Abelard의 설교를 들었다. 이중 많은 학생들이 수도원에서 수도원으로, 대학에서 대학으로 돌아다녔다. 이들은 롤라드파의 학설이나 위클리프의 저서를 가지고 다녔다. 새로운 학설은 이렇게 퍼져나가기 시작했다.

위클리프의 가장 뛰어난 제자 중 한 사람은 보헤미아 출신 얀 후스Jan Huss였다. 그는 부유한 농부의 아들로 태어난 덕분에 훌륭한 교육을 받을 수 있었다. 교회의 삶을 택해 사제가 되었는데, 두뇌가 대단히 명석했다. 1396년에 문학석사 학위를 받고 프라하 대학교 교수가 되었으며 동시에 고향에서 설교자가 되었다. 그는 얼마 지나지 않아 자기 대학에서 가장 존경받는 교수가 되었고, 프라하에서는 가장 유명한 설교자가 되었다. 그가 설교한 예배당 은 '베들레헴'이라고 불렸다. 사람들은 이 용감하고 열정적인 사람의 설교를 듣기 위해 몰려들었다. 그는 청중에게 교회의 수장은 교황이 아니라 예수이며, 사람들은 예수의 가르침을 따라야 한다 고 주장했다.

그는 또 면죄부를 파는 것은 돈을 만들기 위해 꾸며낸 술수이 며 창피한 짓이라고 지적했다. 그를 이단자로 만드는 데는 이것으 로 충분하지 않았다. 그러나 주교들은 그에게 대단히 화가 나 있 었다.

이 무렵 유럽은 대분열을 종식시키기 위해 결연한 노력을 하 고 있었다. 그런데도 교회는 더 분열되어 두 명이던 교황이 이제 는 그레고리우스 12세, 베네딕투스 13세, 요한네스 23세Johannes XXIII*까지 세 명으로 늘어났다. 지기스문트Sigismund 황제는 또 한 번 공의회의 소집을 요구했다. 회의 장소는 황제의 자유도시 콘스탄츠로 정해졌다.

1414년 10월에 공의회의 대표들이 도착하기 시작했다. 콘스탄

* 19세기에 활동한 요한네스 23세와는 다른 인물이다.

츠 호수로부터 낮은 둑을 지나 라인 강이 흘러가는 지점에 자리한 이 아름다운 소도시는 이전의 어떤 때에도 이런 눈부신 모임을 치러본 적이 없었다. 교황 요한네스가 그 해 11월 공의회의 개회를 선언했다. 그러나 지기스문트 황제가 도착한 때는 크리스마스 전야였다. 황제와 그 일행을 태운 배가 어둑어둑한 겨울 호수의 수면 위로 환한 불빛을 반짝이면서 나타났다. 자정에서도 두 시간이 더 지났을 즈음 황제와 그의 수행원들이 콘스탄츠에 내려 왕궁으로 들어갔는데, 사방에서 횃불을 환하게 피우고 있었다. 크리스마스 당일에 교황 요한네스는 시민과 귀족과 박사와 추기경들이 모인 성당에서 설교를 했다. 이어서 황제가 복음서의 한 구절을 읽었다. "카이사르 아우구스투스의 포고령이 떨어졌으니⋯⋯."

공의회는 세 가지 목적으로 소집되었다. 첫째는 대분열을 종식시키고, 둘째는 교회 내의 악습을 개선하며, 셋째는 이단을 뿌리 뽑는다는 것이었다. 세 번째 목적을 위해서 후스가 콘스탄츠로 소환되었다. 그가 소환장을 받은 것은 프라하에 있을 때였는데, 그는 이 소환 명령에 가슴이 철렁했다. 그는 다시는 돌아오지 못할 것 같은 예감이 들었다. 추종자들이 그를 둘러싸고 가지 말라고 외쳤다. 그러나 지기스문트 황제는 그의 안전을 약속했다. 그래서 후스는 모든 신변을 정리하기 시작했다. 여전히 마음속은 다시는 돌아오지 못하리라는 예감으로 가득 차 있었다.

마침내 그는 남부독일을 가로질러 콘스탄츠에 도착했다. 황제로부터 안전을 보장받았으나 그럼에도 불구하고 결국 투옥되었다. 봄이 오자 그는 이단죄로 재판을 받게 되었다.

그들은 그의 죄를 입증할 수 없었다. 후스에게 잘못을 인정하라고 강요했으나 그는 이를 거부했다. 그는 옳은 일을 했다고 믿었기 때문이다. 그들은 후스에게 화형을 선고했다. 1415년 7월 6일 고결한 심성을 가진 후스는 콘스탄츠의 시장에서 화형에 처해졌다. 이 광경을 지켜보던 황제 지기스문트는, 자신이 약속한 안전은 여행의 안전을 뜻한 것이며 콘스탄츠에서의 이단자 처형재판으로부터 보호해준다는 뜻은 아니었다고 변명했다.

이듬해인 1416년 5월에는 후스의 추종자인 프라하의 제롬Jerome이 다시 콘스탄츠에서 화형에 처해졌다. 사형장에 있던 한 증인은 이렇게 적고 있다. "두 사람 모두 죽음을 한결 같은 마음으로 맞았다. 그들은 마치 축제에 초대받은 것처럼 불 속으로 서둘러 걸어 들어갔으며, 고통을 드러내는 신음소리는 한 마디도 내지 않았다. 화형이 진행되자 그들은 성가를 부르기 시작했는데, 타오르는 불꽃이나 불이 타오르며 내는 탁탁거리는 소리도 그들의 노랫소리를 막지는 못했다."

공의회가 열렸다. 그들은 교황 요한네스를 죄수로 가두고 여러 가지 죄목을 붙였다. 그는 교황의 지위에서 축출되어 추기경으로 말년을 조용히 보냈다. 연로한 그레고리우스 12세는 교황의 자리를 사임하고 1417년에 사망했다. 그러나 스페인 출신 교황 베네딕투스는 모든 설득을 거절했다. 그는 여전히 자신이 교황이라고 주장하며 영지 안에 바위 같은 요새를 만들어 그 속에 칩거했다. 이에 공의회는 그가 더는 교황이 아니라고 선언하고 그의 뭘 하든 전혀 관심을 두지 않기로 결정했다. 마침내 1417년 로마 귀족

출신인 콜로나Colonna 추기경이 교황으로 선출되어 마르티누스 5세Martinus V로 즉위했다.

이렇게 해서 대분열이 끝났다. 이와 더불어 교황의 권력도 축소되었다. 더는 교황이 절대적인 권력자가 아니었고 공의회에 의해 교황의 자리에서 축출될 수도 있었다. 교황은 유럽 전역 위에서 군림하던 보편적인 권력도 행사할 수 없게 되었고, 이탈리아에 머물면서 유럽의 정치에 관여하는 대신 이탈리아 국내정치에만 관여하게 되었다.

한편 보헤미아에서는 후스의 화형에 항의해서 무장봉기가 일어났다. 체코인들이 자신들의 지도자를 무자비하게 배신해서 화형당하게 만든 지기스문트 황제를 따르지 않기로 결정한 것이었다. 유명한 장님 장군 지슈카Ziska의 영도 아래 낫과 '도리깨'로 무장한 농민들이 유럽을 뒤흔들었다. 체코의 무장봉기를 진압할 십자군이 필요하다는 설교가 전파되었다. 윈체스터의 주교 헨리Henry가 후스의 추종자들을 쳐부수기 위해 성전에 참여했다. 싸움은 여러 해 동안 계속되었다. 오랜 전투경험을 통해 농부들은 전쟁에 익숙해졌고, 더욱 사나워졌다. 이제 그들은 강인하고 복수심에 불타는 전투전문가들이었다. 그들은 매서운 도리깨로 1분에 20번에서 30번까지 내리칠 수 있었으며 한 번 내리칠 때마다 사람 하나씩을 죽일 수 있었다. 그들은 황제와 교황의 군사들을 철저히 증오해서 포로를 잡으면 이마를 불로 지져 십자가를 그렸다. 한편 황제의 군대가 후스의 추종자들을 포로로 잡으면 이마를 불로 지져 술잔 모양을 그렸는데, 그 이유는 보헤미아 사람들은 성찬식 때 가톨릭교도들처럼 빵만 먹는 것이 아니라 포도주도 마셨기 때문이다.

지슈카는 1424년에 죽었다. 1431년에는 지기스문트 황제가 대군을 이끌고 보헤미아로 쳐들어갔다가 쓰라린 참패를 겪어야만 했다. 독일 병사들이 후스 추종자들에게 동조해서 황제를 위해 싸우려 들지 않았기 때문이다. 이후 전쟁은 지루하게 계속되었다. 결국 교황이 사태를 수습하기 위해 보헤미아 사람들에게 바젤에서 개최되는 공의회에 대표를 파견해달라고 요청했다. 이 초청이 결실을 보아 1434년에 지기스문트는 보헤미아의 왕으로 받아들여졌고, 후스파에게는 신앙의 자유가 허락되었다. 많은 가톨릭국가들 중에서 후스파에게만 성찬식에서 포도주와 빵을 동시에 먹을 수 있도록 허락한 것이었다. 이것은 가톨릭교회에 맞서 이룩한 최초의 승리였다.

이탈리아 안에서 교황들은 성스러운 권력을 잃었다. 우르바누스 6세가 밀라노의 폭군 베르나보 비스콘티Bernabo Visconti를 파문하기 위해 두 명의 특사를 보낸 일이 있었다. 베르나보는 특사를 영접해서 나비글리오 강의 다리로 함께 말을 타고 갔다. 폭군은 파문칙서를 꺼내고는 이렇게 질문했다. "먹겠습니까, 아니면 마시겠습니까?" 특사들은 발아래 흐르는 강물의 빠른 물살을 보고는 얼굴이 창백해졌다. 그들은 위험한 물살과 교황 칙서의 뻣뻣한 양피지를 번갈아 쳐다보고는 마침내 기운 빠진 목소리로 먹는 쪽을 선택하겠다고 말했다. 베르나보는 특사들에게 그들이 가져온 칙서를 씹어 먹게 했다. 폭군이 파문칙서를 염두에 둘 리가 없

지 않은가!

　교회는 개혁되지 않았다. 교황들과 추기경들은 이전 어느 때보다 부자가 되었고 돈을 마구 썼으며 전보다 드러내놓고 사악해졌다. 이탈리아 안에서 개혁론자들이 일어나 보다 깨끗한 삶을 설교하기 시작했다. 이 설교자들 중 가장 위대한 사람이 사보나롤라Savonarola였다. 1490년 위대한 군주 로렌초Lorenzo the Magnificent가 이 설교하는 탁발수사의 명성을 듣고는 그를 피렌체로 초청해서 도시의 명성을 드높였다. 사보나롤라는 피렌체로 왔다. 그는 피부가 거무튀튀하고 미간이 좁았으며 걸음걸이도 위태로웠고 과도한 단식으로 몰골이 아주 초췌했는데, 그래서인지 광대뼈는 튀어나왔고 새까만 눈은 불타오르는 듯했다. 그의 목소리는 약했고 동작은 어설프고 보기에 흉했다. 그런데도 그에게는 사람을 끌어들이는 무언가가 있었다. 사람들이 그의 설교를 듣기 위해 구름 떼처럼 몰려들었다. 그는 피렌체의 산마르코 광장에서 설교를 하다가 나중에는 돔 양식으로 만든 두오모 성당으로 옮겼다. 그는 주변에서 보이는 사악한 방종이 나라 전체에 퍼져 있는 것을 보고 그것을 순화시키기로 마음먹은 사람이었다. 그는 낯설고 무서운 표현을 쓰면서 욕정과 악덕 때문에 이탈리아에 내릴 심판의 공포를 무시무시한 전염병과 화재와 죽음에 비유해서 그렸다. 그는 설교단상에 서서 교황과 사제들, 심지어는 자신의 후견인인 메디치Medici가의 로렌초까지 공공연히 비난했다

　로렌초는 피렌체 안에 쾌적하고 아름다운 궁전을 갖고 있었으며 최고의 명사들이 항상 궁정에 모여 있었다. 후기 르네상스 시

기에 이탈리아 사람들은 라틴어와 그리스어를 공부하고 아름다운 고대 다신교의 신화에 심취해서, 기독교의 엄한 가르침에는 관심을 두지 않았다. 그들은 아름답고 풍요로운 것을 좋아했으며 감미로운 쾌락을 즐겼다. 미와 쾌락과 지식과 기술이 그들의 목표였다. 모든 사람들이 깊이 회개하고 지옥을 두려워해야 한다고 생각한 사보나롤라는 재기 넘치는 로렌초를 비난하며, 모든 시민들이 이 독재자에 항거해 일어나 피렌체의 자유를 되찾자고 선동했다. 1492년 로렌초가 죽음을 앞에 두고 있을 때 사보나롤라는 그의 임종 고해신부가 되었다. 검은 피부의 광기 어린 신부가 세상과 시대의 지혜에 밝았던 로렌초의 어둡지만 미묘한 얼굴에 귀를 갖다 대었다. 로렌초는 자신의 죄를 고백하고 '완전한 신앙'을 확인했다.

"그대는 피렌체 시에 자유를 돌려주고 민중의 정부가 자유로운 공화국으로 존속할 수 있도록 하겠는가?" 광기에 찬 수도사는 엄숙한 목소리로 이렇게 물었다. 이러한 질문에 지친 듯, 로렌초는 죽어가는 얼굴을 옆으로 돌려 아무 말도 하지 않았다.

1494년에 프랑스의 샤를 8세가 이탈리아를 침공하자 메디치가는 피렌체에서 도망쳤다. 사보나롤라가 '폭군은 해방자가 오기 전에 도망하리라'는 예언을 한 바 있었는데, 사람들은 그의 예언이 적중했다고 열광했다. 이 무렵 산마르코에 있는 도미니쿠스 수도원의 원장으로 있던 사보나롤라는 피렌체 전역에 영향력을 미치게 되었다. 메디치가가 떠난 이후의 피렌체는 그의 주술 아래 완전히 놓이게 되었다.

이상한 변화가 일어났다. 메디치가가 통치하던 시대에 행해지던 경기와 운동시합과 축제가 사라지고, 사람들이 완전히 종교적으로 변했다. 도시가 갑자기 회색빛으로 바뀌었다. 누구도 밝은 색의 옷을 입지 않았고, 사람들이 무리 지어 손을 깍지 끼고 돌아다니며 자신들의 죄를 뉘우쳤다. 그리고 사악하다고 생각되는 건물이나 물건을 마구 부쉈다. 어린아이들이 무리를 지어 흰옷을 입고는 성가를 부르면서 거리를 순회하고 다녔다. 그들은 왕궁으로 들어가 부도덕하다고 생각하는 동상들을 부수고 아름다운 그림들을 난도질했다. 이 성스러운 어린이들이 시민들 위에 군림하기 시작했지만 누구도 감히 맞서지 못했다. '울음꾼들' 또는 '훌쩍이들'로 불린 사보나롤라의 추종자들이 도시의 주인이 되었기 때문이다.

예수가 피렌체의 왕으로 선포되었다. 시민들이 "비바 크리스토! 비바 크리스토!(Viva Cristo, 예수님 만세!)"를 목청 높여 외치면서 돌아다녔다. 사순절 대축제가 다가오자 커다란 '허영의 모닥불'이 준비되었다. 사보나롤라의 추종자들인 '울음꾼들'이 거리를 엄숙히 행진했으며 아이들로 구성된 '죄 없는 자들'이 시내 순찰을 돌았다. 사람들은 비단, 장식품, 『데카메론』 같은 이야기 책, 세속적인 내용의 시집, 부채, 향수, 거울, 동상, 작은 조각상, 부도덕하다고 생각되는 고전, 그리고 값을 매기기 어려운 그림들을 들고 나왔다. 이제 나이가 들고 다리까지 절게 된 산드로 보티첼리San-dro Botticelli는 광장에 쌓인 물건더미 위에 자신이 그린 소묘들과 그림들을 던져 넣었다. 요란한 성가가 울려 퍼지는 가운데 세속적

보물의 산더미가 타기 시작했다. 완벽하게 만든 수많은 물건들이 잿더미 속으로 사라져버렸다.

한편 사보나롤라의 설교는 점점 더 거칠어지기 시작했고 도시는 강렬한 종교적 흥분 속에서 더욱 광기에 빠져들었다. 수척했으나 극도로 흥분한, 이상한 모습의 사보나롤라는 설교단상에서 예언을 행했다. 사보나롤라는 수도원의 어느 간질 수도사가 예수로부터 영감을 받았다고 믿으며 이 불쌍한 수도사에게 귀를 기울이고 조언을 구했다. 그리고 사람들에게 예수의 재림이 멀지 않았으며 하늘나라에서 천사가 내려와 그 소식을 전해주었다고 말했다.

위대했지만 성질이 사악한, 보르자Borgia 가문 출신 교황인 알렉산데르 6세Alexander VI는 사보나롤라를 로마로 데려오려고 했으나 성공하지 못했다. 교황은 설교를 중단하라고 지시했지만 사보나롤라는 잠시 침묵했을 뿐이다. 그러다 1496년 사순절 설교에서 교황과 성직자들의 사악함을 비난하고 종말이 온다고 위협하면서, 특이하고 엄청난 기적이 일어날 것이라 약속하는 설교를 했다. 종말이 다가오고 있으며 구세주가 피렌체로 오고 있다고 외쳤다. 피렌체 시민들은 흥분해서 광란에 가까운 상태에 빠졌다. 그러나 건전한 정신을 가진 시민들은 중세 초기의 끔찍한 미신숭배로 되돌아가길 원하지 않았다. 도시의 통치자들은 자신들의 도시를 걷잡을 수 없는 상황으로 치닫게 하는 광기를 보고 미친 수도사에게서 등을 돌렸다. 이런 상황을 이용해 교황은 1497년에 사보나롤라를 파문했다. 사보나롤라는 6개월 동안 근신하면서 자신의 수도원 안에 칩거했다. 그러나 그 해 크리스마스에 산마르코 성당에서 미사를 집전했으며, 다음해 2월에는 다시 설교를 시작했다. 사람들은 광적인 흥분에 취했고, 피렌체의 법무장관과 8명의 수도원장으로 구성된 시의회는 사보나롤라에게 설교를 중단하라고 명령했다.

그러자 사보나롤라는 유럽의 군주들에게 서신을 보내 공의회 소집을 촉구했다. 또 한편으로 피렌체에서는 기적이 다가오고 있다고 계속 공언했다. 그러자 그의 반대자는 물론 추종자들까지도 모두 기적을 행해 보라고 요구했다. 프란체스코 수도회의 수도사 한 사람은 만약 사보나롤라가 불 속을 지나갈 수 있다면, 자신도 똑같이 하겠다고 제안했다. 그런데 여전히 사보나롤라는 이것이 신의 섭리를 시험하려는 짓이라고 보았을 뿐이다. 그러나 그는 이미 돌이킬 수 없는 지점까지 와 있었다. 그의 친구들은 모두 그가 기적을 행할 능력을 갖고 있다고 믿고 있었으며, 그의 적들은 그에게 기적을 보이라고 압력을 넣고 있었다. 그는 기적을 행할 것에 동의했다.

커다란 준비 작업이 이루어졌다. 너른 광장에 불을 지를 장작더미가 준비되었고, 불꽃을 뚫고 지나갈 길이 만들어졌다. 1498년 4월 7일, 기적을 보기 위해 수천 명의 사람들이 새벽부터 몰려들었다. 귀족과 부자들은 무대의 관람석과 지정석에 앉았다. 대낮이 되자 프란체스코 수도회의 수도사들이 천천히 한쪽에서 걸어 나오고 또 한쪽에서는 도미니쿠스 수도회의 수도사들이 사보나롤라와 함께 나타났다. 흥분한 군중들은 그냥 앉아 있을 수가 없었다. 그들은 『신약성서』에 기록된 것과 같은 기적을 보고 싶었다.

그런데 먼저 양쪽 사이에 지루한 말싸움이 벌어졌다. 도미니쿠스 수도회에서는 프란체스코 수도사가 자신의 옷에 불에 타지 않는 마술을 걸었기 때문에 모든 것을 다 바꾸어야 한다고 이의를 제기했다. 그들의 요구대로 모든 것이 바뀌었다. 그러자 이번에는 프란체스코 수도회에서 이의를 제기해서, 사보나롤라가 불 속을 지나가면서 성찬식 빵을 손에 들고 갈 수 없다고 주장했다. 그것은 예수의 몸을 불에 태우는 것과 같은 것이라는 이유에서였다. 사보나롤라는 여기에 동의하지 않았다. 극도로 흥분한 군중 앞에서 말싸움은 계속되었다. 시의 지도부가 이 싸움을 말리려고 중재에 나섰다. 그러는 사이 맑은 하늘에 구름이 덮이고 천둥이 울리더니 폭우가 내려서 장작더미를 흠뻑 적셔버렸다. 그날의 행사는 중단될 수밖에 없었다.

군중들은 격노했다. 다음 날 그들은 산마르코 수도원을 공격했다. 사보나롤라와 그의 두 지지자 도메니코Domenico 수도사와 간질병 환자 실베스트로Silverstro 수도사가 체포되었다. 흥분과 단식, 근심과 광기 때문에 극도로 수척해진 사보나롤라는 교황의 명령에 따라 과오를 고백하도록 고문을 받았다. 따라서 자신이 참된 예언자가 아니라고 외친 것은 아마 고통 때문이었을 것이다. 비밀 고문실에서 그가 무엇을 고백했는지 우리가 어떻게 알겠는가? 사보나롤라와 두 추종자는 이단이자 분열주의자, 국가의 반역자로 선포되었고 교수형을 선고받았다.

대광장에 세 개의 높은 교수대가 세워졌다. "전투의 교회와 승리의 교회로부터 그대들을 분리하노니"라고 바소나의 주교가 사보나롤라의 수도복을 벗기면서 이렇게 말했다. 그러자 불운한 산 마르코 수도원장 사보나롤라는 이렇게 말했다. "전투의 교회에서 는 좋다. 그러나 승리의 교회로부터는 아니다. 그것은 너희들이 할 일이 아니다."

세 명은 높이 세운 교수대에 목이 매달렸다. 그들의 몸은 쇠사 슬로 묶였고, 아래에서 불이 타오르기 시작해 결국 재가 되었다. 광장에서 세 십자가를 지켜보던 군중들은 골고다 언덕을 연상하 지 않을 수 없었다. 그러나 그들은 자신들의 예언자를 구하기 위 한 행동은 아무것도 하지 않았다. 그들은 이제 자신들의 예언자를 증오하고 있었다.

사보나롤라는 교회의 악습과 사악함을 개혁하려 했고, 삶을 순 수하고 도덕적으로 고치려 했다. 그러나 그것을 실행하는 방법에 잘못이 있었다. 사람들이 무엇을 해야 하며 무엇이 옳은 일인지를 영혼과 마음으로 느끼게 하는 대신, 그는 옛날의 방식으로 되돌아 갔던 것이다. 그는 마치 마술적인 비밀을 알고 마치 마술적 힘을 가진 사람인 것처럼 떠들었다. 그는 사람들에게 자신이 하늘과 땅 을 열 수 있는 것처럼 믿게 했다. 그는 사람들에게 파괴의 사악한 광기를 불어넣었고, 흥분되는 사건을 쫓으려는 추악한 갈망을 심 어주었다. 그는 사람들에게 초자연적 능력과 초자연적 현상을 갈 망하게 했으며, 그래서 사람들은 인간이 되기를 포기하고 말았다. 사보나롤라의 주문 아래 사람들은 광적인 악마처럼 변해갔다. 이 러한 광인들에게 진리나 미, 행복이나 지혜는 아무런 의미도 없는 것이었다, 그들은 오직 마술적 폭력과 경이로운 공포만을 원했다.

그들은 보르자 가문 출신의 교황이 갈망했던 것 같은 쾌락과 기쁨 대신 고통과 벌과 가혹함을 탐했던 것이다.

그래서 사보나롤라의 거대한 운동은 이탈리아를 공포에 빠지게 하고 구질서를 약화시키는 충격으로만 받아들여졌다. 신앙의 암흑시대를 마지막으로 대표하면서 오히려 퇴보시킨 사보나롤라는 이렇게 종말을 맞았으며, 사기꾼으로 혐오되고 경멸되었다.

XIII

르네상스

이 시기는 위대한 비전이 열리던 때였다. 사람들이 기뻐하고
흥분하는 것도, 새로운 세상과 새로운 땅을 찾아 떠난 것도
놀라운 일이 아니었다. 바야흐로 앞에서는 미래세계 전체가,
뒤에서는 위대한 과거 세계 전체가 열리고 있었다.

In these days great visions opened. No wonder men were
excited and glad, no wonder they set off in search of new
worlds, new lands on earth. Here was a whole world of
the future opening ahead, a whole grand world of the past
opening behind.

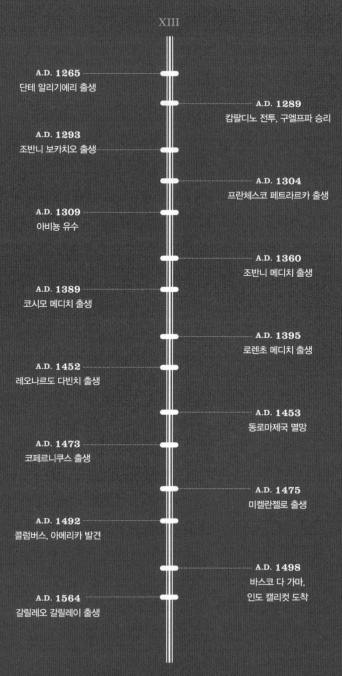

A.D. 1265
단테 알리기에리 출생

A.D. 1289
캄팔디노 전투, 구엘프파 승리

A.D. 1293
조반니 보카치오 출생

A.D. 1304
프란체스코 페트라르카 출생

A.D. 1309
아비뇽 유수

A.D. 1360
조반니 메디치 출생

A.D. 1389
코시모 메디치 출생

A.D. 1395
로렌초 메디치 출생

A.D. 1452
레오나르도 다빈치 출생

A.D. 1453
동로마제국 멸망

A.D. 1473
코페르니쿠스 출생

A.D. 1475
미켈란젤로 출생

A.D. 1492
콜럼버스, 아메리카 발견

A.D. 1498
바스코 다 가마,
인도 캘리컷 도착

A.D. 1564
갈릴레오 갈릴레이 출생

THE RENAISSANCE

아마도 유럽의 역사 2,000년 동안 가장 놀라운 세기는 15세기였다. 이 시기에는 이전 어느 시기에도 없던 위대한 화가, 시인, 건축가, 조각가, 과학자, 학자들이 존재했다. 이 시기 사람들은 민감하고 예민하며, 열정과 상상력이 넘쳤으며, 생명력으로 가득차 있었다.

이 눈부신 세기는 이탈리아에서 가장 영광스럽게 등장했다. 그러나 실제 이 영광의 시초는 이미 2세기 전에 나타나기 시작했다. 1250년에 이미 피렌체의 고위층 시민들이 휘황찬란하게 궁전을 짓고 동업조합을 설립하면서, 도시가 생기에 차고 발랄해져서 위대한 일들이 일어날 준비를 갖추고 있었다. 1265년에는 피렌체 최초의 세계적 인물인 단테 알리기에리Dante Alighieri가 태어났다.

그는 부유한 시민의 아들로 시대가 제공하는 최고의 교육을 받았다. 이 무렵 학교들은 예외 없이 수도원에 소속되어 있었다. 대학에서도 교수진의 핵심은 수도사들이었다. 요새처럼 보호되는 수도원에서 평화와 은둔을 누리면서 수도사들은 수백 년 동안이나 세상에 존재하는 모든 서적을 읽는 데 전념할 수 있었기 때문이다. 수도원의 도서실에는, 양피지에 손으로 쓴 유럽의 모든 장서들이 조심스럽게 소장되어 있었다. 수도사들은 묵묵히 나무의자에 앉아 라틴어로 쓴 고서들을 천천히 우아하게 필사했고, 때로는 색을 넣어 아름다운 그림까지 그리면서 새롭고 깨끗한 책을 만들었다. 그들은 고전을 베끼면서 동시에 공부도 했다. 가장 학문이 깊은 사람은 평화로운 수도원의 울타리 안에 설립된 학교에서 매일 가르치거나, 외부에 설립된 대학으로 가서 강의를 하거나, 귀족들의 궁전에 모인 젊은 사람들을 가르치거나, 또는 부유한 가정에 가서 가정교사를 하기도 했다.

단테도 처음에는 집에서 사제로부터 교육을 받다가 학교로 가서 여러 과목을 나누어 가르치는 전문교사들로부터 교육을 받았다. 그는 서른다섯 살이 될 때까지는 대학에 가지 않고 피렌체 시내에 머물렀다. 당시 관행으로는 이례적이었다. 중세에 사람들은 자기 대학교, 예컨대 옥스퍼드 대학교의 교수와 박사들의 강의를 다 듣고 나면, 학생이 입는 회색 옷을 입고는 걷거나 말을 타고 잘 닦여지지 않은 길을 따라 다른 대학으로 옮겼다. 이런 식으로 많은 영국 청년들이 북부지방에서는 옥스퍼드 대학으로 갔으며, 옥스퍼드 대학에서 몇 학기를 지내고는 다시 프랑스나 이탈리아로 가기 위해 남쪽으로 발길을 돌렸다. 사람들은 그들의 옷을 보고 학생임을 금세 알아차렸으며 학식 때문에 그들을 존경했다. 학생이 수도원에 도착하면 즉시 손님으로 받아들여졌다. 이 학생은 며

유럽사 이야기

칠 동안 수도원에 지내면서, 수도원장과 책을 사랑하는 수도사들과 함께 공부한 주제를 토론하고, 도서관에서 책을 읽었다. 그러고는 그 수도원을 칭송하는 시를 라틴어로 한 편 쓰고 다시 여행 길에 올라 유명한 파리 대학으로 갔다. 그리고 거기서 저명한 교수의 강의를 듣기 위해 얼마 동안 정착했다. 파리 대학에서의 체류가 끝나면 그 학생은 다시 길을 나서 천천히 걷거나 말을 타고는 이탈리아로 내려가 유명한 볼로냐, 파도바, 살레르노 대학으로 갔다. 그에게는 노자가 거의 필요 없었다. 경우에 따라서는 편지를 대필해 주거나 서사書士 노릇을 하면서 돈을 벌기도 했다. 그가 대학교에 도착하면 항상 그를 환영하는 분위기가 조성되어 있었다.

당시의 유럽은 지금의 유럽이 아니었다. 어떤 사람이든 일단 기독교도라면 모든 나라가 그의 조국이었다. 어디로 가나 그가 속한 유일무이한 교회가 있었으며 그는 그 교회의 아들이었기 때문이다. 교육받은 사람이라면 라틴어로 말을 했는데, 이 라틴어는 모든 교회의 언어이면서, 어느 정도 지체가 있는 유럽인의 언어이기도 했다. 그 사람이 영국인이든 프랑스인이든 스페인인이든 무슨 상관이 있었겠는가? 그는 유럽인이었으며 기독교세계의 구성원이었다. 그는 모든 사람이 여행하는 길을 따라 여행했으며 큰길 주변에는 어디에나 유럽인이 살고 있었다. 사람들은 외국인이나 외국어에 대해 특별히 신경을 쓰지 않았다. 문명화한 나라에는 언제나 이국인 집단들이 많았고, 사제들은 어느 나라에도 소속될 수 있었기 때문이다. 그래서 이탈리아를 떠나는 학생은 알프스를 지나고 독일을 통과해 집으로 가기 위해 북부대로를 차분한 마음으로 들어섰다. 그는 때로 걸어가는 방법을 택했는데, 길을 나서는 마음에는 아무런 두려움도 없었다. 그는 콘스탄츠 호 근처의 성 갈St. Gall 수도원으로 가서 문지기에게 인사를 했다. 누구도 그가 영국 사람인지 아일랜드 사람인지 독일 사람인지 또는 이탈리아 사람인지 묻지 않았다. 그는 수도사들에게 라틴어로 말을 걸었고, 그러면 즉시 그들의 일원으로 받아들여졌다. 저녁이 되면 그들은 서로 모여 앉아 잡담도 하고 토론도 했다. 그러므로 많은 영국인, 아일랜드인, 스페인인, 아탈리아인이 성 갈 수도원에 다녀갔음을 알 뿐이다. 일부는, 거친 아일랜드 학생들조차도 그곳에 남아 수도사가 되었으며 또 일부는 독일 농부들의 교구사제가 되기도 했다. 이런 식으로 어느 때나 대규모 교류가 조용하게 진행되었다. 15세기 이후 국경이 고정된 경계선으로 정착될 때까지, 유럽은 하나로 통일된 교회의 영역이었다.

중세에는 학문이 힘들고 재미없는 업종이었다. 학문에서 4대 과목은 신학, 천문학, 수학, 역사였다. 물론 이들 과목의 강의는 라틴어로 행해졌다. 중세의 교수들은 학문을 두 가지 분야로 나누어 가르쳤다. 3과인 트리비움Trivium은 문법, 논리학, 토론법 혹은 수사학 혹은 웅변이며, 4과인 쿼드리비움Quadrivium은 수학, 기하학, 음악, 천문학이었다. 많은 불쌍한 학생들이 4과의 어설픈 난해함 때문에 울었고, 또 많은 학생들이 3과를 터득하느라 골머리를 앓았다.

그러나 단테는 교수들의 큰 도움 없이도 7개 분야의 모든 중세

유럽사 이야기

학문에 깊이 정통했다. 피렌체의 자기 집에서 그는 살 수 있거나 빌릴 수 있는 책을 혼자 모조리 탐독했다. 그리고 피렌체 시립도서관에 들어가 배울 수 있는 것은 전부 배웠다. 그는 배우고 사색하는 일에서 큰 행복을 느꼈다. 학문과 사색은 그에게 마음의 풍요를 주었고 유쾌하게 만들었다. 그는 친구나 학문이 깊은 수사들을 만나 몇 시간씩 깊이 있는 대화를 나누었고 그것을 즐겼다. 심각하고 열정적인 대화를 나누기 위한 모임을 갖는 것은 중세에서 찾을 수 있는 즐거움 중 하나였다.

단테가는 구엘프파에 속했다. 청년시절 시인 단테는 피렌체 시의 당쟁에 깊이 개입했다. 1289년 토스카나의 여러 도시들에서 규합된 기벨린파가 피렌체의 구엘프파와 캄팔디노 전투에서 만났다. 당시 스물네 살이던 단테도 이 전쟁에 참가한 것으로 전해지고 있다. 싸움은 구엘프파의 승리로 끝났으며 기벨린파는 피렌체에서 다시는 고개를 제대로 쳐들 수가 없게 되었다. 토스카나 도시연합군에 대한 이 승리는 피렌체 시를 마침내 토스카나의 여왕으로 만들었다.

청년 시절 단테는 아름다운 베아트리체Beatrice를 만났거나 알고 있었을 것으로 보인다. 그가 그녀와 대화를 나누었는지에 대해는 알려지지 않고 있다. 그러나 그는 만년의 모든 시기에 걸쳐 베아트리체에 대한 아름다운 추억을 되새겼다. 그는 최초의 시집 『신생La Vita Nuova』에서 그의 섬세하고 감동적인 사랑 이야기를 전하고 있다. 그러나 이 시절 단테는 이미 결혼해서 가족들과 행복한 생활을 하고 있었다. 따라서 그가 사랑한 것은 현실적 존재인 개인이 아니라 그 자신의 비전(미래를 지향하는 환상)이었다. 단테에게 베아트리체는 인간이 순수한 사랑으로 한 여인을 사랑할 때 순수하면서 정신적으로 다가올 수 있는 인생의 비전과도 같은 것이었다. 그것은 나중에 유럽은 경험하게 되지만 단테 자신은 경험하지 못한, 보다 정신적이고 보다 열정이 없던 시기의 비전이며 환영이었다. 만약 단테가 그녀와 결혼을 했더라면 그녀는 그에게 그런 환영으로 남아 있지 않았을 것이다. 실제 단테가 필요로 했던 사람은 현실의 여성이 아니라 아름다운 이상이었다. 그렇기 때문에 베아트리체와의 이별에 대한 슬픔은 사실상 그의 애틋한 즐거움이기도 했다.

단테는 큰 동업조합 중 하나인 의사협회의 회원이었다. 1300년에 그는 이 협회의 선임회장단 중 한 명이 되어 있었다. 피렌체 시에는 의류직물조합, 환전상조합, 모직물제조업자조합, 의사 및 약사협회, 견직물 제조업자 및 포목상조합, 피혁 및 모피제조업조합 등 6개의 동업 조합이 있었다. 선임회장단은 두 달마다 선출되었으며, 이 기간 동안 그들은 사실상 시의 운영을 책임지는 시장이나 마찬가지였다.

늘 그랬듯이 단테의 회장단 재임 기간에도 심한 당쟁이 있었다. 단테와 다른 회장단이 상대방 정적을 도시 밖으로 추방했다. 보다 지체가 높은 귀족들로 구성된 반대파 정적들은 교황 보니파키우스 8세에게 호소했다. 보니파키우스는 프랑스 군대를 토스카나로 불러들였다. 1301년 발루아의 샤를이 피렌체에 입성했다. 1302년 1월 단테는 사랑하는 그의 고향인 도시를 떠나 영원한 망명길에 올랐다.

유럽사 이야기

그는 이제 방랑자가 되었다. 그러나 머물 곳이 없는 것은 아니었다. 그는 학식과 교양이 깊은 사람이었고 이런 사람은 그 시기 유럽의 어디에서든 환영을 받았다. 그에게 동정적인 귀족들이 집으로 그를 초대했다. 그리고 망명한 단테에게 거대한 성채의 두터운 성벽 안에 있는 작고 소박한 방을 제공했다. 단테는 그곳에서 저술을 하는 동안 작은 창문을 통해 야생의 산비탈과 강물을 내다보고는 했다. 그는 『신곡*La divina commedia*』이라는 장편 서사시를 이렇게 썼으며, 그것은 세계문학에서 가장 위대한 걸작의 하나가 되었다. 영광스런 손님이기는 하지만 무일푼이던 단테는 외로운 방에서 시를 쓰다가 글쓰기를 중단하고는, 싸늘하고 커다란 돌계단을 내려가 영주의 가족이 식사를 하는 대청에 들어가서는 영주나 사제들과 함께 담소를 나눴다. 남의 호의에 의지해야 하는 생활의 쓰라림을 그는 알고 있었지만, 평화 속에서 시작詩作에 전념할 수 있고 관대한 사람들과 담소를 즐기는 행복도 맛보았으리라고 우리는 추측할 수 있다. 특히 단테는 베로나에 사는 그의 친구 칸그란데 델라 스칼라Cangrande della Scala의 성에 머무는 것을 좋아했다.

어떨 때는 대학의 초빙을 받아 떠나기도 했는데 항상 따뜻한 환영을 받았다. 그는 볼로냐, 파도바, 파리 대학으로 순회강연을 갔는데, 심지어 옥스퍼드 대학에도 초빙되었을 것으로 보인다. 단테는 박사들의 강의를 들었고, 자신이 직접 강의실 문을 열고 들어가 자신의 방식으로 강의를 하기도 했다. 틀림없이 그는 강의에 참석한 사람들 중 여유 있는 이들로부터 강사료를 받아, 생계를 위한 돈을 충당했을 것이다.

단테는 만년의 3년을 라벤나에서 보냈다. 야만인들이 이탈리아를 침공했을 때 로마제국의 마지막 황제들이 늪지대 뒤에서 숨어서 지냈던 이 고도古都는 이탈리아 양식과 비잔티움 양식이 반반으로 섞여 있는 도시였다. 라벤나에서 단테는 두 아들과 딸을 데리고 그의 귀족 친구이기도 한 귀도 다 폴렌타Guido da Polenta의 집에서 손님으로 지냈다. 거기서 야생의 평지인 전원과 오래된 늪지대를 내려다 볼 수 있었다. 그들은 아드리아 해의 해안으로 자주 나갔으며 인근의 대성당들도 들렀다. 단테는 1321년에 사망했는데, 그의 시신은 프란체스코 수도회 소속 교회의 성모 예배당에 묻혔다.

단테는 '신앙의 시대'라고 불리던 위대한 중세의 종반부를 살았다. 그의 대작 『신곡』은 지옥을 방문하는 환상을 그리고 있는데, 구세계의 자만심과 욕정 때문에 격정적이며 정열적이었던 사람들이 지옥에서 고통 받는 이야기가 등장한다. 지옥 다음에는 그나마 희망이 보이는 연옥으로 간다. 마지막으로 단테는 베아트리체에 의해 천국으로 인도된다. 이것은 야만적인 세계의 낡고 오만하고 교만한 폭력이, 로마인들은 이미 알고 있는 그런 희망에 찬 문화의 세계로 들어가는 것을, 말하자면 새로운 기독교 세계의 정신적 평화와 평등에 도달한다는 비전을 의미한다.

이 새로운 기독교 세계는 단테가 파악할 수 없는 경지였다. 그래서 그에게 천국은 지옥보다 훨씬 덜 생생한 곳이었다. 그가 가장 잘 아는 세계는 지옥에서 벌을 받는, 과거의 소란스럽고 난폭한 정열의 세계였다. 정신적 행복은 그의 세계가 아니었다. 그는 구세계에 속해 있었다.

단테 다음으로 위대한 문인은 페트라르카Petrarca였다. 그도 피렌체 사람의 아들이었다. 그의 아버지는 단테를 추방한 법령에 의해 추방되자 아레초에서 은거하기로 했는데, 1304년 거기에서 페트라르카가 태어났다. 페트라르카도 공부를 좋아했다. 그는 피렌체 근처의 아르노 강에 있는 어머니의 자그마한 영지에서 수년 동안 어머니의 손에 의해 자랐다. 그러다가 그의 가족은 피사로 옮겨갔고, 그의 아버지는 다시 아내와 자식들을 데리고 아비뇽으로 옮겨갔다. 법률가였던 아버지는 그곳에서 교황청과 연관된 일들을 많이 하게 되었음이 확실했다.

열다섯 살이 되었을 때 젊은 페트라르카는 아비뇽에서 몽펠리에 대학으로 보내졌다. 중세에는 몽펠리에 대학이 법학과 의학 연구로 가장 유명한 곳이었다. 그는 그곳에서 법률을 공부하기로 되어 있었다. 그러나 법 대신에 로마의 옛날 책들을 입수하게 되었고, 아우구스투스 시대의 저술가들에게 매료되었다. 그는 법학 공부 대신 베르길리우스의 장엄한 이교도 시와 키케로의 이교도 논문을 자세하게 읽고 그것에 빠졌다. 이 시인과 철학자의 글은 너무나 장엄하고, 아름다운 인상과 풍요롭고 심오한 사상으로 가득해서, 어떤 기독교 저술보다 강렬하게 그를 감동시켰다. 이 무렵에는 유럽 문명에 관한 저서도 없었고 과학도 거의 연구되지 않았기 때문이다.

페트라르카는 몽펠리에에서 볼로냐로 갔다. 그러나 거기에서도 법학 공부에는 신경을 쓰지 않았다, 그는 고대 라틴어 원고들을 수집해서 위대한 로마의 이교도 작가들의 글을 읽었다. 그의 아버지가 아들을 보러 볼로냐로 왔다가 아들이 법학 공부에서 거의 발전이 없다는 사실을 알게 되었다. 아버지는 귀중한 고전 원고들로 가득한 아들의 작고 아담한 서재를 보고 그것들이 아들의 법학 공부를 방해한다는 것을 깨달았다. 아버지는 즉시 마당에 불을 피우게 해서 고서들을 모조리 불 속에 던져버렸다. 그가 아끼는 키케로와 베르길리우스의 저서들을 아버지가 불 속에 던지자 젊은 시인은 너무나 가슴 아프게 울었다. 그 바람에 단호하던 노 법률가도 마음을 바꿔 불이 붙기 전에 책들을 다시 꺼낼 수밖에 없었다.

법학 공부를 계속 하도록 고집하는 것은 소용없는 일이었다. 그러나 이 젊은이는 너무나 공부를 좋아했다. 그는 성직자의 길을 택해 사제가 되었다. 거기서 그는 행복을 느꼈다. 그는 교회 안팎으로 친한 친구를 많이 사귀게 되었다. 그는 이 친구들과 평생 동안 교우관계를 유지하면서, 그들을 만나 담소하고 함께 승마를 즐기며 서로 생각을 교환하는 데서 즐거움을 찾았다. 그는 친구들 모두에게 이교도 로마 작가들의 옛날 원고를 찾아내게 해서, 수많은 값진 보물들을 구해냈고 오늘날까지 보존되게 했다. 1333년 페트라르카는 아비뇽을 떠나 북부 유럽을 여행했다. 파리에서 얼마 동안 머물다가 헨트주와 리에주로 갔으며, 거기서 큰 주교도시 쾰른으로 옮겼다. 그는 수많은 사람들을 만나 그들과 훌륭한 대화를 나누었다. 그러나 그에게 가장 큰 모험은 오래되고 알려지지 않은 라틴어 원고들을 찾는 일이었다.

그는 생의 많은 부분을 아비뇽에서 보냈다. 그는 교황청의 타락을 공격했지만 오래된 교황의 도시나, 적어도 그 주변에 사는 것에는 만족했다. 그는 지나치게 활달한 교황의 도시에서 16킬로미터쯤 떨어진 곳으로 옮겨갔기 때문이다. 보클뤼즈에 정착해 자그마한 집을 장만했는데, 산과 목장으로 둘러싸여 있었으며 근처에는 작은 강이 흘렀다. 그는 이곳에서, 햇볕이 잘 들고 조용하기 그지없으며, 또 잎과 꽃이 무성한 아름다운 정원을 가꾸면서 공부에 몰두했다. 그는 자주 혼자서 산에 올라 산책을 즐겼다. 이 무렵 사람들은 그 이전 어느 때보다 풍경과 자연의 아름다움에 눈을 뜨기 시작했다. 찾아온 친구들과 포도주를 마시며 경이로움으로 가득 찬 인생에 대해 이야기하고 그동안 찾아낸 놀라운 서적들을 토의했으며, 처음으로 마음속에 깨닫기 시작한 아름다운 고대 로마의 사상들을 논했다.

페트라르카는 아비뇽에서 그가 사랑했고 그의 불후의 시를 헌정한 유명한 라우라Laura를 만났다. 그가 쓴 사랑의 소네트는 셰익스피어조차 시의 기교를 배운 모범이었다. 라우라는 이미 결혼을 해서 여러 명의 아이를 둔 몸이었으며, 페트라르카도 사제의 신분이었다. 따라서 두 사람의 사랑은 환상적이며 이상적인 것일 뿐이었다. 물론 라우라는 베아트리체와 단테의 관계보다는 현실에 가까웠다. 그러나 그녀는 피와 살을 가진 여인이라기보다는 정신적이며 환상적인 존재였을 뿐이다. 라우라는 1348년에 대규모의 전염병, 흑사병에 걸려 죽었다.

세계를 뒤흔든 유명한 편지들과 논문들과 시들을 포함하는 페트라르카의 저서들은 대부분 라틴어로 씌어져 있어, 학식이 있는 사람들을 위한 것이었다. 그러나 라우라에게 바친 시들은 모두 순수한 이탈리아어로 씌어졌다. 단테의 위대한 시와 페트라르카의 시는 진정한 근대문학의 시작을 알리는 것이었다. 페트라르카의 친구들은 하찮은 이탈리아 말로 시를 써서 소중한 시간을 낭비한다고 그를 질책했다. 그러나 지금에 와서 라틴어로 감정을 표현한 글은 모두 잊혔지만, 당시에는 무시당했던 이탈리아어로 쓴 시가 가장 아름답고 가장 생동감 있는 작품으로 읽혀지고 있다.

1341년 페트라르카는 아비뇽을 떠나 나폴리에 있는 로베르토 왕의 궁으로 갔다. 거기서 그는 매우 환대를 받았다. 이미 그는 영감이 넘치는 서한과 시로 전 유럽에서 유명인사로 부상해 있었다. 1341년에는 로마 카피톨 언덕 위에서 원로원이 주는 시인의 면류관을 쓴 바도 있었다. 왕들은 그의 이름을 익히 들어 그를 존경하고 있었다. 그는 이탈리아에 대한 열정적인 사랑으로 넘쳤으며, 왕들과 통치자들에게 보낸 그의 편지는 역사의 흐름을 결정하는 데 큰 역할을 했다. 그는 단테가 그랬듯 이탈리아의 통일을 갈망했다. 단테가 구세계의 그림자 끝부분에 서 있었다면 페트라르카는 근대세계의 시작점에 서 있었다.

페트라르카는 1374년 파도바 근처 에우가니아 언덕에 있는 자신의 집에서 죽었다. 자신의 고향에서 죽은 셈인데, 파도바는 피렌체 인근이었기 때문이다. 그는 자신의 귀중한 서적들을 베네치아 시에 기증했다.

이 시대에 세 번째로 유명한 이탈리아 작가는 보카치오Boccaccio였다. 그는 페트라르카의 친한 친구였다. 보카치오도 1293년에 피렌체에서 태어났다. 그의 아버지는 피렌체의 상인이었다. 스무 살이 되자 젊은 보카치오는 상업에서 경험을 쌓기 위해 나폴리에 있는 상업회계사 사무실로 보내졌다.

이 무렵 나폴리는 휘황찬란한 도시였다. 프랑스 앙주 가문의 왕이 아직도 나폴리 왕국을 통치하고 있었다. 로베르토 왕은 과거 호엔슈타우펜 왕조 시절을 연상시키는 밝고 쾌적한 작은 궁정을 유지하고 있었다. 젊은 보카치오는 이 화사한 궁정에 소개되었다. 성품이 활달하고 유쾌한 보카치오는 궁정에서의 생활에 매우 만족했다. 그는 부자였고 친절했으며 피렌체의 훌륭한 가문에서 태어나 진실로 학자다운 학자였다. 그래서 로베르토 왕은 그를 궁정의 장식처럼 데리고 있었고, 피렌체 공화국과 교섭할 사안이 있으면 외교관으로 자주 채용했다.

보카치오는 일생 동안 유복한 상인으로 살았으나 학문을 사랑하고 시를 좋아하는 마음을 결코 버린 적이 없었다. 나폴리에서 그는 눈부시게 아름다운 피아메타Fiammetta라는 여인을 만났는데, 그녀는 보카치오를 통해 유명한 여성이 되었다. 단테와 페트라르카의 경우와 마찬가지로 보카치오도 그가 사랑하는 여인과 결혼할 수 없었다. 그녀도 이미 결혼한 몸이었기 때문이다. 그러나 그는 불평하지 않았다. 그들은 자주 만나 시골에서 사냥을 하거나 궁중의 무도회에서 춤을 추는 등 행복한 시간을 보냈으며, 산 속에 있는 아름다운 별장에서 만나 함께 책을 읽기도 했다. 또 때로는 명랑하고 아름다운 남녀들과 함께 섞여 나무 아래에서 이야기를 들려주기도 하고, 시 낭송을 듣거나 들판에서 게임을 하기도 했다. 남녀 일행 모두 부유하고 드문 재능을 지녔으며 성격이 명랑한 사람들이었으며 인생의 즐거움을 추구하는 사람들이기도 했다,

1350년 보카치오는 대흑사병이 끝난 직후에 피렌체로 돌아왔고, 100편의 이야기를 이탈리아어로 쓴 『데카메론 Decameron』을 발표했다. 데카메론의 서론은 피렌체에서 일어났던 흑사병이 얼마나 무서웠던 것인지를 서술하고 이 질병을 피해 귀부인들과 신사들이 시골의 아늑한 별장으로 가게 된 상황을 밝히고 있다. 그러나 이 별장에 도착한 남녀들이 들려주는 이야기는 명랑하고 재미있는 내용으로 몇몇 이야기는 슬프고 감동적이기도 하지만 비극적인 이야기는 하나도 없다.

『데카메론』속 100편의 짧은 소설들이 보카치오의 가장 유명한 대표작들이다. 이야기들은 유쾌하고 쉬운 이탈리아어로 씌어 있어 오늘날에도 이 글을 읽기에 그다지 어려움이 없다. 이 이야기들은 근대 이탈리아어의 전형이 되었다고 알려져 있다. 확실히 보카치오의 글이, 단테의 어둡고 어려운 고대 이탈리아어나 페트라르카의 보다 학문적인 고대 이탈리아어보다는 우리들에게 가까운 것이 사실이다.

페트라르카와 마찬가지로 보카치오는 항상 훌륭하고 확실한 라틴어로 글을 쓰지 않는다고 비난을 받았다. '유럽의 언어들'로 불리던 지방 방언은 지식인들 사이에서는 멸시되고 있었다. 보카치오는 대단히 학식이 많은 사람이었다. 피렌체에 있는 그의 커다란

궁전은 유쾌하고 똑똑한 학자와 시인과 귀부인들로 항상 붐볐다. 보카치오가 알고 사귀기에 대단히 활달하고 유쾌한 사람으로 비쳤으리라는 것은 확실하다. 실제로도 대단히 섬세하면서도 다른 사람들에게는 친절하고 관대하며 인내심이 많아서, 근엄한 단테나 학문적인 페트라르카보다 더 사랑받았다.

이 무렵 그리스 사람들이 콘스탄티노플에서 나와 유럽의 신도시들을 찾기 시작했다. 콘스탄티노플이 침체되고 있는 반면 베네치아, 피렌체, 로마, 밀라노가 매년 새롭게 발전하고 있었다. 이 시절 동방을 제외하고는 유럽에서 그리스어를 아는 사람은 거의 없었다. 페트라르카도 호메로스와 폴라톤에 대해 듣기야 자주 들었지만 원전으로 그들의 저서를 읽을 수는 없었다. 그는 진심으로 그리스어를 배우고 싶었다. 그러나 그에게 그리스어를 가르쳐줄 사람이나 책이 주변에 없었다. 훌륭한 그리스어가 유럽인들에게 차단된 셈이었다. "나에게는 호메로스가 있지만 호메로스는 나에게 벙어리이고 나는 그의 앞에서 귀머거리다"라고 페트라르카는 개탄했다.

그런데 이제 이탈리아의 도시에 그리스어 교수들이 나타나기 시작했다. 이들 중 피렌체에 첫 번째로 온 학자 중 한 사람이 보카치오의 집에 초청되어 거기서 머물기 시작했다. 보카치오는 직접 그리스어를 배우고 피렌체 대학에 그리스어 교수직을 설립하도록 돈을 기증했다. 왔다가 금방 돌아가곤 하면서 만족을 모르는 비잔티움 사람들의 배은망덕하고 안달복달하고 악의적인 작태에 대해 이 친절한 피렌체 사람은 항상 신사적이고 관대했으며, 이방인의 자그마한 배신에 신경 쓰지 않고 언제나 머물 집을 제공했다. 유식한 그리스인을 집에 둔다는 것은 보카치오에게는 재물을 얻는 것과 같은 것이었기 때문이다. 그에게 호메로스와 플라톤과 헤로도토스를 읽을 수 있다는 것은 풍부한 사상으로 가득 찬 과거의 신세계를 여는 것과 같았다.

이 시기는 위대한 비전이 열리던 때였다. 먼저 장엄한 과거가 인간에게 비전과 아름다운 모험과 놀라운 생각들을 제공했다. 마치 영혼과 정신이 과거에는 독단적 신앙이라는 낡고 좁은 상자에 유폐되어 있다가, 이 시기에 와서 해방되어 자유롭고 순수한 사상과 깊은 이해라는 찬란한 공간속으로 들어간 것과 같았다. 사람들이 기뻐하고 흥분하는 것도, 새로운 세상과 새로운 땅을 찾아 떠난 것도 놀라운 일이 아니었다. 그래서 그다음으로 위대한 선원들이 대양을 건너 미국과 남아프리카를 발견했던 것이다. 바야흐로 앞에서는 미래 세계 전체가, 뒤에서는 위대한 과거 세계 전체가 열리고 있었다.

이 시기를 '르네상스Renaissance', 즉 '재생'이라 부르는 것도 놀라운 일이 아니다. 어둡고 폭력적인 중세에서 인간은 살아 있기는 했으나 맹목적이고 탐욕적이었다. 그러나 14세기와 15세기에 오자 이러한 상태에서 깨어났다. 인간의 정신은 번데기 상태에서 벗어나 공중으로 날아오르는 나비와 같았다. 신세계 전체가 새롭게 눈앞에 펼쳐지고 있었다. 게걸스럽게 먹어대기만 하던 애벌레 시절의 비좁은 세계가 사라지고 하늘과 땅 모두 눈부시게 반짝거리고 있었다.

유럽사 이야기

르네상스와 함께 인간에게는 새로운 삶의 방식이 전개되었다. 인간은 이제 싸우고 정복하고 소유하기 위해 사는 것이 아니라 생산의 기쁨과 물건을 만드는 기쁨으로 살았다. 유럽은 싸우고 단식하고 십자군 원정을 떠나는 대신 직물을 짜고 일하기 시작했다. 그리고 생산된 상품은 교환되어야만 했다. 상업을 위해 안전한 육로와 바닷길이 필요해졌다. 그러자 평화가 전쟁을 누르고 대승리를 거두기 시작했다.

르네상스는 학문의 부활만을 뜻하지 않는다. 그것은 새로운 삶의 방식을 총체적으로 의미하는 것이다. 사람들은 점점 더 자유로워졌다. 제국과 교황청 같은 거대 조직은 무너지고, 인간은 이런 거대한 제도의 울타리에서 풀려났다. 풀려난 수백만의 사람들을 손에 넣기 위해 왕이 나섰다. 하지만 왕이 일어나자 상업도 일어났다. 현실에서 왕이란 전쟁 사령관이자 전쟁의 지도자다. 상업은 왕을 필요로 하지 않았다. 그러니 상업의 힘이 늘어날수록 왕의 힘은 줄어들었다. 하지만 상업보다도, 심지어 산업보다도 더 막강한 힘을 가진 무언가는 따로 존재했다.

이 거듭남의 시기에, 황제와 교황은 몰락하고, 그 대신 위대한 왕과 공작과 전제군주가 눈부시게 빛을 발했다. 교황은 다른 이탈리아 도시국가의 지도자인 공작과 전제군주보다 나을 것이 없었다. 왕과 공작 곁에서 상업과 산업이 거의 눈에 띄지 않게 서서히 솟아올라 왕의 지배 전체에 어두운 그림자를 드리웠다. 그리고 서서히 솟아오르는 상업의 홍수에 맞서 학문과 지혜와 지식의 힘이 거의 보이지 않게 움직이고 있었다. 황제가 통치를 했고 다음에 교황이 군림했으며, 왕과 군주와 공작의 차례가 되었다가, 이번에는 상업이 세상에서 완전한 힘을 발휘하게 되었다. 이제 남은 것은 이전에는 없었지만 이제는 반드시 등장하는 지혜와 순수한 지식의 마지막 통치다.

보카치오 시절 피렌체의 인구는 100,000명 정도로 추산되고 있다. 런던의 인구는 겨우 50,000명 정도였다. 이 무렵 피렌체의 직물 산업은 1년에 수백만 플로린을 벌어들이고 있었다. 그래도 다른 나라에 줄 원료대금을 갚는 것은 대단히 어려운 일이었다. 영국에서 사들인 양털 대금이나 플랑드르의 옷감 대금을 지불하는 일은 간단하지 않았다. 돈이 계속 바뀌고 있어 올해 쓰던 돈이 다음 해에는 가치 없는 것이 되기도 했기 때문이다. 초기에는 돈 많은 유대인들이 모든 종류의 돈을 갖고 있었다. 그래서 피렌체가 부유한 유대인에게 피렌체의 돈을 지불하면 그는 자신의 금고에서 영국 돈을 꺼내 대신 지불해서 피렌체의 빚을 영국에 갚아주었다. 그리고 이 거래에서 엄청나게 큰 수수료를 챙겼다. 그러다가 교황의 대리인이나 주교와 추기경의 비서들이 한 나라에서 다른 나라로 돈을 가져갈 수 있는 권한을 부여받자, 이것이 교황청의 세입을 늘리는 수단이 되었다.

그러나 곧 피렌체의 상인들은 자신들의 회계사무소에 환전을 전담하는 부서를 따로 세웠다. 그들은 모든 나라에서 찍어내는 주화를 다 받았다. 그래서 그들은 어느 나라에서 온 사람에게도 그 나라의 돈으로 대금을 지불한 다음 수수료를 부과했다. 나중에는 대금으로 주화 대신에 약속어음을 받았다. 그들은 어음을 믿고 상인에게 돈을 지불했으며 나중에 현금을 지불해줄 때까지 기다렸다. 대금 지불의 지연에 대해서는 약간의 수수료를 물게 했다. 이렇게 함으로써 돈이 돈을 낳았다. 시간이 흐르면서 은행 상인들은 거액의 현금을 군주나 국가에 빌려주고 고액의 이자를 받아냈다. 근대의 거대 은행 체제는 이렇게 시작되었다.

당연히 이런 거래에는 모험이 따랐다. 1345년 영국의 에드워드 3세가 부채변제를 거부하자 피렌체 시에는 커다란 고난이 닥쳤다. 왕이 피렌체 시에 거액의 빚을 지고 있었기 때문이다. 많은 상인들이 파산하여 무일푼이 되었다. 자연히 피렌체는 영국을 저주했다. 1348년에는 대흑사병이 발생해서 피렌체의 시민들이 밤낮으로 거리에서 죽어 넘어졌다. 대다수 시민들이 도시를 빠져나가 시내는 텅 비었고 공장도 모두 멈춰 섰다. 그러나 흑사병이 지나가자 사람들은 다시 돌아왔다. 몇 년 지나지 않아서 도시는 전처럼 활기를 띠었다.

도시의 통치에서도 지배세력이 바뀌었다. 전에는 이름 없는 시민으로 남아 있다 새로이 등장한 은행 상인들이 이제는 대단한 부자가 되어 있었다. 반면 도시의 통치계급으로 군림하던 구세대의 귀족 상인들은 약해져 몰락하기 시작했다. 그들이 구체제에 집착하고 있는 동안 신흥계급이 그들을 앞지르기 시작했기 때문이다. 이 새로운 집안들은 대단히 강력해지고 유명해졌다. 이들 중 중요한 가문은 메디치Medici가, 스트로치Strozzi가, 알비치Albizzi가였는데, 모두 은행업무에 종사했으며 생산에 종사하는 공장주나 상인들이 아니었다.

메디치가는 세계적으로 유명해졌다. 이들은 귀족출신 가문은 아니었고 단지 돈이 많은 가문일 뿐이었다. 그러나 그들의 부가 늘어나면서 피렌체 내에서 그들의 중요성도 증가되었다. 1421년 조반니 메디치Giovanni de Medici가 피렌체 시의 곤팔로니에레Gonfaloniere가 되었다. 곤팔로니에레는 시의 최고시민이자 동업조합 선임회장단의 회장이며, 시의회의 의장을 의미했다.

이탈리아의 위대한 도시들은 평화와 상업의 기반 위에 세워졌지만 실제로 도시에는 평화가 존재하지 않았다. 도시들은 언제든 공격의 대상이 되었으며, 경쟁관계에 있는 도시와의 불화로 언제든 싸울 준비를 갖추어야 했다. 방어든 공격이든 행동을 재빠르게 해야 할 필요를 느끼는 국가는 한 지도자의 절대적 통치 하에 있어야 한다. 여러 사람의 의견이 모이면 결론이 확실하기는 하지만 행동이 느릴 수밖에 없기 때문이다. 그래서 피렌체 최고시민이 적어도 도시의 전성기에는 도시국가의 최고사령관이 되게 마련이었다. 최고사령관이 되는 시민은 그리스식으로 전제군주인 '참주tyrant'라고 불리게 되었다. 그러나 이 경우 참주가 곧 폭군이라는 뜻은 아니었다. 그저 문명국의 최고사령관이며 절대 권력을 쥔 대표자라는 의미만 있을 뿐이었다.

그래서 메디치가의 사람들은 피렌체의 참주가 되었다. 그들은 도시를 방어하기 위해 싸워야 했다. 그런데 14세기에는 새로운 전투 방식이 등장했다. 피렌체 시민들은 자신들의 일로 바빴기 때문에 병사로 복무하기를 원하지 않았다. 그래서 그들은 특별히 훈련된 군인들을 돈을 주고 고용했다. '콘도티에레condottiere'라 불리는 이 용병들은 여러 나라에서 모인 군인들로 영리한 대장 아래 뭉친 군사집단이었다. 이들 대장 중 가장 위대한 사람은 존 호크우드John Hawkwood 경으로 이탈리아에서 유명한 백색 용병단White Company을 지휘하는 사람이었다.

그는 본래 영국의 에섹스 주에 사는 무두장이의 아들이었다. 에드워드 3세의 군대에서 군인생활을 하면서 크레시와 프아티에 전투에서 무공을 세우고 기사 작위를 받았다. 1360년 프랑스와 영국이 브레티니 평화 협정을 맺자, 존 호크우드 경은 이탈리아로 들어와 분열된 나라에서 전투하는 일감을 찾기를 바랐다.

방랑하던 군인집단들은 그의 휘하에 뭉쳤다. 그는 군인들을 완벽하게 훈련시켰다. 새로운 전투 방식이 유행하기 시작했다. 평화가 다시 태어나듯 전쟁도 다시 태어났다.

에드워드 3세는 직업군인을 창출해 낸 것이었다. 옛날에는 그저 서로가 서로에게 미친 듯이 덤비고 덮쳤을 뿐이지만, 이제는 군인들이 조심스럽고 기술적으로 훈련된 군사행동을 벌였다. 존 호크우드 경은 그 시대의 가장 기술적인 군사전문가라 할 수 있었다. 그는 자신의 백색 용병단을 거느리고 적군을 쳐부수는 대신 항상 적군보다 한 발 앞서는 군사작전을 찾아냈다. 그는 조심스럽게 훈련시킨 직업군인을 한 사람이라도 잃고 싶지 않았다. 그래서 콘도티에레가 관여된 전쟁에서는 사상자가 별로 생기지 않았다. 그저 한 도시가 이기거나 질 따름이었다.

용병으로 고용된 콘도티에레는 선서한 대로 고용주에게 절대적인 충성을 바쳤다. 그러나 전쟁이 끝나고 나면 고용주와의 관계를 깨끗이 끊고 새로운 입찰자에게 고용되었다. 1363년에 호크우드와 그의 부대는 몬페라토 편에 서서 밀라노와 싸웠다. 1364년에는 피사를 위해 피렌체와 전투를 했으며 1368년에는 밀라노의 영주 비스콘티가를 위해 전쟁을 했다. 1373년에는 교황에게 고용되어 비스콘티가와 맞섰다. 그 뒤에는 주로 피렌체 시민을 위해 싸웠는데, 피렌체 시민들은 그를 매우 존경했다. 그는 친절하고 인간적인 군인으로 단지 전투의 기술과 전투의 과학을 사랑했을 뿐이다. 밀라노의 전제군주 베르나보 비스콘티Bernabo Visconti의 딸과 결혼한 몸이면서도 1392년에는 피렌체 군대를 이끌고 비스콘티 가문을 쳐부쉈다. 그는 여생을 피렌체 교외에 있는 아름다운 별장에서 살았으며 그의 자식들은 이탈리아의 귀족이 되었다. 그는 1394년에 사망했는데 피렌체 시민들이 화려하게 장례를 치러주었다.

이렇게 해서 이탈리아 도시국가의 군주들은 시민들의 피는 흘리지 않고 서로 싸웠다. 밀라노의 군주 비스콘티 가문은 잔인했고 복수심으로 가득 차 있었다. 그러나 한편으로는 아름다운 건물을 짓는 업적을 남겼는데, 밀라노의 대성당을 지은 것도 이들의 통치기간 중이었다. 상업은행의 주인으로 시작해 나중에 피렌체의 군주가 된 메디치가는 평화의 유지와 노련하게 외교문제를 해결하는 일에 아주 능란했다.

위대한 메디치가를 이룬 첫 번째 사람은 코시모 데 메디치Cosimo de Medici였는데, 그는 1464년 곤팔로니에레가 되었다. 그는 피렌체를 사실상 왕처럼 통치했는데, 그의 업적은 대단히 눈부셨다. 그는 재기발랄한 궁정을 유지하고 있었고 도시를 아름답게 꾸미는 데도 비용을 아끼지 않았다. 그는 아름다운 건물인 메디치 궁을 세웠으며, 건축가 브루넬레스키Brunelleschi를 지원해서 피렌체 성당의 돔(원형지붕)을 올리게 했다. 이 원형지붕은 유럽 최초의 돔이며 또 유럽에서 가장 유명한 것이기도 했다. 완벽한 미술 작품으로 세계의 모든 사람들을 즐겁게 한 화가들이 코시모를 위해 그림을 그렸으며, 시인과 음악가들이 메디치 궁에 모여들었다.

1478년 피렌체의 부유한 시민들이 교황과 공모해서 메디치가 사람들과 정부 장관들을 암살하려는 음모를 꾸몄다. 메디치가의 두 젊은 청년 줄리아노Giuliano와 로렌초Lorenzo가 성당 안에서 공격을 받았다. 줄리아노는 비수에 찔렀으나 로렌초는 도망쳐서 그곳을 빠져나왔다. 시민들은 이 무렵 메디치가를 사랑하고 있었다. 그들은 분노해서 봉기를 일으켜 "팔레Palle! 팔레! 팔레!"를 외쳤다. 이것은 은행가 메디치의 문장이 세 개의 빨간 공, 즉 세 개의 팔레였기 때문이다.

로렌초가 코시모를 이어 피렌체의 군주가 되었다. 그는 '위대한 군주 로렌초'로 불렸다. 실제로도 그는 르네상스기를 통틀어 가장 훌륭한 사람 중 하나였다. 몸은 허약하고 얼굴은 추했지만 품성이 유쾌하고 재치 있고 명랑했으며, 박식하고 시와 예술을 사랑했는데, 더구나 그는 영리한 통치자였다. 그는 매우 소박한 생활태도를 유지해서, 화려한 의식 같은 것을 좋아하지 않았다. 피렌체의 제1시민이면서도 자신은 일개 시민일 뿐 귀족도 상류층도 아니라고 말하곤 했다. 그래서 그는 행동과 차림새를 다른 시민들과 똑같이 하려고 노력했다.

시민들은 이러한 그의 모습을 사랑했다. 시민들이 그를 사랑했기 때문에 그는 교황이나 비스콘티가보다도 훨씬 더 막강한 최고 권력을 누릴 수 있었다. 그는 항상 가장 발랄하고 가장 눈부신 궁정을 유지했는데, 피렌체 시민들은 이러한 모습을 사랑했다. 그들은 로렌초의 화려함과 유쾌함을 즐겁게 받아들였다. 위대한 군주는 후세를 위해 보물들을 남겼는데, 이 점에 대해 우리는 그를 영리한 군주라고 아무리 칭찬해도 모자랄 정도다. 그가 만약 화가들에게 화려하게 그려달라고 의뢰하고 재정지원을 하지 않았더라면, 그려지지 않았을 그림들이 많이 있다. 예컨대 보티첼리의 아름다운 작품들이 그러했다. 그 밖에도 다른 예술가들의 조각 작품과 시와 노래와 아름다운 건축물도 빼놓을 수 없다.

르네상스 시기의 3대 화가는 레오나르도 다 빈치Leonardo da Vinci, 미켈란젤로Michelangelo, 그리고 라파엘로Raffaello였다. 레오나르도와 미켈란젤로는 피렌체 출신이었다. 1447년에 콘도티에레 대장의 아들인 스포르차Sforza가 밀라노의 공작과 군주 자리에 올랐다. 얼굴이 검어서 무어인 또는 '일 모로Il Moro'라 불리게 된 그의 아들이 레오나르도를 밀라노의 사치스러운 궁정에 초청했다. 그는 레오나르도에게 집을 주고 돈도 자주 하사했다. 이 위대한 화가는 밀라노에서 그의 유명한 그림들을 창조했다. 많이 훼손되었지만 지금도 우리는 그의 유명한 벽화 〈최후의 만찬〉을 볼 수 있다. 레오나르도는 키가 크고 잘생겼으며 피부가 희었다. 그는 과학을 사랑해서 회화의 과학을 완성시켰다. 그런데 그는 사실상 모든 과학적 탐구를 사랑한 사람이었다. 그는 무엇보다도 날기를 갈망했다. 여러 해 동안 그는 대장장이를 데리고 놀라운 대형 날개를 만드는 일에 매달렸다. 그는 이 날개를 타고 하늘을 날 수 있으리라고 믿었다. 하지만 이 계획이 실패하자 그는 대단히 슬퍼했다. 그러나 밀라노의 공작 루도비코 스포르차Ludovico Sforza는 프랑스 군대가 침공해올 때까지 그의 친구로서 후원했다.

미켈란젤로는 레오나르도보다 약간 더 어렸다. 그는 시무룩한 성격을 지니고 있었는데, 그것은 선배 예술가를 시기했기 때문이다. 그의 가장 위대한 걸작은 교황을 위해 완성되었는데, 바로 바티칸의 시스티나 예배당에 있는 놀라운 프레스코 벽화들이었다.

라파엘로는 이 세 명의 화가 중 나이가 가장 어리면서 가장 사랑스러운 사람이었다. 그는 교황을 위해 쉬지 않고 일을 해서 바티칸을 눈부시고 아름답게 만드는 데 공헌했다. 그는 그림 수입으로 귀족만큼 부자가 되었다. 그는 로마의 거리를 군주처럼 행진하면서 쾌활한 일행들을 거느리고 다녔다. 친절해서 사랑받는 사람이었기 때문에 그가 1520년 서른일곱의 나이로 사망했을 때 많은 사람들이 슬퍼했다.

이탈리아와 로마가 창조적 활동으로 빛나는 동안 로마제국의 마지막 영광은 사라져가고 있었다. 콘스탄티누스 대제 이후 동로마 황제들의 아름다운 고향으로 있던 콘스탄티노플은 1453년에 투르크군에 의해 함락되었다. 이로써 동로마제국은 완전히 사라지게 되었다. 투르크군이 콘스탄티누스의 집을 차지한 셈이었다. 콘스탄티노플은 이슬람교도들의 손으로 들어간 최초의 기독교 도시가 되었으며, 최초의 위대한 기독교 성당이던 성 소피아 성당은 무함마드를 경배하는 이슬람교의 사원으로 바뀌게 되었다.

그러나 투르크군과 이슬람교는 그들 제국의 서쪽 한계에 도착하고 말았다. 북쪽에서 스페인인들이 옛날의 고트족 정신을 부활시켜 무어인들을 몰아냈다. 무어인들은 8세기 이후 스페인의 대다수 지역을 차지해서 살고 있었다. 그들은 거기서 아름답고 풍요로운 문명을 일으켰다. 무어인만이 중세에 과학을 살아남게 했다. 그들은 식물학, 의학, 지리학, 수학의 위대한 교사 역할을 담당했다. 스페인에 세운 그들의 궁전은 우아하고 섬세했으며, 정원은 아름다웠다. 그들은 비단 무역으로 풍요로워졌고 주민들은 세련되고 바쁜 생활을 누렸다. 그러나 1492년 마지막 보루인 그라나다가 함락되면서 스페인 전역이 스페인 사람들의 손에 들어갔다.

위대한 세기는 이렇게 해서 그 마지막에 이르렀다. 아프리카의 서쪽 해안이 발견되어 개방되었고 카나리아 제도와 아조레스 제도에 유럽인들이 정착했다. 그리고 희망봉이 발견되었다. 1492년에는 콜럼버스Columbus가 아메리카 대륙을 발견했으며, 1497년에는 바스코 다 가마Vasco da Gama가 희망봉을 돌아 인도에 도달했다. 그가 캘리컷에 도착한 것은 1498년이었다. 동양으로 가는 바닷길이 열린 것이다.

이렇게 해서 전 지구상에 인간의 손길이 모두 닿게 되었다. 동시에 하늘로의 탐험도 시작되었다. 위대한 천문학자 코페르니쿠스Copernicus가 1473년에 태어났다. 코페르니쿠스 이전에는 프톨레마이오스Ptolemaeos의 체계에 따라 사람들은 지구가 우주의 중

유럽사 이야기

심이며 인간이 창조물의 중심이라고 믿었다. 지구 주변에는 수정 같은 대기로 구성된 7개의 천구가 있고, 각 천구는 제각기 하나의 행성을 지니고 있으며 각기 작은 천구가 큰 천구 안에 들어가 있다고 생각했다. 이 체계에서 행성은 모두 서로 다른 방향으로 돌고 있었다. 따라서 행성 모두 각각의 궤도를 가지고 있는 셈이었다. 이들 천체 바깥에는 모든 별들을 거느리고 있는 거대한 외계 천체가 있는데, 별들은 유리로 된 천구 안에서 반짝이는 광채 같은 것이었다. 이 거대한 외계 천체는 다른 천체들을 움직이게 하며, 이 천체들이 회전하면서 '천체의 음악'이라 불리는 아름다운 우주의 음악을 연주했다.

36년간의 연구 끝에 코페르니쿠스는 천체가 움직인다는 천동설이 틀렸음을 증명했다. 그는 오히려 지구가 태양의 주위를 그 나름의 궤도상에서 움직인다는 사실을 입증했다. 이 이론은 커다란 분노의 소용돌이를 촉발했다. 교회를 자랑스러운 중심의 자리에서 밀어냈기 때문이다. 만약 지구가 우주의 중심이 아니라면, 인간은 이론의 여지가 없이 만물의 주인일 수가 없었다. 대신 인간은 다른 세계가 있고 다른 주인들이 있다는 사실을 인정하고 그 앞에서 겸허해져야만 했다. 그래서 인간이 중심이라는 위대한 중세적 자존심은 커다란 한방을 맞고 말았다.

코페르니쿠스 다음에는 티코 브라헤Tycho Brahe가 등장했다. 그는 1546년에 태어나 천체를 정확하게 측정하는 최초의 천문대를 세웠다. 그는 또한 인간에게 커다란 공헌을 한 6분의와 4분의를 제작하기도 했다.

1564년에는 '이탈리아의 별의 장인匠人', 위대한 갈릴레오Gali-
leo가 태어났다. 그는 망원경을 만들고 천체에 관한 새로운 이론
과 발견을 인류에게 제시했다. 이 때문에 지구가 우주의 중심으로
남아 있어야 할 필요가 있다고 생각한 교황에 의해 투옥되기도 했
다. 근대 천문학은 갈릴레오와 더불어 시작되었다.

XIV

종교개혁

한 단계 한 단계씩 거대한 권력은 무너지고, 한 단계 한
단계씩 남녀를 불문하는 개인들이 자유의 길로 나아갔다.
그들의 영혼이 이끄는 대로 믿는 자유, 그들의 마음이
보는 대로 생각하는 자유, 그들의 가슴이 바라는 대로
행동하는 자유, 그러니까 인간의 남녀 모두에게 주어진
아름답고 유연한 자유의 길로 나아갔다.

And so we see, step by step, great powers are broken
down, and step by step individual men and women
advance into freedom, freedom to believe as their soul
prompts them, freedom to think as their mind sees well,
freedom to act as their heart desires: beautiful, flexible
freedom of human men and women

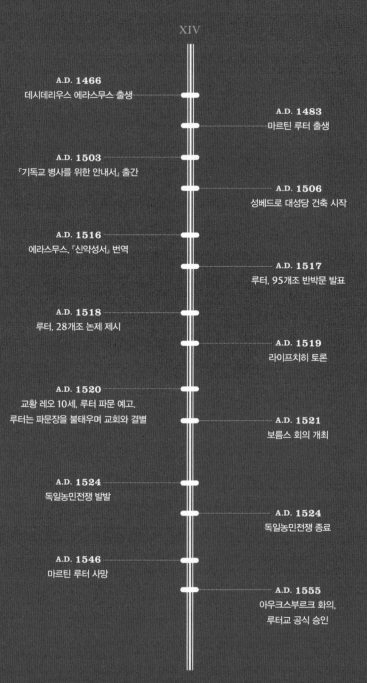

XIV

A.D. 1466
데시데리우스 에라스무스 출생

A.D. 1483
마르틴 루터 출생

A.D. 1503
『기독교 병사를 위한 안내서』 출간

A.D. 1506
성베드로 대성당 건축 시작

A.D. 1516
에라스무스, 『신약성서』 번역

A.D. 1517
루터, 95개조 반박문 발표

A.D. 1518
루터, 28개조 논제 제시

A.D. 1519
라이프치히 토론

A.D. 1520
교황 레오 10세, 루터 파문 예고,
루터는 파문장을 불태우며 교회와 결별

A.D. 1521
보름스 회의 개최

A.D. 1524
독일농민전쟁 발발

A.D. 1524
독일농민전쟁 종료

A.D. 1546
마르틴 루터 사망

A.D. 1555
아우크스부르크 화의,
루터교 공식 승인

THE REFORMATION

고대 로마의 카이사르들에 저항했으며 로마 교황청의 힘을 마침내 부숴버린 사람들은 바로 북쪽 사람들, 북부의 튜턴족이었다. 유럽의 역사 전 과정을 통해 게르만적 기질은 구체제에 저항해서 그것을 서서히 와해시키고 보다 광범위하게 개인적 자유를 가져온 원동력으로 작용했다. 남쪽에서는 인간들을 하나로 통합하려는 충동이 나왔다. 그러나 북쪽에서는 이 하나의 통일체를 부숴서 세계를 분산시키려는, 그러면서도 긴 안목으로 볼 때에는 보다 자유롭고 보다 열린 생활방식을 만들려는 강렬한 열정이 나왔다.

새로운 학문을 일으킨 위대한 학자들은 모두 북쪽 사람들이었다. 관심을 가진 모든 분야에서 사람들이 자신들의 이성을 두려움 없이 사용한 곳도 바로 북쪽이었다. 영혼을 괴롭히는 모든 문제를 이해해서 자유로워지기를 열정적으로 바란 위대한 사람들도 북쪽에 있었다.

종교개혁 이전에 북부에서 최초로 등장한 학자는 독일 출신 요한네스 로이힐린Johannes Reuchlin이었다. 그는 『구약성서』의 참된 의미를 이해하기 위해 히브리어를 공부했다. 그리고 종교재판관들의 화염으로부터 유대인들의 저서를 구해내기 위해 많은 노력을 했다. 『구약성서』에 나타난 자연스럽고 인간적인 모습을 사람들에게 보여주기 싫었기 때문이다. 교회의 사제들은 사람들로부터 성서를 감추고는 성서에 나오는 모든 것이 경이롭고 초자연적이며 무서운 것처럼 말했다. 그러나 새로운 학문을 하는 사람들은 진정한 인간 지성의 빛에 비추어 모든 것을 자연스럽게 보려고 했다. 이런 이유에서 그들을 '인문주의자humanist'라 불렀는데, 그들에게 인간의 지성은 진리와 현실을 판단하는 기준이었기 때문이다. 그들은 지금까지 늘 인간들이 기괴한 것들을 믿었다는 이유만으로 비정상적이고 기괴한 일들을 믿으려고 하지 않았다. 삶이 무섭고 초자연적인 것이라고도 생각하지 않았다. 모든 것을 인간의 관점에서 보기를 원했다. 말하자면 인간의 능력으로 가능한 일 중에서 최상인, 깊고 참된 인간 지성의 관점에서 보기를 원했다. 또 다른 독일 초기의 학자이자 개혁가는 울리히 폰 후텐Ulrich von Hutten이었다. 그는 천성이 격정적이고 열정적이어서 종교 개혁의 '바다제비'라고 불렸다. 이들 독일학자들은 낡은 거짓말과 낡은 허위를 없애고, 오래된 위선을 폭로하며, 교회의 낡고 강압적인 권위를 파괴하려고 했다.

옥스퍼드의 개혁가들은 달랐다. 그들도 새로운 학문을 사랑했으나 로마와의 결별을 원하지는 않았다. 교회에는 보다 더 순수함이 필요하다고는 생각했으나, 분열이 아니라 평화를 원했다. 런던 시장의 아들 존 콜릿John Colet이 이탈리아에서 그리스어를 공부하고 귀국한 것은 1496년이었다. 그는 성 바울의 「전서」들을 강의하기 시작했다. 『신약성서』는 그리스어로, 초기의 형태 그대로 전해 내려오고 있었다. 그래서 콜릿은 『신약성서』의 진실한 말씀들을 읽을 수 있었고 그 시대의 역사와 『성서』의 말씀들을 연결시킬 수 있었으며, 위대한 그리스 사상가들과 사도 바울과의 관계, 바울과 로마 총독들과의 관계를 이해할 수 있었다. 그를 통해 성 바울의 편지는 신비스러운 종교적 발언이 아니라 인간적 기록이 되었다. 그래서 바울의 「전서」들이 인류의 실제 역사와 다신교 로마의 역사, 그리고 기독교 세계 안으로 편입하게 되었다.

콜릿은 세인트폴 대성당의 수석 사제가 되었다. 그리고 아버지의 재산으로 1510년에 세인트폴 학교를 세웠다. 그가 학생들에게 준 충고는 "『성서』와 『사도신경』을 지키고 나머지는 교인들이 마음대로 떠들게 내버려두라"는 것이었다. 콜릿은 토머스 모어Thomas More 경, 그로신Grocyn, 리너커Linacre, 위대한 에라스무스Erasmus 등에게 커다란 영향을 미쳤으며, 그 영향력은 틴들Tyndale과 래티머Latimer까지 미쳤다.

모든 인문주의자들 가운데 가장 유명한 사람은 로테르담의 에라스무스였다. 그는 '인간 자체'라고 불렸다. 알프스 산맥의 양쪽 모두에서 유럽 문단 최고의 작가로 꼽혔는데, 이런 존경은 200년 전 페트라르카가 받은 것에 필적했다. 에라스무스는 어린 시절 강제로 네덜란드의 수도원으로 들어갔다가 파리 대학으로 도망쳤고 나중에 옥스퍼드 대학으로 옮겼다. 그는 몸이 허약했으나 당대에 가장 위대한 학자가 되었으며, 교황과 군주와 정치가와 박사들이 모두 그의 앞에서는 고개를 숙였다.

그는 1503년에 발표한 저서 『기독교 병사를 위한 안내서*Hand-book for the Christian Soldier*』에서 사제의 개입과는 별도로 각 개인은 하느님에게 직접 책임을 져야 한다는 의견을 제시했다. 여기서 우리는 튜턴족 고유의 독립성이 나타나는 것을 보게 된다. 그러나 에라스무스의 가장 위대한 역작은 『신약성서』의 새로운 번역이었다. 그는 그리스어 원전과 자신의 정확한 라틴어 번역을 한 줄 한 줄 대조해서 출간했다. 이 번역이 출간된 것이 1516년이었다. 이 책은 빠른 속도로 유럽 전역에 퍼져나갔고, 사람들의 눈을 열어주어 처음으로 예수와 그 사도들의 참된 이야기를 알게 했다. 이 참된 복음서 속에는 교황이나 추기경이나 로마교회에 관한 언급이 등장하지 않았다. 이 점이 다른 무엇보다도 실제 종교개혁의 길을 준비하는 데 큰 역할을 했다.

에라스무스 자신은 투사라기보다는 학자였다. 그는 교황이나 군주와 다투기를 원하지 않았다. 이미 존재하는 기구가 바뀌기를 바라지도 않았다, 그는 단지 사람들이 스스로 보도록 했을 뿐이었다.

마르틴 루터Martin Luther는 그를 겁쟁이라고 비웃었다. 루터는 깊고 정교하게 생각하는 사상가라기보다는 투사였다. 그는 1483년 독일에서 한 농부의 건강한 아들로 태어났다. 1501년에는 인문학 연구로 가장 유명하던 에르푸르트 대학교에 입학했다. 1505년에 문학 석사 학위를 받자 돌연 수도원으로 들어가 아버지를 매우 실망시켰다. 그는 천성적으로 강하고 명랑한 사람이었지만, 악마가 그의 육체를 엄습하면 사탄과 싸우는 어두운 시간을 보내고는 했다.

수도원에서 생활하는 동안 그는 창백하고 지친 모습의 청년이었으며, 신에 대한 두려움과 죄에 대한 고뇌로 가득 차 있어 인생에 대한 즐거움을 모르는 사람이었다. 그러나 그에게 드디어 평화가 왔다. 어느 날「로마전서」를 읽는데 "의로운 자는 믿음으로 살리라"라는 구절의 의미가 그의 가슴을 울렸다. 순간 그는 자신의 고해와 참회가 어째서 보람이 없는 것인지를 알게 되었다. 자신과 신의 밀접한 관계 속에서 완벽한 신앙을 갖게 된다는 사실을 깨닫게 된 것이었다. 신이 자신과 함께하고 있음을 느끼자 그는 환희로 가득 찼다.

오늘날 중세는 '신앙의 시대'라고 불리고 있다. 그러나 중세의 신앙은 오늘날의 신앙과 달랐다. 그들의 신앙은 신의 두렵고 무한한 힘을 믿는 맹목적인 신앙이었고, 인간을 갑작스레 눈부신 천국의 영광 속에 올려놓을 수 있는 신성한 마술을 믿는 신앙이었다. 그러나 그들은 그들 자신의 존재에 대한 믿음을 갖고 있지 않았다. 그들은 인간과 신 사이에 존재하는 순수한 사랑, 너무 가까이 있고 너무 사적이어서 말로 표현하기 어려운 관계에 대한 믿음이 없었다. 이러한 사랑과 이러한 관계를 중세에는 상상할 수도 없었다. 그들은 신과 인간의 개인적인 관계와, 이 관계 속의 신앙에 대해 전혀 아는 바가 없었다. 그들의 신앙은 비인간적이며 초인적이고 경이로운 신의 마술적인 힘을 믿는 것이 전부였다. 마르틴 루터는 종교를 진실로 인간적으로, 우리에게 가까이 오게 만든 최초의 사람이었다. 신과 인간의 마음 사이에 순수하고 말로 표현할 수 없는 관계가 성립되는 순간, 교황이든 사제든 무엇이든 누구든 감히 이 관계에 관여할 수 있겠는가? 종교의 새로운 길은 사람들에게 말할 수 없는 기쁨이며 놀랍도록 풍요로운 자유였다. 인간의 마음은 혼자서도 신과 함께 할 수 있는 자유로운 것이었다.

1508년에 루터는 새로 생긴 비텐베르크 대학교로 가서 강사로 재직하다가, 1511년에는 로마에 사절로 파견되었다. 그에게 로마는 여전히 세계의 중심지였다. 로마의 첫인상은 그를 황홀하게 만들었다. 그는 외쳤다. "순교자의 피로 세 번 성스러워진 신성한 로마여, 인사를 받으라." 그러나 시내에 머물면서 그의 느낌은 달라지기 시작했다. 교황청의 사치와 영화와 불의를 목격한 것이었다. 주교와 추기경들이 얼마나 자만심에 차 있는지, 그리고 자신과 같은 이름 없는 사람을 얼마나 경멸하는지도 보게 되었다.

로마에서는 모두가 자신을 발아래로 내려다본다고 느꼈다. 오직 하느님만이 자신을 기억할 뿐이었다. 더구나 그가 머무는 값싼 하숙집에서 정의로운 재판 결과를 보람 없이 기다리는 사람들이 심하게 불평하는 소리를 들었고, 대주교와 교황의 잔인한 오만 때문에 인생을 망친 사람들의 심한 불평의 소리도 들었다. 눈부신 축제와 공연이 진행되고 있는 동안, 그는 망가진 사람들과 불만에 가득 찼으나 희망 없는 사람들을 생각했다. 그는 그분의 목소리를 가슴으로 들었던 신에게 고개를 돌리고 이렇듯 요란한 볼거리가 하느님과 무슨 상관이 있는지 의심했다. 그는 자신에게 몇 번이고 이렇게 되뇌었다. "의로운 자는 믿음으로 살리라." 로마에 옛날 신앙의 일부는 아직 남아 있는 것 같았으나 새로운 신앙은 하나도 없음을 그는 알게 되었다.

루터는 매우 쓰라린 마음을 안고 독일로 돌아왔다. 그는 비텐베르크에서의 생활에 만족했다. 특히 신학 교수가 되고 자신의 집과 학생들을 갖게 되자 마음이 행복해졌다. 그는 또한 위대한 설교자였다. 모국어인 독일어로 힘차고 감동적인 설교를 했다.

1517년에 도미니쿠스 수도회의 수도사 요한 테첼Johann Tetzel이 메디치가 출신 교황인 레오 10세Leo X가 발급한 면죄부를 갖고 중부독일을 지나 나타났다. 사람들은 죄를 사하는 이 조그마한 표를 샀다. 면죄부 판매에서 생기는 수입은 로마의 베드로 대성당 건축에 쓰이기로 되어 있었다. 면죄부는 북부 유럽에서 이미 논란거리가 되고 있었다. 에라스무스가 이에 반대하는 글을 썼고, 작센 공국의 선제후選帝侯인 현자 프리드리히가 테첼의 입국을 금지하는 조치를 내린 바 있었다. 그러나 이 수도사는 이러한 금지령에도 아랑곳하지 않고 국경 너머로 자주 나타났다.

1517년 10월 31일, 마르틴 루터는 면죄부 문제에 대해 말이나 글로 자신과 논쟁을 하자는 취지의 도전장을 써서 비텐베르크 교회의 문에 못질해서 붙였다. 루터는 이와 아울러 면죄부에 반대하는 유명한 95개 조의 반박문도 함께 못질해서 붙였다. 그는 이 반박문에서, 교황은 인간의 죄를 사할 수 없으며 오직 신만이 죄를 사할 수 있고, 또 이미 죄를 회개한 사람은 면죄부가 필요하지 않으며, 죄를 회개하지 않은 사람도 그런 수단으로는 도움이 되지 않는다고 주장했다.

95개 조의 반박문은 인쇄되어 서부 유럽 전체에 퍼졌다. 모두가 그것을 읽었다. 교황청의 간섭을 좋아하지 않던 독일의 군주들은 루터의 논지에 동감을 보였다. 반면 충실한 교인들은 감히 교황에게 반기를 들고 교황의 권위를 부정하는 루터를 공격했다. 논쟁이 격렬하게 일어났다. 그러나 교황은 별로 신경을 쓰지 않았다. 종교 개혁가들에 의하면, 교황이 신경을 쓴 것은 면죄부가 거의 팔리지 않는다는 문제뿐이었다.

루터는 1518년 10월 교황의 특사 카예타누스Cajetanus 추기경을 아우크스부르크 의회에서 만나라는 소환장을 받았다. 그는 조목조목 따질 준비를 해서 지정된 장소로 갔다. 특사는 모든 논쟁을 거부하고, 오히려 루터에게 그가 쓴 모든 것을 즉각 철회하라고 요구했다. 루터는 특사의 요구를 거절하고 비텐베르크로 돌아왔다. 그리고 즉시 정확히 무슨 일이 있었는지를 알리는 해명서를 발표했다. 교황과의 분쟁이 계속되는 동안 그는 사건의 경위를 있는 그대로 세상에 알렸고, 독일 사람들은 차근차근 상황을 따라갈 수 있었다. 그래서 사보나롤라의 경우처럼 열광의 불꽃이 갑자기 솟아나지 않았던 것이다. 종교개혁은 사람들의 정신과 심장 속에서 조금씩, 그러나 착실히 이루어지고 있었다. 그것은 진정한 확신이며 순수한 이해였다.

루터의 군주인 작센의 프리드리히 공은 처음부터 끝까지 개혁주의자의 편에 서 있었다. 레오 10세는 향을 뿌리고 신에게 봉헌되었던 황금장미를 선제후 프리드리히에게 보냈는데, 그것은 그의 호의를 얻어서 루터에게 항복 편지를 쓰게 만들기 위해서였다.

루터는 그리 하겠다고 약속했다. 그러는 가운데 유명한 에크Eck 교수가 루터에게 라이프치히로 와서 토론을 하자고 제안했다. 이 유명한 라이프치히 토론은 1519년 6월 27일에 시작되었다. 에크는 계략을 꾸며 루터가 스스로 이단자임을 증명하는 발언을 하게 만들어 후스나 히에로니무스Hieronymus처럼 화형에 처하려는 음모를 꾸미고 있었다. 그는 성공했다. 에크는 후스의 가르침에 대해 집요하게 물었으며, 루터는 이 위대한 사람의 가르침이 모두 거짓은 아니라고 분명히 밝혔다. 교회는 후스의 가르침이 허위라고 선언한 바 있었다. 그러므로 루터는 이단을 훌륭하다고 인정하는 잘못을 범하고 말았다.

루터는 자신의 신앙에 대해 깊이 생각하면서 집으로 돌아왔다. 그는 자신의 신앙이 교회의 신앙과 사실상 같지 않다는 점을 깨닫게 되었다. 즉시 그는 설교문과 논문을 써서 출판했고 그가 영혼으로 믿는 것이 정확하게 무엇인지를 사람들에게 밝혔다. 사람들은 그의 글을 열심히 읽었는데, 그래서 울리히 폰 후텐과 섬세하고 교양 있는 젊은 학자 필리프 멜란히톤이 루터 편으로 합세했다. 멜란히톤은 루터보다 훨씬 훌륭한 학자였지만, 위대한 루터의 강렬하고 두려움을 모르는 성격에 사랑과 신념으로 봉사했다.

1520년에 교황은 루터를 파문했다. 선제후 프리드리히는 자신의 영토 안에서 파문장을 포고할 수 없다고 선언했다. 그 해 12월 10일 비텐베르크 성 밖에서 교수들과 학생들과 시민들이 보는 가운데 루터는 파문장을 공개적으로 불살랐다. 루터는 이렇게 해서 교회와의 관계를 단절했다.

카를 5세Karl V가 1520년에 엑스라샤펠에서 황제의 자리에 즉
위했다. 1521년에 그는 제1차 의회를 보름스에서 소집했다. 카를
황제는 젊고 신중한 사람이었다. 그는 이단적인 수도사들을 미워
했다. 그러면서 그는 교회 개혁의 필요성을 느꼈고 교황이 강력해
지는 것을 원하지 않았다. 그는 이탈리아에서 자신에게 위험한 적
수가 될 수 있는 교황에게 대항하는 방편으로 루터가 유용할 수
있으리라고 생각했다.

루터는 보름스로 소환되었고 안전통행증도 발송되었다. 후스
가 콘스탄츠로 떠나던 때와 판박이였다. 그는 필리프 멜란히톤에
게 이렇게 말했다. "친애하는 형제여, 만약 내가 돌아오지 않으면,
만약 나의 적이 나를 사형대로 보내면, 그대가 진리를 끝까지 고
수하면서 그 진리를 가르치시오. 그대가 살아남는다면, 나의 죽음
은 그리 중요한 것이 아니라오." 그는 죽음을 각오하면서 길을 떠
났다.

4월 17일 오후 루터는 보름스 의회에 출석했다. 탁자 위에 그의
저서가 잔뜩 쌓여 있었다. 의회는 그에게 그 책의 저자임을 인정
하는지를 물어보고, 자신의 이론이 잘못된 이단임을 수긍하고 이
론을 철회하라고 요구했다. 루터는 첫 번째 질문에는 긍정하는 답
변을 했으나 두 번째 질문에는 시간이 필요하다고 말했다. 그에게
하루의 시간이 주어졌다. 다음 날 그는 황제와 추기경과 군주와
주교들이 모인 자리에서 유명한 연설을 했다. 그는 성서에 의해
잘못되었음이 입증되지 않는 한 아무것도 철회할 수 없다고 잘라
말했다. 그는 이렇게 말했다. "이 자리에 서서 저는 다르게 행동할

유럽사 이야기

수는 없습니다. 주여, 저를 보살펴 주소서. 아멘."

황제와 그의 동료 스페인 사람들은 그의 연설을 좋아하지 않았다. 그러나 독일인들은 깊은 인상을 받았다. 안전통행증이 취소되리라는 소식에 독일인들은 매우 분개했다. 그들은 콘스탄츠 의회가 후스에게 내린 조치가 루터에게도 내려질지 모른다는 사실을 아예 들으려고 하지 않았다. 4월 27일 루터는 20일간 더 유효한 안전통행증을 가지고 보름스를 떠났다. 20일 뒤에 그는 체포되어 이단자로 화형을 받게 되어 있었다. 그나마도 독일의 군주들이 지독한 스페인과 이탈리아 사람들과 싸워서 얻어낸 자유였다.

귀환 도중에 루터의 마차가 습격을 받았다. 그는 어디론가 잡혀갔으나 아무도 어딘지를 몰랐다. 그러자 여러 가지 소문이 퍼지기 시작했다. 사실은 루터의 군주가 그를 안전한 바르트부르크 성에 피신시킨 것이었다. 시간이 지나면서 이 사실이 밖으로 퍼져나갔다.

선제후 프리드리히가 도시를 떠난 뒤인 5월 25일에 '보름스 칙령'이라 불리는 황제의 포고문이 발표되었다. 포고문은 이단자는 목숨을 잃고 그의 저서는 모두 불태워져야 한다고 선포했다. 5월 14일 이후에는 누구도 그에게 음식과 숙소를 제공해서는 안 된다고 밝히고, 그렇게 하면 무서운 형벌의 고통에 처해질 것이라고 경고했다. 그러나 선제후는 그를 안전한 곳에 숨기고 조금도 두려워하지 않았다.

루터가 바르트부르크에 숨어 있는 동안 그의 가르침은 점점 더 대중의 지지를 얻었는데, 그가 대담하게 저항했다는 점과 또 그가 어디론지 사라졌다는 흥미진진한 이유 때문에 특히 그러했다. 독일 내에서는 수도사와 사제와 심지어는 주교까지 그의 이론을 설교하기 시작했다. 사람들은 그가 모두가 생각하던 바를 썼다고 말했다. 화가들은 그의 저서를 위해 그림을 그렸으며 작가들은 그런 것들에 관한 글을 썼다. 한편 그는 『성서』를 독일어로 번역하는 위대한 작업에 착수해서 분주했다. 이것은 대단한 업적으로, 영역본 『성서』가 영국인들에게 자랑스러운 유산이듯 오늘날 독일이 자랑하는 유산 중 하나가 되었다.

이와 동시에 루터의 추종자 중에서도 가짜 예언자 내지 성질 급한 예언자들이 나타났는데, 이들은 수도원을 쳐부수고 교회 내의 성상과 벽화들을 파괴하는 십자군을 조직해서 모든 교육 장소와 오락 장소를 없애자고 설교했다. 이러한 움직임은 벌써 폭력적인 상황으로 치닫기 시작했다. 루터는 이를 막기 위해 은둔의 장소에서 나와 고향으로 돌아갔다. 그는 8일 동안 쉬지 않고 엄청난 열성과 지혜를 쏟아 사람들에게 설교를 했다. 마침내 사람들이 그들의 참된 지도자를 알아보고 성급한 새 예언자들을 버렸다. 루터는 사람들의 흥분하기 쉬운 열정에 호소한 것이 아니라 사람들의 깊은 이해심, 그리고 마음과 가슴에 호소했기 때문이다.

이제 루터는 체포될 수도 있었다. 그러나 당국이 내란이 일어날 것을 두려워해 칙령을 강행하지 못했다. 교황이 루터를 즉시 체포하라고 요구했을 때, 독일의 통치자들이 이런 현실을 교황에게 알려주었다. 결과적으로 종교 개혁가는 안전했고 여전히 자유의 몸이었다. 1525년에 열린 뉘른베르크 의회는 보름스 칙령을 할 수 있는 한 능력껏 그리고 가능한 한 최대한으로 집행할 것을 약속했다.

새로운 운동이 너무 빨리 전파되는 바람에 종교 개혁가들에 대한 반발이 일기도 했다. 작센의 게오르크Georg 공작, 오스트리아의 페르디난트Ferdinand 대공, 바이에른 공작, 그리고 브란덴부르크 선제후가 교황 사절단의 강요로 라티스본에서 만나 루터파의 운동을 진압하는 방안을 강구하기로 결정했다. 위협을 느낀 개혁파 군주들은 하나로 뭉칠 수밖에 없었다. 작센의 선제후 프리드리히, 헤센의 필리프, 브란덴부르크 변경 백작, 튜턴 기사단의 수장인 브란덴부르크의 알베르트Albert가 루터 편에 서서 자유도시들과 함께 루터의 편에 섰다. 이렇게 해서 독일은 크게 두 개의 진영으로 나뉘게 되었다. 어떤 일보다도 전쟁을 원하지 않았던 루터에게 이러한 결과는 슬픈 상황이 아닐 수 없었다.

카를 황제는 교황과 전쟁 중이어서 아무 행동도 취할 수가 없었다. 그래서 상황은 답보상태에 빠졌다. 심사숙고 끝에 슈파이어 의회는 1526년에 결의를 했는데, 하느님의 말씀은 방해받지 않고 계속 설교되어야 하며, 잠정적인 조치로 각각의 영방국가들은 신과 황제에 대해 책임질 수 있는 최선의 범위 안에서 스스로 통치하고 행동하고 살아가기로 했다. 이것은 군주들이 보다 독립적으로 되었으며, 각 영방국가는 독자적인 종교를 가질 수 있다는 원칙이 확립되었음을 뜻했다. 루터를 추종하는 영방국가와 도시들은 자신들의 신앙에 알맞는 교회를 세우고 거기에 맞는 대중예배를 보기 시작했다. 예배는 독일어로 진행되었으며 루터가 번역한 성서와 찬송가가 사용되었다. 수도원이 폐쇄되고 수도원 건물이 교회와 학교로 사용되었다. 수도사와 수녀들은 학교의 교사로 남아 있도록 허락되었다. 그러고 나서 아주 큰 충격적인 사건이 일어났다. 루터파 교도들이 수도사와 수녀도 결혼을 할 수 있다고 선언했고, 루터 자신도 순결서약을 깨고 수녀였던 카타리나 보라Katharina Bora와 공개적으로 결혼했다.

이것은 유럽 전체를 들끓는 소용돌이 속으로 몰아넣었다. 황제가 교황과 화해를 하자 1529년의 슈파이어 의회는 1526년의 결정을 번복했다. 이런 번복에 대해 루터파 교도들은 즉시 공식적으로 항의했다. 이후 개신교도들은 모두 '항의자'라는 뜻인 '프로테스탄트Protestant'라 불리게 되었다.

1530년 카를 황제는 아우크스부르크 의회를 열고 개신교도들에게 그들의 신앙에 대한 의견과 어려움을 글로 써서 제출하라고 요구했다. 그래서 개신교도들은 주로 멜란히톤에 의해 기초된 유명한 「아우크스부르크 신앙고백」을 제출했다. 그때까지도 범법자로 쫓기는 몸이었던 루터는 체포될 위험 때문에 아우크스부르크 의회에 참석할 수 없었다. 유순하고 복종적인 멜란히톤이 평화를 유지하려는 마음 때문에 가톨릭교회에 너무 많은 것을 양보할지도 모른다는 걱정으로 루터는 가슴을 졸였다. 그러나 다행히도 멜란히톤은 새로운 신앙에 충실했고 개신교도들은 황제의 압력에 굴복하지 않아서, 아무런 합의점도 찾지 못했다. 그러자 의회는 만약 1531년 4월 30일까지 개신교도들이 가톨릭교회로 복귀하는 결정을 내리지 않으면 그들에게 무력을 사용하겠다고 선언했다.

유럽사 이야기

개신교도들이 뭉쳤다. 그들은 슈말칼덴에서 모였고, 무력 사용에 반대하는 루터의 강한 호소에도 불구하고 만일의 사태에 대비해 무장을 하기로 결정했다. 그런데 바로 그 순간 투르크군이 헝가리와 오스트리아를 침공했다. 그리고 스페인과 이탈리아에서 발생한 다른 여러 가지 분규들 때문에 황제는 개신교도들과 대치할 입장이 못 되었다. 황제는 이후 12년간이나 종교 개혁가들을 다룰 시간적 여유를 갖지 못했다. 그 사이 종교 개혁가들은 독일 안에서 대단히 강력한 세력을 다져나갈 시간을 벌었다.

카를 황제는 다루어야 할 문제가 태산 같았고, 교황과 교황의 권력을 증오하는 마음도 컸다. 그래서 황제는 독일 사람들과 모종의 합의에 도달하기를 원했다. 그는 전쟁을 할 마음이 없었다.

개신교 문제는 지루하게 계속되고 있었는데, 그러는 동안 1546년에 루터가 죽었다. 그는 비텐베르크에서 가족과 함께 행복한 삶을 누렸다. 나라 안에는 평화가 유지되었다. 그는 새로운 신앙이 멀리 그리고 깊게 퍼져나가는 것을 보았다. 루터가 사망했을 때 개신교는 사람들의 마음속에 깊이 스며들어 있었다. 종교개혁은 민중들의 운동이었으며 루터는 그들의 위대한 지도자였다. 그는 남녀나 빈부를 가리지 않고 모든 사람들에게 그의 말을 직설적으로 쏟아내었다. 그는 모든 사람들에게 자신의 마음속에서 평화를 찾아야 한다고 설교했다. 인간은 자신의 바깥에서 주인을 찾아서는 안 된다고 가르쳤다. 개개인의 주인인 신은 각자의 마음속에 있다고 했다.

이것은 사람들이 자유롭게 생각하고 행동하고 살아가도록 만들

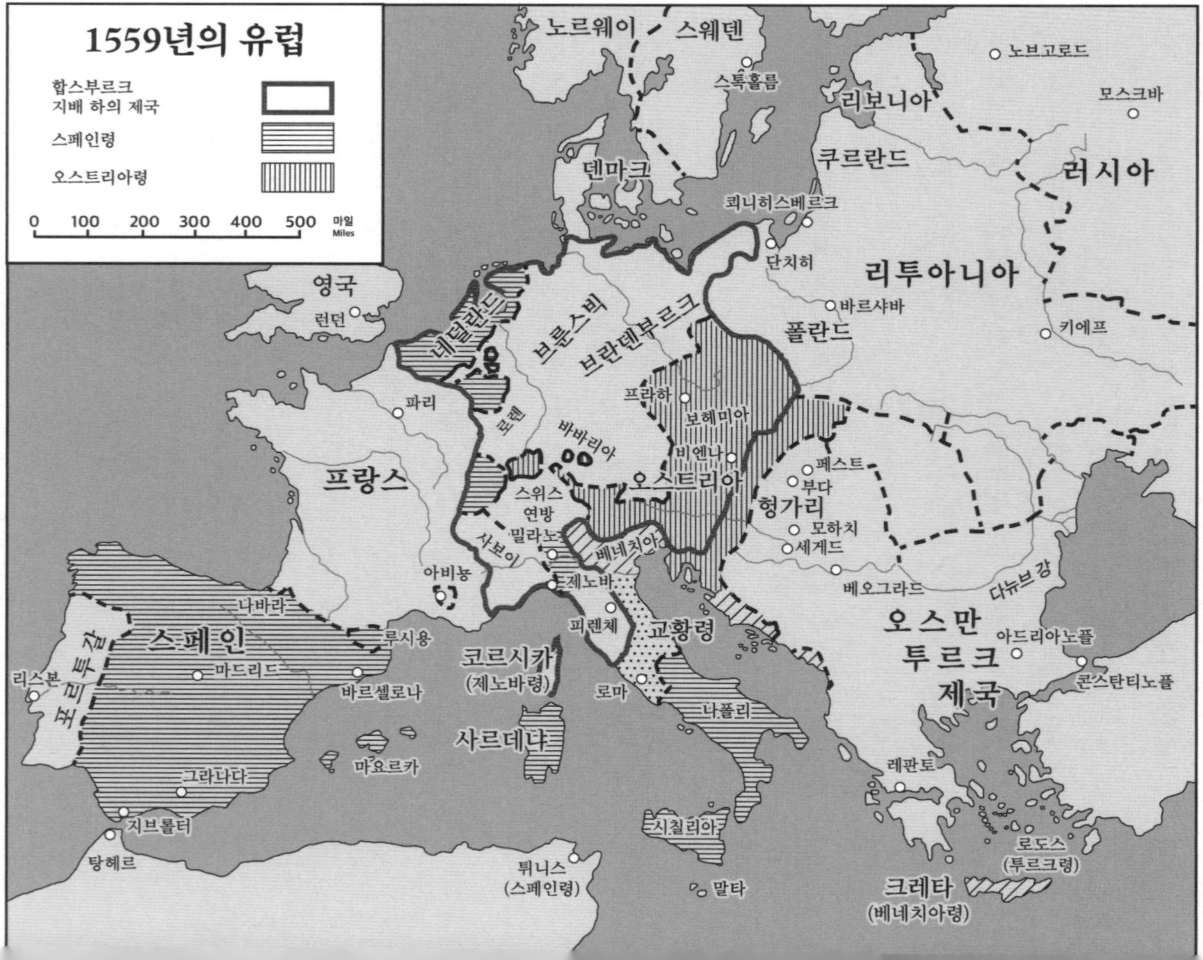
1559년의 유럽
합스부르크
지배 하의 제국
스페인령
오스트리아령
0 100 200 300 400 500 마일 Miles
노르웨이
스웨덴
스톡홀름
덴마크
리보니아
쿠르란드
노브고로드
모스크바
러시아
쾨니히스베르크
단치히
리투아니아
바르샤바
키에프
폴란드
영국
런던
네덜란드
브룬스빅
브란덴부르크
프라하
보헤미아
파리
로렌
바바리아
비엔나
오스트리아
페스트
부다
헝가리
모하치
세게드
베오그라드
다뉴브 강
프랑스
스위스
연방
밀라노
사보이
베네치아
아비뇽
제노바
피렌체
고황령
나바라
스페인
루시용
포르투갈
리스본
마드리드
바르셀로나
코르시카
(제노바령)
로마
나폴리
사르데냐
마요르카
그라나다
지브롤터
탕헤르
시칠리아
튀니스
(스페인령)
말타
오스만
투르크
제국
아드리아노플
콘스탄티노플
레판토
로도스
(투르크령)
크레타
(베네치아령)

었다. 어떤 사제나 주교도 사람들을 위압하고 협박할 수 없었다. 사람의 마음속에 신이 존재하는 것을 확신하는 한, 인간은 위압당하고 짓밟힐 수 없었다. 인간은 자신의 신 앞에서 참되다고 믿는 것을 실천하고 자신의 신앙에 따라 사는 것이다. 그리고 이것은 단순히 권위에 의해 받아들여진 맹목적 신앙에 따라 사는 것과는 아주 달랐다.

그러나 개신교가 아직 안전하거나 편안한 상황은 아니었다. 루터가 죽은 바로 그 해 황제는 독일 내에서 전쟁을 시작했다. 카를 5세는 합스부르크가 출신이었다. 합스부르크가는 여러 명의 황제를 배출했으나 위대한 인물은 배출하지 못했다. 합스부르크가는 다른 나라의 공주들과 결혼을 해서 영토를 확장함으로써 권력을 차지한 가문이었다. 카를 5세는 오스트리아, 독일, 네덜란드, 스페인, 그리고 이탈리아의 일부를 통치하는 왕이었다. 그는 플랑드르에서 성장했으며 그의 궁정은 스페인의 영향 아래 있었다. 그것은 그의 어머니 요안나Joanna가 스페인 왕 페르난도Fernando와 여왕 이사벨Isabel의 딸이었기 때문이다. 카를이 오스트리아 영토를 상속받았을 때 그는 그것을 동생 페르디난트에게 주었다. 그는 스페인을 가장 신경 썼는데, 스페인이야말로 그가 사랑한 왕국이었기 때문이다.

그는 독일인이라기보다는 스페인 사람에 훨씬 가까웠다. 그의 궁정은 스페인 사람으로 가득했으며, 그의 뒤에는 스페인 대군이 따랐다. 그 무렵에는 스페인 보병대가 무적으로 소문나 있었다. 이 스페인 사람이 잔혹한 스페인 군대를 이끌고 독일을 점령하고,

개신교도들을 진압하려고 한 것이었다. 1547년 그는 슈말칼덴 동맹의 개신교도 연합군을 쳐부쉈다.

그러나 스페인 군대를 이끌고 전쟁에 이기는 것은 쉬웠지만, 사람들의 마음을 바꾸는 것은 쉽지 않았다. 독일인들은 자신들의 신앙을 포기하려고 하지 않았다. 황제는 군대를 동원해 독일인의 항복을 받으려 했다. 독일 사람들은 복수심 강하고 파괴적인 스페인 군인들에 대한 증오심으로 가득 찼는데, 독일 군주들은 스페인 황제와 참견하는 이탈리아 교황을 혐오했고, 드디어는 독일 사람들 전체가 황제의 군대에 맞서 개신교와 함께 연합하게 되었다.

1552년 독일 군주들이 황제에 항거해서 봉기했다. 카를 황제는 브레네르 가도를 넘어 이탈리아로 도망갔다. 그는 자신의 동생 페르디난트가 오스트리아 대공으로서 영원히 존속할 수 있게 만들었지만 그 자신은 남쪽 영토만 관리하는 데 만족해야 했다. 이렇게 해서 오스트리아의 페르디난트가 독일 내에서 황제의 권위를 점차 차지하기 시작했다. 그는 그의 형보다 정신적으로 훨씬 더 독일적인 사람이었다. 1555년에 드디어 아우크스부르크에서 종교적 평화협정이 체결되고 루터파 교회가 합법으로 인정되었다. 도시국가와 영방국가는 자신들의 뜻대로 신앙의 형태를 선택할 수 있게 되었으며 가톨릭국가에서도 프로테스탄트들이 용인되었다. 그러나 모든 나라의 통치자들은 여전히 가톨릭이든 개신교든 상관없이 백성들을 마음대로 처형할 수 있는 권한을 갖고 있었다.

이렇게 해서 거대한 중세의 교회체제는 무너졌고 북부 유럽은 신앙의 자유와 독립이라는 근대의 길을 걷기 시작했다. 합스부르

유럽사 이야기

크가 황제들은 가톨릭으로 남아 있었으나 대체로 관대한 성품을 지니고 있었다. 루터파 독일이 계속 발전해 나가는 동안 바이에른과 가톨릭파 독일은 다소 뒤처지게 되었다.

한 단계 한 단계씩 거대한 권력은 무너지고, 한 단계 한 단계씩 남녀를 불문하는 개인들이 자유의 길로 나아갔다. 그들의 영혼이 이끄는 대로 믿는 자유, 그들의 마음이 보는 대로 생각하는 자유, 그들의 가슴이 바라는 대로 행동하는 자유, 그러니까 인간의 남녀 모두에게 주어진 아름답고 유연한 자유의 길로 나아갔다.

XV

대군주

"짐이 곧 국가다"라는 말이 그의 신조였다. 루이는 그의
절대주의 정책 때문에 "프랑스를 빈곤에 빠트렸으며, 모든
계급이 무너진 폐허 위에 자신의 왕좌를 만들었다"

"I am the State," is supposed to have been his maxim.
Louis in his absolutist policy had impoverished French,
and that he had built his throne on the ruin of all classes
in the State.

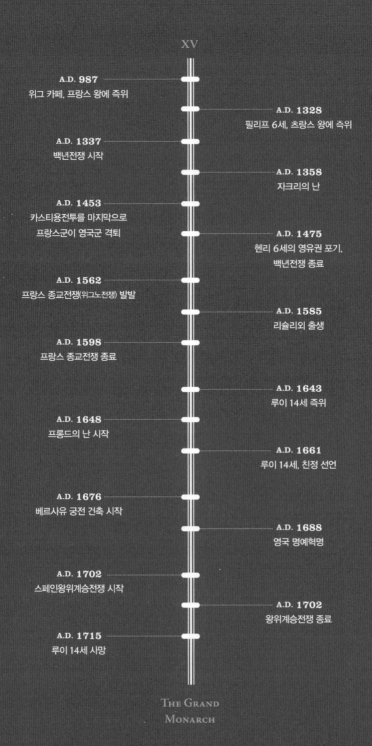

XV

A.D. **987**
위그 카페, 프랑스 왕에 즉위

A.D. **1328**
필리프 6세, 츠랑스 왕에 즉위

A.D. **1337**
백년전쟁 시작

A.D. **1358**
자크리의 난

A.D. **1453**
카스티용전투를 마지막으로
프랑스군이 영국군 격퇴

A.D. **1475**
헨리 6세의 영유권 포기,
백년전쟁 종료

A.D. **1562**
프랑스 종교전쟁(위그노전쟁) 발발

A.D. **1585**
리슐리외 출생

A.D. **1598**
프랑스 종교전쟁 종료

A.D. **1643**
루이 14세 즉위

A.D. **1648**
프롱드의 난 시작

A.D. **1661**
루이 14세, 친정 선언

A.D. **1676**
베르사유 궁전 건축 시작

A.D. **1688**
영국 명예혁명

A.D. **1702**
스페인왕위계승전쟁 시작

A.D. **1702**
왕위계승전쟁 종료

A.D. **1715**
루이 14세 사망

The Grand
Monarch

프랑스의 초기 역사는 전투와 전쟁의 역사였다. 그것은 프랑스 왕과 대귀족과의 투쟁, 영국과의 투쟁, 또 황제들과의 투쟁의 역사였다. 프랑크인이 프랑크 민족의 왕으로 선출되는 것이 당연했으나, 최초의 진정한 프랑스 왕은 위그 카페Hugh Capet였다. 위그 카페는 956년 프랑스 공작이 되었다가 987년에 프랑스 왕으로 선출되었다. 그는 파리를 중심으로 한 중부지역의 군사령관으로 등장했다.

위그 카페 시절에는 갈리아가 여전히 세 개의 지역으로 분할되어 있었다. 라인 강 동남쪽의 거대한 영토가 동부 프랑스였는데, 이 지역은 '로타링기아'라고 불리기도 했다. 특이하게 길쭉한 이 땅은 샤를마뉴의 세 손자 중 한 사람인 로타르Lothar가 통치하게 된 곳이었다. 로타링기아에는 룩셈부르크, 로렌(원래의 로타링기아), 소소부르고뉴, 아를, 그리고 프로방스가 속해 있었다. 기다랗게 뻗은 이 지역에는 순수한 게르만족이 선조인 민족들이 살면서 프랑크어나 알레마니어나 부르고뉴어를 사용했는데, 이들 언어는 모두 게르만어 계열에 속했다. 그들은 서부의 민족을 경멸했는데, 특히 넓은 중앙부에 사는 사람들을 발음 되는 대로 '갈리Galli' 또는 '왈리Walli'라 부르면서 여자 같다고 싫어했다.

진짜 프랑스라 할 중부에는 샹파뉴, 노르망디, 그리고 루아르 강 지역의 앙주가 속해 있었다. 이 지역의 중요 도시는 파리와 랭스와 오를레앙이었다. 이곳에 사는 사람들은 노르만인들로, 그들은 자신들을 '프랑싱게나이Francingenae' 또는 '프랑스인'이라고 불렀다. 이들은 프랑크족과 로마계 갈리아인의 혼혈족이었고, '오일어'라고 불리는 북쪽 프랑스 말을 썼다. 이들은 프랑스 카페 왕조의 왕들에 의해 통치되었다.

루아르 강 남쪽에는 방대한 아키텐 지방이 있었고, 가스코뉴 지방은 비스케이 만을 끼고 피레네 산맥과 맞닿아 있었다. 그리고 지중해를 향해서는 툴루즈의 넓은 땅이 펼쳐져 있었다. 아키텐, 가스코뉴, 툴루즈는 갈리아의 고대 서고트 왕국이 차지하고 있었다. 이 지방 사람들은 진짜 프랑스인들보다 훨씬 더 로마적이고 훨씬 더 오래된 문명을 지니고 있었다. 그들은 '오크어'라 불리는 명쾌한 고대 로망스어를 사용했다. 그래서 이 지역 전체는 '랑그도크*'라고 불리기도 했다. 오크어는 시인과 가수들이 즐겨 사용한 감미로운 고대어로 사자심왕 리처드가 쓰던 언어이기도 했다. 게르만계 로타링기아인들이 프랑싱게나이인들 혹은 프랑스인들을 경멸했듯이, 카페 왕조의 프랑스인들은 남부 사람들을 싫어했

---

* Languedoc. 오크어를 쓰는 곳이라는 뜻이다.

　　　　　　　　　　　　유럽사 이야기

다. 특히 그들은 아키텐과 툴루즈의 주교들을 싫어했는데, 그들을 여자 또는 부패한 허약자라고 불렀다. 그 이유는 그들의 차림새와 말과 예의범절이 섬세했기 때문이다.

여기서 우리는 프랑스가 단일국가가 아니라 중심에 있는 작은 왕국 하나와 이를 둘러싼 여러 국가들의 집합체였음을 알게 된다. 브르타뉴와 노르망디의 대공들은 북부의 베르망두아와 플랑드르 백작과 함께 독립된 지위를 지니고 있었다. 남동쪽으로는 아키텐, 가스코뉴, 부르고뉴의 공작들과 툴루즈와 앙주의 백작들이 독립적인 위치에 있었다. 영국에서는 왕이 막강한 귀족들을 복속시켜 전국을 통치하는 법을 일찍이 제정했다. 그러나 프랑스의 왕은 수 세기 동안 아키텐, 부르고뉴, 브르타뉴, 플랑드르의 대공들과 투쟁을 벌여야 했다. 종교개혁 이전까지 진정한 프랑스는 존재하지 않았으며 하나의 통합적인 법으로 통치되는 영토도 없었다. 프랑스의 왕이 이들 대공과 군주들 사이에서 수장 노릇을 한 것은 그가 군대의 최고사령관이었기 때문이다.

1328년에 와서야 프랑스의 왕은 오늘날 '프랑스'라 불리는 땅 대부분을 통치할 수 있게 되었다.** 그러나 마르세유에서 안트베르펜에 이르는 거대한 동부의 땅 로타링기아는 여전히 독일제국

** 이 해에 필리프 드 발루아Philippe VI de Valois, 즉 필리프 6세가 프랑스 왕으로 즉위하며 카페 왕조의 뒤를 이은 발루아 왕조의 시작을 알렸다. 당시 영국왕 에드워드 3세는 카페 왕조의 혈통이었고, 이는 곧 백년전쟁의 중요한 원인 중 하나가 되었다. 정통성을 걸고 싸운 백년전쟁에서 최후의 승자는 프랑스의 발루아 왕조였다.

에 속해 있었다. 남서쪽에서는 영국이 아키텐과 가스코뉴를 점유한 상태였다. 브르타뉴와 축소된 부르고뉴 공국과 플랑드르 지역은 여전히 프랑스의 통치로부터 독립되어 있었다. 이러한 상황에서 끔찍한 백년전쟁이 일어났다. 프랑스 왕은 자신의 봉신封臣인 영국 왕과 싸워야 했다. 1453년 드디어 영국인들이 프랑스에서 쫓겨났고 프랑스 왕은 브르타뉴, 부르고뉴의 영지인 플랑드르와 부르고뉴 공국을 제외한 프랑스 영토 전체를 통치하게 되었다. 그러나 룩셈부르크와 로렌 지방은 프랑스의 영토 밖에 있었다.

수세기 동안 프랑스 안에서는 전쟁이 그치지 않았다. 백년전쟁이 일어날 때까지 프랑스의 영주들은 자신들의 성 안에 살면서, 자기들 마음대로 영지를 통치하고 기사로서 자신들의 영광에만 신경을 쏟았으며 기사들의 싸움에서 승리하고 휘황찬란하게 자랑하는 축제를 벌이는 데 더 관심이 많았다. 그들은 로마제국이 들어오기 이전의 갈리아 족장들과 흡사한 점이 많았다. 단지 다른 것은 나무로 만든 저택에 사는 것이 아니라 영지 안에 세운 성 안에 살고, 전차 대신 무거운 갑옷을 입고 말 위에서 싸웠다는 점이다. 백년전쟁이 시작되었을 때 대부분의 사람들은 예전과 다름없이 농부나 농노로 거의 노예나 다름없이 비참한 생활을 하고 있었다. 1358년에 '자크리Jacquerie'라 부르는 무서운 농민 반란이 일어난 것도 이런 배경에서 생긴 일이었다. 이 반란에서 귀족과 부자들은 학살되었다. 도시의 부르주아와 시민들이 농노들의 편에 섰고 귀족과 기사들은 민중을 적으로 삼았다. 센 강과 마른 강 사이에서 살육된 농부들만 20,000명에 달했다고 전해지고 있다. 당시 유럽의 인구는 대단히 적었다.

그러나 백년전쟁이 끝날 무렵 유럽 전체는 바뀌고 있었다. 프랑스는 에드워드 3세의 영국 상비군을 이기기 위해서는 그들도 상비군을 가져야 한다는 사실을 깨달았다. 봉건적 군대와 기사도를 지키는 기사만으로는 이길 수가 없었다. 그런데 상비군을 먹여 살리기 위해서는 정규적인 국내 생산이 필요했으며 보급품과 돈도 필요했다. 이런 여건 속에서 산업과 농업과 상업이 인간의 일차적인 관심사로 떠올랐다. 전쟁의 승패는 한 국가의 거대한 생산활동에 의해 좌우되었다. 국가는 서서히 산업과 상업에 전념하게 되었고, 그래서 새 유럽의 힘은 프랑스와 이탈리아에서 조용히 강화되고 있었다. 외형적으로는 귀족과 군주가 막강했으나 그들의 군사적 힘 아래에서는 상인, 제조업자, 기술자, 농민, 말없는 다수의 생산자들이 서서히, 눈에 띄지 않게 중요한 세력으로 커가고 있었다.

종교개혁은 독일과 스위스에서 시작되어 프랑스로 퍼져나갔다. 그러나 프랑스에서 그것은 중산층을 자극하는 정도에 그쳤다. 대귀족들은 루터나 칼뱅Calvin의 가르침을 거들떠보지 않았으며 농민들 대부분은 독자적인 종교에 별다른 관심이 없었다. 그들은 신비스럽고 미신적인 갈리아식 가톨릭 기독교에만 집착했다. 오직 도시의 부르주아와 상인들과 소귀족들과 독립을 위해 애쓰는 사람들만 이 새로운 가르침에 귀를 기울이고 개종을 했다. 대귀족들이 이들에게 합세한 것은 나중에 일어난 일이었다. 이들 칼뱅파 프랑스 개신교도들은 '위그노Huguenot'라고 불렸다 개신교가 북부 유럽에서 뿌리를 내리자, 남부 유럽이 분노해서 그들에 반대하며 일어났다. 이탈리아, 특히 스페인은 개신교를 무섭게 증오했다. 스페인의 종교재판은 유럽을 공포의 도가니로 몰고 갔으며 특히 스페인령 네덜란드에서 잔혹한 일들이 벌어졌다. 개신교에 대한 증오심은 '반反종교개혁'이라 이름 붙여진 운동으로 발전했고 이 운동은 이제 프랑스로 번져갔다. 일부 대귀족들이 위그노들과 합세했으며 또 일부는 이들에게 반대했다. 이러한 상황은 어쩔 수 없는 일이었다. 프랑스는 유럽의 북부와 남부의 중간에 있어 두 개의 상반되는 열정이 용해되는 지점이었다. 그래서 이제 대귀족들의 절반은 기즈Guise 가문에 의해 영도된 채 철저한 가톨릭으로 남았으며 스페인을 지지했다. 이와 반대로 나머지 반은 위그노를 확고하게 지지했다.

프랑스의 종교전쟁은 나라를 초토화시키는 내전으로 발전되었다. 강렬한 분노에 사로잡혀 귀족과 귀족이 싸움을 했다. 이 싸움은 오랜 역사를 가진 것으로, 갈리아인들 내에서 북부의 게르만계 경향과 남부의 라틴계 경향 사이의 투쟁이 일어난 것이었다. 이 마지막 큰 싸움에서 많은 귀족들이 무너지고 많은 가문이 파멸되었으며, 수많은 부와 권력이 상인들과 소小젠트리gentry, 지주계급의 손으로 넘어갔다. 나바라 공작 앙리Henri가 1590년 이브르 전투에서 승리하면서 전쟁은 끝났다. 앙리 4세는 사실은 신교를 지지하는 왕이었다. 위그노들에게 많은 종교적 자유가 허용되었다. 그들은 본부를 성채로 된 도시 라로셸에 정했다.

앙리 4세는 매우 중요한 왕이었다. 그가 통치하던 기간 중 영국에서는 엘리자베스Elizabeth 여왕과 제임스James 1세가 왕위에 있었다. 그는 프랑스에 질서를 부여하고 안정시켜서 번영을 가져왔다. 이런 업적을 이루기 위해서 그는 상인들과 부유한 시민들과 젠트리 계층에 상당히 의존해야 했다. 대귀족들은 자신들이 왕과 대등한 위치에 있는 것으로 생각했기 때문이다. 그들은 왕과 함께 웃고 함께 어울려 농담을 했으며 왕이 자신들보다 우월하다고 생각하지 못하도록 만들려 했다. 그러나 앙리는 성품이 관대한 사람이었다. 그는 대귀족들이 허세를 부리는 것에 그다지 신경을 쓰지 않고 자신의 방식대로 살았다. 그는 예의범절이나 의복에서 직선적이고 수수했으며 다른 사람을 의식한 허식에는 관심을 두지 않았다. 오직 자기가 좋아하는 방식으로 일을 처리하면서 국가를 발전시켜 나갔다. 왕의 권력은 중산층을 부유하게 만들고 대귀족들의 힘을 약화시키는 데 달려 있었다. 앙리 4세는 상인들과 제조업자들을 고무하는 일에 힘을 아끼지 않았다. 그는 토지를 관개하고 경작하는 데 힘썼다. 또 식민사업을 도와 샹플랭*이 1608년 캐나다에서 퀘벡 시를 건립하고 영토를 확장하는 일을 후원했다. 그가 진정으로 막강해지려면 단순한 군사령관 이상이 되어야 했으며, 옛날의 프랑크 왕처럼 족장 위의 최고 족장이 되어야만 했다. 그는 자신과 동등한 입장에 있는 우두머리들을 쳐부숴서 백성들, 좀 더 정확히는 부유한 상인들과 시민들의 이름으로 통치해야만 했다. 이탈리아 도시의 전제군주 같은 입장이 되어 수많은 상인들과

*   프랑스의 탐험가 사뮈엘 드 샹플랭Samuel de Champlain이다.

군소 젠트리와 제조업자들, 말하자면 실질적으로 국가를 지탱하는 사람들을 위해 통치해야만 했다. 여기서 대귀족들은 사라져야만 하는 존재였다. 왕에게 자신과 동등한 계급이란 있을 수 없는 일이었다. 모두가 신하로서 존재해야만 했다. 왕은 이제 더 이상 군사령관일 수가 없었다. 그는 거대한 '생산 공동체'의 수장이어야 했다.

앙리 4세는 1610년에 암살당했다. 그의 아들 루이Louis 13세는 아직 어린아이였다. 어린 왕의 어머니, 메디치가 출신의 마리Marie de Medicis가 여러 조언자들의 도움을 받아 섭정을 시작했다 상당한 혼란이 일어났다. 1624년 마침내 추기경이자 공작인 리슐리외Richelieu가 어린 왕과 모후의 고문으로 임명되었다.

리슐리외는 매우 강한 의지와 대단히 섬세한 지성을 갖춘 훌륭한 사람이었다. 그는 자신이 해야 하는 일이 무엇인지를 잘 알고 있었다. 그는 곧 어린 왕과 모후에게 절대적인 영향력을 행사했다. 리슐리외의 일은 나바라의 앙리 왕이 시작한 사업을 계속하는 것이었다. 즉 프랑스 내에서 왕의 위치를 최고로 만들고 대귀족들의 권세를 약화시키며, 국가의 번영을 꾀하고 스페인-독일계인 합스부르크가의 권세에 제동을 거는 것이었다. 사실상 그의 임무는 프랑스를 생산적인 통일국가로 바꿔 낡은 호전정신을 없애는 것이었다.

그러기 위해서는 먼저 거의 하나의 작은 나라라고 할 정도로 커진 위그노들의 세력을 축소해야만 했다. 그래서 추기경이며 공작인 그는 라로셀 성을 포위하는 데 몸소 출정했다. 도시는 아사상태가 된 다음에야 항복했다. 리슐리외는 위그노들과 협상을 하고 그들에게 상당한 자유를 허락했다. 그는 결코 위그노들의 종교적 원수가 아니었다. 그는 오직 위그노들이 왕실의 권력에 복속하기를 바랐을 뿐이다.

귀족들은 이 위대한 추기경을 증오했다. 끊임없이 추기경을 암살하려고 음모를 꾸몄다. 추기경은 많은 귀족들을 잡아 목을 베거나 바스티유 감옥에 투옥했다. 그는 귀족들 사이의 모든 전쟁을 금지했으며, 심지어 귀족전쟁의 잔재인 신사들 사이의 사적인 결투도 중단시켰다. 프랑스 전국에 흩어져 있던 많은 거대한 성채들도 추기경의 명령에 의해 화약으로 폭파되었는데, 쉽사리 복종하지 않던 귀족들은 자신들의 본거지를 영원히 잃게 되었다.

지방정부도 대영주들로부터 환수되었다. 귀족들은 이제 단순히 궁정의 신하로 전락했다. 국토는 왕 자신이나 왕이 임명한 대신들에 의해 운영되는 기구인 왕실의회에 의해 통치되었다. 왕실의회는 '앵당탕intendant'이라 불리는 지방행정관을 임명했다. 지방을 통치하는 이들 앵당탕은 부유한 시민이거나 소지주들이었다. 그들은 재무감독관 또는 경찰감독관이라는 칭호로 불렸으며, 왕의 관리로서 각 지방에서 군대를 기르고 세금을 걷고 법정을 감독했다.

군주제의 행정체계는 이렇게 형성되었다. 왕의 절대적 권력은 돈 많고 복종적인 상인과 도시 부르주아지와 토지 경작자들에 의해 뒷받침되었다. 왕은 최고 수장이라기보다는 참주였으며 절대적인 제1시민이었다. 이런 측면에서 영국과 프랑스는 서로 유사했지만, 프랑스에서는 왕이 진정한 참주가 되도록 내버려둔 반면, 영국에서는 찰스Charles 1세를 잡아다 목을 자르고 그 이후의 왕들은 단순히 부유층의 수장으로 남아 있었다는 점에서 달랐다.

리슐리외는 1642년에 사망했다. 루이 13세도 1643년에 죽었다. 루이 14세는 겨우 다섯 살 난 어린아이였다. 새로 임명된 총리인 추기경 마자랭Mazarin은 영민한 이탈리아 사람으로 리슐리외의 제자였다.

마자랭의 재임 기간 중 파리 의회는 반항적인 태도를 보였다. 파리 의회는 현대적 의미의 의회가 아니었다. 일종의 법원과 같이 왕의 칙령이나 명령을 법제화시키는 권한을 가진 기구였다. 의회가 왕의 명령에 대해 법제화하기를 거절하는 경우 그 명령은 실행될 수가 없었다. 이 무렵 영국 의회가 대단히 과감한 행동을 하고 있어서 파리 의회도 용감한 태도를 취한 것이었다. 의회는 1648년의 재정칙령을 거부하고, 세금의 감면과 재판 없이 투옥하는 왕실의 체포영장을 철폐하라고 요구했다.

왕실 근위대가 의회 지도자들을 잡아들였다. 그러나 바로 이 무렵 영국에서 찰스 1세의 처형 소식이 들어왔다. 프랑스 궁정은 겁을 먹었다. 마자랭이 잠시 양보를 했다. 그러나 이 양보는 짧은 기간에 불과했다. 그는 당시 가장 유명한 장군이었던 콩데Conde 대공의 지휘 하에 있던 군대를 소집했다. 파리는 봉쇄되었다. 귀족들은 의회의 돈 많은 시민이나 법률가를 돕기 위해 손을 쓰지 않았다. 그래서 의회는 싹쓸이되었고 완전하게 패배했다.

그러자 귀족들이 마자랭에게 반기를 들고 일어났다. 콩데가 바로 체포되었으나 귀족들의 기세는 더욱 커졌다. 마자랭은 도피하지 않을 수 없었지만 금세 다시 돌아왔다. 그는 있는 재간을 다 부려서 왕실 근위대의 병력을 규합했다. 프랑스 왕실과 프랑스 귀족들 사이에 마지막 대전쟁이 벌어졌다. 1652년 귀족들이 패배하며 귀족체제는 영원히 무너지고 말았다. 이제 왕과 상인들이 프랑스를 통치했다. 파리 의회는 공적인 일에 관여하는 것이 금지되었다. 리슐리외의 체제가 완성되어 왕실의 권한이 절대적이 되었다. 이제 왕이 시민, 말하자면 생산하는 국민의 '최고수장'이 되었으며, 그의 권력은 군사적 영역만이 아니게 되었다.

마자랭은 1661년에 사망했다. 프랑스는 이제 유럽에서 가장 강력하고 굳건한 힘을 가진 국가로 군림했다. 젊은 왕 루이 14세는 국가를 직접 통치하겠다고 결심했다. 그가 스스로 국가의 수석장관이 되겠다고 선언했을 때, 신하들은 모두 놀랐다. 그러나 그는 자신의 말을 실천했다.

루이 14세는 아마도 근대 군주제의 가장 훌륭한 귀감이라고 할 수 있다. 프랑스 사람들은 과거 갈리아 사람들처럼 찬란함과 눈부심과 과시를 좋아했다. 그들은 위대하고 찬란한 우두머리를 존경했다. 가장 위대하고 가장 휘황찬란한 국민은 바로 그들의 대군주였다. 루이는 키가 컸고 미남이었으며, 프랑스인답게 훌륭한 예의범절을 지니고 있었다. 모든 사람들이 그의 당당하고 우아한 왕다운 태도를 존경했다. 그는 조심스럽고 인내심이 많았으며 좀처럼 화를 내지 않았다. 그러나 그는 대단히 허영심이 많은 사람으로 아첨하는 것을 좋아했으며 자신에게 충고하는 것을 참지 못했다.

그는 영국의 찰스 1세처럼 왕권은 신에 의해 주어진 것이라고 생각했다. 그는 왕국의 운영을 신에게, 오로지 신에게만 책임진다고 믿었다. "짐이 곧 국가다"라는 말이 그의 신조였다. 그는 왕실의회를 통해 나라를 통치했다. 소의회 의원들은 이 왕실의회에서 선출했다. 루이는 왕실의회 의원을 자신보다 훨씬 계급이 낮은 중산층에서 뽑았으며 자신과 거의 동등한 지위에 있는 귀족계급은 피했다. "짐은 짐의 권력을 누구와도 나눌 의사가 없음을 내가 선발한 장관들의 계급적 성분을 통해 국민들에게 알리기를 원하노라"라고 그는 썼다. 그는 모든 사람들을 내려다보았으며 사람들은 그에게 끊임없이 아첨을 해야 했다. 국민들은 모두 참된 갈리아 정신으로 그를 끝없이 존경했고 그를 존경하는 것을 더없이 좋아했다.

대귀족들은 이제 궁정에서 일하는 신하로 전락했다. 반항적인 파리에 대해 기억하기 싫어서 루이는 거의 20킬로미터나 떨어진 베르사유 시에 거대하고 화려한 궁전을 지었다. 이 궁전은 1676년과 1688년 사이 주로 왕실건축가 망사르Mansart에 의해 건립되었다. 루이의 궁정은 1682년에 이곳으로 옮겼다. 완성된 궁전은 10,000명을 수용할 수 있었다.

자연히 황무지가 비옥한 땅으로 바뀌었다. 수로가 건설되어 물을 호수와 운하로 끌어들였으며, 솜씨 좋은 조경사들이 황폐한 땅을 여러 층으로 된 아름답고 넓은 계단식 정원으로 만들었다. 기하학적인 모양의 넓은 오솔길과 산책길도 냈다. 나무들은 정육면체나 둥근 원, 공작의 모양으로 다듬어졌으며, 대야 모양의 대리석에서 분수가 솟아오르는데 조각상들은 물장난을 하는 것처럼 보였다. 꽃들도 무더기로 피어 있었다. 정원 너머의 숲에는 시원한 공터가 있어 크고 작은 동굴과 오두막이 세워졌는데, 이 모든 것은 인공적인 것이었다.

이곳 베르사유에서 루이 14세는 거대하고 눈부신 궁정을 지켰으며, 수많은 사람들이 방종과 사치 속에서 살았다. 가장 높은 자리에 있는 사람들이 앞 다투어 왕이 신발 신는 것을 돕거나 식사 시중을 들기 위해 경쟁했다. 왕의 면전에서는 왕의 친동생도 왕좌 뒤에 놓인 작은 나무의자에 앉아야 했다. 다른 사람들은 모두 서 있어야 했다. 궁 안에서는 무도회와 만찬이 벌어졌고 끝이 없는 행사와 호화로운 가장행렬이 벌어졌다.

베르사유 궁에는 수많은 재능 있는 화가, 조각가, 건축가들이 상주하며 바쁘게 궁전을 돌봤다. 루이는 모든 화가들이나 그들의 예술작품과 친숙했다. 이 무렵 가장 위대한 프랑스의 작가들이 배출되었다. 극작가로는 코르네유Corneille, 라신Racine, 몰리에르Moliere가 있었고, 철학자로는 데카르트Descartes와 파스칼Pascal이 있었다. 또 종교적인 작가로는 보쉬에Bossuet와 페넬롱Fenelon이 있었다. 몰리에르의 희곡은 왕궁에서 상연되었고 왕은 몰리에르와 개인적으로 친분이 두터웠다. 이때가 프랑스의 가장 위대한 시절이었다. 그러나 경찰이 모든 문학작품을 검열했고 언론의 자유는 존재하지 않았다.

루이의 통치기간에는 프랑스 역사상 가장 위대한 두 명의 장군이 권력의 정상에 올라 있었다. 충동적인 콩데 대공과 위대한 전략가 튀렌Turenne 후작이 바로 그들이었다. 유럽에서는 이들과 필적할 수 있는 장군이 없었다. 유일한 예외로는 유명한 군사기술자 보방Vauban뿐이었다. 그가 요새로 만든 왕국의 국경은 너무나 완벽해서 이것을 뚫고 들어가는 것이 불가능했다.

　민간 분야에서는 재무장관을 맡고 있는 콜베르Colbert가 있었는데, 그는 프랑스가 배출한 가장 유능하고 뛰어난 사람이었다. 중산층 출신으로 외양은 볼품이 없었지만 정력과 활동은 대단했다. 그는 정부 내에서의 부정부패를 가려내어 무자비하게 벌을 주었으며 그렇게 함으로써 세금 지출을 줄여 왕의 재정은 전보다 엄청나게 불어났다. 그는 공장을 가동하기 위해 영국과 네덜란드와 이탈리아에서 노동자들을 데려왔으며, 그들을 양말, 직물, 레이스, 유리 제조공장에서 일하게 했다. 그는 높은 관세를 매겨 프랑스의 새로운 산업들을 보호했다. 그는 영국이나 네덜란드와 경쟁하기 위해 발트 해, 지중해, 동양, 아메리카와의 무역회사도 설립했다. 훌륭한 도로와 유명한 운하를 건축했으며 조선업을 추진했다. 루이가 영광을 위해 통치하는 동안, 도시의 부르주아 콜베르는 번영을 위한 통치를 했다. 전쟁은 값비싼 사치가 되었으며 일생을 바칠 만한 활동이 되지 못했다.

　그래서 루이 14세의 통치 초기에는 프랑스가 유럽 제일의 국가, 가장 부유한 나라, 가장 눈부신 나라, 가장 통치가 잘된 나라가 되었다. 루이는 절대군주이면서도 공정했기 때문이다. 귀족이 법을 어겼을 때도 평민과 마찬가지로 반드시 벌을 받아야 했다. 아울러 루이는 국가의 번영을 위해 콜베르 같은 훌륭한 장관들을 임명했다. 국민은 왕과 조국을 자랑스럽게 생각했으며, 정부는 국민들 사이에서 대단한 인기를 누렸다. 이제 프랑스는 전에 어떤 국가도 누린 적이 없던 새로운 영화를 누리는 국가가 되었다.

그러나 루이 14세의 긴 통치는 재앙과 악평으로 끝을 맺었다. 오만한 군주는 예외 없이 전쟁을 일으켜 자신의 영토를 확장하려 든다. 그러지 못하면 위신이 서지 않는다고 생각하는 것이다. 그래서 루이는 먼저 스페인에 네덜란드를 내놓으라고 통고했다. 150년의 긴 권세와 부를 누린 스페인은 이 무렵 붕괴의 과정을 밟고 있었다. 스페인은 대군주의 막강한 군대를 막아낼 길이 없었다.

그러나 루이의 침략을 두려워한 영국과 네덜란드와 스웨덴이 스페인 편에 합세했다. 루이는 양보하지 않을 수 없었다. 그리고 네덜란드와 전쟁을 벌였다. 훗날 윌리엄 3세로 영국 왕이 된 윌리엄 오린지 공William of Orange이 네덜란드 사람들에 의해 네덜란드의 국정을 맡았다. 그는 방벽을 만들고, 스페인, 브란덴부르크, 영국과 동맹을 맺었다. 영국의 찰스 2세가 루이를 돕기로 약속했지만 영국 국민들이 압력을 넣어 그는 입장을 바꾸어야만 했다. 이런 와중에도 프랑스는 영토를 확장하고 있었다. 1684년에 루이는 독일의 심한 분노에도 불구하고 알자스와 로렌 지방의 상당 부분을 합병할 수 있도록 해달라는 요구를 라티스본 의회에 제출했다. 그런데 유럽은 전쟁에 지쳐 있어서 프랑스가 새로운 주인이 되었다.

1688년 영국에서 명예혁명이 일어나 제임스 2세가 망명을 했는데, 루이의 배려 덕분에 파리 근처의 생제르맹 궁으로 피신했

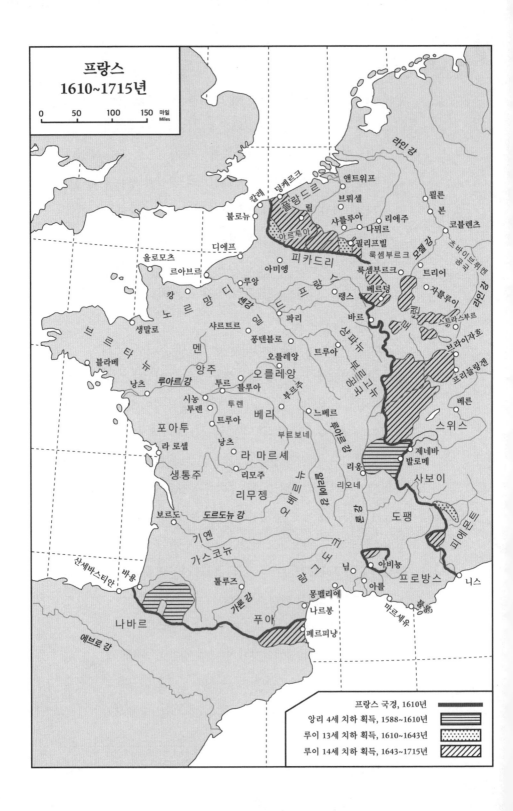

프랑스
1610~1715년

0   50   100   150   마일
Miles

라인 강

됭케르크
칼레
불로뉴
디에프
올로모츠
르아브르
캉
생말로
블라베
낭츠
포아투
라 로셸
생통주
보르도
기엔
산세바스티안
바욘
나바르
에브로 강

앤트워프
브뤼셀
플랑드르
릴
아르투아
샤를루아
나뮈르
필리프빌
룩셈부르크
피카드리
아미엥
프랑스
노르망디
센강
일
루앙
샤르트르
파리
퐁텐블로
멘
앙주
루아르강
투르
시농
투렌
투렌
블루아
오를레앙
오를레앙
베리
트루아
느베르
부르보네
라 마르셰
리모주
리무쟁
도르도뉴 강
가스코뉴
툴루즈
가론 강
푸아
몽펠리에
나르봉
페르피냥

리에주
나뮈르
룩셈부르크
랭스
베르됭
바르
샹파뉴
부르고뉴
느베르
루아르 강
리옹
리오네
론강
님
아를
마르세유
툴롱
프로방스
아비뇽

쾰른
본
코블렌츠
모젤 강
트리어
차를루이
메스
스트라스부르
브라이자흐
프리들링겐
베른
스위스
제네바
발로메
사보이
도팽
피에몬트
니스

라인 강
조바인드뤼켄
총궁클렌

프랑스 국경, 1610년
앙리 4세 치하 획득, 1588~1610년
루이 13세 치하 획득, 1610~1643년
루이 14세 치하 획득, 1643~1715년

다. 유럽 내에서 프랑스에 대한 공포는 대단했다. 그래서 오린지 공은 프랑스에 맞서기 위해 유럽의 중요 국가 전부와 연합하는 데 성공할 수 있었다. 먼저 영국이 네덜란드 및 신성로마제국의 황제와 동맹을 맺었고, 나중에는 브란덴부르크와 스페인도 동맹에 합세했으며, 스웨덴과 덴마크도 동맹의 일원이 되었다. 그러나 보방에 의해 견고하게 구축된 프랑스의 방어선을 깨려는 연합군의 전쟁은 대규모의 포위작전만큼이나 지루한 것이었다. 프랑스는 실제로 참여했거나 포위되었던 모든 전투에서 승리를 거두었다. 그래도 9년이나 걸린 전쟁은 엄청난 규모의 돈을 소모하게 만들었고, 프랑스는 큰 재정부담에 시달려야 했다. 루이는 1697년 레이스웨이크평화조약에 서명을 하지 않을 수 없었다. 그 결과 기득권의 일부를 양보했고 윌리엄 3세가 영국의 왕위에 재임하는 것을 인정해야 했다. 이것은 사촌인 제임스 2세이자 신교도들을 증오하던 루이의 뜻과 매우 어긋나는 일이었다.

마지막 대전쟁은 스페인왕위계승전쟁이었다. 루이는 스페인의 왕위를 그의 손자 필리프Philippe에게 주었다. 루이는 스페인과 프랑스를 하나의 왕국으로 생각했다. 영국, 네덜란드, 신성로마제국, 1700년에 프로이센 왕국으로 이름을 바꾼 브란덴부르크 선제후의 백작령 등이 이에 대항하는 동맹을 맺었다. 프랑스는 훌륭한 군대와 국가조직을 갖추고 있어서 막강한 입장에 서 있는 듯했다. 그러나 스페인은 국력이 쇠진하고 혼란스러운 상황에 빠져 있어, 살아 있는 프랑스의 몸에 매달린 시체와 같았다.

네덜란드, 이탈리아, 밀라노, 스페인에서 전쟁이 계속되었다.

이런 와중에 세벤의 프랑스 개신교도들이 가톨릭 압제자들에 항거하는 격렬한 봉기를 일으켰다. 1704년에는 말버러Marlborough 장군과 외젠Eugene 공이 블렌하임에서 프랑스에 치명타를 가해서 프랑스는 고전을 면치 못했다. 전쟁의 흐름은 루이에게 불리하게 돌아가기 시작했다. 지브롤터 항이 영국인의 손에 함락되었다. 1713년 마침내 유트레히트에서 평화조약이 체결되었을 때, 프랑스의 국력은 대단히 쇠진해 있었고 국가의 재정은 거의 파산 상태에 있었으며 유럽 내에서의 우월한 지위도 상당히 추락한 상태였다. 프랑스 국민들도 왕실에 등을 돌리기 시작했다. 루이는 그의 절대주의 정책 때문에 "프랑스를 빈곤에 빠트렸으며, 모든 계급이 무너진 폐허 위에 자신의 왕좌를 만들었다"라고 프랑스의 작가 페넬롱은 역설했다.

루이는 이 무렵 대단히 늙은 노인이 되어 있었다. 1643년 그가 왕위에 올랐을 때 그의 나이는 다섯 살이었다. 그가 재임하는 동안 영국에서는 찰스 1세가 처형되어 잉글랜드 공화국이 끝났으며, 찰스 2세가 죽었고 제임스 2세가 망명했으며, 윌리엄 3세가 왕위에 올랐고 앤Anne 여왕이 사망했다. 국내에서도 재앙이 잇따랐다. 왕위를 이어갈 직계 후계자인 아들, 손자, 증손자가 모두 사망했다. 유일하게 남은 후계자는 두 살밖에 안 된 어린아이였다. 만약 그가 사망한다면 무서운 혼란이 일어날 터였다. 왕위계승을 위한 섭정문제를 매듭지으려다가 그 일을 해결하지 못한 채, 늙은 왕은 1715년에 서거하고 말았다.

여기서 우리는 중세 유럽의 구질서가 마침내 변화되는 것을 보게

유럽사 이야기

된다. 최고의 자리를 지키던 황제와 교황들이 가고 새로운 나라들이 세워졌다. 그러나 국가의 생명은 이제 전쟁과 힘으로만 이루어지는 것이 아니었다. 국가의 참된 목표는 생산적인 사업의 수행에 있었다. 이제 전쟁은, 영광으로 가는 대단히 존경받는 길이 아니라 공인된 악이 되었다. 평화에 대한 자부심과 위험이 전쟁에 대한 자부심을 대체했다. 금력의 힘이 혈통의 특권을 대체하기 시작했다.

XVI

프랑스혁명

신이 내려준 왕과 귀족들은 프랑스에서 영원히 사라졌다.
새로운 왕과 귀족들은 인간이 만들었다.
가난한 사람들의 위치는 별로 달라진 것이 없었다.
혈통 대신 돈이 통치를 하게 된 것이 변화의 전부였다.
이렇게 해서 근대의 상업국가 혹은 산업국가가
수립되었다.

God-made kings and nobles were destroyed
in France for ever. The new ones would be man-made.
The poor were not in any very different position. Money
ruled instead of birth, that was all.
So a modern commercial or industrial state was
established.

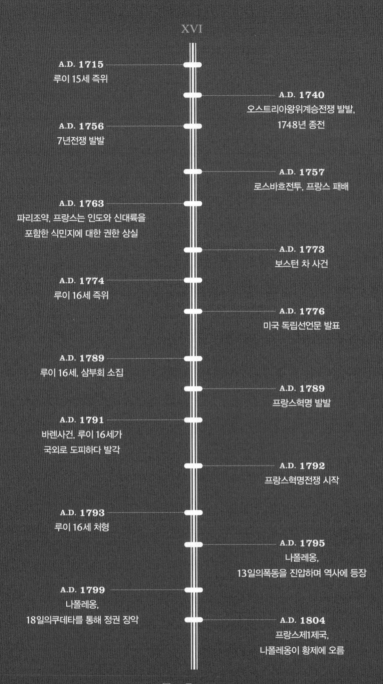

XVI

A.D. **1715**
루이 15세 즉위

A.D. **1740**
오스트리아왕위계승전쟁 발발,
1748년 종전

A.D. **1756**
7년전쟁 발발

A.D. **1757**
로스바흐전투, 프랑스 패배

A.D. **1763**
파리조약, 프랑스는 인도와 신대륙을
포함한 식민지에 대한 권한 상실

A.D. **1773**
보스턴 차 사건

A.D. **1774**
루이 16세 즉위

A.D. **1776**
미국 독립선언문 발표

A.D. **1789**
루이 16세, 삼부회 소집

A.D. **1789**
프랑스혁명 발발

A.D. **1791**
바렌사건, 루이 16세가
국외로 도피하다 발각

A.D. **1792**
프랑스혁명전쟁 시작

A.D. **1793**
루이 16세 처형

A.D. **1795**
나폴레옹,
13일의폭동을 진압하며 역사에 등장

A.D. **1799**
나폴레옹,
18일의쿠데타를 통해 정권 장악

A.D. **1804**
프랑스제1제국,
나폴레옹이 황제에 오름

THE FRENCH
REVOLUTION

1715년 대군주가 사망했을 때 프랑스의 재정은 심각하게 고갈되어 있었다. 베르사유 궁정의 사치보다 전쟁에 의한 허비가 더 큰 원인이었다. 루이는 그의 눈부신 왕궁과 장엄한 생활방식에 막대한 비용을 소모했지만 그것이 프랑스를 파멸시킬 정도는 아니었다. 무모한 전쟁이 나라의 번영을 망쳤으며, 또 전쟁 이후의 신중하지 못한 국정 운영이 그러했다.

강력한 군주제는 두 가지 목표를 갖고 있었다. 첫째는 국가의 부를 증강시키고, 생산업자와 경작자들을 부자로 만들어 가난한 자들에게 고용을 늘려 충분한 보수를 주는 것이었다. 그리고 둘째는 국가의 자존심을 만족시키고, 활발한 전쟁을 통해 나라의 근육을 단단하게 만드는 것이었다. 전시에 최고사령관이 되어 자부심과 영광 속에서 이끄는 사람은 왕이었다. 그러나 루이 시대에 국가의 생산적인 번영을 감독한 사람은 콜베르였다.

물질적 번영과 격렬한 전쟁의 영광 사이에서 한 왕국이 균형을 잡는 것은 힘든 일이다. 영광의 추구는 값비싼 대가를 치르는 일이다. 그러나 국민이 상업적이고 물질적인 성공만 추구하면, 그 국가는 정신력이 약해지고 비만에 헐떡이게 마련이다. 루이 14세와 15세는 너무 자만심에 차서 자신들의 왕좌가 국가의 번영을 기반으로 한다는 사실을 잊고 있었다. 대군주가 노년에 실패한 비밀도 이러한 진리를 잊은 데 있었다. 모든 영광은 왕을 중심에 두었다. 루이 15세는 너무 허영심에 차서 자신을 프랑스의 태양이라고 생각했다. 무슨 일이 일어나건 상관없이 왕의 영광만 환히 빛나면 궁정과 정부는 그것으로 만족해야 했다. 그러나 이 영광이 빛나기 위해서는 국가가 자신의 고혈을 짜내야만 했다. 프랑스의 빛나는 태양은 너무나 환하게 타올랐다. 군주체제는 해바라기와 같아서 잎과 줄기와 뿌리가 모조리 말라버리면 마침내는 해바라기 자체가 넘어지고 말 운명이었다.

루이 15세의 통치기간 중에 프랑스의 빚은 엄청나게 늘어났다. 1723년 추기경 플뢰리Fleury가 총리가 되어 영국의 월폴Walpole 수상과 재정협상을 훌륭하게 성사시키면서 국정을 잘 운영했다. 전쟁이 일어나고 프랑스가 로렌 지방을 획득했다. 그런데 이것이 군주체제 하에서 얻어낸 마지막 실질적 이득이었다.

오스트리아왕위계승전쟁이 유럽을 무장시켰다. 이 무렵 유럽을 지배한 것은 상업이었다. 유럽의 모든 나라가 마치 기업들처럼 서로 경쟁을 하고 있었다. 어느 한 나라가 무역과 생산에서 주어진 몫 이상을 차지해서 너무 강해지면 안 된다는 것이 모든 국가들의 결정이었다. 이것은 힘의 균형을 흔들리게 만들 수 있었다. 프랑스와 프로이센이 연합해서 영국과 오스트리아에 대적했다.

프로이센은 유럽에 새로 등장한 국가로, 프리드리히Friedrich 대제는 당시 유럽에서 가장 훌륭한 전쟁 지도자였다. 프로이센과 프랑스는 전쟁을 잘했다. 1745년 프랑스는 영국을 퐁트누아에서 크게 이겼다. 그러나 프랑스 정부는 너무 쇠약해져 있어서 엑스라샤펠의 평화조약에서 전쟁에서 얻은 것을 다 내놓아야 했다. 프랑스 정부는 담력이 사라진 상태였다.

프랑스와 영국 사이의 식민지 전쟁은 7년전쟁을 불러일으켰다. 이번에는 프로이센이 영국과 한편이 되었고 오스트리아가 프랑스와 연합했다. 프랑스 내에서의 국정실책은 끔찍할 정도였다. 군대는 제대로 무장이 되지 않아 결정적인 순간이 와도 싸울 준비가 되어 있지 않았다. 실제 준비가 되었어도 무엇을 어떻게 해야 할지 모르는 형편이었다. 태양왕의 치하에서 불행해진 프랑스에는 훌륭한 정치가나 유능한 장군이 한 사람도 없는 것 같았다. 모두가 삼류였고, 엉망진창이었다. 이에 반해 프로이센은 뛰어난 프리드리히 대제가 직접 지휘하고 있었으며 영국에는 위대한 피트Pitt 수상이 있었다. 프랑스는 캐나다를 완전히 잃었으며 인도도 거의 잃어가고 있었다. 유럽에서 프랑스 군대는 1757년 로스바흐전투에서 프리드리히 대제에게 결정적으로 패했다. 1763년 파리평화조약이 체결되었을 때 프랑스는 식민지를 모두 빼앗기는 망신을 당하게 되었다.

이 기간 내내 겉치레에 눈이 먼 루이 15세는 어리석은 영화와 방탕의 길을 계속했다. 그는 사태가 어떻게 돌아가고 있는지를 알고 있었다. 그러나 보석이 반짝이는 손가락을 흔들고는 미소를 띤 채 이렇게 말했다. "짐 다음에는 홍수." 그는 파멸의 홍수가 가까이 다가온 것을 알고 있었다. 하지만 유쾌한 마음으로 신경을 쓰지 않았다. 자신이 세상을 떠날 때까지만 홍수가 나지 않으면 상관이 없다는 태도였다.

세습 법률가 집단의 자치체인 프랑스 의회가 머리를 들기 시작했다. 의회는 1764년 국왕 루이에게 프랑스에서 모략이나 일삼는 예수회Jesuit를 없애라고 요구했다. 또 의회는 세금에 관한 칙령 문제로 왕과 다투었다. 왕은 심기가 매우 불편해졌다. 잠시 왕의 정부였던 유명한 뒤바리du Barry 부인이 어느 날 어리석은 애인인 왕을 움직이기로 결심했다. 그녀는 베르사유 궁의 호사스러운 방에서 왕과 함께 앉아 있었다. 벽에는 왕비 헨리에타 마리아Henrietta Maria를 통해 프랑스 왕실과 친척이 된 영국 왕 찰스 1세[*]의 멋진 초상화가 걸려 있었다. "저 사람을 보세요." 뒤바리 부인이 슬픈 표정의 미남 왕 찰스의 얼굴을 가리켰다. "당신의 의회도 당신의 머리를 자를 거예요." 뒤바리 부인은 사사건건 간섭하는 법률가들에게 왕이 매우 화를 내도록 부추겼다. 루이는 의회의 가장 중요한 의원들을 체포해서 국외로 추방했고 의회 자체를 완전히 해산시켜버렸다.

1774년 마침내 루이 15세가 사망했다. 그의 긴 재임기간 동안 궁정은 사치로 눈이 부시게 반짝거렸다. 특히 여성들의 출입으로

---

[*]　15장에서 등장한 영국의 찰스 1세다. 왕비인 앙리에타 마리, 영어식으로 헨리에타 마리아는 프랑스 왕 앙리 4세의 딸로, 루이 13세와 남매 사이다.

그러했다. 반면 나라는 수치와 가난의 수렁 속으로 깊이 빠져들었다. 루이 16세는 달랐다. 성품이 착하고 도덕적이며, 항상 최고의 선의로 가득 찼던 그는, 나라를 번영의 길로 끌어올리기를 원했다. 하지만 때가 너무 늦었다. 착한 왕은 사치 때문에 고생해야 했다. 더구나 약간 바보스러운 왕과는 달리 오스트리아 출신 왕비 마리 앙투아네트Marie-Antoinette는 영리하고 자부심이 넘치는 사람이었다. 루이 15세가 그의 애첩들에 좌우되었다면, 루이 16세는 왕비의 손아귀를 벗어나지 못했다. 여성들의 간접적인 통치는 프랑스에는 불행한 일이었다. 프랑스의 왕은 유일하게 투르크의 술탄에 비견될 정도로 유럽에서 최고의 절대군주였다. 그리고 투르크처럼 프랑스에서도 한 여자나 몇 명의 여자들이 왕을 주물렀으며, 이것이 나라를 파멸의 길로 치닫게 하는 원인이 되었다.

궁정에서는 귀족들이 눈부신 나비에 불과했지만, 일단 자신의 영지에 들어가면 대단한 권력을 행사할 수 있었다. 귀족들은 성직자들과 마찬가지로 세금을 거의 내지 않았으며, 설혹 내더라도 그 액수는 극히 적었다. 그래서 그들은 부유한 대지주로 남아 있었다. 도시에서도 상인들 때문에 세금은 가볍게 부과되었다. 모든 국가 비용을 부담하도록 강요된 사람들은 농민들, 갈리아의 수많은 농민들이었는데, 왜냐하면 이들은 저항을 할 수 없었기 때문이다.

귀족과 대지주들이 그들의 땅을 작은 규모로, 소규모의 농장으로 분할했다. 소규모의 토지소유권은 농민의 집안에서 아버지에서 아들로 세습되었다. 농민은 곡물, 포도주, 가축 같은 생산물의

2분의 1이나 3분의 1을 영주에게 바쳤으며 전통적으로 부과된 부역도 담당했다. 영주의 성채에 붙어 있는 영주의 농장 이외에는 특별히 대규모 농장이 따로 없었다. 혁명 전 프랑스를 여행했던 영국인 아서 영Arthur Young은 토지를 이렇게 작은 농장과 경작지로 수없이 분할한 것은 낭비이며 농장 경영에도 좋지 않다고 지적한 적이 있었다.

많은 수의 소규모 농민들이 자신의 경작지를 소유하고 있었다. 그러나 이들은 자유로운 몸이 아니었으며 영주에게 특정한 봉사를 해야만 했다. 일정한 수의 닭이나 양을 상납해야 했으며, 곡물은 영주의 방앗간에서 빻아야 했고 포도도 영주의 압착기에서 짜고 사용료를 내야 했다. 비둘기 떼와 그 밖의 수렵용 짐승들이 자신들의 농장에서 곡물을 뜯어먹어도 그냥 내버려두어야 했다. 그래서 사육하는 토끼나 산토끼나 사슴이 어린 밀을 뜯어 먹어도 보고만 있어야 했다. 가난한 농민은 비둘기나 토끼 한 마리도 잡을 수가 없었고, 귀족에게 손해에 대한 보상도 청구할 수 없었다. 이 모든 것들이 농민들을 대단히 분노하게 만들었다.

세금 중에서 가장 큰 것은 '타유taille'라는 이름의 세금이었다. 이것은 특권이 없는 사람들에게 부과하는 가옥세와 토지세였다. 집이 보수되어 단장을 끝내거나 토지의 경작 조건이 개선되면, 바로 세무관리가 찾아와 세금액수를 올렸다. 그러나 영주에게 속하는 성채나 장원에는 세금이 부과되지 않아 훌륭한 보수작업이 이루어질 수 있었다. 반면 마을은 황폐해지고 있었으며, 농민들은 세액을 낮추기 위해 의도적으로 땅을 폐허로 만들었다. 사람들은

'타유'를 증오했다. 두 번째 세금은 '가벨gabelle'이라는 소금세였다. 국가가 모든 종류의 소금을 팔았으며 가격은 고정되어 있었다. 남자, 여자, 아이 할 것 없이 모든 사람이 매년 일정량의 소금을 구입해야 했다. 세 번째 세금은 '코르베corvée', 즉 부역이었다. 남자들은 정부가 세우는 도로나 건축물에 동원되어 강제 사역을 해야만 했으며 이에 대한 보수는 없었다. 어떤 지역에서는 농민들이 수입의 55퍼센트를 정부에 바쳐야 했던 것으로 알려져 있다. 즉 한 사람이 일주일동안 자신과 가족을 위해서 30실링을 번다면, 그 중 16실링 6펜스를 세금징수원에게 바쳐야만 했다. 반면 귀족들은 수천 파운드를 베르사유에서 낭비하고도 세금 한 푼 내지 않았다.

그래서 농민들은 매우 분노에 차 있었다. 교구사제들은 농민들을 동정한 반면 주교들은 옛날과 마찬가지로 왕실의 편에 서 있었다. 그러나 프랑스 농민들의 처지는 폴란드, 스페인, 남부 독일의 농민들보다는 훨씬 나은 편이었으며 자유도 훨씬 많았다. 그런데 폴란드, 스페인, 남부 독일의 농민들이 수동적이고 나태한 상태에 빠져 있는 반면 프랑스의 농민들은 살아 있고 분노할 줄 알았다. 프랑스를 혁명의 도가니로 몰고 간 것은 사람들의 고통이 과도해서가 아니었다. 물론 불가피하게 고통을 받고 있었다. 그러나 오히려 혁명의 원인이 된 것은, 눈부신 과거가 있었으나 그것은 사라졌고, 이제는 자신들의 미래에 대한 염원만 남아 있다는 정신적 분노였다. 그것은 자신들의 삶이 어리석음과 낭비를 지탱하기 위해서 이용되었다고 느끼는 사람들의 분노였다.

과거의 방식에는 종말이 오고 있었다. 모든 나라에서 사람들은 보다 많은 자유를 요구하는 새로운 사상들을 생각하고 있었다. 독일, 영국, 프랑스, 미국에서 위대한 작가들이 입을 열어 새로운 사상을 쏟아내기 시작했다. 영광스러운 왕들에 대한 커다란 반발이 일어났고 권력에 대한 엄청난 혐오감이 일어나기 시작했다. 위대한 것은 낡은 유행이 되었다. 교육받은 사람들은 그리스와 로마를 되돌아보고 옛날의 공화국을 다시 생각했다. 그들은 제국과 개인적 권위를 싫어하고 신앙의 시대인 중세를 경멸했다. 그들은 종교가 무엇인지를 묻기 시작했으며, 신적인 것이든 인간적인 것이든 자신들에게 강요된 권위를 거부했다. 그들은 자신의 이성에 따라 행동하기를 원했고, 둘과 둘은 정확히 넷이 되기를 바랐다.

루터의 시대에는 사람들이 종교적 저작들에 열정적인 관심을 가졌었다. 그러나 18세기 중반과 후반만큼 새로운 저작들이 커다란 영향을 주었던 시기도 없었을 것이다. 이 시기는 신앙의 시대와 정반대라는 뜻에서 '이성의 시대'라고 불렀다. 볼테르Voltaire, 1694-1778는 특히 강요된 종교적 신앙을 증오했다. 그의 주장에 따르면 인간은 자신이 합당하다고 판단하는 것을 믿어야 하며, 단지 교회가 지시했기 때문에 기이한 사실들을 강제로 받아들여서는 안 되었다. 몽테스키외Montesquieu, 1689-1755는 그의 위대한 저작 『법의 정신De esprit des Lois』에서 정부가 어떻게 만들어져야 하는지를 보여주었다. 그는 영국식 정치체제에 커다란 존경심을 표시했다. 미국인들이 독립정부를 수립하게 되었을 때 그들은 많은 것을 몽테스키외에게서 배웠다. 그러나 가장 큰 영향을 미친 사람은 장 자크 루소Jean-Jacques Rousseau, 1712-1778였다. 그는 자연으로 돌아가 자연 속에서 모든 것을 순수하게 즐기자는 생각을 믿은 사람이었다. 그는 열정적으로 인간의 권리를 설교했다. 그의 작은 책 『사회계약론』은 '혁명의 성서'라고 불렸다. 이 책은 이렇게 시작하고 있다. "인간은 자유롭게 태어났다. 그러나 인간은 모든 곳에서 쇠사슬에 매여 있음을 우리는 보게 된다." 그리고 다음과 같은 취지를 말하고 있다. '정부는 국민에 의해, 또 국민들을 위해 만들어져야 한다. 왕에게는 신이 준 권리가 없으며 군주와의 계약을 의무적으로 지킬 필요가 없다. 국민들은 자신들이 인정하지 않는 정부를 전복할 권리가 있다. 그리고 국민들이 진실로 자신들의 정부를 세운다면, 그 정부는 전능한 힘을 갖게 된다.' 이 책은 엄청난 영향을 미쳤다. 수많은 사람들이 자신도 모르는 사이에 가슴에 새기게 된 구절들을 인용하고는 했다.

'앙시앵 레짐ancien regime', 즉 구체제의 마지막 왕 루이 16세는 이러한 새로운 생각에 어느 정도까지는 진심으로 공감하고 있었다. 그는 프랑스의 상황을 개선하려고 했다. 그래서 그는 훌륭한 총리 튀르고Turgot를 임명했다. 그러나 나비처럼 경박한 조정은 튀르고에 대한 음모를 꾸몄으며 왕은 그를 해임해야만 했다.

1773년 북아메리카의 식민지 주민들이 보스턴 차茶 사건 이후 영국과의 상업적인 관계를 단절한다고 선언했다. 1775년에는 렉싱턴에서 첫 번째 유혈사태가 벌어졌다. 1776년 7월 4일에는 미국 독립선언문이 공표되었는데, 이는 신세계의 출발을 알리는 신호탄이었다.

프랑스는 이 모든 사건들을 세심하게 지켜보았다. 프랑스가 영국에 의해 미국에서 축출당한 바가 있기 때문에 프랑스 왕실은 미국 사람들을 주저 없이 도왔다. 벤저민 프랭클린Benjamin Franklin 은, 프랑스 궁정에서 명예로운 영접을 받으며 몇 년 동안 세심한 배려와 존경으로 일관한 대접을 받았는데, 그는 자신이 속한 신생 독립국가에서 새로 탄생한 주들을 위해 루이 16세의 재상과 거액의 차관 도입을 교섭하려고 프랑스에 머물고 있었다. 이때부터 미국은 영국에 대항하던 초기에 자기들을 도와준 프랑스에 커다란 호의를 갖게 되었다.

그러나 프랑스인들은, 전쟁에서 영국에 승리한 것이 영광스럽다고 느낀 것보다도 머나먼 곳에서 새로운 공화국이 세워졌다는 사실에 훨씬 더 흥분했다. 그것은 프랑스인들의 상상력에 충격을 주고 마음속 욕구에 불을 지르는 행위에 다름 아니었다. 그들은 왕이 없는 나라에서 국민이 스스로의 통치자가 되는 것을 경이롭게 생각했다.

하지만 전쟁에는 이겼어도 그 경비가 너무 엄청나서 프랑스가 지불할 수 있는 한계를 넘어서고 말았다. 튀르고 때와 마찬가지로 네케르● 재무장관도 특권층, 귀족, 성직자, 돈 많은 시민들도 모두 세금을 내야 한다고 결정했다. 그러나 이에 대해서는 궁정 전체가 그에게 반발했다. 1784년 그는 반대의 폭풍 앞에서 퇴진해

●   자크 네케르Jacques Necker. 1784년 해임된 뒤 1788년 재임용되었으나 1789년 7월 11일 또 다시 해임되고 만다. 그의 해임은 프랑스 혁명의 시발인 바스티유 사건의 중요한 계기 중 하나였다.

야 했다.

　왕이 정부를 꾸려가기 위해서는 나라가 기울 정도로 높은 이자를 물면서라도 돈을 빌려야만 했다. 그는 왕실칙령을 내려 모든 계급에 세금을 부과하기로 결정했다. 그것은 다른 나라들에서도 그렇게 결정된 것이었다. 그러나 왕위에 오르면서 양심에 따라 그가 부활시킨 파리 의회는 왕의 결정에 즉각 반대했고, 국민 대부분도 의회에 동조했다. 이제 프랑스의 판도는 허약한 왕과 강하고 적대적인 국가의 대결구도로 발전되었다. 프랑스의 순수한 전통적 의회인 삼부회를 소집하고, 이 진정한 의회에서 모든 계급이 대표로 참석해야 한다는 목소리가 전국에서 일어났다. 그러나 삼부회는 170년 동안 한 번도 소집된 적이 없어 소집 방식이나 소집된 다음의 의사진행 절차를 아는 사람이 아무도 없었다. 그럼에도 불구하고 프랑스 사람들은 자신들이 선택한 의회를 소집하기로 결정했다.

　루이 16세는 삼부회의 소집에 동의하고 네케르를 다시 기용했다. 이를 계기로 왕은 국민들 사이에서 인기가 높아졌다. 국민들은 그를 칭송하는 노래까지 부르기 시작했다. 그러나 바로 분쟁이 일어났다. 국민들은 귀족과 성직자들이 자신들의 상원에서 갖는 의석수의 합만큼 평민들의 하원에 동일한 의석수를 가져야 한다고 주장했다. 왜냐하면 삼부회는 세 개의 계급이 세 개의 의원을 구성해 만들어지기 때문이다. 귀족들은 이 제안에 반대했다. 왕은 네케르의 조언을 받아들여 국민의 편에 서기로 결정했다. 그러나 분쟁은 더욱 격렬해졌는데, 이번에는 투표된 표를 어떻게 세느

냐라는 문제가 쟁점으로 떠올랐다. 만약 세 계급의 의원마다 따로 투표를 하고 그래서 모든 문제가 세 계급을 대표하는 의원들의 다수결에 의해 결정된다면, 귀족과 성직자들이 항상 평민을 쉽게 이기게 마련이었다. 그러나 개개의 표를 계산하는 경우에는 성직자들의 부분적 지지를 확신하는 평민들이 승리하게 마련이었다.

삼부원 혹은 삼부회는 전혀 합의점을 찾지 못하고 표류했다. 프랑스 전역에서 시끌벅적한 청원이 제3신분의 평민의회로 들어왔는데, 평민의회가 프랑스 헌법을 제정하고 왕과 국민을 동등하게 취급하는 일련의 법들을 제정해야 한다는 청원이었다. 상당수 성직자들이 이 청원에 찬성했다. 이들은 제3신분의 평민의회로 가서 평민대표로서 의석에 앉을 준비를 했다. 1789년 6월 평민의회는 '국민의회'라고 이름을 바꾸고, 특권계급들이 동의하든 않든 프랑스 헌법을 제정할 준비에 착수했다.

이것은 한 계급의 의회가 국가 전체를 대표해 행동하겠다는 주장이며, 평민들이 왕과 귀족을 대신해서 행동하며 누구의 허락도 받지 않겠다는 의사표시였다. 왕실은 이를 허락할 수가 없었다. 궁정은 분노하고 반발했다. 국왕 루이는 자신의 의사를 밝히기 위해 직접 하원으로 갔다. 그는 만사가 잘되기를 바랄 뿐이라며 많은 개혁을 약속했다. 그러나 삼부회만은 세 계급의 의원으로 구성되어야 한다고 말했다. 여기서 위대한 웅변가이며 정치가인 미라보Mirabeau가 왕에 반대하는 연설을 했다. 미라보는 원래 귀족이었으나 평민의회로 가서 제3신분의 자리에 앉은 사람이었다. 그는 3개의 계급대표로 이루어진 의회 구조는 특권층에 권력을 집중시키는 것이며 평민의회는 이 안에 반대한다고 선언했다. 하나의 원으로 구성된 국민의회가 귀족과 성직자만이 아닌 국가와 국민의 다수를 대표해야 한다는 주장이었다.

왕은 이제 싸우거나 양보하거나 둘 중 하나를 선택할 수밖에 없었다. 그는 하위 계급의 하원에서 일어나고 있는 반란을 분쇄하기 위해 군대를 불러들이기에는 마음씨가 너무 착했다. 국민의회에서는 강경한 어조를 고수했지만 그는 결국 양보의 길을 택했다. 정부를 꾸려가기 위해서는 돈이 필요했으며 돈은 국민들이 그에게 주지 않는 한 있을 수 없었다. 그는 너무 유약해서 이전의 왕들처럼 억지로 국민들에게서 돈을 빼앗아오지는 못하는 사람이었다. 그는 마침내 귀족과 성직자들에게 평민의원으로 가서 참여하라고 요청했다. 이미 많은 수의 귀족이나 성직자들이 평민의원으로 옮겨간 상태였으며, 더 많은 귀족과 성직자들이 명령을 따랐다. 드디어 모든 소요가 해결된 다음 1,200명의 프랑스의 의원 전원 — 적어도 국민의회에 남기로 한 대다수 —이 한 회의실에 모여 헌법의 기초 작업에 착수했다. 표결에서는 이제 국민들이 확실한 다수를 차지하게 되었다.

루이는 자신이 왕실의 권력을 무너뜨렸다는 사실을 깨닫게 되었다. 그래도 이렇게 쉽게 모든 것을 양보할 생각은 없었다. 궁정의 대신들이 군대를 불러야 한다고 주장하자 마침내 그는 이 요구에 응하기로 했다. 국민들이 좋아한 네케르는 다시 면직된 다음이었다. 군림하기를 좋아하는 귀족들이 왕의 주변을 에워쌌다. 군대의 대이동이 명령되었고 많은 부대들이 파리에 집결했다.

이 소식이 파리에 전해지자 도시는 흥분과 분노로 미친 듯한 상태에 빠졌다. 국민의회는 파리에서 약 12마일 떨어진 베르사유에서 소집되었다. 그러나 파리에는 마라Marat와 카미유 데물랭Camille Desmoulins 같은 유명하며 격정적인 웅변가와 정치가들이 모여 있었다. 곳곳에서 집회가 열리고, 커다란 외침이 소리를 높였고, 군중이 대규모로 모여들었다. 흥분의 정도도 더 높아졌으며 외침의 소리도 더 커졌다. 금세 시민 전체가 거리로 나왔다. 파리에 주둔하고 있던 군인들도 국민 편으로 넘어왔다.

갑자기 외침이 터져 나왔다. "바스티유로!" 바스티유는 유명한 성채 감옥으로 왕실에 속해 있었고, 위압적이며 난공불락의 무서운 곳이었다. 그러나 혁명 직전에는 그 중요성이 많이 줄어들어 있었다. 그런데도 사람들은 바스티유의 과거 행적 때문에 그곳을 혐오했고, 그 이름 자체도 증오했다. 거대한 시민의 무리가 몰려나왔다.

만약 식량과 그 밖의 필수품만 제대로 공급되었어도 바스티유는 영원히 버틸 수 있었을 것이며, 파리를 지배하고 압도할 수 있었을 것이다.• 그러나 바스티유에 파견된 부대의 반 이상이 반란한 상태였다. 주둔군 사령관은 어찌할 바를 몰랐다. 왕 자신이 민중들에게 항복했다는 소식이 전해지자, 그는 그날 오후 거대한 요새를 열어주는 데 동의했다. 조건은 자신과 주둔군의 생명을 보장

• 　　　바스티유 사건은 네케르의 해임 며칠 뒤인 1789년 7월 14일에 일어났다. 프랑스 혁명의 시발점이 된 사건으로 유명하며 실제로 이날은 프랑스 혁명 기념일로 지정되어 있다.

받는 것이었다. 군중의 지도자들이 이 요구 조건에 동의했다. 그러나 사령관과 그의 참모들이 안전하게 빠져나오자 군중들은 경비병들의 방어선을 뚫고 들어가 그들을 모두 잔인하게 학살했다. 군중들은 흥분에 들떠 무서운 성채 감옥 안으로 들어가 몇 명 안되는 죄수들을 풀어주고, 분노와 증오에 찬 눈으로 역대 왕들이 희생자들을 집어넣은 지하 감옥을 노려보았다.

왕과 궁정은 완전히 겁을 먹었다. 루이는 인기 없는 귀족들을 왕실의회에서 즉각 면직시키고 네케르를 다시 불러들였다. 그러자 민중들이 이번에는 왕에게 파리로 돌아올 것을 요구했다. 그러나 그는 거대한 베르사유 궁에서 떠나기를 거절했다. 10월 5일 굶주려서 사나워진 여자들의 커다란 무리가 식량 부족에 대한 항의 시위를 하러 나왔다가, 그대로 베르사유로 가는 길로 들어서서 홍수처럼 왕궁을 향해 쏟아져 들어갔다. 왕은 낯선 소란스러움에 창가로 갔다. 그는 사나운 여자들의 무서운 무리를 보았다. 몇몇 여자들은 무장을 하고 있었으며 무장한 남자들도 섞여 있었다. 그들은 무서운 소리로 빵을 달라고 외쳤으며, 왕이 자신들과 함께 파리로 돌아가야 한다고 요구했다. 왕은 애매한 대답을 했다. 군중들은 베르사유 궁의 정원과 잔디밭에서 웅성거리면서 밤을 샜다. 아침이 되자 그들은 바닷물처럼 왕궁으로 밀려들어와 호화로운 복도를 휩쓸었다. 왕과 왕비의 목숨이 위태로운 순간 라파예트Lafayette가 건장한 스위스 용병들로 이루어진 국민군을 이끌고 나타나 군중들을 제지했다. 그러나 라파예트는 왕이 반드시 파리에서 거주해야 한다는 요구사항을 파리 시의회로부터 가져왔다. 내키지 않는 마음과 불길한 예감에도 불구하고 루이는 양보하지 않을 수 없었다. 10월 6일 오후 왕의 일행은 국민군과 함께 튈르리 궁을 향해 떠났다. 군중들은 몰려다니면서 불평을 계속했다. 그러나 그들은 이제 왕을 진심으로 미워하지 않았다. 그들은 왕비를 더 미워했다.

스스로 '제헌의회'라고 이름 붙인 국민의회가 영국식 헌법을 모범으로 삼고 왕실로부터 권력을 빼앗아 시민의 손에 권력을 넘겨주는 새 헌법을 제정하는 작업에 착수했다. 그들은 "모든 주권은 국민에게 있다"라고 주장했다. 그들은 교회도 재조직했는데, 교회의 권력을 교황과 왕으로부터 빼앗아 교회 선거인단의 손에 넘겼다. 교황은 이러한 새로운 체제를 무효화시키는 칙령을 내리고 여기에 관여한 사람들을 모두 파문에 처했다. 그러나 왕은 속으로는 몹시 못마땅하고 불안했지만 변화된 체제를 전부 승인하지 않을 수 없었다. 그는 특히 종교적 변화에 가장 불만이었다. 그는 마음속으로 이 모든 사악한 일들을 뒤집어엎을 수 있는 기회가 오기만을 기다렸다. 그에게는 새로운 변화가 사악하게 보였기 때문이다.

국민이 왕의 의도를 의심하기 시작했다. 연설가들과 신문이 왕을 혁명의 적이라고 비난하기 시작했다. 술집에서 사람들은 큰소리로 그를 저주했고, 왕과 왕비를 욕하는 낙서가 벽에 크게 씌어졌다. 루이는 프랑스에서 탈출하고 싶었다. 왕비 마리 앙투아네트가 왕의 결심을 부추겼다. 마침내 1791년 6월의 어느 날 밤, 왕과 왕비는 변장을 한 채 마차로 파리의 경비초소를 빠져나가는 데 성

　　　　　　　　　　　　　　　　　　유럽사 이야기

공했다. 왕의 일행은 북동쪽으로 말을 달려 플랑드르 근처에 있는 군대의 막사로 향했다. 루이는 군대의 보호를 받으려고 생각했다. 그들은 먼 길을 달려 국경에 도달했다. 그러나 거의 안전한 지점에 도달했을 때 사람들에게 발각되었고 다시 파리로 호송되었다. 이번에는 진짜 죄수의 몸이 되었다.

의회는 헌법의 기초가 완성될 때까지 왕이 직무를 수행하지 못하게 했다. 왕은 새 헌법에 서명해야 했다. 그가 서명한다면 만사는 해결되는 것이었다. 그러나 그가 서명을 거부하는 경우에는 왕위를 양위하는 것으로 간주될 판이었다. 심지어 군중들은 왕을 폐위시키고 공화국을 선포해야 한다고 부르짖고 있었다. 대규모 군중 집회가 열렸으나 국민군이 이를 해산시켰다. 이에 대한 거대한 분노와 저항이 잇따랐으며, 격렬하고 격앙된 대항과 이를 진압하는 과정에서 남녀를 불문하고 많은 사람들이 죽었다. 이로 인해 나머지 파리 시민들은 더욱 분노했다.

1791년 9월 드디어 헌법 제정이 끝났다. 새 헌법에 따라 루이는 법을 만들거나 바꿀 권한이 없는 왕이 되었다. 그의 위치는 영국의 왕이 정부 안에서 갖는 위치와 같은 것이 되었다. 루이는 새 헌법을 정식으로 받아들이며 그 헌법을 준수할 것을 약속했다. 이제 사람들은 큰 목표가 이루어져서 프랑스가 영국처럼 자유로운 국민의 정부 아래 번영과 자유를 누릴 수 있게 되었다고 좋아했다.

그러나 사태는 그렇게 진전되지 못했다. 왕이 새 제도를 사실상 수용하지 않은 것이었다. 뼛속까지 자만심에 찬 왕비는 공개적으로 새 헌법을 증오하고 경멸했다. 국민들은 이에 격앙하고 흥분했지만 그것으로 충분하지 않았다. 그들은 아예 깨끗한 청산을 바랐다.

이 무렵 오스트리아, 프로이센, 러시아가 폴란드의 일부 지역을 점령해 자기들끼리 점령지를 분할했다. 그들은 이 일로 바빠서 프랑스 내의 문제에 관여할 여유가 없었다. 그러나 프랑스인들이 십일조와 세금을 영주에게 내는 봉건제가 철폐되어야 한다고 주장하자, 주변 국가들이 프랑스에 관심을 보이기 시작했다. 왜냐하면 프랑스의 국경 지방에서 거둬들이는 십일조와 세금은 독일의 군주들과 황제에게 갔었기 때문이다. 유럽 전체가 프랑스혁명이 지나치며 모든 유럽의 질서를 무너뜨릴 것이라고 우려하기 시작했다.

자신들이 거부한 십일조와 세금에 대해 보상을 지불해야 한다는 요구가 들어오자, 프랑스인들은 크게 분노했다. 프랑스인들도 나름대로 마음속에 원한이 쌓여 있었다. 혁명이 시작되자 왕의 형제들을 포함한 상당수의 귀족들이 국경을 넘어가 트레브나 라인 강 근처에 진을 치고는, 군대를 훈련시키고 전열을 정비하면서 혁명군을 향해 진군해서 혹독하게 버릇을 가르치겠다고 공언했기 때문이다.

그래서 매우 민감한 상태에 있던 프랑스인들 전체는 도망을 쳐서 협박하는 목소리를 높이는 귀족들에게 피난처를 제공한, 그들의 오랜 원수인 오스트리아 황제에게 분격했다. 전쟁의 열기는 양쪽으로 퍼져갔다. 프랑스인들은 오스트리아와의 전쟁이 필요하다고 소리 높여 외쳤다. 루이는 기꺼이 요구를 들어줄 의향이 있었다. 이 전쟁으로 그에게도 살아날 길이 열릴 수 있었기 때문이다. 그러나 즉각적인 공화국체제를 원하는 극단적인 혁명가들만은 전쟁에 완강하게 반대했다. 이 극단적인 혁명가들은 '자코뱅Jacobins'이라고 불렸다. 왜냐하면 그들은 전에 자코뱅 수도사들 소유의 건물에서 모임을 가졌던 진보적인 혁명가들이었기 때문이다. 마라, 로베스피에르Robespierre, 당통Danton 같은 자코뱅파 지도자들은 당시의 프랑스가 처한 상황을 감안한다면 유럽 전체가 참여하는 전쟁을 벌여서 이로울 것이 없다고 생각했다. 그러나 국민들의 정서는 전쟁을 원하고 있었다. 1792년 4월 프랑스는 황제 레오폴트Leopold에게 전쟁을 선포했다.

프랑스인들은 대단한 열정으로 전쟁을 시작했다. 그러나 벨기에에서 벌어진 첫 번째 전투에서 패배하고 말았다. 그러자 국민들의 눈길이 왕에게로 쏠렸다. 왕비가 오스트리아 사람이었기 때문이다. 그들은 루이가 적과 내통해 조국을 배신했다고 선언했다.

자코뱅파가 음모를 꾸몄다. 주모자는 변호사인 당통이었다. 전선에서 파리로 돌아온 군대가 이 음모자들에게 비밀리에 매수되었다. 1792년 8월 10일 갑자기 자코뱅파가 왕궁을 기습했다. 왕은 바로 직전에 음모가 있다는 정보를 듣고 가까스로 가족과 함께 피신했다. 그러나 왕궁에는 폭동의 폭풍이 몰아닥쳐, 충실하게 궁을 지키던 스위스 근위병들이 살해되었다. 승리에 도취한 폭도들은 의회의 회의실에 모여 왕의 폐위를 주장했다.

의회는 달리 방법이 없었다. 루이의 폐위가 선포되었다. 그는 이제 왕의 지위에서 물러났다. 국민들은 새 의회를 위한 투표를 해야만 했다. 모든 사람이 투표권을 행사하게 되었다. 이 의회는 '국민공회'라고 불렸으며 여기서 신생 공화국 프랑스의 운명이 결정되었다.

이것이 종말의 시작이었다. 프랑스는 이제 무정부상태였다. 누가 앞에서 인도를 하며 무슨 일이 일어날 것인지 아무도 몰랐다. 사람들은 숨을 죽이고 몸을 떨었다. 파리 시내에서 가장 큰 힘을 행사하는 기구는 '코뮌Commune'이라 불리는 시의회였고, 코뮌의 지도자는 극단주의자인 마라였다. 그는 혁명이 철저하게 진행되기를 바랐다. 그의 마음속에는 특권층에 대한 반감이 크게 불타오르고 있었기 때문이다.

코뮌은 새 정부를 전복하려는 음모가 진행되고 있다고 발표했다. 파리에서는 무기와 반역자를 찾아내는 작업이 진행되었다. 8월 말에 이르렀을 무렵, 감옥은 왕과 가깝게 지냈다는 이유로 체포된 사람들로 만원을 이루었다. 재판소가 설립되었다. 일반 범법자나 도둑이나 불량배들은 다시 감옥으로 보내졌다. 그러나 왕과 가까웠다는 의심을 받은 사람들은 집 밖으로 끌려나와 피에 굶주려 울부짖는 군중들에 의해 거리에서 학살당했다. 이러한 참혹한 상황이 3일 내지 5일 동안이나 벌어져 1,000명 이상이 살해당했다. 이를 두고 마라는 수세기 동안 학대하고 짓밟은 사람들에 대한 분노한 인민들의 복수라고 말했다. 그러나 그것은 적어도 부분적으로는 코뮌이 계획적으로 의도한 것이었다.

한편으로 뒤무리에Dumouriez의 지휘를 받던 혁명군이 발미에서 프로이센군을 무찔러 적이 파리로 진격하는 것을 막았다. 전

유럽사 이야기

국에서 선출된 대표들로 구성된 국민공회가 9월에 소집되었다. 의회는 프랑스가 공화국임을 선포하고 루이를 재판정에 세웠다. 그는 반역자로 선고되어 1793년 1월 단두대에서 교수형에 처해졌다.

공포정치가 시작되었다. 자코뱅파는 소수파였으나 권력은 그들의 손아귀에 있었다. 내란이 일어났다. 서부 프랑스 지역인 라 방데에서는 농민들이 무장봉기를 일으켰다. 공화국이 자신들을 군대에 징집하려고 했기 때문이다. 또 이들에게는 교회를 지키려는 이유도 있었다. 리옹과 툴롱에서도 위험한 움직임이 일어났다. 왕의 처형은 영국과 네덜란드와 스페인을 적으로 돌려놓았다. 1793년 프랑스는 러시아를 제외한 유럽 내 모든 중요 국가의 연합군과 대결하는 입장에 놓였다. 프랑스군은 패했으며 따라서 공화국의 붕괴가 눈앞으로 다가왔다.

그러나 자코뱅파는 이런 모든 상황에 맞서 굳게 대항할 준비를 갖추었다. 그들은 프랑스 내에서도 다수는 자신들에게 반대하고 있음을 알고 있었다. 그들은 소수집단에 불과했다. 이제 그들이 택할 길은 쓰러지거나, 아니면 적에게 큰 타격을 가해서 당분간이나마 공포심을 심어주고 겁에 질리게 하는 두 갈래 길밖에 없었다.

그들은 공안위원회를 설치했고, 처음에는 당통이 위원장이 되었다가 나중에 로베스피에르가 자리를 인수받았다. 이 위원회는 모든 다른 통치기구들을 통괄했다. 공안위원회는 바로 군대를 모집하고 다른 전선에 대한 군사작전도 진행했다.

그러고는 파리 시내에 혁명재판소를 설치했다. 남녀노소 가릴 것 없이 귀족과 연관되거나 구체제에 동조했다는 의심을 받는 사람들은 모조리 체포되었다. 왕비가 단두대로 보내졌고 많은 사람들이 그녀의 뒤를 따랐다. 자코뱅파는 피를 흘리면 흘릴수록 더 피에 굶주린 듯했다. 희생자들이 줄줄이 유죄판결을 받았다. 충실한 공화국지지자나 처음에 혁명을 함께 시작한 지도자들도 열기가 조금만 식으면 체포되어 유죄판결을 받고 단두대로 보내졌다. 이제 극단적인 혁명가들도 겁을 먹기 시작했다. 그들은 유럽 전체가 자신들에게 반대한다고 느꼈다. 그들은 또 국내에서조차 대다수의 사람들이 혁명을 배반하려 한다고 생각했다. 그들이 먼저 강하고 세게 그리고 깊이 치지 않는 한 그들 자신과 그들이 대표하는 모든 것이 쓸려갈 것이고, 그러면 옛 체제가 다시 들어서서 자신들이 전혀 존재하지도 않았던 것처럼 모든 것이 다시 나빠지거나 아니면 더 나쁜 상태로 되돌아갈 것이라고 믿었다.

이런 와중에 자코뱅파는 내부에서 분열되었다. 당통은 좀 더 관용을 베풀고 외국과의 전쟁도 제한해야 한다고 생각했다. 에베르Hebert와 쇼메트Chaumette는 현재의 상황보다 더 극단으로 나아가서 구체제의 모든 흔적을 지워버려야 한다고 주장했다. 그들은 종래에 사용하던 달력도 없애고 1792년을 '원년'이라고 부르며 새 달력을 제정했다. 모든 달의 이름을 새 이름으로 바꾸었다. 또 일주일을 10일로 만드는 등 10단위 체계를 채택했다. 기독교가 폐지되었고, 이성理性 숭배로 대체되었다.

그러나 궁극적인 승리를 거둔 이는 로베스피에르가 영도하는 평민계급 내지 중도파였다. 그는 파리의 열성적인 남녀 혁명가들을 자신의 곁으로 끌어들이고 맹렬한 거리의 군대를 통제하는 데 성공하여 경쟁자들에게 승리를 거두었다. 당통과 그 밖의 인사들이 모두 단두대의 이슬로 사라졌다. 공포정치는 계속되었다. 로베스피에르는 최고 독재자가 되려 했다. 그래서 사람들을 무더기로 사형에 처해 희생시켰다. 그는 자신의 자리가 오래 지속될 수 없음을 알고 있었다. 그 자신의 마음속에 생긴 공포심이 국민들의 마음속에 공포심을 더 늘리고 또 늘려야 한다는 강박관념으로 그를 몰았다. 1794년 7월 국민공회에서 사람들이 들고 일어나 그를 비난했다. 그는 자신의 지위를 지키는 투쟁을 벌이기 위해 추종자들을 주변에 집결시키려 했다. 그러나 그의 추종자들은 그에게서 떨어져나갔다. 그는 법의 보호를 받지 못하는 범법자로 규정되어 마침내는 체포되었고, 재판 절차도 없이 처형되었다. 공포정치가 막을 내렸다. 왕이나 왕비, 귀족이나 지주, 모두가 없어진 상태였다. 공화국 지도자들 역시 없어진 다음이었다. 남아 있는 것은 피에 더럽혀진 군중들뿐이었다. 루이 15세가 말한 대홍수가 정말로 온 것이었다.

이 모든 일이 파리에서 일어나고 있는 동안, 프랑스의 다른 지역들은 공포에 질려 있었다. 지방에서는 외국과의 전쟁이 일어나 많은 사람들이 전투에 동원되었다. 북쪽과 동쪽과 남쪽에서 적들이 쳐들어와 프랑스 영토로 침투해 들어왔다. 모든 사람들이 안전하지 못하다고 느꼈고 모든 것이 위험에 처해 있었다. 극렬한 폭동이 일어났고, 증오스런 자코뱅파의 통치에 대항하는 내란이 일어났다. 외국의 적군을 쳐부수러 파견된 군대는 사기를 잃고 전쟁에서 패했다. 1793년 프랑스의 상황은 매우 암담했다.

그러나 자코뱅 지도자들은 재빠르고 무자비했다. 그들은 사나운 혁명군을 이용해 프랑스 내의 반란군들을 진압하고는 무자비한 방법으로 그들을 처벌했다. 자코뱅파는 보다 결단력이 있는 새 장교들을 군대의 요직에 임명하고, 혁명에 대한 커다란 열정을 사람들에게 불어넣으면서, 새로 일어난 프랑스 국민들을 파멸시키려는 외국의 왕과 황제들에 대한 증오심을 고취했다. 자코뱅파가 과거의 귀족정치 체제로 되돌리려는 사람들에 맞서 파리에서 잔인하게 행동하는 만큼, 먼 전선으로 파견된 병사들도 국민의 새 정부를 와해하려는 외국인들을 잔인하게 처리했다. 전쟁의 흐름이 바뀌는 조짐을 보였다. 적군이 국경 밖으로 물러났고, 로베스피에르가 무너졌을 무렵에는 프랑스가 거의 해방된 상태에 이르게 되었다.

사람들이 정신을 차리기 시작했다. 공포정치가 끝나고, 증오의 대상이던 자코뱅들이 물러갔으며, 국민이 주인이 되어 자신들의 안전이 확실해지는 것 같았다. 그다음 단계는 무엇인가? 먼저 적대적인 유럽 국가들이 프랑스를 포위하고 있는 문제를 해결하는 것이었다. 이제 프랑스인들은 자신들의 발랄한 면을 회복하기 시작했다. 그들은 하나같이 프랑스가 라인 강과 피레네 산맥과 알프스 산에 이르는 자연적 경계선까지 영토를 넓혀야 한다고 외쳤다. 갈리아적 허영심이 프랑스의 경계를 옛 갈리아 국경선까지 회복시켜야 하다고 목청을 높였다. 혁명이 시작되던 초기에는 정복

유럽사 이야기

이나 영토 확장을 원하지 않고 모든 사람들과 평화롭게 사는 것을 원한다고 혁명세력이 공언한 바 있었다. 그러나 이제 그들은 정반대의 이야기를 하며 이웃 나라와의 전쟁을 공공연히 선언하고, 어떤 대가를 치르더라도 영토 확장을 꾀하려고 했다.

　반면 국내에서는 중도적 헌법을 만들어 국가의 체제를 공고히 하고 수많은 적들의 마음을 달래려고 시도했다. 이 시점에서 국가를 통치하는 권력은 국민공회에 있었고, 국민공회는 군대를 자신의 통제 하에 두었다. 그런데 국민들은 국민공회에 질려 있었다. 사람들은 아주 새로운 형태를 원했다. 권력의 균형이 이루어지고 국민공회가 옛날처럼 전제적이지 않은 상태로 조정되기를 원했다. 국민공회와 공안위원회는 사실 왕실의회보다 더 무섭고 위압적인 존재로 군림하고 있었기 때문이다. 국민공회는 새 헌법 아래에서 선출되는 첫 번째 국회에서 의석의 3분의 2를 국민공회의 의원들에게 할애해야 한다고 결정했다. 이에 항의하는 소동이 벌어졌다. 국민공회는 더는 폭도들에게 위협받을 수 없다고 생각해서 군인들을 불러들였다. 이 군대를 지휘한 사람이 젊은 장교 나폴레옹 보나파르트Napoleon Bonaparte였다. 군중들이 국민공회를 공격했을 때, 그들은 포병대에 의해 해산되었다.

　1795년 10월에 국민공회는 해산되고 새 의회가 열렸다. 사람들은 국내의 정치문제에 지쳐 있었다. 해마다 정부를 교체해도 얻는 이득이 아무것도 없음을 깨달았다. 그래서 사람들은 주변을 둘러보고 눈을 밖으로 돌려 인접 국가들의 상황을 살폈다. 그들의 가슴속에서 불길이 솟아오르기 시작했다. 그들은 자신들의 모든 열

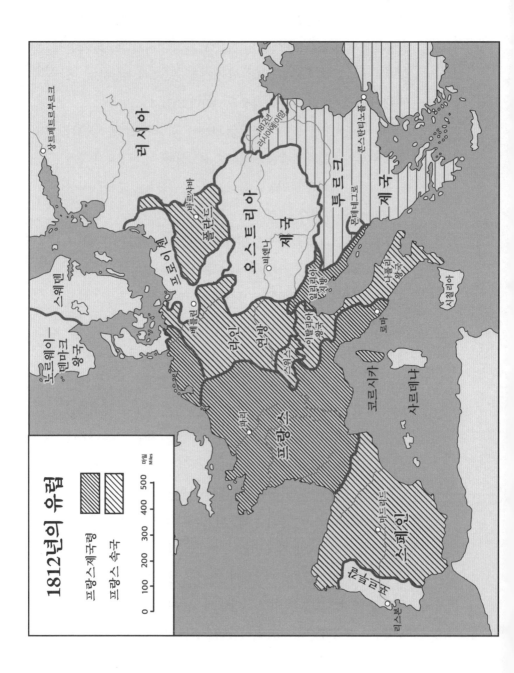

1812년의 유럽

프랑스제국령

프랑스 속국

마일
Miles
0 100 200 300 400 500

스페인

포르투갈

리스본

마드리드

코르시카

사르데냐

시칠리아

로마

프랑스

파리

스위스

나폴리 왕국

이탈리아 왕국

일리리아 주(지방)

베네치아

바이에른

라인 연방

브뤼셀

프로이센

폴란드

바르샤바

오스트리아 제국

빈

1812년 러시아에 합병

투르크 제국

몬테네그로

콘스탄티노플

러시아

상트페테르부르크

스웨덴

노르웨이—덴마크 왕국

정을 전선의 군인들에게 쏟았다. 프랑스 내에서 구체제는 이미 무너지고 없었다. 이제 프랑스인들은 세계 속의 구체제를 무너뜨릴 준비가 되었다.

혁명군의 승리는 프로이센이 전쟁에서 물러나고 라인 강 서쪽의 강변을 끼고 있는 영토를 프랑스에 양도하는 결과를 낳았다. 대신 프로이센은 북부 독일의 선임국으로 인정받고 군사적 공격을 하지 않는다는 약속이 이루어졌다. 스페인과도 전쟁을 청산했다. 프랑스는 이제 영국과 오스트리아만 대적하면 되는 상황이었다.

오스트리아가 코앞의 적이었다. 두 부대가 따로 투입되어 비엔나를 향해 진군하는 동안 이탈리아에 주둔하던 다른 군대도 오스트리아를 공격하기로 되어 있었다. 이탈리아 방면의 군대는 나폴레옹의 지휘 하에 있었다. 이탈리아 사람들은 오스트리아인의 통치를 증오하고 있던 참이어서 자신들의 지배자를 몰아내려는 나폴레옹의 진군을 크게 환영했다. 프랑스 사람들은 전황을 지켜보며 커다란 감동을 받았다. 그들은 이탈리아에서 오스트리아군을 격파하는 나폴레옹의 눈부신 전술을 보았다. 1797년에 오스트리아는 강화조약을 체결했다. 이제 프랑스에게 남은 유일한 적은 영국뿐이었다.

프랑스가 그다음에 취한 조치는 이상한 것이었다. 파리의 집정관들이 나폴레옹에게 이집트를 공격하라고 명령했다. 나폴레옹은 안전하게 이집트에 도착했으나 나일 강 전투에서 넬슨Nelson 제독에게 패함으로써 그의 지위가 위험해졌다. 동시에 유럽에서 새로운 연합체제가 결성되어 프랑스에 대항한다는 소식이 나폴레옹에게 들려왔다. 그는 귀국할 것을 결심했다. 설상가상으로 러시아가 오스트리아에 합류해서 프랑스 공화국을 공격하려 들었다. 나폴레옹은 귀국을 서둘렀다. 이탈리아에서의 전투는 그를 프랑스의 영웅으로 만들어놓았다. 모든 사람들이 나폴레옹은 프랑스에 평화와 질서를 가져올 것이라고 믿었다. 나폴레옹의 귀환은 영웅의 귀환으로 사람들의 흥분을 불러일으켰다.

그 동안 다섯 명의 집정관들로 구성되어 '집정내각'이라고 불린 행정부는 국내문제를 혼미한 상태로 끌어가고 있었다. 나폴레옹이 파리에 도착하자 많은 지도자들과 정치가들이 그를 찾아와 이 문제에 대해 심각하게 불평했다. 그는 조심스럽게 공화주의자들의 불만에 귀를 기울였다. 그들은 나폴레옹에게 자신들의 지도자가 되어 정부를 이끌어달라고 간청했다. 국민의 영웅으로서 그의 위치는 너무나 확고부동해서 파리에서 심한 다툼 없이 쉽게 문제가 풀릴 것이라고 사람들은 믿었다. 그러나 오락가락하던 집정관들과 의회는 자신들의 권력을 포기하지 않으려 했다. 파리의 군대를 통솔하고 있던 나폴레옹은 의회로 진군해서 고집불통인 입법 의원들을 해산시켜 버렸다. 그렇게 되자 그를 반대하는 세력은 아무도 없었다.

이후 20년간 프랑스의 역사는 나폴레옹 보나파르트의 역사가 되었다. 그는 군사 분야에서 놀라운 천재였으며 동시에 평화 시절에는 눈부신 통치자였다. 만약 정부가 국민 대다수의 결정에 의존하게 되면, 그것이 성립되는 순간 모든 것이 무너지고 마는 중우

정치의 재앙을 나폴레옹은 알고 있었다. 그래서 그는 보다 부유하고, 보다 안정적이며 재산을 소유한 특권계급에게 정부를 맡기는 제도를 조심스럽게 마련했다. 그러면서도 그는 국민의 이름으로 통치했다.

우리는 여기서 참주가 또 한 번 등장하는 것을 보게 된다. 나폴레옹은 루이 14세가 그랬던 것과 거의 똑같은 절대군주가 되었다. 그러나 나폴레옹은 국민의 동의에 따르고 국민의 이름으로 통치했다. 그는 최고의 위치에 있었지만 그것은 국민이 그러기를 원했기 때문이지 결코 신에 의해 임명되었기 때문이 아니었다. 루이 14세는 신권神權에 따라 왕이 되었으며 그것은 국민의 의지와는 아무 상관이 없었다. 반면 나폴레옹은 비록 격식 때문에 교황 앞에서 스스로 왕관을 쓰기는 했지만 국민의 의사에 의해 황제가 된 것이었다.

신이 내려준 왕과 귀족들은 프랑스에서 영원히 사라졌다. 새로운 왕과 귀족들은 인간이 만들었다. 실제 정부의 운영은 루이 14세 시절과 마찬가지로 교육받은 부유한 시민들의 손에 의해 이루어졌다. 가난한 사람들의 위치는 별로 달라진 것이 없었다. 혈통 대신 돈이 통치를 하게 된 것이 변화의 전부였다. 부분적으로 짜증나는 일이 없어지고, 신이 만들어준 열등감이라는 모욕에서 해방되긴 했지만, 돈이 없는 사람에게는 사실상 상황이 전과 그다지 달라진 것이 없었다. 새 체제에서는 누구나 부자가 되면 통치자가 될 수 있었다. 이렇게 해서 그 정치체제가 왕국이건 공화국이건 상관없이 근대의 상업국가 혹은 산업국가가 수립되었다.

차이가 있다면 돈을 벌 수 있는 능력이 있는 한 누구라도 공화국을 통치할 수 있다는 점이었다. 이후에는 한 사람이 다른 사람 위에서 군림하는 우월함은 존재할 수 없게 되었다. 다만 돈을 번 사람의 우월함만 남았을 뿐이다. 재산이 인생의 열쇠가 된 셈이었다.

XVII

프로이센

권력을 왕실에 집중시켰고 또 왕실은 현명하고 유능하게
통치함으로써, 유럽의 모든 나라들이 모든 면에서 보다
강해지고 통일되고 번창하고 발전했다. 이 시기를
'계몽군주 시대'라고 부른다.

Most of the countries of Europe became stronger, more
united, more prosperous and developed in every way,
through the concentration of the power into the hands
of the Crown, which ruled wisely and well. This period
is called the age of the Enlightened Despot.

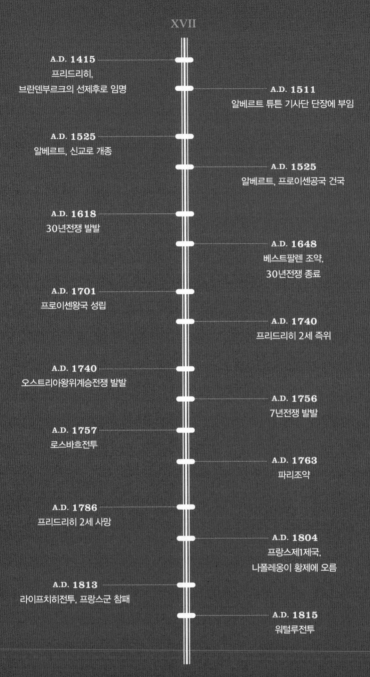

XVII

A.D. **1415**
프리드리히,
브란덴부르크의 선제후로 임명

A.D. **1511**
알베르트 튜튼 기사단 단장에 부임

A.D. **1525**
알베르트, 신교로 개종

A.D. **1525**
알베르트, 프로이센공국 건국

A.D. **1618**
30년전쟁 발발

A.D. **1648**
베스트팔렌 조약,
30년전쟁 종료

A.D. **1701**
프로이센왕국 성립

A.D. **1740**
프리드리히 2세 즉위

A.D. **1740**
오스트리아왕계승전쟁 발발

A.D. **1756**
7년전쟁 발발

A.D. **1757**
로스바흐전투

A.D. **1763**
파리조약

A.D. **1786**
프리드리히 2세 사망

A.D. **1804**
프랑스제1제국,
나폴레옹이 황제에 오름

A.D. **1813**
라이프치히전투, 프랑스군 참패

A.D. **1815**
워털루전투

PRUSSIA

종교개혁의 변화가 일어났음에도 새로운 질서에 뒤따른 여러 가지 논란의 해결이 어려워지면서, 결과적으로 유럽이 일찍이 경험하지 못한 가장 비참한 전쟁으로 이어졌다. 치명적인 30년 전쟁이 바로 그것이었다. 북부 신교 지역의 군주들과 황제파 가톨릭세력 사이의 전쟁은 독일을 초토화시켜서 완전히 폐허로 만들었다.

1650년의 독일은 완전히 황폐한 땅이 되었다. 남아 있는 농민들도 야만적인 상태로 내몰려 있었다. 황량해진 도로는 교통과 왕래가 거의 없었다. 시골에서는 사람들이 거칠고 야만적인 상태에서 기가 빠진 채 황폐한 헛간 같은 곳에 옹기종기 모여 살았다. 도시의 문명은 정지되어 있었다. 칼과 기아와 전염병 때문에 이 무서운 전쟁 기간 동안 1,000만 명이 죽어, 거대한 독일 땅에 살아남은 사람은 겨우 500만 명에 불과했다. 베를린의 인구는 24,000명에서 6,000명으로 떨어져 조그마한 마을로 변하고 말았다. 헤센 주에서는 300개의 마을과 17개의 도시와 47개의 성이 잿더미로 변했다. 뷔르템베르크에서도 3,600채의 집이 불길 속에서 사라졌다. 그러나 이 두 개의 주는 다른 주에 비해 규모가 작은 편에 속했다. 유럽의 여러 나라 중에서는 오직 아일랜드만이 엘리자베스 여왕의 통치 이후 크롬웰의 전쟁*을 거치면서 독일 같이 황폐한 상황에 빠진 나라가 되었을 뿐이다. 독일의 파괴는 프랑스가 루이 14세의 통치 아래 강력하고 유력한 나라로 성장하는 계기가 되었으며, 유럽에서 중세 정신이 종식되는 계기가 되었다.

독일은 수없이 많은 나라로 분열되어 343개의 주권국가가 난립했다. 158개는 영주와 군주의 통치 아래 있었으며, 123개는 주교의 통치 아래에, 또 63개는 황제에 직접 속해 있었는데, 이들 모두가 분리되어 사실상 자치상태였다. 믿을 수 없을 정도로 혼란한 상태였다. 황제의 힘은 거의 사라지고 없었다. 황제와 합스부르크가는 남은 영토인 오스트리아-헝가리 제국과 북부 이탈리아에만 신경을 써야 할 판이었고, 나머지는 모두 떨어져나갔다. 스위스와 네덜란드 공화국은 독립했고, 프랑스는 알자스와 메츠, 툴레, 그리고 베르 주교구를 획득했다.

이런 혼란 속에서 프로이센이 일어났다. 통일독일을 이끌고 만들어낸 것도 프로이센이었다. 그러나 근대의 프로이센은 과거의 프로이센과는 완전히 다른 국가였다. 프로이센의 핵심부는 브란덴부르크인데, 이곳은 동쪽에서 오는 슬라브족의 침입을 막기 위

---

* 영국인 올리버 크롬웰Oliver Cromwell에 의한 아일랜드 정복을 말한다. 크롬웰의 정복은 정복이라기보다는 살인, 방화, 약탈이 동원된 학살에 가까웠다. 당시 아일랜드 인구의 4분의 1이 크롬웰의 원정으로 사망했다.

해 10세기경에 세운 변경지역이었다. 브란덴부르크는 엘베 강과 오데르 강 사이에 위치해 있었다. 오데르 강 건너편에는 이교도 슬라브족들이 살고 있는 이교국 프로이센이 있었으며, 이것이 원래의 프로이센이었다. 성지로 갔던 십자군의 열기가 사라지기 시작하자 위대한 십자군이었던 튜턴 기사단이 인근 국가로 눈을 돌려 전도를 시작했는데, 그때 브란덴부르크 변경주 너머에 있는 이교국 프로이센을 그 대상으로 삼았다. 프로이센의 슬라브족들은 이렇게 해서 기독교도가 되었고 독일화되었는데, 튜턴 기사단은 러시아의 야만족들을 동쪽 변경에서 방어하게 되었다.

1415년 호엔촐레른가의 프리드리히 백작이 지기스문트 황제에 의해 브란덴부르크의 선제후로 임명되었다. 프리드리히는 교황들이 추방되고 후스가 화형 당했던 콘스탄츠 공의회의 격동적인 시기에 지기스문트의 강고한 친구로 남아 있었다. 호엔촐레른가는 황제가 임명한 뉘른베르크의 백작 가문으로 군주 중에서는 중요하지 않은 편이었다. 바르바로사는 오래 전에 호엔촐레른 가문이 자신의 속한 황실 가문인 호엔슈타우펜가를 대체하는 날이 올 것이라고 예언한 바 있었다. 그러나 호엔슈타우펜가는 호엔촐레른가가 강력해지기 훨씬 이전에 멸망하고 말았다. 위대한 인물은 많이 배출하지는 못했으나 광대한 영토를 수세기 동안 통치한 합스부르크가를 바르바로사는 간과하고 말았다.

호엔촐레른가가 브란덴부르크에 처음 왔을 때 그들은 서쪽으로는 하노버와 브레멘, 동쪽으로는 튜턴 기사단의 프로이센 사이에 끼여 있었다. 기사단은 자신들의 임무를 잘 수행하지 못하고 있었다. 그들은 폴란드인과의 전쟁에서 패배해서 '서부 프로이센'으로 불리는 넓은 영토를 폴란드가 장악하고 말았다. 이 땅은 원래 프로이센과 브란덴부르크 사이에 끼어 있었고 단치히에서 흑해와 연결되고 있었다. 그래서 브란덴부르크의 새로운 인접국은 폴란드가 되었으며 프로이센은 동쪽으로 막히게 되었다.

튜턴 기사단에는 새로운 지도자가 필요해졌다. 1511년 호엔촐레른가의 알베르트Albert가 기사단장으로 뽑혔는데, 그는 브란덴부르크의 호엔촐레른가와 사촌 간이었다. 그는 따로 왕국을 세울 계획을 갖고 있었다. 만약 자신이 신교도가 된다면 종교개혁이 성공한 다음 자신의 가족이 프로이센의 세습공작이 될 수 있으리라는 치밀한 계산을 했다. 그의 계산은 적중했다. 알베르트 호엔촐레른 가문이 프로이센을 통치하게 된 것이었다.

그러나 1611년 그의 직계 혈통이 끊어지고 말았다. 브란덴부르크 호엔촐레른가의 사촌뻘 되는 사람이 프로이센의 상속자가 되었다. 브란덴부르크의 선제후인 호엔촐레른가의 요하임 프리드리히가 동시에 프로이센의 공작이 되었다. 그가 통치하는 두 나라는 서로 인접해 있지 않았다. 폴란드 땅인 서부 프로이센이 두 나라 사이에 가로놓여 있었다. 호엔촐레른가는 프로이센을 상속받은 이후 멀리 라인 강변에 뻗어 있는 클레베와 베르크까지 물려받게 되었다. 이렇게 해서 북부 독일에서 서로 분리되어 있는 세 개의 영토를 통치하게 된 것이었다.

30년 전쟁 기간 동안 브란덴부르크의 선제후인 게오르크 빌헬름Georg Wilhelm은 대단히 어정쩡한 역할을 했다. 그는 어느 쪽도

편들지 않으려고 했다. 그 결과 선제후의 영토는 양쪽 편에 의해 침공 받았으며 심하게 황폐해졌다. 그러나 1640년 강력한 지도자 프리드리히 빌헬름이 권좌에 등극했다. 그는 '대大 선제후'라고 불렸다. 그는 베스트팔렌 평화조약에서 양쪽 진영의 당사자들을 설득해서 마크데부르크와 동부 포메른을 브란덴부르크에 양보하도록 압력을 넣었다. 포메른은 브란덴부르크와 발트 해 사이에 있었으며 마크데부르크는 브란덴부르크의 남쪽에 있었다. 그래서 프리드리히 빌헬름은 그의 중심 영토를 발트 해까지 뻗게 되었고 해안선을 갖게 되었으며 남쪽 경계선은 작센과 인접하게 되었다.

대 선제후는 30년 전쟁 때 추락했던 수치스런 입장에서 벗어나 자신의 지위를 높이려고 했다. 그는 자신의 영토 안에서 진정한 주인이 되었는데, 브란덴부르크, 동프로이센, 클레베의 의회를 억누르고 확실한 통치 기반을 장악했다. 이것은 그에게 통일과 성공의 열쇠를 안겨주었다. 그는 군대를 강화해서 폴란드군을 격파하고 다시는 동프로이센을 침공하지 않겠다는 약속을 받았다. 이것은 그로서는 커다란 진전을 의미했다. 그는 브란덴부르크로 쳐들어온 프랑스와 스웨덴군을 격전 끝에 무찔렀다. 이 엄청난 승리 덕분에 그는 '대 선제후'라는 칭호를 얻게 되었다.

그는 이번에는 영토 안의 상업적 번영에 관심을 쏟았다. 운하를 건설하고 이 운하의 잔잔한 물길을 통한 무역을 장려했다. 산업의 장려를 위해 그가 취한 마지막 조치는, 1685년에 늙고 생각이 짧은 프랑스 대군주의 핍박을 피해 도피한 위그노들에게 베를린과 지방에 정착할 수 있는 집과 여러 가지 특권을 준 것이었다.

위그노들이 정착한 다음 브란덴부르크의 중심도시 베를린은 엄청난 산업 발전을 이룰 수 있었고, 지방에서는 보다 문명화된 새로운 이주자들에 의해 농업 기술이 크게 향상되었다. 영방국가의 부와 국력의 새로운 원천은 이렇게 해서 확립되었다.

프리드리히 빌헬름의 뒤는 1688년에 그의 아들 선제후 프리드리히 3세가 계승했다. 그는 오만하고 어리석은 사람이었다. 이 시기에 독일에서는 많은 왕들이 배출되었다. 하노버 선제후는 영국 왕이 되었고, 작센 선제후는 폴란드 왕이 되었으며, 또 홀슈타인 공작은 덴마크 왕이 되었다. 마찬가지로 브란덴부르크의 선제후도 왕의 칭호를 쉽게 넘볼 수 있었다. 루이 14세가 손자 필리프에게 스페인의 왕위를 넘겨준다고 하자, 유럽의 여러 나라들이 연로한 군주에 대항해서 연합했다. 황제 레오폴트는 브란덴부르크 선제후가 프랑스에 대항하는 동반자로서 훌륭한 적임자라고 생각했다. 브란덴부르크 선제후는 그 대가로 왕의 칭호를 요구했다. 황제는 프리드리히가 제국의 영토에 속하는 땅의 이름을 따서 왕의 칭호를 취하지 않는다는 조건으로 이에 동의했다. 브란덴부르크는 제국의 영토에 속했지만 프로이센은 황제의 통치 영역 바깥에 있었다. 그래서 브란덴부르크의 선제후 프리드리히 3세는 브란덴부르크 왕이 되는 대신 프로이센 왕 프리드리히 1세가 되었다. 그러나 프리드리히는 왕의 칭호를 받은 지 얼마 안 되어 사망했다. 그의 군대가 블렌하임 전투에서 많은 전과를 올려 새로운 왕국 프로이센의 평판은 대단히 격상되었다.

1713년 프리드리히 1세의 왕위는 그의 아들 프리드리히 빌헬름 1세가 계승했다. 프리드리히 빌헬름 1세는 대단한 기인奇人이었다. 그는 아버지의 허영과 허례를 경멸했고, 취임 즉시 허세를 부리는 장관들을 모조리 해임했다. 그러고는 그의 왕국에 주의를 돌렸다. 그는 이렇게 쓴 적이 있었다. "짐은 왕이며 주인이다. 짐은 짐이 하고 싶은 바를 할 뿐이다." 그는 왕실의 관리들을 임명해서 형편없는 보수를 주고는 그들의 처신을 엄격한 눈으로 지켜보았다. 그들이 조그마한 잘못이라도 범하면 아주 엄하게 벌을 주었다. 그의 왕국은 프랑스, 영국, 바이에른에 비해 땅이 비옥하지 못했다. 그는 그러한 농토에서 최선의 생산량을 거두는 것을 목표로 삼았다. 그렇게 되면 생산량에 손실을 주지 않으면서 더 많은 세금을 거둬들일 수 있었다. 그래서 그는 관리들이 재정적으로 부정직한 행위를 한 경우에는 무섭게 화를 냈다.

그의 남다른 집념 중 하나는 완전한 군대를 만드는 일이었다. 1713년 그가 왕위에 올랐을 때 군인의 수는 38,000명에 불과했다. 그러나 1739년에는 83,000명으로 늘어났는데, 그것도 평화로운 시기의 군사력이었다. 같은 시기 프랑스는 160,000명을, 오스트리아는 100,000명을 보유하고 있었다. 이들은 최상급의 병력이었다. 이에 비해 프로이센의 병력은 아직 미미한 수준에 불과했다. 왕이라기보다는 훈련담당 하사관에 가까운 프리드리히 빌헬름은 제복과 무기를 제공하고 훈련을 시켜 군사력을 거의 완벽한 수준으로 끌어올렸다. 그는 대규모로 근위 보병연대를 만들고 전국에서 병력을 차출했다. 이 부대에 대한 그의 애착은 거의 광적인 정도였다. 그러나 그는 군인이 아니었으며 전쟁에서 싸우지도 않았다. 그저 광적인 왕실 훈련교관일 뿐이었다.

그에게는 프리드리히라는 아들이 하나 있었다. 프리드리히 빌헬름은 거칠고 입버릇이 사납고 무식한 불량배였다. 폭음과 폭식을 하고 흡연을 하면서 난폭하게 소리를 질러대는 오만한 사람이기도 했다. 이에 비해 아들은 정반대였다. 아들은 섬세하고, 민감하고, 교양 있고, 책과 그림과 철학을 사랑하는 사람으로, 교육 수준에서는 프랑스인과 흡사했다. 아버지는 이러한 아들을 믿을 수 없을 만큼 괴롭히고 학대했다. 그는 아들을 미워해서 약골, 반푼이, 하찮은 건달 자식이라고 불렀다. 끊임없는 괴롭힘을 피해 젊은 프리드리히는 마침내 궁에서 도망쳤다. 그러나 도주 도중에 체포되어 끌려와 아버지에 의해 사형선고를 받았다. 포악한 왕은 화가 극도로 치밀어 아들을 즉시 총살시키려 했다. 그러나 귀족들이 이를 용인하지 않았다. 그래서 할 수 없이 그가 죽이기를 원했던 아들의 목숨을 살려주었다. 대신 그는 왕자의 가장 친한 친구를 처형하고 아들의 다른 동료들을 잔인하게 처벌했다.

젊은 왕자는 이러한 처벌에 굴복했다. 달리 방법이 없었기 때문이다. 프랑스의 유명한 작가이며 그의 친구인 볼테르처럼 그는 종교 문제에 대해서 회의적인 사람이었다. 그러나 쓰라린 마음으로 아버지가 강요한 종교를 수긍했다. 그는 또 아버지의 명령에 따라 사랑하지도 원하지도 않는 여자를 아내로 맞았다. 그리고 강요된 지루한 행정업무를 충실히 수행했다.

젊은 프리드리히는 심술궂은 부왕 프리드리히 빌헬름보다 영혼이나 의지에 있어 훨씬 더 섬세하고 지적이며 특히 심성에서 강한 사람이었다. 하지만 1740년 마침내 왕위에 올랐을 때는 본성의 착한 면이 망가지고 영혼도 거칠어진 상태였다. 그는 더 이상 상냥함을 믿지 않았다. 그는 힘, 오직 힘만이 승리를 거두며, 인간이 섬세하고 현명한 것은 쓸데없으며, 인간은 끊임없이 강해야 한다고 보았다

이제 프리드리히 2세가 프로이센의 새로운 왕좌에 올랐다. 그가 바로 근대세계에서 가장 유명한 위인 중 한 사람인 프리드리히 대제로, 유럽이라는 지도를 완성한 사람 중 하나였다.

그는 재임기간 초기에 브란덴부르크의 남쪽에 뻗어 있으면서 오스트리아에 속해 있던 슐레지엔을 침공했다. 오스트리아왕위계승전쟁이 이어서 일어나자 프로이센과 프랑스는 오스트리아와 영국에 맞서 싸웠다. 1748년 강화조약이 체결되자 프로이센은 슐레지엔의 넓은 영토를 획득했다. 그러나 퐁트누아에서 영국을 이긴 프랑스는 다른 나라들의 견제로 모든 것을 포기해야만 했다.

곧 전쟁이 다시 시작되었다. 이번의 7년전쟁에서는 영국과 프로이센이 프랑스와 오스트리아를 적으로 맞아 싸웠다. 이 전쟁에서 채텀의 백작인 위대한 피트 수상이 영국에서 떠올랐으며 영국은 프랑스로부터 캐나다와 인도를 확보하게 되었다. 그러나 프로이센은 30년전쟁에 맞먹을 정도로 이 전쟁에서 극심한 타격을 받았다. 프리드리히는 남쪽에서 전투 능력이 향상된 오스트리아 군대와 싸우게 되었으며 서부에서는 프랑스 병력과 맞서야 했다. 동부전선에서는 러시아의 카타리나 옐리자베타Czatarina Yelizaveta 여제가 오스트리아 측에 가담해서 공격을 했다. 이 세 나라는 유

럽에서 가장 강력한 나라들이었다. 이 세 나라에 맞서는 프로이센의 동맹국은 영국뿐이었으나, 영국은 해양국이어서 육지에서의 전쟁에는 큰 도움이 되지 못했다.

프리드리히는 세상에 알려진 가장 훌륭한 군인 중 한 사람으로, 전술과 전투의 명수였다. 1757년 그는 로이텐전투에서 새로운 전술을 써서 대승리를 거두었다. 같은 해 그는 로스바흐전투에서 군대를 다루는 능란한 솜씨 덕분에 프랑스군을 아주 쉽게 물리쳤다. 적은 전투에 패했을 뿐 아니라 심한 수모를 당했다. 훗날 나폴레옹은 로스바흐전투가 프랑스 혁명의 시작이었다고 말한 바 있었다. 그가 의미한 뜻은, 절대군주는 군사적 승리 위에서만 왕좌를 확고히 유지할 수 있으며, 만약 루이 15세의 군대가 로스바흐에서처럼 치욕적인 패배를 한다면, 국민이 왕에게 등을 돌리게 된다는 것이었다. 기대하지도 않았던 영국의 피트는 뜻밖에 많은 군대를 파견해 프리드리히에게 영국이 훌륭한 동맹임을 입증했다. 피트도 위대한 전쟁의 명수였기 때문이다.

이러한 여러 가지 여건, 그리고 침착한 인내심과 군사기술에도 불구하고, 프리드리히는 1759년 러시아군에게 크게 패하고 말았다. 1760년에는 러시아와 오스트리아군이 베를린에 입성했다. 1761년에는 프로이센 전역이 적군의 손에 들어갔다. 프리드리히가 보낸 우수한 군대는 대부분 전사하거나 포로로 잡혔고, 국고까지 바닥이 났다. 설상가상으로 영국에서는 조지 3세George III가 피트를 해임시켜 유일한 동맹국까지 무용지물이 되었다. 프로이센은 오스트리아 제국과 러시아에 의해 분할되어 다시 한 번 사라

유럽사 이야기

질 운명에 놓이게 되었다. 극심한 절망에 빠져 프리드리히는 자살까지 생각했다.

갑자기 프리드리히에게 구원이 길이 열렸다. 그를 지독하게 증오하던 러시아의 카타리나 엘리자베타 여제가 사망한 것이다. 마음이 약한 여제의 조카 표트르Pyotr 3세는 프리드리히를 '나의 왕, 나의 스승'이라 부르면서 숭배했다. 러시아는 프로이센과 즉시 동맹관계에 들어갔고, 상황은 완전히 바뀌었다. 그러나 이것은 불쌍한 표트르 3세가 자신의 아내 예카테리나Yekaterina 2세에 의해 황제의 자리에서 쫓겨나 암살되기까지 석 달밖에 지속되지 못했다. 예카테리나 여제는 즉시 프로이센과의 동맹 관계를 철회했다. 그러나 프로이센에게 구원의 길이 열렸다. 오스트리아가 패배한 것이었다. 열강은 전쟁 때문에 국력이 바닥난 상태였다. 1763년 파리강화조약이 체결되고 프리드리히는 오스트리아가 그렇게 되찾기를 원했던 슐레지엔을 계속 지킬 수 있게 되었다.

프로이센은 이제 유럽의 경이가 되었다. 2등급의 신생 왕국이 가장 강력한 세 나라와의 전쟁에서 살아남은 것이었다. 프리드리히의 정부 체계와 전술은 존경과 놀라움의 대상이 되었다. 그가 패배시킨 이웃 나라들마저 그를 모방하기 시작했다.

18세기에는 권력을 왕실에 집중시켰고 또 왕실은 현명하고 유능하게 통치함으로써, 유럽의 모든 나라들이 모든 면에서 보다 강해지고 통일되고 번창하고 발전했다. 이 시기를 '계몽군주 시대'라고 부른다. 전국에 흩어져 있는 힘을 하나의 현명하고 강력한 통제 아래 통일한 나라들이 커다란 발전을 이룩했는데, 그 대표적인 예가 오스트리아, 러시아, 덴마크, 스웨덴, 그리고 프로이센이었다. 이 중 가장 훌륭한 예가 프로이센으로, 프랑스의 대군주제와는 극단적인 대조를 이루고 있었다. 프리드리히의 궁정은 소박하고 꾸밈이 없었고, 허세나 허식도 없었다. 한 번은 프리드리히 대제가 베를린 시내를 걷다가, 자신을 욕하면서 나쁜 왕이며 무례한 사람이라고 규탄하는 커다란 현수막 또는 그림이 벽에 걸린 것을 보게 되었다. 그는 그것을 보고 "사람들이 볼 수 있도록 좀 더 높이 걸게"라고 말했다고 한다.

그는 왕국을 기초부터 다시 세웠다. 그는 젊은 시절 프랑스 계몽주의 철학자들의 사상을 공부한 적이 있었다. 이 공부는 그가 늙은 다음에 많은 도움을 주었다. 그는 즉시 고문제도를 폐지하고 전국에 완전한 종교의 자유를 허용했다. 그리고 모든 프로이센의 통치자들이 그랬듯 교육 문제에 큰 관심을 기울였다. 그는 전쟁의 무서운 상처를 점차로 치유해서 백성들이 필요 이상으로 고통 받지 않게 했다. 농업과 상업을 잘 관리해서 서서히 나라를 다시 번영의 길로 올려놓고 국민들에게 행복한 삶을 누리게 했다. 모든 권한을 자신의 손에 넣어 그것을 가장 잘 이용했기에 국가와 국민에게는 더할 나위 없이 좋았다. 어떤 대중적인 정부도 프로이센을 발전시킨 초기의 국왕들만큼 큰 발전을 이루지는 못했다.

1763년 이후 프리드리히는 큰 전쟁을 치르지는 않았지만 크고 값진 영토를 획득했다. 오래된 폴란드 왕국은 발트 해에서 지금의 러시아를 가로질러 흑해까지 뻗어 있는 방대한 영토를 가진 나라였다. 그러나 폴란드에는 수없이 많은 귀족들이 독립해 있으면서 서로 다투고 허세만 부리고 있었고 왕들은 거의 권력을 쥐지 못하고 있었다. 그 때문에 불가피하게 나라가 산산조각으로 나뉘어져 있었다. 국민들에게 구심점으로 삼아서 뭉칠 만한 군주가 없었다. 그래서 그들은 이웃 나라들과 대적하면서 무력할 수밖에 없었다. 1772년 프리드리히는 러시아와 오스트리아와 프로이센이 함께, 무기력하고 쓸모없는 나라 폴란드를 분할하자고 제의했다. 러시아는 지금은 남부 러시아가 된 넓은 땅을 차지했다. 오스트리아는 갈리시아를 가졌다. 프로이센은 '서부 프로이센'이라 불리는 지역을 갖게 되었다. 이 땅은 원래의 프로이센 혹은 동부 프로이센이라 부르던 지역에서 브란덴부르크를 떼어낸 지역으로 비수아 강을 따라 단치히 만까지 뻗어 있었다. 프리드리히가 폴란드 영토를 합병하면서 프로이센 왕국은 자연히 단치히 만 북부의 메멜에서 엘베 강까지 이어진 탁 트인 땅을 차지해서, 견실한 통일국가가 되었다. 사람들은 독일인이거나 독일어를 사용하는 민족이어서 자연스럽게 서로 친화감을 느꼈으며, 따라서 자연스럽게 통합되었다. 1786년 프리드리히가 사망했을 때 그의 왕국은 독일 전체에서 선망의 대상이 되었다.

합스부르크가는 견실하게 발전하는 호엔촐레른가의 힘을 유난히 시기했다. 합스부르크가는 아직도 신성로마제국 황제의 가문이었다. 그러나 그들의 영토는 세습권에 따라 물려받은 땅이었다. 첫 번째는 원래의 오스트리아 대공 지역으로, 이곳의 주민은 독일계이며 종교는 가톨릭이었다. 두 번째는 헝가리 왕의 영토인데, 여기서는 마자르족이 끊임없이 독립을 요구하고 있었다. 세 번째

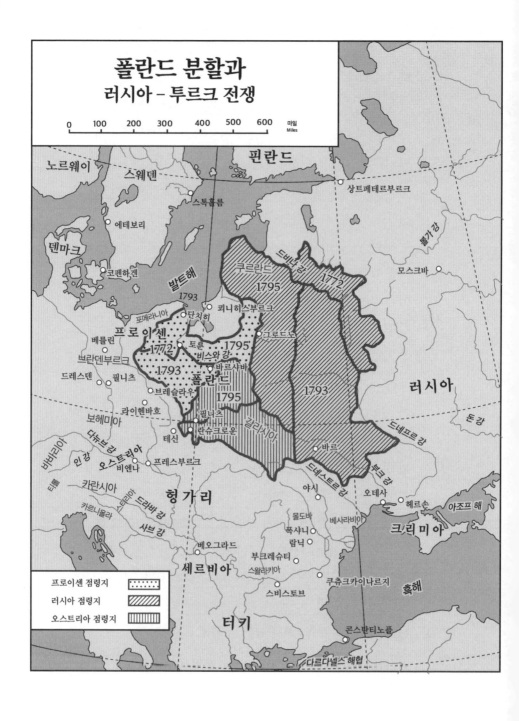

폴란드 분할과
러시아 – 투르크 전쟁

0 100 200 300 400 500 600 마일
Miles

노르웨이 스웨덴 핀란드
스톡홀름 상트페테르부르크
에테보리 볼가 강
덴마크 모스크바
코펜하겐
발트해 드비나 강 쿠르란드 1795 1772
1793
포메라니아 단치히 쾨니히스부르크 그로드노
프로이센 토룬 1795 러시아
베를린 1772 비스와 강 바르샤바
브란덴부르크 1793 바르샤바 1793
드레스덴 필니츠 폴란드
브레슬라우 1795 돈 강
보헤미아 라이헨바흐 드네프르 강
필니츠 갈리시아
다뉴브 강 테신 란슈크로운 드네스트르 강
오스트리아 비엔나 프레스부르크 바르
바바리아 인강 야시 부크 강 오데사
티롤 카란시아 드라바 강 헝가리 몰도바 헤르손 아조프 해
카르니올라 무라 폭샤니 베사라비아 크리미아
사브 강 람닉
베오그라드 부크레슈티 흑해
세르비아 스윌라키아 쿠츄크카이나르지
스비스토브
프로이센 점령지
러시아 점령지 터키 콘스탄티노플
오스트리아 점령지 다르다넬스 해협

는 보헤미아와 모라비아 왕과 영주들의 영토로, 이곳의 체코인들과 슬라브인들은 대부분 신교도들이었다. 네 번째는 북부 이탈리아 영주들의 영토로, 이곳의 국민들은 오스트리아의 합스부르크 황실로서는 완전히 외국인들이었다. 다섯 번째는 오스트리아 직속 네덜란드(현재는 벨기에 영토) 영주들의 땅인데, 이곳 주민들의 종교는 가톨릭이며 프랑스어를 쓰거나 플랑드르어를 사용했다. 1770년 마리아 테레지아Maria Theresia를 이어 왕위를 승계한 오스트리아의 요제프Joseph 2세는 프리드리히 대제를 증오하는 동시에 존경했으며, 시기심을 깊이 지니고 있었다. 그는 프리드리히 대제를 모방해서 나라를 통일하고 싶었다. 그러나 합스부르크가가 유럽 전체에 사방으로 흩어져 있는 영토를 통일하는 것은 쉬운 일이 아니었다. 더구나 독일계 오스트리아인들, 마자르계 헝가리인들, 슬라브계 체코인들, 벨기에인, 플랑드르인, 이탈리아인들을 어떻게 한 민족이나 한 국가로 합칠 수 있겠는가? 그것은 아예 불가능한 일이었다.

독일과 오스트리아에서 또 한 번 커다란 변화를 가져온 것은 혁명이었다. 처음 북부 유럽은 폴란드에 관심을 쏟느라 다른 문제에는 신경을 쓸 수가 없었다. 이미 줄어든 나라였지만 폴란드는 어느 정도 발전하고 있었고 1790년에는 스타니수아프Stanislaw 2세가 훌륭한 헌법을 기초했다. 그러나 이웃 나라들, 특히 러시아는 폴란드가 다시 되살아나는 것을 원하지 않았다. 1791년 그들은 폴란드를 다시 한 번 침략했다. 러시아는 넓은 땅을 차지했고 프로이센도 영토를 빼앗아 폴란드의 영토는 더욱 줄어들었다. 폴란드인들은 폭동을 일으켰다. 러시아는 폴란드에 군대를 해산하라고 명령했다. 국민들이 영웅 코시치우슈코Kosciuszko의 깃발 아래 뭉쳐 반란을 일으켰다. 이것이 폴란드 혁명이라 불리는 것인데, 초기에 북부 유럽은 이 폴란드 혁명을 프랑스 혁명보다 더 관심을 갖고 지켜보았다. 러시아, 프로이센, 오스트리아가 코시치우슈코를 적대적으로 대했다. 그는 결국 패할 수밖에 없었다. 1795년 3차이자 마지막이 된 폴란드 분할이 실시되었다. 러시아, 프로이센, 오스트리아가 각각 자신들의 몫을 챙기고서는 폴란드라는 이름이 유럽의 지도 위에 다시는 등장하지 않도록 하자고 약속했다.

그런데 이 무렵 프랑스 혁명군이 위험한 존재로 떠오르기 시작했다. 1802년에 나폴레옹이 스스로 종신 제1통령의 자리에 올랐다. 이것이 최고 권력을 향한 첫 걸음이라는 것은 분명했다. 1804년 8월 4일 신성로마제국의 황제 프란츠 2세Franz II가 오스트리아의 세습 황제 프란츠 1세로 등극한다고 포고했다. 이 무렵 나폴레옹은 자신이 황제의 칭호를 사용하는 문제를 놓고 국민투표에 부쳤다. 결과는 3백만 표 찬성에 2,900표 반대였다. 1804년 12월 2일 교황 피우스 7세Pius VII 앞에서 나폴레옹은 프랑스 황제로 취임하는 대관식을 가졌다. 이렇게 새 황제가 탄생했다.

1801년 뤼네빌조약은 프랑스에게 라인 강 좌측 연안까지 국경을 확대시켜 주었다. 그 결과 여러 종류의 군주들이 제거되었다. 이렇게 몰려난 군주들은 다른 곳에서 그들의 권리를 보장받기로 합의되었다. 이 문제를 해결하기 위해 신성로마제국의 황실의회가 리티스본에서 열렸다. 프랑스가 주도권을 쥐고 회의를 이끌면서 오스트리아에 불리하게 문제를 풀었다. 이 회의에서 112개의 영방국가들이 사라졌다. 프로이센이 가장 많은 것을 얻었는데, 3개의 주교구를 획득했다. 독일의 정치적 구조는 1658년 베스트팔렌조약에서 규정했던 형태에서 상당히 단순하게 정리되었다.

1805년 영국, 러시아, 오스트리아 3국 사이에 새로운 연합전선이 형성되었다. 프로이센은 이기적인 입장에서 중립을 고집했다. 1805년 12월 2일, 러시아와 오스트리아가 아우스테를리츠에서 참담한 패배를 맛보았다. 나폴레옹은 비엔나를 점령했다. 평화조약이 체결되면서 프로이센은 클레베와 안스바흐를 포기하고 훨씬 더 큰 하노버의 소유권을 얻었다. 나폴레옹은 바이에른과 뷔르템베르크에 새 왕을 임명하고, 다른 13명의 군주들과 함께 프랑스 황제를 받드는 연방을 만들라고 강요했다. 이것은 그들의 군대로 나폴레옹을 지원해야 하며, 다른 모든 독일의 기구들에서 분리되어 나폴레옹에게 묶인다는 것을 의미했다. 나중에 작센과 베스트팔렌 왕국도 이 연방체제에 추가되어 영토가 라인 강과 엘베 강 사이의 지역까지 포함되었고 의회는 프랑크푸르트에 세웠다. 이 작업이 끝나자 나폴레옹은 프란츠 2세를 소환해서 신성로마제국의 황제 자리를 내놓으라고 종용했다. 프란츠는 퇴위했다. 1806년 8월 6일 황제 양위가 정식으로 이루어졌고, 같은 날 신성로마제국은 사라지게 되었다. 프란츠 2세는 오스트리아의 프란츠 1세로 남게 되었다. 독일의 독립은 당분간 작달막한 프랑스 황제의 발꿈치 아래에 놓이게 되었다. 영국이 프로이센에게 영국 왕실에 속했던 하노버를 요구하면서 전쟁을 선포했으나 프로이센은 별다른 반응을 보이지 않았다.

프로이센은 1795년 이후로 프랑스와 싸운 일이 없었다. 프로이센은 프랑스의 외교정치에 의해 조심스럽게 요리되고 있었다. 그러나 이제 프로이센의 차례가 왔다. 프로이센 군대가 프리드리히 대제 시절의 영광을 떠올리고 정치적 중립을 불명예라고 여기면서 불만을 토로했다. 프로이센이 강화의 대가로 하노버를 얻기는 했지만 나폴레옹은 비밀리에 하노버를 영국에 다시 넘기려고 했다.

1806년 10월 1일 프리드리히 빌헬름이 프랑스에 선전포고를 했다. 나폴레옹은 2주 만에 프리드리히 빌헬름을 눌렀다. 10월 10일 프로이센은 잘펠트 전투에서 졌고 10월 14일에는 예나에서 무참한 패배를 당했다. 프로이센의 모든 요새들이 프랑스군에 의해 점령되었다. 10월 24일 나폴레옹은 포츠담으로 갔다. 이틀 뒤에는 프리드리히 대제의 묘지로 가서 영웅적인 왕이 지녔던 검과 검은 독수리 문장을 전리품으로 삼아 파리에 이송시켰다. 나폴레옹은 베를린에 한 달 동안 머물렀다. 그는 11월 26일 영국에 대해 유명한 베를린 선언을 했다.

6주간의 프로이센 점령은 유럽을 휘청거리게 했다. 나폴레옹은 경이로운 존재처럼 보였다. 프로이센은 종이로 만든 집처럼 무너졌다. 동북부 지역에서만 프로이센 왕이 러시아의 후원을 받아 맹렬하게 저항했지만, 1807년 6월 프로이센군과 러시아군은 프리틀란트에서 나폴레옹에게 처참한 패배를 당했다. 두 나라는 틸지트강화조약을 받아들였는데, 이것은 나폴레옹의 군사적 업적에서 정점에 속하는 사건이었다. 이 시절 나폴레옹은 초인으로 보였으며 거의 신과도 같았다. 러시아의 알렉산드르Aleksandr 황제가 영국에 대적하는 입장에서 나폴레옹과 동맹을 맺었다. 러시아는 잃은 것이 없지만 프로이센은 심하게 망가졌다. 프로이센의 영토가 상당수 떨어져나갔고 작센 왕국으로 넘어갔다. 나폴레옹은 동생 제롬Jerome 보나파르트를 베스트팔렌의 왕으로 봉했다. 프로이센은 강제로 영국 봉쇄에 참여해야 했고 국내의 모든 요새에 프랑스군이 주둔할 수 있도록 허용해야 했으며, 거액의 배상금도 지불해야 했고 군대를 대단히 작은 규모로 축소해야만 했다. 프로이센 왕국은 거의 녹초상태가 되었다.

그러나 나폴레옹의 행운은 틸지트강화조약 이후 내리막길을 걷기 시작했다. 그는 영국과의 해전에서 성공을 거두지 못했으며 반도전쟁에서도 실패했다. 그리고 그는 완전한 재앙으로 끝나는 러시아 침공을 감행했다.

이러한 가운데 프로이센에서는 용감한 정신이 새로 솟아나고 있었다. 독일은 완전히 나폴레옹의 발꿈치 아래에 깔려 있었다. 위대한 영웅주의가 등장해서 프로이센은 정부를 제자리로 돌려놓고 군대를 재조직했으며 새로운 정신으로 보다 나은 미래를 대비하기 시작했다. 총리 슈타인Stein의 지도 아래 농노제가 폐지되어 농민들에게 정치에 직접 관여할 수 있는 권리가 주어졌다. 또 농민들에게만 시행되던 징집제도를 상류계급들에도 적용했다. 프랑스 군대가 점령해서 주둔하는 동안에도 인내심을 갖고 국력을 기르고 개선하려는 노력을 기울인 것은 프로이센 사람들의 깊은 용

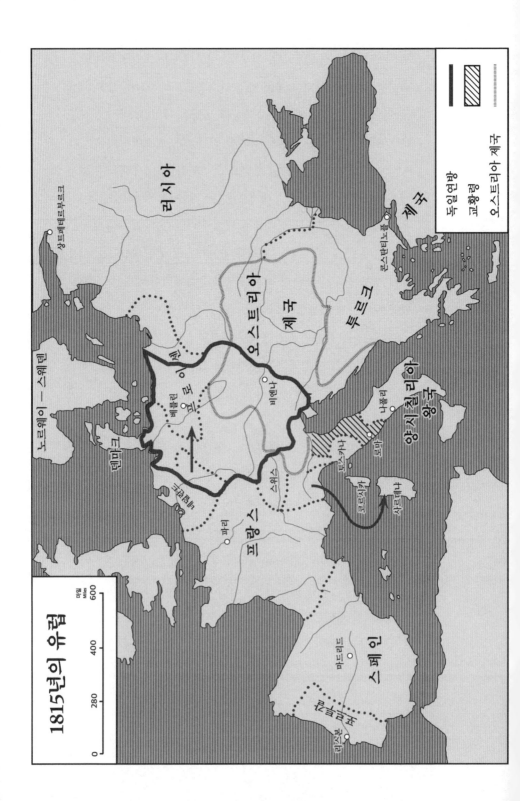

1815년의 유럽

마일
Miles
0   280   400   600

독일연방
교황령
오스트리아 제국

노르웨이―스웨덴

상트페테르부르크

러시아

덴마크

오스트리아
제국

프로이센

베를린

함부르크

비엔나

스위스

파리

프랑스

제노바

토스카나

로마

나폴리

양시칠리아
왕국

코르시카

사르데냐

콘스탄티노플

투르크

제국

마드리드

스페인

리스본

포르투갈

기를 보여주는 것이었다.

모스크바로 향해 전진하다가 맞이한 파국 이후 프랑스 군대가 독일로 후퇴하기 시작하자, 프로이센 군대는 러시아군에 합세하기 시작했다. 1813년 1월 프로이센 왕은 베를린을 떠나 브레슬라우(브로추아프)로 갔으며 거기서 자유를 위한 호소문을 발표했다. 독일 국민 전체가 이에 호응해 일어났다. 영국은 돈으로 그들에게 음식과 의복을 지원했다. 영국의 지원이 없었더라면 프로이센의 행동은 불가능했을 것이다. 그러나 나폴레옹이 다시 대군을 집결시켜 뤼첸에서 독일군을 격퇴하고 드레스덴을 점령했다. 나폴레옹은 엘베 강을 넘어 블뤼허Blucher 장군과 프로이센군을 다시 한 번 격파했다. 그러고는 그들과 휴전을 했다.

그동안 영국은 프로이센과 러시아를 지원하고 두 나라가 계속 연합을 유지하도록 무제한으로 자금을 쏟아 부었다. 그리고 오스트리아가 이 연합에 들어오도록 설득했다. 몇 주일 후 휴전이 끝나자 드레스덴에 있던 나폴레옹은 전 세계가 무장을 해서 자신에게 대항하고 있다는 사실을 알게 되었다. 이틀간의 전투 끝에 나폴레옹은 러시아와 프로이센군을 물리쳐 마지막 드레스덴대전투를 성공적으로 마감했다. 이것이 1813년 8월이었다.

종막이 다가오고 있었다. 나폴레옹은 적을 보헤미아까지 추격하는 대신 베를린으로 진격할 결심을 했다. 이것이 실수였다. 연합군은 자신들의 병력을 전부 집결시켰다. 10월에 양쪽이 대결하게 되었을 때 연합군은 300,000명인데 반해 나폴레옹의 병력은 180,000명에 불과했다. '라이프치히전투' 혹은 '제국민諸國民전투'

로 알려진 이 싸움은 불과 1주일간에 걸친 전투였으나 결과는 프랑스군의 완전한 참패였다. 나폴레옹은 심기가 심히 불쾌해져서 파리로 후퇴했다. 연합군이 그의 뒤를 추격했다. 나폴레옹은 항복하지 않을 수 없었다. 1814년 그는 황제의 자리에서 물러났고 엘바 섬으로 추방당했다.

라이프치히전투는 독일에서 나폴레옹이 내린 조치들을 완전히 무너뜨렸다. 독일군주들로 구성되어 나폴레옹을 군사적으로 지원했던 '대大라인동맹'은 해체되었다. 군주들은 자신들의 영토를 되찾았고 엘베 강 주변의 요새들도 다시 차지했다. 연합군을 이끌고 나폴레옹을 뒤쫓아 프랑스로 들어간 프로이센의 장군 블뤼허는 계속 전투에서 승리를 거두었고 프랑스 황제의 항복을 받아내었다.

백일천하 이후 웰링턴Wellington은 블뤼허의 도움을 받아 워털루전투에서 프랑스군을 대파해 나폴레옹은 최후를 맞고 말았다. 유럽은 이제 평화를 원하고 있었다. 연합국의 정치가들이 비엔나 회의에서 만났을 때 그들은 유럽 전체의 문제를 해결해야만 했다. 가장 어려운 문제 중 하나가 독일에 관한 것이었다. 프랑스는 1792년의 국경선으로 물러나야 했다. 노쇠한 신성로마제국은 부활되지 않았다. 독일에서는 39개의 공국과 자유도시가 주권국가로 공식 인정되었는데, 베스트팔렌조약 때에는 350개였던 공국과 자유도시가 이제 10분의 1로 정리된 셈이었다. 이 39개의 영방국가들이 영속적으로 '독일동맹'을 이루게 되었고, 동맹국의 수장은 오스트리아가 되었다. 그러나 가장 강한 나라는 프로이센이었고,

그다음으로 강한 나라는 나폴레옹이 오랫동안 좋아한 그의 동맹
국이자 가톨릭국가인 바이에른이었다.

XVIII

이탈리아

먼 외지로부터 독일, 프랑스, 스페인의 군대가 왔다가
다시 먼 외지로 사라졌다. 어떨 때는 사라지지 않고
필요악으로 남아 있기도 했다.

Out of the bitter Beyond came armies of Germans,
French, Spaniards, and into the bitter Beyond they
disappeared again. Or else they did not disappear, but
remained like a necessary evil.

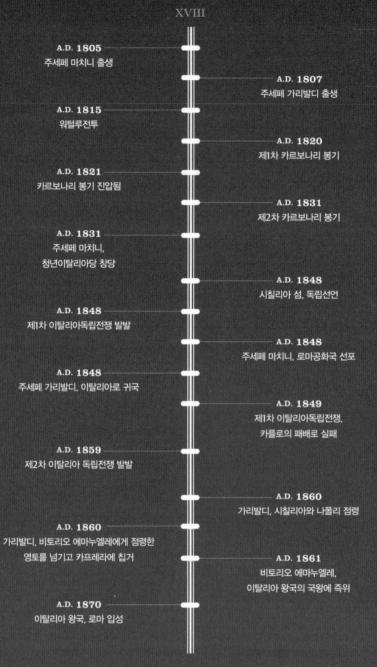

XVIII

A.D. **1805**
주세페 마치니 출생

A.D. **1807**
주세페 가리발디 출생

A.D. **1815**
워털루전투

A.D. **1820**
제1차 카르보나리 봉기

A.D. **1821**
카르보나리 봉기 진압됨

A.D. **1831**
제2차 카르보나리 봉기

A.D. **1831**
주세페 마치니,
청년이탈리아당 창당

A.D. **1848**
시칠리아 섬, 독립선언

A.D. **1848**
제1차 이탈리아독립전쟁 발발

A.D. **1848**
주세페 마치니, 로마공화국 선포

A.D. **1848**
주세페 가리발디, 이탈리아로 귀국

A.D. **1849**
제1차 이탈리아독립전쟁,
카를로의 패배로 실패

A.D. **1859**
제2차 이탈리아 독립전쟁 발발

A.D. **1860**
가리발디, 시칠리아와 나폴리 점령

A.D. **1860**
가리발디, 비토리오 에마누엘레에게 점령한
영토를 넘기고 카프레라에 칩거

A.D. **1861**
비토리오 에마누엘레,
이탈리아 왕국의 국왕에 즉위

A.D. **1870**
이탈리아 왕국, 로마 입성

ITALY

르네상스 이후 대도시들의 영광과 독립이 퇴락하고 대부분 외국 세력의 지배 아래로 들어가자, 이탈리아는 북부 유럽의 발전과 보조를 맞추지 못하고 뒤처지기 시작했다. 군대들이 이탈리아로 들어왔다가 다시 나갔으며, 공작과 황제들이 나타났다 사라졌고, 왕들이 이탈리아 땅을 지나갔다. 이탈리아 전역에서 독일어, 프랑스어, 스페인어가 권위를 갖기도 했다. 이러한 상태에서 이탈리아인들은 변화하는 세계와 동떨어져서, 지방색과 시골 분위기에 가득 차 무지한 상태로 남아 있었다. 정신적으로 가톨릭교도인 그들은 뜨거운 열정을 갖고 자신들의 고향에 매여 살면서 확실한 것들, 말하자면 고향 사람들의 따뜻한 정과 바위처럼 확고부동한 가톨릭교회를 지키면서 살았다. 도시에서 그들은 외국인 주인들의 통치 아래 자신들의 문제를 처리했다. 그리고 교회가 서 있는, 또는 사제들이 지나가면서 영원한 진리를 던지거나 귀족들이 즐겁게 말을 타고 지나가는 열린 공간인 광장에서 삶의 안전함과 확실함을 느꼈다. 그들에게는 자신들의 문제와 자신들의 정열만이 관심의 전부였다. 시골에 사는 농민들은 교회 종소리에 깨어 일어나고 정오에 치는 종소리가 들판까지 요란하게 들려오면 잠시 휴식을 취하다가 점심을 먹었으며, 땅거미가 질 무렵이면 집으로 돌아가라는 종이 치기를 기다렸다. 교회가 그들에게 하루를 주었으며, 교회가 그날의 일정을 결정해주었다. 사제는 고해성사를 치른 사람들에게 마음의 평화를 주었다. 약간의 포도주를 마시고 이웃과 다소 흥분되는 대화를 나누며, 교회의 축제일에 노래를 부르고 즐거운 여흥에 참석하는 것이 인생의 전부였다. 왜 이들이 멀리 떨어져 있는 남의 일들에 골머리를 앓을 필요가 있겠는가? 농부는 자신의 집과 마을의 이웃들과 자기 교구의 사제와 성자의 음성과 갑작스레 치는 종탑의 종소리에 민감하게 반응하면서 살아갔다.

이렇게 세월이 흘러갔다. 그 동안 북부 유럽에서는 영국과 독일과 프랑스가 왕과 의회와 상업 문제를 둘러싸고 싸우고 있었다. 이탈리아인들은 꼭 지배하고 싶은 사람이 있으면 와서 통치하게 내버려두었고, 생각하고 싶으면 생각하고 싸우고 싶으면 싸우도록 내버려두었다. 그들로서는 자신들의 개인적인 문제와 열정과 음모만으로도 충분히 벅차다고 생각하고 있었다. 먼 외지로부터 독일, 프랑스, 스페인의 군대가 왔다가 다시 먼 외지로 사라졌다. 어떨 때는 사라지지 않고 필요악으로 남아 있기도 했다.

18세기에 스페인의 힘은 이탈리아 안에서 사실상 끝장이 났다. 오스트리아의 점령지는 북쪽에만 국한되어 있었다. 이탈리아 반도 안에서 여러 국가들이 상당한 번영을 누렸으나 남부는 매우 가난했다. 영국을 제외한 유럽의 어느 곳과 마찬가지로 사람들의 삶

유럽사 이야기

은 대체로 자유로웠다. 한 나라의 국민들은 다른 나라의 국민들에 대해 관심이 없었다. 교황을 섬기는 신하들이 파리에 사는 프랑스의 국민에 대해 관심이 없는 것과 마찬가지로 토리노에 사는 피에몬테 사람들에 관해서도 무관심했다. 이탈리아는 존재하지 않았다. 오직 작은 나라들과 그 국민들과 크고 작은 군주들이 있었고, 사치스럽고 세련되고 방탕한 궁정이 있었으며, 무관심한 통치가 있을 뿐이었다. 여전히 봉건적인 상황이 남아 있어 중세적인 농노제도가 존재했으며, 일부 농민들은 매우 가난했다. 그러나 사람은 그저 사람일 뿐이고 대체적으로 가난한 사람이나 부자나 동일했고 사람들은 다른 발전된 나라들보다 훨씬 더 인간적인 모습을 지니고 있었다.

1796년과 1801년 전투가 벌어지자 나폴레옹이 잠시 쳐들어왔다. 그는 오스트리아를 패배시키고 이탈리아 반도를 그의 발아래 두었으며 북쪽으로부터 신선한 바람을 몰고 와 부드러운 심성의 이탈리아인들을 놀라게 했다. 그는 이탈리아를 자신의 왕국으로 만들어 군주들과 교황으로부터 모든 권력을 빼앗았다. 휘하의 장군 뮈라Murat를 나폴리의 부르봉 왕조 왕으로 봉하고, 프랑스식 공화정부를 세웠다. 이렇게 봉건제도가 철폐되어 사람들은 하나의 상태에 매이는 대신 세상에서 자유롭게 일어날 수 있게 되었다. 토지제도가 개혁되어 농민들에게도 땅이 주어졌다. 국가의 막대한 부채를 갚기 위해 수도원이 국가로 환수되었다. 롬바르디아와 나폴리 전역에는 초등학교가 세워지고 사제들은 뒷자리로 물러났다.

이렇게 해서 너무나 급작스럽게 이탈리아는 근대세계의 문턱으로 들어섰다. 그리고 너무나 빠르게 사람들은 변화를 이해하게 되었다. 그들은 새로운 공기를 마셨으며 생활에서도 보다 활기를 느꼈고 새로운 문이 열리는 느낌을 받았다. 이탈리아의 군인들은 나폴레옹이 위대한 승전을 하는 전쟁에 참여했다가 용맹으로 유명해진 자랑스러운 이름을 가지고 돌아왔다. 오스트리아와 교황을 미워한 나폴레옹은, 모든 측면에서 이탈리아 사람들 스스로가 교황의 신하, 오스트리아의 백성, 혹은 나폴리 사람이 아닌 이탈리아 사람임을 자각하도록 고무했다. 평등, 자유, 자유로운 생각 같은 새로운 사상이 확산되었다. 옛날의 단조로움이 지나가고 구식의 복종이 중단되었다. 의사와 법률가와 중산층 시민들에게 정부의 일에 참여할 수 있는 권리가 주어졌다. 군주들의 권력이 흔들렸고 이탈리아 반도를 나누어가졌던 10개의 국가가 갑자기 사라져버렸다. 이탈리아가 아주 갑자기 통일된 것이었다.

그러나 이 변화는 너무나 갑작스러운 것이었다. 새로운 문제들이 나타났다. 나폴레옹에 의해 자신들의 문제와 상관없는 전쟁에 동원되었던 이탈리아 사람 중 60,000명 이상이 스페인과 러시아에서 죽었다. 또 세금이 너무 많았다. 나폴레옹은 교황을 모독해서 이탈리아 사람들의 감정에 불을 질렀다. 러시아 전쟁 이후 프랑스의 통치는 이탈리아 반도에서 증오심을 불러일으켰는데, 특히 암울했던 남부 사람들 사이에서 그러했다.

워털루전투는 나폴레옹의 이탈리아 통치를 끝나게 만들었다. 남부로 내려갔던 용감한 뮈라는 쫓기는 몸이 되었다가 결국 잡혀서 죽었다. 수치스런 부르봉 왕조는 영국의 도움을 받아 '두 개의 시칠리아왕국'이라 불리던 남부 이탈리아의 나폴리와 시칠리아로 되돌아갔다. 전후 유럽의 분할 과정에서 교황은 아드리아 해를 끼고 있는 넓고 값진 땅인 로마냐와 마르케를 교황령에 추가했다. 이 지역의 도시에는 볼로냐와 라벤나와 앙코나가 들어 있었다. 오스트리아는 롬바르디아를 다시 찾고, 공화국으로 있던 베네치아와 그 인근 지역을 얻었다. 북쪽에서는 '사르데냐 왕가'로 불리면서 사보이Savoy 가문에 의해 통치되던 강력한 피에몬테왕국이 오스트리아에 끝까지 저항해서 리비에라 지역과 제노바를 획득하게 되었고, 베네치아처럼 제노바공화국도 이렇게 사라지게 되었다. 오스트리아의 레오폴트는 독립된 토스카나대공국으로 돌아와서 토스카나 출신 장관들을 임용해서 통치했다. 또 다른 오스트리아의 군주 프란츠 공작은 모데나를 통치했다. 나폴레옹의 오스트리아 출신 황후 마리 루이즈Marie-Louise는 파르마의 여공작이 되어 인자한 정치를 베풀었다. 스페인 왕가의 한 공주는 조그마한 루카 공국을 얻었다.

이렇게 해서 비엔나회의 이후 군주와 통치자들은 자신들의 국가들로 되돌아왔고 공화국은 사라지고 말았다. 스페인이나 독일과 마찬가지로 이탈리아에서도 국민들은 옛 주인의 귀환을 열렬히 환영했다. 나폴리의 심술궂은 페르디난도Ferdinando도 북부의 훌륭한 군주들과 같은 환영을 받고 신과 같은 인물로 찬양되었다. 그러나 페르디난도보다는 뮈라가 훨씬 더 훌륭한 사람이었다.

왕관을 다시 안전하게 확보한 다음 이들 군주들은 저 증오하는 보나파르트가 이룬 업적들을 산산조각으로 무너뜨리기 시작했다. 세상은 다시 옛날로 돌아가 후퇴해야 했다. 그러나 나폴레옹의 개혁 중에서 일부는 없애버리기에는 너무나 명백한 것들도 있었다. 하지만 이미 정신은 죽었고 남은 것은 겉으로 드러난 문자뿐이었다. 생활은 다시 옛날로 되돌아가고 말았다. 이탈리아 사람들은 금세 위대했던 나폴레옹 시절과 뮈라의 왕국을 경의와 존경의 마음으로 회상하게 되었다. 봉건적 특권과 수도원, 사제들로 구성된 정부와 성직자들의 재판소 같은 모든 낡은 해악들이 복원되었다. 오직 피에몬테에서만 국민들이 과거의 생활로 되돌아가는 것에 완고하지만 소극적으로 저항해서, 곧 나폴레옹 시절의 장관들이 사르데냐 왕 아래에서 다시 일을 할 수 있게 되었다.

롬바르디아와 베네치아에서는 유명한 오스트리아의 장관 메테르니히Metternich가 '이탈리아의 특성과 관습에 따르는' 통치를 약속했다. 그런데 오스트리아 법이 들어오고, 징병제가 강요되고, 오스트리아인과 티롤인들이 시민정부의 고위직을 장악하자, 사람들은 분통을 터트렸다. 황제는 "유식한 사람을 원하는 것이 아니라 충직한 신하를 원한다"라고 공언했다. 하얀 외투를 입은 오스트리아 군인들이 베네치아, 밀라노, 베로나 등 북부의 어느 곳에서나 예외 없이 이탈리아 사람들을 인종적으로 멸시하면서 잔인하고 불손하게 대했다.

토스카나에서는 토스카나의 정치인들이 자신들의 것을 지켰다. 레오폴트 대공은 친절했으나 어리석었다. 피렌체는 마지못해 수도원의 재산들을 일부 복원시켰다. 그리고 롬바르디아의 예를 따라, 교활하고 퇴보적이고 권모술수로 가득 찬 머리 좋은 예수회 수도사들을 결사적으로 막았다.

로마와 교황령은 스파이와 경찰을 통해, 그리고 교활하고 잔인한 방법에 의존해서 옛날의 성직자 통치로 되돌아갔다. 사람들이 자신들의 손아귀를 빠져나가지 못하게 하기로 결심한 예수회 수도사들은 곧 로마냐뿐 아니라 용감한 볼로냐와 라벤나 같은 격렬하게 맞서는 도시 위에도 그물을 쳤다.

그러나 옛날의 가톨릭적 복종과 우매함, 그리고 봉건적 통치로 돌아가기 위해 물결의 흐름을 되돌리기에는 이미 너무 늦어 있었다. 군대는 민주주의적 개념에 물들어 있었고, 국민들은 자유의 정신에 감염되었으며, 교육받은 중산층은 자신들의 날이 오기를 기다리며 영국과 프랑스 의회의 움직임과 그리스의 정치상황을 예의주시했고, 다른 나라들의 자유주의 운동 지도자들이 출간한 책자와 저서를 탐독했다.

그리고 남부에서 빠르게 첫 번째 결과가 나타났다. 남부에서는 오랫동안 프리메이슨Freemasonry이 비밀결사를 조직해 교회나 국가와는 별도로 은밀한 활동을 하고 있었다. 프리메이슨 중 상류 출신 회원의 일부는 나폴레옹의 통치를 증오해서 산 속으로 들어간 사람들도 있었다. 그들은 따로 새로운 결사를 조직하고 자신들을 '카르보나리Carbonari'라고 불렀다. 이들 카르보나리는 신비스런 조직으로 프리메이슨과 똑같은 규정을 갖고 똑같은 의식을 치렀다. 그들은 프리메이슨과 같이 순결과 선행을 서약하고 우주의 신성神性을 경배했다. 그들은 심오한 종교적 용어를 쓰고 밀교적 상징을 사용했으며 집집마다 십자가를 걸어두었다. 그들은 또 예수를 '폭정의 첫 번째 희생자'라고 불렀다. 하지만 그들은 종교단체라기보다는 사실상 공화주의 경향의 정치결사였다. 그들의 실제 이념은 비의秘儀를 전수받은 당의 고위간부들 사이에서만 비밀로 지켜졌다. 그들의 목적 중 하나는 분명 권력, 특히 무제한의 권력을 장악하는 것이었다. 하지만 일반당원들에게는 막연히 자유를 경배하고 폭군에 저항하라고 가르쳤다.

많은 사람들이 카르보나리에 가입하려 해서, 얼마 지나지 않아 누구나 다 가입할 수 있게 되었다. 이들은 비밀스러웠고 신비로웠으며 약간 종교적인 면도 갖추고 있었다. 거기다 세속적인 신비까지 얼마간 겸비하고 있어서, 이 점이 남부의 모든 사람들을 매혹시켰다. 전래의 어두운 면이 있는 종교적 충동이 정치적인 목적과 접목된 것이었다.

이런 방식에 의해 자유를 향한 움직임이 이탈리아에서 시작되었다. 너무나 많은 것이 이루어지고 완수되고 나면, 인간의 내면 깊은 곳에 있는 종교적 정신은 정치와 연결된 점을 후회하게 된다. 외국인 주인으로부터 얻는 자유라 할지라도 정치란 결코 종교적 사안이 될 수 없다. 늑대가 자유를 얻기 위해 싸우듯 인간도 자유를 쟁취하기 위해 싸운다. 그것은 인간이 자신만의 길을 가고 싶기 때문이다. 정치는 궁극적으로 삶의 물질적 여건을 조정해주는 것일 뿐 결코 종교적인 행위가 될 수 없다. 그것은 인간들 속에서 만든 일종의 거대한 식량기구일 뿐이지 신적인 것과는 무관하다. 결국 정치는 인간을 구원할 수 없다. 자유도 구원은 아니다. 우리는 자유를 가져야 한다. 그러나 자유를 갖는다는 것은 먹는 음식과, 입는 의복과, 걸어 다니는 도로와, 입을 채우는 언어를 갖는 것일 뿐이다. 우리 인간들은 아직도 내면 깊숙이 있는 영혼이 요구하는 내면의 만족에 도달하지 못하고 있다.

언제나 그렇듯이, 이탈리아에서 자유를 쟁취하려는 운동은 2개의 구조로 시작되고 끝났다. 내면의 깊은 종교적 열정과 현명한 물질적 계획의 이중구조가 그것이었다. 이 두 개의 구조는 양면적인 것이면서 사실은 서로 모순적이었다. 그 때문에 우리는 이탈리아의 자유주의 운동을 보면서 처음부터 끝까지 분열과 단절이 존재한다는 점에 공감하게 된다.

카르보나리 운동은 비밀결사답게 남부에서 자연스럽게 시작되었다. 그러나 그것은 사람들이 보다 공개적으로 생각하고 행동하는 북부로 퍼져 나갔다. 오스트리아인들은 롬바르디아에서 훌륭하게 통치하고 있었다. 그들은 증기선과 방적기를 도입했으며, 밀라노를 가스등으로 밝혔다. 밀라노는 다른 도시들을 이끌어가는 전초前哨도시 역할을 하고 있었다. 카르보나리는 밀라노에서 대단히 활동적이었다. 심지어 자신들의 신문까지 제작하기 시작했지만 오스트리아 통치자들은 이러한 움직임에서 화약 냄새를 맡고 곧 불꽃을 꺼버렸다.

스페인에서 갑자기 일어난 무혈혁명에 자극을 받아 1820년 나폴리왕국에서는 반란이 즉각적으로 일어났다. 페르디난도 왕은 헌법 제정을 약속했고 어쩔 수 없이 카르보나리당 자유주의자들을 권력의 자리에 임명했다. 그러자 나폴리를 미워하던 시칠리아에서 내란이 일어나 흥분한 폭도들이 난폭한 행위를 자행했다. 유럽 전체가 이러한 사태를 주시했다. 메테르니히가 오스트리아 군대를 남쪽으로 파병했다. 자유주의자들의 민병대와 정규군이 대항했으나 패해, 오스트리아 군대는 나폴리로 입성했고 페르디난도는 불안한 왕위를 더욱 단단하게 지켜야 했다.

나폴리혁명이 무산된 지 3일 뒤에 피에몬테에서 혁명이 일어났다. 피에몬테 시민들은 헌법제정을 요구하며 오스트리아와의 전쟁을 주장했다. 그들은 오스트리아 군인들이 백색 제복을 입었다고 해서 그들을 '하얀 거머리'라고 불렀다. 처음에는 혁명이 효과를 발휘했다. 왕이 물러난 것이었다. 그리고 시민헌장이 발효되었다. 그러나 모든 것이 용두사미로 끝나고 구체제가 다시 권력을 잡았다.

모데나에서는 프란체스코Francesco 공작이 소규모 반란을 진압했다. 소요가 그치지 않는 로마냐와 소나무 숲으로 둘러싸인 라벤나에서는 '미국인 사냥꾼들'이라는 별명을 가진 카르보나리 군대가 훈련을 하면서 봉기의 시간을 기다리고 있었다. 바이런Byron 경은 라벤나 사람들과 비밀리에 연락해서 자신의 집에 무장봉기에 대비한 무기를 가득 쌓아두고 기다렸다. 그러나 아무 일도 일어나지 않았다.

이제 전국이 폭군들의 발아래 엎드렸다. 메테르니히는 이탈리아를 억압해서 분노가 폭발하는 상황을 막으려고 진심으로 애를 썼다. 그러나 프란츠 황제는 희생자들을 잔인하게 다루었다. 봉기 지도자들이 얼마나 고문을 받았는지는 실비오 펠리코Silvio Pellico

유럽사 이야기

의 『나의 옥중기*Le Mie Prigioni*』를 읽어보면 짐작할 수 있다. 모데나의 프란체스코는 야만적인 복수를 했다. 나폴리의 페르디난도는 처벌을 강화하지 말라는 메테르니히의 명령을 듣지 않았다. 나폴리 시민들은 공개태형에 충격을 받았다. 자유주의자들은 추방되어 산으로 들어가 숨었으나, 무장폭도들이 나돌아 다니며 암살과 보복을 자행했다. 페르디난도는 미신에 사로잡힌 잔혹한 인간으로, 1825년 그가 사망했을 때 나폴리 사람들은 '부르봉 왕조'라는 이름 자체도 증오할 정도였다.

이탈리아에서 추방된 망명자들은 영국, 프랑스, 스페인 같은 여러 나라에 흩어져 있었다. 영웅적인 지도자 중 한 사람인 산타로사**Santa Rosa**는 영국의 노팅엄에서 어학교사를 했다. 피에몬테는 오스트리아나 나폴리 못지않게 자유주의자들을 색출하는 데 힘을 쏟았다.

1821년 이탈리아 문제가 유럽을 난처하게 만들었고 카르보나리는 최초로 큰 실패를 경험했다. 이후 이탈리아의 모든 국가에서는 탄압 명령이 확산되었다. 사람들은 생각을 해서는 안 되었고 무엇보다도 선동적인 글을 읽는 것이 금지되었다. 언론과 저술에 대한 검열이 훨씬 더 엄격해졌다.

나폴리에는 자유의 순교자와 자유의 성자라 불리는 사람들이 있었다. 이 귀족 출신 인사들과 사고가 깊은 사람들은 열악한 시설의 감방에서 썩으면서 압제자들에 대해 한마디의 반대의사도 표시하지 못했다. 그들은 모두 사랑, 순수한 사랑의 정신을 말할 수 있을 뿐, 싸움은 결코 선택하지 않았다. 남부에는 모든 것을 본

능에 맡기고 포기하는 옛날의 동양적 정신이 퍼져 있었다. 그러나 북부는 달랐다. 남부에서 기묘한 자포자기 정신이 처음 나왔다면 모든 투쟁은 북부에서 나온 것이었다.

피에몬테만이 정치적으로 유일한 참된 이탈리아 국가였다. 이 말은 피에몬테가 종족적으로 이탈리아인의 혈통을 이어받았다는 뜻이 아니다. 피에몬테에서 귀족들은 프로방스 혈통임을 자랑스럽게 여겼고, 알프스 산 아래에 사는 사람들은 고대 켈트족의 후예였으며, 독일계 혼혈도 널리 퍼져 있었다. 언어도 이탈리아어가 아니었다. 그러나 피에몬테 사람들은 독립정신을 갖고 있었고, 이것이 마침내 이탈리아를 뭉치게 하는 원동력이 되었다.

몇몇 부르고뉴 봉토의 영주인 사보이 백작들은 수세기 동안 프랑스와 오스트리아 세력 사이에 끼여 있었다. 투사이며 고산지대 사람들의 주인이자 투사였던 사보이 백작 가문은 프랑스와 오스트리아 사이에서 자신들의 병력을 항상 어느 한쪽에 팔았는데, 대개는 승자의 편에 섰다. 그들은 처음에는 이쪽, 그다음에는 저쪽에서 영토를 조금씩 얻어내 땅을 확장했다. 천성이 조심스럽고 교활한 그들은 흥정의 명수였다. 그들은 마침내 사르데냐의 왕이 되었고, 워털루 전투 이후에는 니스에서 마조레 호까지 통치하게 되었으며, 남쪽으로는 아펜니노 산맥까지 영토를 확장했다. 수도 토리노는 재미없고 비지성적인 지방 도시로, 사람들은 반쯤은 알아들을 수 없는 방언을 썼으며, 책과 예술을 경멸했다. 이들은 또 남쪽의 이탈리아인들을 경멸했는데, 자기들이 노리는 이권을 얻어내는 일에는 매우 교활하게 행동했다. 그들에게 왕은 일종의 군사

지도자 같은 사람이었다. 어떤 면에서 피에몬테는 프로이센과 유사했다. 1821년 이후 무역과 상업을 장려했으며, 비단, 포도주, 올리브기름 무역이 성업을 이루어 제노바 항은 활기를 띠었다. 피에몬테는 어떻게 처신해야 하는지를 알고 있었다.

프로이센과 마찬가지로 사람들은 유순하고 사보이 왕가의 통치에 길들여져 있었다. 그러나 고산지대 사람들답게 군사훈련을 계속 받아 이 점에서는 다른 이탈리아인들과 달리 용감하게 싸우는 장점을 지니고 있었다. 롬바르디아에 만연한 오스트리아인들에 대한 증오심과, 등 뒤에 있는 프랑스에 대한 불안한 공포심 때문에 정책에서는 이탈리아인이 되지 않을 수 없었다.

그러나 이 피에몬테에서 이탈리아의 부흥을 지칭하는 '리소르지멘토 Risorgimento, 이탈리아 통일운동'의 영웅이 4명이나 태어났다. 1805년에 제노바에서 의사의 아들 주세페 마치니 Giuseppe Mazzini 가 태어났고, 제노바에서 그리 멀지 않은 항구도시 니스에서 이보다 2년 뒤에 작은 배를 가진 선장의 아들이자 또 하나의 주세페인, 주세페 가리발디 Giuseppe Garibaldi가 탄생했다. 마치니는 생각이 깊고 조용하고 고독한 성품의 사람으로, 제노바 항구의 좁은 골목에서 자랐다. 몸이 건장한 가리발디는 동료들을 이끌고 바다에서 혁혁한 공을 세웠다.

두 사람 모두 피에몬테 국민으로 자랐다. 마치니는 독서를 많이 하고 항상 깊은 생각에 젖어 있는 사색형 인간이었으며, 이탈리아를 사랑하고 독재정치를 아주 미워했다. 카르보나리 혁명이 실패하는 것을 직접 보면서 그는 북부적인 기질을 가진 사람답게 그

문제를 해결하기로 결심을 했다. 그의 저서는 억압받는 사람들을 향한 열정으로 가득해서 남부 사람들은 결코 보일 수 없는 독재에 대한 강한 적개심을 담고 있었다. 그는 온유한 사람들이 세상을 물려받아야 한다고 결심했는데, 적어도 이탈리아에서는 그래야만 한다고 믿었다. 그는 또 온유한 사람들이 갖고 있는 불굴의 의지를 지니고 있었다. 카르보나리 정신이 그랬듯이 그의 말과 정신이 이탈리아 반도 전체에 확산되었다. 그러나 마치니의 주장은 비밀스런 교의가 아니었다. 남부 사람들의 마음에 친밀감을 주는 신비감과 비밀스러움이 그의 이론에는 빠져 있었다. 그의 이론은 쉽고 공개적이며 이상적이었고 오직 순수한 이상으로 가득 차 있었다. 그를 통해 정치와 자유가 종교, 말하자면 추상적 이상을 향한 자기희생적인 종교로 되었다.

마치니의 저서를 읽고 그의 주변에 사람들이 몰려들었고, 청년 이탈리아당이 만들어졌다. 당에 가입하려면 이탈리아를 하나의 자유공화국으로 통일시킨다는 서약을 해야 했다. 1831년에 중요한 제2차 카르보나리 봉기가 중부 이탈리아에서 일어났다. 나폴레옹의 조카인 루이 나폴레옹-Louis Napoleon이 카르보나리에 입당해서 로마에 있는 교황에 대해 매서운 공격을 퍼부었다. 같은 시기 마치니는 『청년 이탈리아 선언*Young Italy Manifesto*』을 출간했다. 참된 이탈리아는 독립과 통일과 자유를 근간으로 해서 세워져야 하며, 오스트리아는 떠나야 하고, 독재자는 축출되어야 하며, 민주적 정부 아래에서 이탈리아의 여러 작은 나라들이 통일되어 뭉쳐야 한다고 그는 자신의 저서에서 주장했다. 여기에는 명확한 계획들이 들어 있는데, 카르보나리의 애매함과는 달랐다. 그러나 이러한 주장이 당시에는 황당한 꿈처럼 받아들여졌다.

봉기는 잠시 성공하는 것 같았으나 곧 실패로 끝났다. 재봉기에 대한 우려 때문에 무서운 탄압이 뒤따랐다. 용감한 메노티Menotti는 교수형을 받았다. 마치니는 투옥되었다가 피에몬테 밖으로 추방되었는데, 마르세유로 가서 비밀리에 팸플릿을 퍼뜨리고 연설문을 돌리는 등의 일을 계속했다. 이 책자들을 접한 사람들은 위험에 처해질 수도 있었다.

가리발디는 젊은 선장으로 허송세월을 하다가 1833년 흑해에서 쿠네오Cuneo라는 애국자를 만났다. 쿠네오는 가리발디에게 청년이탈리아당에 대한 자신의 생각을 모두 말해주었다. 그의 이야기는 젊은 선장 가리발디의 영혼 속에 빛을 쏟는 것 같았다. 그는 훗날 이렇게 회고했다. "콜럼버스가 아메리카 대륙을 발견했을 때 느낀 기쁨도, 한 사람이 조국을 구하는 일에 종사한다는 것을 알게 되었을 때 내가 느낀 기쁨보다는 크지 않았을 것이다." 이제 가리발디의 열정은 하나에 고정되었다. 새롭고 반쯤은 종교적인 열정이 그의 영혼에 불을 질렀다. 그는 귀국해서 마르세유에 있는 마치니를 찾아갔고 '보렐Borel'이라는 가명으로 청년이탈리아당에 가입했다. 두 젊은이는 서로 상대방의 열정을 격려했다.

이 무렵 피에몬테는 매우 반反자유적인 입장을 취했다. 그래서 청년이탈리아당의 종사자들은 독재자에 항거하는 쪽으로 자신들의 활동방향을 선회했다. 1833년 정부에 대한 일련의 음모가 발각되고 고문과 처형이 뒤를 이었다. 가리발디와 마치니는 봉기를 일으키려 했으나 실패하는 바람에 도주했다. 가리발디는 마르세유에 도착해서 처음으로 자신의 이름이 신문에 난 것을 보았다. 토리노에 있는 피에몬테 정부가 자신에게 사형을 선고한 기사였다.

가리발디는 잠시 남미로 가서 대초원의 자유로운 생활을 맛보았다. 그는 그곳에서도 공화주의자들을 위해 싸웠고 게릴라 지도자로 유명해졌다. 마치니는 이탈리아 안에서 계속 명성을 유지했다. 서서히 민족감정의 바람이 일기 시작했다.

1848년은 유럽 대륙에 혁명의 유성들이 떨어진 해였다. 혁명의 불길은 전과 마찬가지로 남쪽 시칠리아에서 먼저 일어났다. 그러고는 이탈리아 본토로 번져갔다. 나폴리왕국의 페르디난도 2세는 헌법을 인정하지 않을 수 없었다. 1월 27일 페르디난도 2세는 말을 타고 수도의 거리를 돌며 법령에 충실할 것을 서약했다. 그리고 이 일로 '민중의 애인'이라는 칭송을 받았다. 2월 8일에는 피에몬테의 카를로 알베르토Carlo Alberto가 새로운 헌장을 제정하겠다고 국민에게 약속했다. 다시 2월 11일에는 토스카나의 대공이 헌법을 승인했다. 교황도 로마에 헌장을 승인했다.

북부 유럽에서는 혁명의 불꽃이 더욱 격렬하게 타올랐다. 보헤미아와 헝가리에서는 코슈트Kossuth의 영도 아래 오스트리아에 대항해서 독립을 요구하는 반란이 일어났다. 이제 비엔나 사람들조차 존경하던 합스부르크가에 등을 돌리기 시작했다. 베를린이 바리게이트로 차단되어 프로이센 왕이 굴복했다.

1848년의 프랑스혁명은 유럽의 외교 구도를 비꾸어놓았다. 또 다시 프랑스는 공화국이 되었고 부르봉 왕조는 영원히 축출되었다. 다시 나폴레옹식 전통이 되살아나 유럽에 공포를 부활시켰다.

이탈리아는 폭군들에 대한 분노로 들끓었고, 피에몬테는 예수회를 축출했으며, 신부들은 잠시 나폴리를 떠나 피신했다. 로마의 군중들은 로마 시에서 예수회를 추방하라고 요구했다. 청년이탈리아당이 통일이탈리아의 깃발로 선택한 적색과 백색과 녹색의 삼색기를 예수회가 내걸었으나, 아무 소용이 없었다. 교황이 이들과 자신의 대사들을 구제하려고 노력했지만 그것도 헛수고에 그쳤다. 예수회는 문을 닫아야만 했다.

3월 17일 헝가리에서의 반란과 비엔나에서의 봉기 소식이 오스트리아 군인들이 백색 제복을 입고 활보하는 롬바르디아의 수도 밀라노에 전해졌다. 무장조차 제대로 하지 않은 시민들이 즉시 거대한 봉기를 일으켰다. 밀라노 시내에는 노련한 늙은 폭군 라데츠키Radetzky 장군이 오스트리아인과 헝가리인으로 구성된 20,000명의 병력을 거느리고 있었다. 그러나 시민들은 열정에 넘쳤고, 의지도 확고했다. 거리와 광장에서 벌인 5일간의 격렬하고 무서운 시가전 끝에 라데츠키는 거대한 성에서 물러나 승리를 자축하는 도시로부터 후퇴하지 않을 수 없었다. 젊은 영웅 마나라Manara가 혼미해진 군중들의 지도자가 되었다.

밀라노의 5일전쟁 소식은 유명해졌고 전 이탈리아인들에게 전율을 느끼게 만들었다. 베네치아에서는 산마르코 광장의 종루에서 종을 울리고, 성당 앞에 있는 두 개의 거대한 국기게양대에는 적색, 백색, 녹색의 삼색기를 올린 다음 오스트리아인들이 그것을 내리지 못하도록 밧줄을 잘라버렸다. 베네치아 시민들 또한 제정신이 아니었다. 마닌Manin, 베네치아에서 활동한 리소르지멘토의 지도자이 한 순간의 영감을 받아 오스트리아인들과 그들의 군대를 모조리 베네치아 밖으로 몰아내었다. 이탈리아 곳곳에서 증오의 대상인 백색 제복에 대항해서 폭동이 일어났고, 이탈리아인들은 사각요새를 제외한 오스트리아의 잔재가 이탈리아 전역에서 사라질 때까지 계속 싸웠다. 라데츠키는 롬바르디아 대로를 통해 그의 군대를 서서히 후퇴시켰다.

오스트리아에 대한 반감은 격렬했다. 그러나 실제 롬바르디아와 베네치아에서의 오스트리아의 통치는 가장 자유롭고 가장 풍요롭게 해주는, 이탈리아에서는 최선의 것이었다. 그러나 그것은 어디까지나 외국인의 통치였다. 그리고 강렬한 통치 때문에 사람들은 외국의 지배를 받느니 차라리 죽는 것이 낫다고 느꼈다. 게다가 오스트리아의 백색 제복을 입은 군인들은 북부인과 헝가리 마자르인 특유의 교만함을 지니고 있었고, 남부 이탈리아인들을 대하는 북부 사람들의 종족적 경멸감도 갖고 있었다.

이번에는 피에몬테의 카를로 알베르토 왕이 오스트리아에 전쟁을 선포했다. 그는 삼색기로 몸을 감싸고는 신과 교황의 이름을 걸고 롬바르디아와 베네치아 사람들에게 도움을 주겠다고 공언했다. 그러나 왕이 국민의 이름으로 황제와 전쟁을 하는 경우에는 왕관이 떨어지게 마련이었다. 그래서 카를로 알베르토는 전쟁에 그다지 열성적으로 보이지 않았다. 그는 적색, 백색, 녹색의 삼색기도 전혀 탐탁찮게 생각하고 있었다. 청년이탈리아당이 공화국을 원한다는 사실을 그는 잘 알고 있었다. 국민들이 사르데냐의 왕이며 피에몬테의 군사령관인 카를로 알베르토를 지도자로 이용했다가, 그가 다시 자리에 앉으려는 순간 왕좌에서 끌어낼지도 모르는 일이었다. 황제들은 공화주의자들만큼 왕에게 치명적인 적은 아니었다. 베로나, 만토바, 페스키에라, 레냐노에 세운 4개의 요새인 유명한 사각요새로 라데츠키가 진군해오는데도, 왕은 자신이 선포한 전쟁에 그다지 열성을 보이고 있지 않았다. 이 사각요새는 브레네르 통로에서 이탈리아 평원으로 가는 고대 로마가도의 입구를 지키고 있어 이탈리아에서는 오스트리아로 가는 4개의 관문 역할을 했다.

한편 지원병들이 나폴리, 토스카나, 모데나에서 피에몬테의 군영으로 쇄도해 왔다. 전에는 사보이의 흰색 십자기가 삼색기와 나란히 서서 나부꼈다. 그러나 이제는 십자기가 삼색기의 중앙에서 나부끼고 있었다.

가리발디가 몬테비데오에서 도착해서 카를로 알베르토에게 충성을 맹세했으나 거절당하고 말았다. 그는 대신 밀라노 지방정부에서 일하게 되었다.

그러는 동안 외부에서 소식이 끊임없이 들어왔다. 프랑스 공화국이 확고부동한 자세로 버티고 있었다. 증오의 대상이던 메테르니히가 권좌에서 물러났다. 5월 17일에는 비엔나의 학생들이 황실을 비엔나에서 축출했다. 짧은 기간이었지만 헝가리와 보헤미아가 전쟁에 이겼으며 5월 18일에는 독일의 국회가 소집되었다. 유럽에서 이만큼 자유라는 대의가 넘쳐난 적이 없었다. 그러나 불만스런 카를로 알베르토는 여전히 머뭇거리면서 느리게 행보를 했고 결단을 내릴 수가 없었다.

그래서 라데츠키가 베로나에서 출동해서 카를로 알베르토에 맞서 진격했으며, 7월 25일 쿠스토차에서 이탈리아군을 무참히 패배시켰다. 병사들의 눈부신 용기에도 불구하고 왕과 장군들의 실수가 전쟁에서 패배한 원인이었다. 왕의 군대는 밀라노로 후퇴했다. 미친 듯이 날뛰는 군중들이 그레피 궁에 있는 불쌍한 카를로 알베르토를 포위했다. 그는 "이런 날이 오다니! 이런 날이 오다니!"라고 외치면서 자신의 손만 깍지 끼고 있었다. 8월 5일 그는 밀라노를 오스트리아군에게 넘겨주었다. 성 안에 먹을 것이 없었기 때문이다. 그는 휴전에 동의했다.

오스트리아는 롬바르디아 전체를 다시 탈환한 다음 베네치아의 마닌을 포위할 준비를 했다. 사람들은 카를로 알베르토에 대한 분노로 들끓었다. 사람들은 그가 자신의 왕좌를 살린 대신 국민을 배반했다고 말했다. 마치니와 가리발디는 '신과 인민들Dio e Poppolo'이라고 적힌 공화국의 기치를 높이 들어올렸다. 패배한 이탈리아 사람들은 오스트리아인들을 더욱더 증오하게 되었다.

다음 사건은 격동의 1848년에 로마에서 일어났다. 가리발디가 로마냐로 들어갔다. 밀정 노릇을 하는 사제들과, 악랄하고 잔인하고 비밀스럽게 경찰력을 동원해 통치하는 교황에 대항하는 카르보나리 당원들의 격정적인 정신을 규합하기 위해서였다. 볼로냐와 라벤나가 오늘날에도 반체제적인 사회주의의 중심이었듯 당시에도 반란의 중심지였다. 가리발디는 로마냐 사람들을 데리고 자

유럽사 이야기

유 이탈리아를 위해 싸울 최초의 군대를 결성했다.

로마냐에 있는 동안 가리발디는 교황청의 장관 로시Rossi가 로마의 민주주의자들에 의해 암살되었다는 소식을 들었다. 로마 사람들은 교황이 오스트리아와 맞서 싸울 것을 거부했을 뿐만 아니라, 가톨릭이 오스트리아와의 싸움에 참가하는 것을 금하는 칙령을 내린 데 대해 심히 분개하던 참이었다. 거리의 자유주의 연설가들에 의해 자극되고 로시의 암살 이후 불타오른, 분노한 로마 사람들은 11월 16일 퀴리날 궁 앞으로 가서 교황에 대한 시위를 벌였다. 그리고 교황의 스위스인 근위대를 향해 발포했다. 이것은 1792년 6월 2일 프랑스의 튈르리 궁 밖에서 군중들이 취했던 행동과 아주 흡사했다. 교황 피오 노노Pio Nono, 피우스 6세는 루이 16세가 한 것처럼 군중과 맞서지 않았다. 11월 24일 교황은 평범한 수도사 차림으로 변장해서 로마를 빠져나갔고, 나폴리왕국의 국경을 넘어 그의 친구 페르디난도 왕에게로 갔다. 페르디난도는 메시나에 사는 그의 백성들을 공격했기 때문에 '공격왕Bomba'이라는 별명을 얻은 사람이었다.

로마 사람들은 교황이 떠났다는 것을 알게 되자 해가 하늘에서 떨어진 것 같은 느낌을 받았다. 사람들은 불안에 떨었고 무엇을 어떻게 해야 할지 몰랐다. 점차 공화국에 대한 열망이 강해지다가 1849년 2월에는 로마공화국이 선포되었다. 3월에 마치니가 도착해서 아주 소극적이기는 했지만 로마의 마지막 최고시민으로 추대되었다.

한편 북부에서는 제정신을 잃은 것 같은 카를로 알베르토가 불편한 마음으로 '빵 속에 오스트리아를 집어넣어 씹어 먹던' 끝에 휴전을 파기하고 롬바르디아 국경으로 진군해 나갔다. 그러나 그는 3월 23일 노바라에서 라데츠키에게 패했다. 상심한 끝에 전쟁터에서 죽을 결심을 했으나 거기서도 실패하여 크게 낙담해 왕위에서 물러난 다음 변장을 한 채 말을 타고 떠났다가 몇 달 뒤 포르투갈의 수녀원에서 죽었다. 아들 비토리오 에마누엘레Vittorio Emanuele가 왕위를 이어받았는데, 그는 자유헌장을 승인했다.

노바라 사건 소식을 들은 로마공화국은 즉시 마치니, 사피Saffi, 아르멜리니Armellini, 세 사람이 통치하는 삼두체제로 들어갔다. 마치니는 나폴레옹이 제1통령이 되었을 때와 아주 유사한 권한을 갖게 되었다. 그러나 마치니는 추상적 정의와 순수함과 용서와 부드러움과 완전한 자유로 로마를 통치하려 했다. 이것은 그의 의지였다. 이러한 통치 방식은 여러 측면에서 성공할 수 있는 여지가 있어서 도시는 조용해지고 좋아졌다. 그러나 상대가 대포를 가지고 온 마당에 다른 쪽 뺨을 내미는 것은 의미 없는 짓이었다. 이런 경우 로마와 로마공화국은 살아남기 위해 싸우는 것 말고 다른 선택의 여지가 없었다. 그런데 로마에는 돈도 군사 장비도 강력한 지도자도 없었다.

가리발디는 그의 열광적인 군단을 이끌고 로마로 들어왔다. 처음에는 의심을 받았으나 나중에는 열렬한 환영을 받았다. 이제 로마 사람들은 최상의 나날을 보내게 되었다. 사람은 착하게 살아야 한다고 가르치고, 진실한 권위에 의해 자유로워지고, 또 제1시민 마치니의 변치 않는 이상적 순수성에 의해 정신이 고양되었기 때문이다. 오색찬란한 제복을 입은 군인들이 수녀원의 정원과 광장에서 야영을 하고 사람들은 흥분한 채 대화를 주고받았다.

그러나 이런 시절이 오래갈 수는 없었다. 외부에서 간섭이 들어왔다. 새로 들어선 프랑스공화국으로부터였다. 프랑스는 젊은 루이 나폴레옹을 자신들의 대통령으로 뽑았다. 루이 나폴레옹은 원래 카르보나리 당원이었지만 프랑스에서 자신의 입장을 강화하기 위해서는 강력한 가톨릭당의 지지가 필요했다. 그는 한편으로 유럽에서 사회주의에 대항하는 구세주로 행세하고 있었다. 그래서 그는 교황을 구하고 로마 공화국을 제지해야만 했다. 프랑스 군대가 우디노Oudinot 장군의 지휘 아래 로마로 파견되었다.

교황을 주시하던 가리발디가 소환되어 로마로 왔다. 그는 빨간 셔츠를 입고 말을 탄 채 로마 시내를 달리면서 방어준비를 시켰다. 잠시나마 시민들은 겁 없이 고무되어 참호를 파고 온갖 노역을 마다하지 않았다. 프랑스 군대는 수치스럽게 1차 공격에서 패배를 했고, 루이 나폴레옹은 프랑스 군대의 명예에 먹칠하는 오점을 남겼다.

프랑스에서 더 많은 군대가 원군으로 왔다. 로마는 고립되었다가 함락되었다. 7월 2일 가리발디는 밤에 로마를 빠져나와 프랑스 군대의 코앞을 지나 산악지대로 들어갔다. 거기서 다시 피에몬테로 갔다가 미국으로 건너갔다. 미국에서 그는 양초공장의 기술자로 일을 했으며, 나중에는 선장이 되었다가 다시 농부가 되었다. 마치니는 로마 함락 이후 처음 며칠 동안 로마 거리를 돌아다녔지만 프랑스 군대는 시민들을 자극하지 않으려고 그를 감히 체포하지 못했다. 그는 나중에 로마를 빠져나와 영국으로 가서 정착했다. "이탈리아는 내 조국이고 영국은 내 집입니다. 만약 나에게 집이 있다면 말입니다"라고 그는 말했다. 그는 런던에서 일을 하면서 기다렸고 거사 계획을 몰래 로마로 보내면서 기회를 기다렸다.

교황이 돌아왔다. 다시 옛날의 비밀스런 스파이 조직이 가동되고 경찰의 폭력, 감옥과 검열이 부활되었다. 교황의 정부가 이탈리아와 국민들에게 잘할 수 있는 것이라고는 파괴적인 행동뿐이었다.

한편 새로운 국면이 벌어지고 있었다. 키는 작았지만 용감한 비토리오 에마누엘레가 토리노의 왕으로 있었다. 그의 총리 카보우르Cavour 백작은 유럽에서 보기 드문 영리한 정치가였다. 카보우르는 정치적인 측면에서 매우 지성적이었고, 이해심이 많고 자유주의적인 경향을 띠는 편이었다. 또 성격이 대단히 섬세하면서도 유연한 완고함을 가진 사람이었다. 그는 이탈리아를 사보이가의 영도 아래 통일시키려는 그만의 계획을 세우고 실천하려고 결심했다. 그 계획은 원대한 것이었고 그는 끝내 그 계획을 완수했다. 이탈리아에는 마치니와 가리발디 같은 정치적인 동시에 종교적인 열정에 가득 찬 이상주의자들이 있는가 하면, 다른 한편으로는 작게 분열된 나라들을 합쳐 통일된 권력을 장악하겠다는 야심찬 계획과 결심으로 가슴을 채운 비토리오 에마누엘레와 카보우르 같은 사람들도 있었다. 피에몬테가 바로 이탈리아다. 이렇게 되어야만 한다. 이것이 바로 그들의 생각이었다.

이 시기 유럽은 조심스런 힘의 균형 때문에 휘청거리고 있었다.

영국은 프랑스를 두려워하고 있었고, 프랑스는 오스트리아를 시기하며 프로이센을 조심스레 지켜보고 있었다. 반면 프로이센은 처음에는 러시아의 눈치를 살피다가 다음에는 오스트리아를, 그러고 나서 프랑스를 곁눈질했다. 모두가 어떤 수단을 써서라도 자신의 몫을 더 크게 얻어내려는 노력을 아끼지 않았고 혹시라도 상대방이 더 큰 몫을 가져가는지 주시하고 있었다. 상대방의 판돈이 다 떨어질 때까지 계속해서 카드 노름을 하는 것과 같았다. 피에몬테는 전과 다름없이 기민하게 처신해서 남부에서 승리를 거두었고, 프로이센은 북부에서 승리를 거두었다. 작은 나라인 피에몬테는 당시에는 유럽의 사자로 불리며 훗날 나폴레옹 3세가 된 변덕 많은 루이 나폴레옹의 갈기를 어루만지고 쓰다듬어주었다. 피에몬테는 오스트리아에 대해 감정이 좋지 않았다. 카보우르는 막강한 해군력으로 바다를 순시하고 있는 영국에게 그 자유로운 날개를 펼쳐 그늘을 만들어달라고 간절한 눈길을 보냈다.

카보우르는 오스트리아와의 전쟁을 원했고 나폴레옹 3세가 도와주기를 바랐다. 혼자 힘만으로는 오스트리아의 절반 정도에도 미치지 못했기 때문이다. 그러나 강대국들은 전쟁을 원하지 않았다. 그들은 힘의 균형이 깨지는 것을 두려워했다. 카보우르가 나폴레옹을 친구로 끌어들여서 조심성 없는 오스트리아에게 1859년 4월에 피에몬테를 공격한 책임을 전가한 것은 커다란 성과였다. 나폴레옹은 알프스를 넘어서 피에몬테군과 합세했고 롬바르디아의 마젠타전투에서 승리를 거두었다. 그다음에는 비토리오 에마누엘레와 함께 솔페리노에서 보다 더 대대적인 전투를 벌였다. 그곳에서 마음 약한 황제는 살육의 모습을 보고 눈물을 흘렸다. 그 바람에 나폴레옹은 전투를 하고 싶은 의욕을 잃었다. 피에몬테로서는 빵 반 조각이나마 쥐고 있는 것이 빈손보다는 나았다. 피에몬테는 오스트리아와 휴전을 하고 오스트리아는 밀라노와 롬바르디아에서 물러나 사각요새로 후퇴했다.

전쟁이 진행되고 있는 동안 이탈리아의 작은 국가들은 기회를 놓치지 않았다. 오스트리아 군대가 도시국가들과 그 국경지대에서 철수한 사이, 토스카나와 로마냐와 모데나가 각각 자유공화국을 선포하고 통치자들을 몰아냈다. 그러나 빌라프란카에서 나폴레옹이 평화협정을 맺었다는 소식이 전해졌다. 이 조약에서 피에몬테는 롬바르디아를 갖기로 하고 오스트리아는 여전히 베네치아를 통치하기로 했으며, 도시국가들에는 축출된 이전 통치자들이 다시 돌아왔다. 소식을 들은 카보우르는 분노와 실망에 빠져 직책을 사임한 다음 제네바로 가버렸다. 그러나 비토리오 에마누엘레는 조약에 서명할 수밖에 없었다. 피에몬테는 두 마리의 사자 사이에 낀 산고양이에 불과했다.

바로 이 시점에 영국이 개입했다. 존 러셀John Russell 경이 이렇게 밝혔다. "여왕 폐하의 정부가 추구하는 정책은 불간섭주의다. 이탈리아 사람들이 자신들의 문제를 스스로 해결도록 두어야 한다." 이것은 영국 정부의 정책이 이탈리아인들의 문제에 다른 나라들이 개입하는 것을 반대한다는 의미였다. 여기서 '이탈리아인들'은 피에몬테를 의미하는 것이 아니라 새로 세워진 공화국들을 의미했다. 이런 상황이 벌어지자 도시국가들의 이전 통치자들

유럽사 이야기

은 돌아오기를 포기했다. 토스카나와 모데나와 로마냐가 합쳐서 중앙 이탈리아 자유국을 만들고, 피에몬테한테도 안전을 핑계로 즉시 합치자고 요청했다. 피에몬테는 군사력을 가진 나라였으며, 오스트리아가 여전히 베네치아를 통치하고 있었기 때문이다. 결국 피에몬테는 평화조약에서 그다지 손해 본 것이 없게 되었다.

아울러 유럽의 관심은 나폴리에 쏠려 있었다. 1850년 글래드스턴Gladstone이 딸의 건강 문제 때문에 나폴리를 다녀간 적이 있었다. 그는 거기서 '공격왕'의 비열한 통치, 그리고 그로 인해 생겨난 공포와 불의와 정치범들을 구금하는 형무소의 처참한 모습을 보았다. 글래드스턴은 이러한 공포정치를 1851년에 발표한 『애버딘 경에게 보내는 편지Letters to Lord Aberdeen』에서 자세히 적어 세상에 폭로했다. 나폴리는 이제 유럽인의 눈에 수치스러운 국가로 비쳤으며 다른 왕국들에 의해 따돌림을 당하게 되었다.

1860년 1월에 카보우르가 다시 토리노로 돌아와 수상이 되었다. 이미 토스카나와 모데나와 로마냐는 토리노에 합병되어 있었다. 그리고 사보이, 즉 니스와 지금은 프랑스의 리비에라라고 불리는 지역을 나폴레옹에게 양도했다. 피에몬테는 1에이커를 주고 1마일을 받은 셈이었다. 그러나 영국은 프랑스의 확장을 달가워하지 않았으며 가리발디는 자신의 고향인 니스를 잃게 된 데 대해 분개했다. 비토리오 에마누엘레는 그의 조상의 땅 사보이를 잃었다. 그러나 이것은 조그마한 청어 대신 커다란 고등어를 잡은 것과 같았다.

그다음 단계는 무엇인가? 정확히 말해 남아 있는 문제는 베네치아와 교황, 그리고 정확하게는 '두 개의 시칠리아 왕국들'이라 불리는 나폴리였다. 베네치아는 그 시점에서는 지리적으로 피에몬테와 너무 떨어져 있었고 오스트리아를 다시 공격하는 것도 불가능했다. 교황령 안에 있는 교황을 공격하는 것은 더더욱 불가능했다. 교황은 여전히 나폴레옹의 날개 아래에 있어서 프랑스 군대가 그를 안전하게 보호하고 있었다. 나폴리의 부르봉 왕가도 손을 댈 수 있는 상황이 아니었다.

카보우르는 남쪽으로 감히 군대를 보낼 엄두를 내지 못했다. 그것은 나폴레옹이 용납하지 않을 것이며, 오스트리아가 용납하지 않을 것이고, 교황이 용납하지 않을 것이며 또 영국도 동의할 것 같지 않았기 때문이다. 그것은 분명 강탈한다는 인상을 줄 것이 분명했다. 유일한 해결 방법은 남부 사람들이 봉기해서 반란을 일으키는 것이었다. 그것만이 '이탈리아인들'이 존 러셀 경의 말대로 자신들의 문제를 스스로 해결하는 것이며, 그런 경우에만 피에몬테가 그들의 결정을 도울 수 있었다. 그런 경우에는 피에몬테가 '이탈리아인들'에 해당되는 '자원자'를 보낼 수 있었다. 국가 차원에서 피에몬테는 전혀 개입할 수 없었다.

카보우르는 나폴리의 혁명을 위해 열심히 노력했으나 별 효과를 거두지는 못했다. 그러나 시칠리아에서 문제가 일어나고 있었다. 시칠리아 사람들이 가리발디를 초청했다. 그렇지만 카보우르는 공개적으로 가리발디를 내보낼 수는 없었다. 카보우르는 사자 얼굴의 가리발디 장군에게 무슨 일이 일어나더라도 피에몬테와는 무관하다는 점을 강조했다. 다른 나라들의 감정을 상하게 하지 않기 위해서였다. 가리발디는 북부 도시들에서 그의 유명한 천인대千人隊를 소집해 두 대의 증기선에 나눠 태우고 시칠리아를 향해 제노바 항을 떠났다. 천인대는 1860년 5월 6일 밤에 승선했으며 카보우르도 이 사실을 알고 있었다. 그러나 공식적으로는 눈을 감고 아무것도 모르는 것처럼 행동했다.

1860년은 이탈리아로서는 위대한 해였다. 시칠리아에서 가리발디 장군과 천인대의 놀라운 모험은 그 해의 가장 감동적인 사건이 되었다. 형편없이 낡은 머스킷 총을 멘, 훈련조차 제대로 받지 않은 1,000명의 자원병들은, 사무실과 작업장과 공장사무실을 떠날 때 입었던 민간인 복장 그대로였다. 그들을 데리고 가리발디 장군은 커다란 섬을 탈환하고, 무기와 화약으로 완전 무장한 정규군을 몰아냈다. 1860년 6월 7일 아침 영국인 제독과 그의 휘하 함장들은, 붉고 푸른 나폴리 군복을 입은 군인들이 팔레르모의 해변에서 두 줄로 길게 늘어서, 붉은 셔츠에 헤진 옷을 입은 가리발디의 천인대 중에서 살아남은 잔여 병력의 장교단 곁을 빠져나가는 광경을 함상에서 지켜보았다. 장비를 제대로 갖춘 20,000명의 정규군이 항복해서, 섬 전체를 가리발디의 지칠 대로 지친 군인 수백 명에게 인계한 다음 수도를 빠져나가는 광경이었다. 영국 해군은 웃음을 참지 못하면서 그러나 경멸에 차서 이 광경을 정박한 배 위에서 지켜보았다. '공격왕'은 그의 군인들에 대해 이렇게 말했다. "하고 싶은 대로 그들을 훈련시켜봐야 소용없을 거야. 그래도 모두가 줄행랑을 칠 테니까."

'공격왕'의 말은 사실인 것처럼 보였다. 그렇다고 실제로 군인들이 겁쟁이는 아니었다. 그들에게는 오히려 경멸보다는 놀라움의 여지가 있었다. 「로마서」에는 하느님이 없애기를 원하면 먼저 미치게 만든다고 적혀 있다. 나폴리 군대가 그러했다. 그들은 마치 미친 사람처럼 굴었다. 그러나 실제로는 그들에게서 남부 특유의 민감한 성격이 드러났을 뿐이다. 그들 영혼 속 어디에선가 삶이 자신들의 의지와 역행하고 자신들의 위치가 절망적이며 쓸모없다고 느꼈던 것이다. 그래서 그들은 당황한 채 양 떼처럼 무리로 뭉치기는 했으나, 그들의 의지와 인격은 없었던 것이다.

팔레르모의 함락 소식이 전 세계에 퍼지자, 유럽은 놀라고 충격받고 또 기뻐했다. 이제 카보우르가 자유롭게 행동할 수 있게 되었다. 존 경의 선언에서 밝힌 '이탈리아인들'이 남부에서 자신들의 문제를 해결하는 수순을 밟았고 피에몬테도 개입할 수 있게 되었다. 카보우르는 20,000명의 자원병을 가리발디에게 보냈다.

그다음의 대모험이 잇따랐다. 가리발디는 메시나 해협을 건너면서 적의 함대를 피해 마술처럼 함대를 하나씩 쳐부쉈다. 그래서 뒤죽박죽이 된 수천 명의 적군을 나폴리 북쪽까지 밀어붙였다. 9월 6일 '공격왕'의 아들인 젊은 나폴리 왕 프란체스코와 그의 왕비가 수도에서 배를 타고 카에타로 도망쳤다. 해군 제독이 함대에게 따라오라는 신호를 했으나 함대는 움직이지 않고 나폴리 만에 그냥 남아 있었다. 다음 날 가리발디가 나폴리에 도착했다. 전 도시가 그를 기쁨에 차서 열광적으로 영접했고, 나폴리 해군은 이탈리아라는 애국의 대의를 따라 가리발디 편으로 넘어왔다. 가리발디는 함대를 비토리오 에마누엘레와 피에몬테의 제독 페르사노 Persano에게 인계했다.

카보우르는 기뻤으나, 한편으로는 불편했다. 가리발디가 너무나 경이롭고 너무나 성공적이며 너무나 많은 국민의 사랑을 받았기 때문이다. 가리발디가 새 이탈리아의 독재자가 되어 공화주의자 마치니 일당의 수중으로 들어갈 가능성이 있었다. 이것은 카보우르와 비토리오 에마누엘레가 원하는 바가 아니었다.

반면 가리발디는 수도 로마, 곧 이탈리아 심장부로 진군하려는 계획에 들떠 있었다. 그러나 아직 나폴리의 군대들이 그의 편으로 넘어오지 않고 있었다. 오히려 그들은 왕이 있는 북쪽으로 가서 카푸아와 볼투르노 강에서 진로를 막고 버티고 있었다. 카푸아는 위대한 축성가 보방이 만든 요새였다. 왕의 군사들은 결의에 차 있었다. 그들은 왕의 주변을 감싸고 왕을 보호할 결심으로 있었다. 가리발디와 그의 붉은 셔츠 부대와 북부에서 온 자원병들은 적군과 대치하는 방법 외에는 도리가 없었다. 대치 국면은 진퇴양난의 상황에 빠져 있었다. 나폴리가 전체 인구 50만 명 중 80퍼센트를 지원병으로 가리발디에게 보내 그를 도왔지만 소용이 없었다. 하나의 자유정신에 의해 감명 받은 이탈리아 민족통일의 꿈은 영원히 부서지고 만 것이었다. 남부는 북부처럼 될 수 없었다.

이런 상황이 카보우르에게는 다행한 일이었다. 교황이 남아 있는 유일한 적이었는데 요행히 가리발디에게는 교황을 공격할 뾰족한 수가 없었다. 하느님은 없애기를 원하는 사람을 먼저 미치게 만드는 법, 이번에는 이 진리가 교황에게 적용되었다. 교황 피오 노노는 완전히 미친 상태에서 나폴레옹 3세를 불쾌하게 만들고 모독하고 프랑스의 명예에 먹칠하는 짓을 했다. 나폴레옹 3세만이 유일한 교황청의 보호자였으나 피우스 6세는 그를 늑대이자 왕국의 파괴자며 더러운 보나파르트주의자라고 불렀다. 카보우르가 기회를 놓치지 않고 나폴레옹에게 교황령에 대한 침공을 허가해 달라고 요청했다. 로마가 침공되지 않는다는 조건 하에 나폴레옹이 이를 허락했다. "빨리 해치우시오"라고 프랑스 황제는 덧붙였다.

카보우르는 민첩하게 행동했다. 그는 오스트리아가 걱정스러웠다. 반면 오스트리아는 카보우르가, 코슈트와 헝가리인들과 더불어 꾸미는 음모가 무엇인지를 걱정했다. 영국을 제외한 모든 강대국들이 지켜보는 가운데, 카보우르는 9월 11일 피에몬테군을 동원해 교황령의 국경을 넘어 진격했다. 목표는 아드리아 해의 항구인 앙코나 점령이었다. 오스트리아가 항상 중앙 이탈리아로 들어올 때 이 항구를 이용했기 때문이다.

9월 16일 피에몬테군은 이탈리아인, 프랑스인, 오스트리아인, 스위스인, 벨기에인, 아일랜드인 등으로 구성된 교황의 십자군과 로레토 근처에 있는 카스텔피다르도에서 대치했다. 교황의 군대가 무너져 흩어졌다. 10일 뒤에 피에몬테군은 앙코나 항을 점령했다. 오스트리아가 움직일 수 없게 되었다. 교황의 영토는 로마와 로마 근처의 작은 지역으로 줄어들었다.

한편 가리발디는 남부에서 카푸아를 눈앞에 두고 교착상태에 빠져 있었다. 그는 로마로 입성하고 싶은 열망에 가득 차 있었다. 10월 1일 나폴리의 왕당파 부대가 볼투르노 강을 넘어와 가리발디를 공격했다. 12시간의 격전 끝에 가리발디는 적군을 물리칠 수 있었다. 그들은 카푸아로 돌아왔다. 그러나 상황은 이전과 달라진 것이 없었다. 부르봉 왕가의 군대가 여전히 가리발디를 막고 있었다.

카보우르는 서두르지 않으면 안 되었다. 이탈리아가 거의 그의 손아귀에 들어와 있었다. 사보이가의 백색 십자기가 삼색기의 중앙에 서야만 했다. 그는 가리발디를 설득해 비토리오 에마누엘레와 앙코나의 군대가 나폴리에서 그와 합세하도록 했다. 이것은 모든 것을 왕에게 양보한다는 것을 의미했다. 게다가 그것은 국민들이 원하는 것이기도 했다. 그들은 왕을 원했다. "비토리오 에마누엘레가 우리의 가리발디가 되어야 한다"라고 그들이 외치기 시작했다.

피에몬테와 합병할 것인가를 두고 나폴리와 시칠리아에서 국민투표가 진행되었다. 나폴리가 있는 본토에서 찬성표가 1,302,064표인 데 반해 반대는 10,312표였다. 시칠리아에서는 찬성 432,053표에 반대표는 667표였다. 이것은 마치니 공화국의 종말을 의미하는 것이었다. 물론 가리발디의 종말도 포함되어 있었다.

10월 26일 가리발디는 볼투르노 강을 건너가 왕을 만났다. 비토리오 에마누엘레는 키가 작고 긴 콧수염을 기르고는 공작새처럼 걷는 사람이었다. 반면 가리발디는 마치니가 바보 같다고 말한 사자 얼굴을 하고, 금발의 턱수염을 기르고 남부식으로 모자 밑에 비단 손수건을 둘러 머리를 감싸고 있었다. 그는 또 빨간 셔츠를

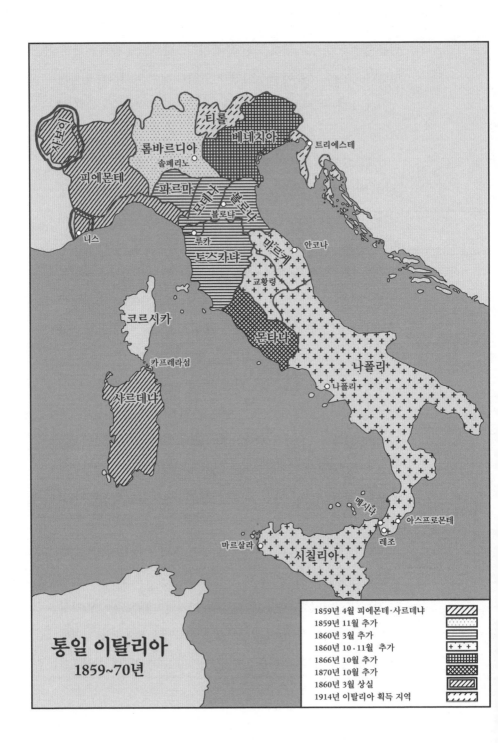

통일 이탈리아
1859~70년

1859년 4월 피에몬테·사르데냐	/////
1859년 11월 추가	.....
1860년 3월 추가	≡≡≡
1860년 10·11월 추가	+++
1866년 10월 추가	▦▦▦
1870년 10월 추가	▨▨▨
1860년 3월 상실	/////
1914년 이탈리아 획득 지역	/////

입고 있었다.

"이탈리아의 첫 번째 왕께 인사 올립니다." 그는 이렇게 비토리오 에마누엘레에게 큰소리로 인사를 했다. 그의 말에는 이탈리아의 왕에게 인사를 올린다는 의미뿐만 아니라 자신이 그 이탈리아 왕을 만들었다는 의미도 숨어 있었다.

"친애하는 가리발디군, 잘 지내시는가?"

"예, 폐하. 폐하께서는 어떻습니까?"

"최고일세."

두 사람은 악수를 했다. 그러나 두 사람 사이에 애정의 감정이라고는 있지 않았다.

왕은 가리발디를 푸대접했다. 그러나 가리발디 일행이 바라지도 않는 돈과 필요한 물품들을 제공할 용의가 있다고 했다. 가리발디는 이렇게 이야기했다. "그는 나를 오렌지처럼 짜서는 구석에 던져버렸다." 왕은 가리발디에게 그의 자원병은 정규군에 필요하지 않으며 따라서 가리발디의 군대는 해산되어야 한다고 말했다.

비가 쏟아지는 가운데 가리발디와 비토리오 에마누엘레는 서로 기분이 상한 채 나폴리 시내를 말을 타고 행진했다. 두 사람은 서로가 마음에 들지 않았다. 그런데 행진을 하는 동안 가장 열렬한 환영을 받은 것은 가리발디였다. 이것이 왕을 더욱 못마땅하게 만들었다.

다음 날 가리발디는 아쉬움을 남긴 채 카프레라 섬에 있는 농장으로 갔다. 가난했던 사람답게 가난을 택한 것이었다. 왕과 그의 일행은 가리발디가 떠난 것을 섭섭해 하지 않았다. 결국 가리발디

같은 사람은 그 존재만으로도 그들 계급의 특권에 위협이 되며 왕가라는 몸에 박힌 가시가 될 것이었기 때문이다.

나폴리의 프란체스코 왕은 카에타에서 포위되었으며 1861년 2월 13일 피에몬테군에 투항했다. 메시나의 요새는 3월에 투항했다. 이렇게 부르봉 왕가는 영원히 사라졌다.

이제 이탈리아는 통일되어 비토리오 에마누엘레 왕 아래에서 유럽의 강대국으로 떠오르게 되었다. 그것이 이탈리아를 위해서는 최상의 선택일 수밖에 없었다. 적어도 그것은 가장 안전한 선택이었다. 이탈리아가 공화국의 길을 선택했더라면, 하나의 국가 체제로 유지하기가 어려웠을 것이고, 유럽 국가들을 통치하던 당대의 사자들 사이에서 안전하지도 못했을 것이다.

카보우르는 1861년에 죽었다. 그의 죽음은 젊은 왕국에게는 커다란 손실이었다. 그가 마지막으로 갈망한 것은 자유로운 국가에서 자유로운 교회를 세우는 것이었다. 그의 마지막 말은 "이탈리아가 만들어졌고 모든 것은 안전하다"였다.

그러나 교황이 로마에 있었고 왕국의 심장부에서 교활한 뱀처럼 활약하고 있었다. 나폴리의 프란체스코도 교황과 함께 있으면서 남부에서 노략질을 벌이라는 부추김을 받았다. 오스트리아도 여전히 베네치아와 트렌티노를 차지하고 있었다. 이런 상황에서 이탈리아를 통치하는 것은 쉬운 일이 아니었다.

커다란 염원은 가톨릭 국가들, 그 중에서도 특히 프랑스와 전쟁을 치르지 않고 로마를 되찾는 것이었다. 1862년에 가리발디와 그의 자원병들은 영원의 도시 로마로 진군하기 위해 이탈리아 본토 최남단에 다시 상륙했다. 그러나 비토리오 에마누엘레 정부가 이것을 막았다. 왕의 군대가 이탈리아의 발가락 부분에 위치한 아스프로몬테에서 가리발디의 군대와 만나 병사들에게 발포했다. 가리발디는 발에 총을 맞아 부상을 입었다. 그러나 그는 내전을 원하지 않았다. 그는 상대방에게 총을 쏘지 않고 후퇴했다.

1866년에 이탈리아는 프로이센 편에 서서 오스트리아와 싸웠다. 사각요새 앞에서의 싸움에서 패했으나, 프로이센이 쾨니히그레츠 전쟁에서 대승을 거둔 다음 프로이센과 평화협정을 맺게 되면서 베네치아를 얻었다,

이제 남은 것은 로마였다. 이탈리아는 로마가 필요했다. 밀라노와 토리노와 피렌체 사이에서 왕국의 수도 유치를 위해 치열한 싸움이 벌어졌다. 이들 유서 깊은 도시국가들은 서로 시기하고 있었다. 그래서 이탈리아는 로마가 필요했다. 그러나 프랑스와 가톨릭 권력은 이를 허용하지 않았다.

1867년에 가리발디는 다시 한 번 잡다한 자원병을 이끌고 교황령을 침공했다, 그러나 그는 지능적인 전술들을 이미 잃어버린 다음이었다. 바토리오 에마누엘레에게 이탈리아를 넘겨준 이후의 그는 마치 머리 깎인 삼손과도 같았다. 그는 아무것도 할 수 없었고, 밀려났다. 프랑스 군대가 새로 도착했고, 가리발디군은 로마에서 32킬로미터쯤 떨어진 초라한 멘타나 마을에서 참패를 당했다. 상당수의 병사들은 도망쳤고 상당수의 군인들은 성벽 뒤에서 공격해온 프랑스 군인들에게 무자비하게 살해당했다. 이것은 이탈리아의 자존심에 잔인한 한방을 먹였고, 멘타나라는 이름은 고

통스러운 기억으로 영원히 남게 되었다.

이탈리아가 로마를 탈환하는 데는 1870년 프랑스 군대가 프랑스와 프로이센의 전쟁 때문에 후퇴할 때까지 기다려야만 했다. 스당sedan 전투 3주 뒤인 1870년 9월 20일 비토리오 에마누엘레의 수하였던 베르살리에리Bersaglieri가 포르타피아 근처 성벽의 틈새를 통해 로마에 입성했다. 교황청이 무너졌다. 에마누엘레의 왕실이 와서 퀴리날 궁을 접수했고, 교황은 자신을 쫓아낸 사람들에게 대 파문령을 내린 다음 바티칸으로 들어가 외부와 관계를 끊었다.

근대 이탈리아는 이렇게 만들어졌다. 초조함과 불안과 인생에서 돈 이외에는 아무것도 아니라는 생각, 이것이 다른 통일된 자유국가에서와 마찬가지로 통일된 자유 이탈리아에서 가리발디와 마치니 지지자들이 종교적 열성으로 이루어놓은 결과물들이었다. 생각해보면 자유가 매우 아름다운 열매처럼 보이지만 입속에 들어가면 재로 변한다는 사실은 별로 놀라운 것이 아니다. 인간은 항상 자유 그 이상의 것을 필요로 하기 때문이다.

XIX

독일의 통일

그래서 다음과 같은 생각이 저절로 성립되게 마련이다.
자부심은 중요하지 않고 영광도 중요하지 않으며, 오직
생산만이 중요하다. 이제 사람들은 극단적인 민주주의
체제에서 그런 것처럼 권력을 향해 나아갔다.

And so the idea works itself out: it is the producer who
matters, only the producer. Pride is nothing, glory in
nothing, only production is important. The people now
move towards power, as in extreme democracies.

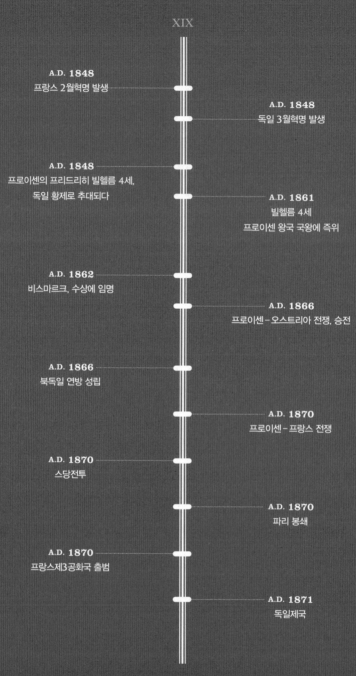

XIX

A.D. 1848
프랑스 2월혁명 발생

A.D. 1848
독일 3월혁명 발생

A.D. 1848
프로이센의 프리드리히 빌헬름 4세,
독일 황제로 추대되다

A.D. 1861
빌헬름 4세
프로이센 왕국 국왕에 즉위

A.D. 1862
비스마르크, 수상에 임명

A.D. 1866
프로이센-오스트리아 전쟁, 승전

A.D. 1866
북독일 연방 성립

A.D. 1870
프로이센-프랑스 전쟁

A.D. 1870
스당전투

A.D. 1870
파리 봉쇄

A.D. 1870
프랑스제3공화국 출범

A.D. 1871
독일제국

THE UNIFICATION OF
GERMANY

유럽 여러 나라들이 실제로 민족의식을 갖게 된 것은 나폴레옹의 몰락 이후의 일이었다. 유럽의 초기에는 종족과 인종과 민중이 있었을 뿐, 국가적 요소를 갖춘 민족이나 오늘날 우리가 보는 것과 같은 국가의 이해를 대표하는 왕은 없었다. 로마도 처음 이웃 나라들을 정복하기 시작했을 때는 시민국가였으며, 자유민들의 공화국이었다. 갈리아와 영국과 게르마니아에서는 부족의 전사들 사이에서 지도자로 족장들을 선출했으며, 아버지가 아들에게 물려주는 왕위는 따로 없었다.

그러나 사람들이 앞을 향해 개척해 나아가면서 전체가 복종하는 지도자가 필요했다. 그리고 국가든 부족이든 이웃을 정복한 다음 통일된 체제를 유지하려면, 더구나 사람들이 하나의 활동적인 힘을 갖고 뭉치려면, 지도자는 절대적이어야 할 뿐 아니라 영속적이어야만 했다. 그러니까 로마를 이끌어 나가려면 위대한 황제들이 있어야 했고 부족의 수장들 위에도 세습적 왕이 있어야만 했다.

그래도 여전히 근대적 의미의 국가와는 거리가 멀었다. 유럽의 전체 역사는, 커다란 조직이 보다 작고 보다 수가 많고 보다 개별적인 힘으로 분산되는 역사였다. 가장 거대한 조직이던 로마제국이 완전히 사라진 것도 이러한 맥락으로 볼 수 있다. 로마제국 다음에는 신성로마제국이 일어났는데, 이 제국은 바르바로사와 프리드리히 2세 때 전성기를 맞았으나 나폴레옹의 등장과 함께 다시 사라졌다. 교황청은 신성로마제국과 함께 대등하게 공존했지만 비토리오 에마누엘레에 의해 교황들은 바티칸의 좁은 경계선 안으로 밀려 들어갔다.

황제가 지배하던 로마제국 시절에는 많은 사람들이 노예 상태에 있었다. 교황이 지배하던 시절에는 사람들이 믿으라고 허용된 것만을 어렴풋하게 믿었으며, 책과 자유로운 지식은 숨겨졌다. 왕들은 황제와 교황들이 쇠퇴하면서 일어났다. 그래도 사실상 왕은 전쟁을 지휘하는 사령관 혹은 전시의 우두머리에 지나지 않았다. 왕이란 원래 귀족들 위에 군림하는 대군주였고, 백성들은 거의 노예상태에 있는 농노들이었다. 왕과 귀족들은 자랑스러운 전쟁권력으로 존재했으며, 왕국은 전쟁의 화려함과 영광으로 구성되어 있었다.

사람들이 투쟁을 위해 단합하기를 그치고 생산을 위해 단합하게 되면, 커다란 변화가 일어나기 마련이다. 인간을 지배하는 열정에는 두 가지가 있는데, 하나는 자만심과 힘과 정복을 향한 열정이며, 또 하나는 평화와 생산의 열정이다. 르네상스는 평화와 생산을 향한 열망이 전쟁과 정복을 향한 열망을 압도한 시대였다.

유럽사 이야기

르네상스 이후의 왕국에서 무엇보다 중요한 것은 생산성이었으며, 싸울 수 있는 무력은 그다음이었다. 왕들은 여전히 전쟁의 지도자였지만 국가를 번영의 길로도 이끌어야 했다. 번영을 무시한 왕들은 참수되는 운명을 맞았다. 평화와 생산을 위한 열망이 전쟁의 열망을 억눌렀기 때문이다. 왕들은 더 이상 자만할 수가 없었다. 가장 위대한 사람은 필요한 물건을 최대로 생산하게 하는 사람, 즉 위대한 상인과 위대한 산업의 주인이었다. 오늘날의 영국과 위대한 공화국들에서 그런 것처럼, 산업의 지도자들과 중산층의 돈 많은 부자들이 통치하는 시대가 온 것이다.

인간이 전쟁과 영광보다 평화와 생산을 선택하면 근대적인 의미의 국가가 나타난다. 르네상스와 종교개혁 이후 영국 같은 나라는 자신들의 참된 목표를 의식하게 되었다. 영국 사람들은 영광이 다른 민족 위에 군림하는 승리에 있는 것이 아니라 화합과 평화로운 자유에 있음을 깨달았다. 그들은 왕의 권력으로부터 자유로워지기를 원했다. 눈부신 왕국이 아니라 하나의 거대한 생산국가로 정의되기를 원했다.

그래서 다음과 같은 생각이 저절로 성립되게 마련이다. 중요한 사람은 생산자이며 오직 생산자만이 중요하다. 자부심은 중요하지 않고 영광도 중요하지 않으며, 오직 생산만이 중요하다. 그리고 궁극적으로 말하자면 생산자란 노동자들 자신이다. 이제 사람들은 극단적인 민주주의 체제에서 그런 것처럼 권력을 향해 나아갔다. 유럽은 다시 한 번 하나를 향한 길을 걷기 시작했다. 국가들은 또 한 번 하나의 거대한 유럽 국가, 거대한 유럽의 민중 체제로 통합되려 하고 있다. 옛날에는 유럽이 로마에 있는 찬란한 황제에 의해 통치되던 거대한 영토였다. 이제 다시 역사의 순환은 거의 마무리되고 있다. 유럽은 통일을 향해, 말하자면 수많은 인민들, 생산자와 무산대중과 노동자들에 의해 통치되는 하나의 거대한 국가라는 체제를 향해 나아가고 있다.

국민정신이 사람들을 이러한 방향으로 이끌고 있으니, 이것이 궁극적으로 국제적이며 보편적인 정신이다. 그러나 국가의 시작 지점에는 무엇보다 구심점이 될 권력이 있어야 하고, 그것은 바로 왕이다. 왕이 시대가 요구하는 이 소임을 다하고 나면, 사라진다.

"국가는 국가에 의해 깨어나고 왕은 왕에 의해 사라진다."

위대한 게르만족은 중세 이후 한 번도 하나의 왕을 가져본 적이 없었고 민족국가가 된 적도 없었다. 독일 자체는 여러 민족들의 어머니였지만 민족적 통일을 이루지 못한 채 있었다. 독일은 오직 강력한 지도자에 의해서만 통일될 수 있었다.

지도자의 자리를 두고 벌어진 투쟁이 오스트리아와 프로이센 사이에 일어났다. 1848년 프랑스의 공화주의자들이 또 다시 자신들의 왕 루이 필리프Louis-Philippe를 축출하자, 전 유럽은 혁명적 감정으로 고양되었다. 프랑스는 공화국을 선포하고 루이 나폴레옹을 대통령으로 선출했다. 그는 나폴레옹이 네덜란드의 왕으로 임명했던 루이 보나파르트Louis Bonaparte의 아들이었다. 1852년 루이 나폴레옹은 프랑스 국민들에게 자신이 황제의 칭호를 쓸 수 있는지를 투표로 물었다. 국민들은 찬성 7,800,000표, 반대 233,000표로 그가 황제의 칭호를 사용해야 한다고 결정했다. 그래서 그는 황제 나폴레옹 3세로 프랑스의 왕위에 올랐다. 그러나 그는 그 자리에 불안하게 앉아 있었다.

1848년 오스트리아제국은 붕괴 직전에 있었다. 보헤미아, 헝가리, 북부 이탈리아가 외국의 지배를 떨쳐버리기 위해 모두 봉기했다. 그러나 인민의 정부를 증오한 대재상 메테르니히의 활약 덕분에 오스트리아는 간신히 이 나라들을 하나로 묶어둘 수 있었다.

처음에 오스트리아는 독일에서 어떤 일이 일어나고 있는지 주시할 수 있는 시간을 갖지 못했다. 독일에서는 여러 국가들이 목청을 높여 독립을 요구하고 있었다. 독일동맹은 오스트리아가 주도하고 있었다. 놀랍게도 이들 국가들은 1848년 프랑크푸르트에서 별 어려움 없이 모두가 참석하는 의회를 소집했다. 한동안 그들은 아무런 결정도 하지 못했다. 오스트리아를 배제하고 싶지 않았기 때문이다. 원래 오스트리아는 독일계였다. 그러나 오스트리아제국에 있는 수백만의 비非독일계가 수적으로 독일계를 압도하고 있었다. 그래서 새로 창설되는 독일제국에서는 오스트리아의 반대가 예상되었지만 오스트리아를 배제하기로 했다. 의회는 새로운 독일제국을 세우고 황제를 '독일인의 황제'로 부르기로 했다. 의회는 1849년 3월 새 황제의 칭호와 관리임명권을 프로이센의 프리드리히 빌헬름Friedrich Wilhelm 4세에게 일임하기로 했다.

프로이센은 그 나름대로 혁명의 물결과 싸우고 있었다. 베를린에서는 국민들이 황실의 권력에 맞서는 봉기를 한 상태였다. 이런 상황이었기 때문에 왕은 혁명적인 의회의 제안을 받아들이지 않기로 했다. 왕이 황제의 관을 거부한 셈이었다. 이를 계기로 즉시 통일독일을 향한 움직임 전체가 와해되었다. 그래서 독일은 예전처럼 39개의 독립되고 분리된 국가들의 통합체로 존속하게 되었다.

프로이센에서는 사람들이 독자적인 의회 설립을 요구했다. 이에 대해 왕은 이렇게 선언했다. "신과 국가의 법에 따라 왕실은 다수의 의지를 따라서가 아니라 왕실의 자유의지에 따라서 통치한다." 이 선언을 들은 베를린 시민들은 격렬한 혁명을 일으켰고, 왕은 베를린에서 도망쳤다. 시가지에 바리게이트가 쳐지고 격렬한 시가전이 벌어졌다. 왕은 양보하지 않을 수 없었다. 그는 프로이센이 독일로 흡수 통합될 것이며 새 헌법을 기초하기 위한 국민의회의 소집을 허용한다고 선언했다.

그러나 오스트리아가 비엔나에서 일어난 혁명을 진압하자 프리드리히 빌헬름은 다시 마음을 바꾸어 베를린을 공격했다. 의회에서는 내분이 일어났다. 왕은 의회의 해산을 명령했고 의회는 이를 거부했다. 군대가 진입해 의회를 해산시켰다. 그러고는 1848년 12월에 왕이 직접 기초한 헌법을 공표해서 왕실의 권한을 안전하게 하는 제도를 마련했다.

석 달 전 그는 프랑크푸르트의 혁명적인 의회가 바쳤던 왕관을 '진흙과 나무로 만든 것'이라고 부르면서 받기를 거절했었다. 이제 그는 독일의 여러 정부 대표들을 초청해서 진정한 연방헌법을 만들자고 제안했다. 오스트리아와 바이에른은 이 제안을 거절했고, 작센과 하노버도 곧 뒤로 물러섰다. 그러나 결국에는 북부 독일을 위한 연방헌법이 기초되었다. 이 헌법의 초안 작업에는 프로이센이 앞장섰고 28개의 국가들이 참여했다.

프로이센을 항상 두려워하고 시기하던 오스트리아는 즉시 남부 연방을 결성하고 본부를 프랑크푸르트에 두었다. 이로써 독일을 장차 영도해 나갈 나라가 프로이센인가 오스트리아인가를 결정하는 문제가 대두되었다. 마침내 두 나라 사이에 분쟁이 일어났다. 프로이센의 왕과 장관들은 겁이 많았던 반면 오스트리아의 왕과 장관들은 민첩하고 열정적이었다. 오스트리아는 즉각적인 전쟁도 불사한다는 위협을 하면서 북부 연방의 해산을 요구했다. 프로이센은 저항할 생각을 아예 버리고 올뮈츠에서 항복했다. 오스트리아가 승리를 거두고 독일 내에서 주도권을 쥐게 되었다. 프리드리히 빌헬름의 과감한 말들은 연기 속으로 사라지고 말았다.

1861년에 빌헬름 1세가 프로이센의 왕위에 올랐다. 베를린 혁명 기간에 그는 영국으로 도망쳤다. 국민들이 그를 폭군이라고 증오했기 때문이다. 그러나 그는 영국식 정부 형태를 좋아하지 않았다. 그는 타고난 군인이었다. "나는 현대적 기구의 지지를 받아 왕위에 오르게 된 최초의 군주이다. 그러나 나는 이 왕위가 신께서 내게 내려주신 것이라는 사실을 잊지 않는다"라고 말하면서 모든 힘을 동원해서라도 왕의 권위를 과시하려 했다.

수년 동안 프로이센은 자신도 의식하지 못하는 사이에 통일의 길을 앞장서서 이끌고 있었다. 지금까지는 아무리 주가 작고 조직이 작아도 그 나름대로 경계를 넘어가는 문이 있었고, 여행객과 마차가 어느 방향으로 가건 상관없이 상품에 일정량의 관세를 물리기 위해 세관원이 지키고 있었다. 이것은 도시에서 도시로, 마을에서 마을로 상품을 싣고 가서 파는 활동을 방해하거나 완전히 막는 행위였다. 그래서 무역은 중단되고 산업은 반쯤 질식되다시피 했고, 대신 밀수가 성행하게 되었다. 프로이센은 점차 국내의 모든 관세장벽을 무너뜨렸다. 프로이센의 영토 안에서는 끝에서 끝까지 상품이 자유스럽게 교환되었고, 국내에서는 완전한 자유무역이 허용되었다. 왕국으로 수입되는 상품에도 관세율이 대폭 줄어들었다. 그러나 프로이센 국토를 통과하는, 예컨대 프로이센 영토를 거쳐 덴마크에서 작센으로 수송되는 상품에는 높은 세율이 적용되었다. 프로이센은 이런 식으로 자국의 무역을 장려하면서 다른 나라들의 무역에서도 이익을 얻었다.

남부의 국가들이 프로이센 방식에 커다란 이점이 있다는 것을 알게 되었다. 바이에른과 뷔르템베르크가 손을 잡고 남부 자유무역 동맹을 결성했고, 중앙 지역에 위치한 국가들이 또 다른 자유무역 동맹을 결성했다. 그런데 독일 땅 전체에서 얻을 수 있는 자유교역의 이점은 놓치기에는 너무나 컸다. 1834년 남부 자유무역이 프로이센 관세동맹에 가입했고 중앙 자유무역 동맹도 1854년 이 동맹에 들어왔다. 얼마 지나지 않아 오스트리아를 제외한 독일의 국가 전체가 하나의 자유무역 동맹으로 통일되었다.

무역과 상업은 진실로 서로 다른 나라가 하나로 뭉치는 통합의 기초가 된다. 그런데 이러한 통합을 확고히 하려면 완전한 군대가 필요하다는 사실을 프로이센 사람들은 알고 있었다. 1806년 10월의 참패 이후 루이 나폴레옹을 꺾기 위해 노력하던 개혁주의자들의 사상을 실천하기 위해 프로이센 사람들은 꾸준히 나아갔다. 프로이센의 빌헬름 1세에게는 세 명의 훌륭한 장관들이 있었다. 비스마르크Bismarck, 몰트케Moltke, 그리고 론Roon이 그들이었다. 론은 국방장관으로 독일군의 근대화를 수립한 사람이었다. 계급의 상하를 막론하고 누구나 의무적으로 3년간 병역에 종사해야 하며 그다음에도 예비군에서 다시 4년을 복무해야 하는 의무가 부과되었다. 신무기가 도입되었으며 특히 후장식 소총을 도입했다. 새로운 과학적 훈련과 전술 방안도 연구되었다. 프리드리히 빌헬름 1세가 150년 전 마련하려 했던 준비와 같은 것이었다.

그러나 다른 나라와 마찬가지로 프로이센에서도 왕과 의회 사이에 갈등이 진행되고 있었다. 1861년 선거에서 진보적 정당이 하원에서 다수 의석을 얻었다. 그들은 의무 병역기간을 2년으로 줄일 것을 요구했으며, 하원보다 더 막강한 권력을 행사하는 영국의 참의원에 해당하는 상원의 개혁을 요구했다. 또 수상과 국방장관과 외무장관을 지칭하면서 나라를 실제로 통치하는 장관들은 왕에게 보고하지 말고 의회에 보고하라고 요구했다. 진보적 정당은 영국식 모델을 따른 개혁을 요구했다. 왕은 이를 거절했다. 1862년 의회는 군대의 예산안 투표를 거부했다. 교착상태가 계속되었다. 왕으로서는 어찌 할 수가 없었다. 화가 머리끝까지 난 왕은 왕위에서 퇴임할 것을 심각히 고려했다.

이러한 상황에서 강력한 비스마르크가 등장했다. 비스마르크는 북부독일 출신 귀족이었다. 그는 1848년의 혁명기에 국민의회 의원으로 있었다. 그는 프로이센이 독일로 흡수되는 것을 강력히 반대한 사람이었다. 그는 "우리는 프로이센 사람이며 프로이센 사람으로 계속 남을 것입니다"라고 강조했고, 외교에서도 오스트리아의 요구에 무쇠처럼 강력하게 반대했다.

1862년 비스마르크가 수상으로 임명되었다. 그는 절대로 굴복하지 않을 것을 왕에게 약속했다, 그는 투표에 의한 정치, 그리고 국민과 그들의 대표가 운영하는 정부를 믿지 않았다, "이러한 원칙에 대한 결정은 의회의 토의나 다수결투표에 의해 만들어지지 않습니다. 전쟁에서 승리를 결정하는 신이 조만간 쇠로 만든 주사위를 던질 것입니다"라고 그는 자신의 입장을 밝혔다.

구태의연한 싸움이 반복되었다. 영국의 찰스 1세와 웬트워스Wentworth가 대결했던 장기의회나 루이 16세와 그의 장관들이 대치했던 삼부회와 마찬가지로, 프로이센의 빌헬름 1세와 비스마르크가 국민의 대표들과 대결했다. 그러나 역사에 명백하게 드러나 있듯, 이들에게 예정된 것은 패배뿐이었다.

그래도 이 시점에서 패배의 그림자는 아직 나타나지 않았다. 이 무렵의 신조는 절대군주가 살아남는 길은 전쟁에서 성공하는 데 달려 있다는 것이었다. 이 말은 왕정을 자랑스럽게 여기는 국가는 오직 이웃 나라들과의 전쟁에서 승리를 거두어야만 살아남을 수 있다는 뜻이었다. 실제로 외국과의 전쟁에서의 실패는 프랑스 왕실의 몰락을 가져왔으며 영국 왕실의 몰락에도 영향을 끼쳤다. 마음속의 자부심을 채우기 위해 모든 나라는 이웃 나라와의 전쟁에서 승리하길 바라고 있었다. 그러나 마음속 자부심과 승리를 향한 욕구는 그들 자신들을 고갈시킬 뿐이다. 그렇게 되면 국민들의 마음속에는 생활의 편안과 국가의 번영을 염원하는 마음이 솟아나게 되며, 자연히 전쟁은 쓸모없는 것으로 여겨지기 시작한다. 전쟁이 필요하지 않다면 절대군주와 그들의 장관도 필요하지 않게된다. 오직 중요한 것은 물질적 번영의 수준뿐이다.

비스마르크와 빌헬름 1세는 전쟁에 성공해서 독일을 손아귀에 넣을 수 있었다. 먼저 폴란드 국민이 러시아의 점령에 항거하는 반란을 일으켰다. 독일의 진보파 내지 자유주의자들은 폴란드 사람들을 도우려 했다. 그러나 비스마르크는 자신이 누구의 편을 들어야 하는지 국민이나 의회에 물어볼 필요가 없었다. 그는 국민봉기를 진압하는 러시아를 도와주었다. 다음으로 그는 새로운 독일통일을 제안한 오스트리아의 설명을 들으려 하지 않았다. 덴마크와 프로이센 사이에 위치해 있는 슐레스비히 공국과 홀슈타인 공국은 후계자가 끊긴 상태였다. 덴마크와 프로이센과 오스트리아모두 두 공국의 상속권을 주장했다. 오스트리아와 프로이센이 연합해서 외부세력의 도움을 전혀 받지 않은 덴마크를 무찔렀다.

오스트리아는 이 두 공국을 아우구스텐부르크Augustenburg 공작에게 주려고 했다. 아우구스텐부르크는 이 두 공국에 대해 가장강력한 청구권을 갖고 있었기 때문이다. 그러나 비스마르크의 생각은 달랐다. 프로이센의 왕은 두 공국의 상속을 평화적으로 해결하려 했다. 반면 비스마르크는 전쟁을 치를 각오도 되어 있었다. 결국 두 독일계 세력은 누가 지도자인지를 힘으로 겨루기로 했다

이 무렵 카보우르와 가리발디가 나폴레옹 3세가 이끄는 프랑스군의 도움을 받아, 베네치아와 로마를 제외한 이탈리아 전역을 해방시켰다. 베네치아는 오스트리아의 손에 들어가 있었고 교황은

로마에서 버티고 있었다. 비토리오 에마누엘레가 최초의 이탈리아 왕이 되었다. 비스마르크는 현명하게 새로운 이탈리아 왕과 동맹을 맺고, 베네치아가 이탈리아에 복속할 때까지 프로이센은 오스트리아와 평화조약을 맺지 않겠노라는 약속을 했다. 그래서 비토리오 에마누엘레는 오스트리아군과 싸우기 위해 이탈리아군을 파견했고 가리발디가 티롤에서 싸우게 되었다. 하지만 이탈리아군은 심하게 패배하고 말았다. 만약 프로이센이 개입하지 않았더라면 이탈리아의 장래는 대단히 암담해질 뻔했다.

독일에서는 상황이 달랐다. 전쟁은 이제까지는 알려지지 않은 방법으로 유럽에 새로운 세력이 등장하고 있음을 알리는 첫 신호가 되었다. 실제 전투가 시작되기 전에 참모회의는 전쟁에 대한 계획 전체를 치밀하게 수립하고 있었다. 육군 참모총장 몰트케는 베를린에 앉아 전투시간 내내 전보를 받으며 작전을 지시하고 있었다. 결정적인 공격이 들어오면 특급열차가 그를 전선으로 태우고 갔다. 그리고 전투가 끝나면 그는 곧바로 베를린으로 돌아왔다.

이것이 새로운 전투방식으로, 대단히 속도가 빠르고 효과적인 방식이기도 했다. 1866년 6월 하노버군은 오스트리아군과 합세하기 위해 진군하다가 랑겐잘차에서 패배했다. 그 해 8월 오스트리아군은 어렵고 승산 없는 전투를 치르다가 보헤미아의 쾨니히그레츠에서 패배했다. 이 전투는 가장 짧은 싸움이기도 했지만 또 가장 중요한 싸움이기도 했다.

이제 비스마르크는 자신이 위대한 정치가임을 증명했다. 프로이센에 반대하던 북부의 국가들, 슐레스바히, 홀슈타인, 하노버, 헤센, 카셀이 모두 프로이센에 합병되어 프로이센은 사실상 북부 연합 전체를 차지한 셈이 되었다. 남부의 국가들인 바이에른, 바덴, 뷔르템베르크는 대단히 세심한 대접을 받았다. 비스마르크가 그들을 적으로 돌리고 싶지 않았기 때문이다. 만약 이 국가들을 세심하게 다루지 않는다면 이 국가들이 즉시 프랑스 편으로 들어가 그에게 적대할 것임을 그는 알고 있었다. 나폴레옹 3세도 자신이 프랑스에서 왕위를 유지하려면 그의 위대한 전임자가 그랬던 것처럼 외국에서의 전쟁에서 승리를 거둬야 했다. 따라서 그 역시 어디에서든 전쟁을 선포해야 하는 입장이었다.

이제 비스마르크는 북독일 연방을 창설했다. 이것이 지금도 존재하는 독일제국의 시작이었다. 그러나 비스마르크는 영국식 모델을 따르지 않았다. 그는 독일의 자유주의적 중산층을 좋아하지 않았는데, 이 중산층에는 영국에서 강력한 힘을 행사하는 상인들과 제조업자들이 포함되어 있었다. 그는 차라리 노동자들을 선호했다. 그래서 그는 독일에서 사회주의가 발전할 수 있는 길을 제공한 셈이었다.

연방의 수장은 연방의회였다. 이 연방의회는 여러 국가의 정부로부터 투표에 의해 선출된 대표가 아니라 지명되어 뽑힌 사절단으로 구성되었다. 의회는 법안을 심의하고 법의 집행을 통제했다. 그다음으로 높은 기구는 재산에 따라서 선출되는 것이 아니라 남성 참정권자들에 의해 선출되는 제국의회였다. 이른바 하원에 해당되는 국민의 의회였는데, 돈 많은 사람들로 구성된 영국의 하원

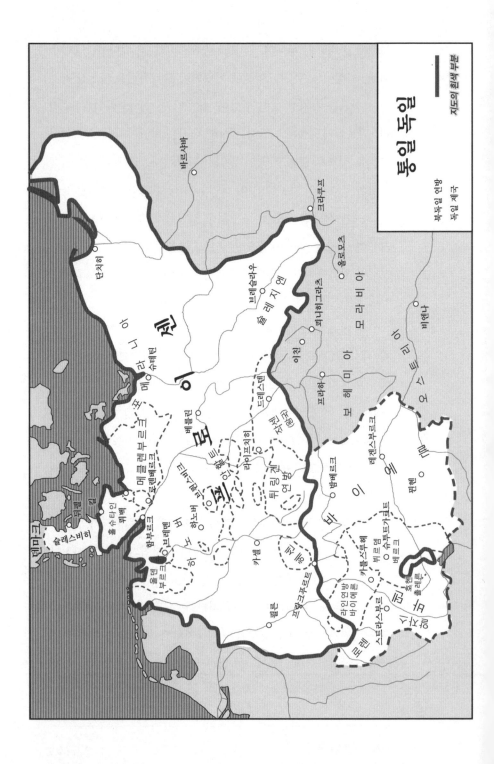

통일 독일

북독일 연방
독일 제국

지도의 현색 부분

과는 성격이 달랐다. 제국의회는 연방의회가 보내온 법안을 통과시키거나 부결시켰고 재정 문제를 통제했다. 그러나 결코 통치하지는 않았다. 통치하는 사람들은 장관들이었다. 그들은 제국의회와는 대단히 독립적인 입장에 서 있었다. 그들은 왕실을 대표했으며, 오직 그들만이 국가의 진로를 결정할 수 있었다. 제국의회와 국민의 대표들은 이 결정에 전혀 관여할 수가 없었다. 제국의회는 재정 문제만을 투표로 정했으며 연방의회가 보내온 새 법안을 받아들이거나 거부할 뿐이었다.

수석장관은 수상이었다. 그는 영국의 수상보다 훨씬 더 막강한 권력을 쥐고 있었다. 영국에서는 수상이 의회에 나가 국정운영에 관한 질문에 대답을 해야 하며 따라서 의회가 국가를 의미한다. 그러나 독일에서 수상은, 비스마르크가 독일의 초대 수상이었는데, 오직 왕에게만 대답하면 되었다. 이런 의미에서 수상의 권력은 막강했다. 비스마르크가 자신을 구하고 국민대중의 영웅이 될 수 있었던 것은 그가 전쟁에서 이겼기 때문이다. 프로이센은 여전히 군사 국가였지 상업 국가는 아니었다.

프랑스의 나폴레옹 3세는 전제군주였으나 국민들 사이에서 인기는 높았다. 그것은 그가 국민들 사이에서 항상 화해의 분위기를 조성했기 때문이다. 그는 여러 가지 측면에서 르네상스 시대의 이탈리아 참주와 같았다. 그의 통치기간 동안 프랑스는 번영의 길로 매진했으며 파리는 오늘날과 같은 아름다운 근대적 도시가 되었다. 무역은 활기를 띠었고 그 결과 프랑스는 상업 국가로서 자리 잡았다. 하지만 나폴레옹 3세는 프랑스인들이 갖고 있는 군사적이며 지배하려는 본능을 만족시켜야만 한다는 고정관념을 갖고 있었다. 그가 이탈리아 문제에 관여한 것도 성공적으로 끝났고, 다른 나라와의 전쟁에서도 자신과 전 국민에게 만족감과 자부심을 심어줄 수 있었다. 그는 니스와 사보이를 획득했는데, 이것은 그가 나폴레옹 1세와 다를 것이 없는 위험한 침략자라는 인상을 주어서 전 유럽이 경계하게 하는 원인이 되었다.

그러나 1860년 이후 프랑스 황제의 외교정책은 실패의 연속이었다. 그래서 사람들, 특히 상인 계급과 돈 많은 계급은 그에게 등을 돌리기 시작했다. 그들은 필요 이상으로 전쟁놀이를 벌이는 황제에게 싫증이 나 있었다. 황제는 오스트리아의 막시밀리안Maximilian을 멕시코 황제로 추대하려 했다. 그러나 모든 일들이 비극적인 실패로 끝났으며, 프랑스는 막대한 자금을 허비하고 말았다. 나폴레옹 3세는 자신의 왕위에 불안을 느끼게 되었다.

그러나 1870년 6월 30일, 프랑스 국민들은 새로운 공화국체제의 헌법을 도입할 것인지 황제체제를 그대로 유지할 것인지를 투표했는데, 9,000,000표의 찬성에 1,500,000의 반대표가 나왔다. 모든 것이 매우 만족스러운 것처럼 보였다. 어느 쪽을 둘러보아도 골칫거리가 될 문제는 없었다. 유럽의 평화는 이전 어느 때보다 안전하게 유지되고 있었다. 그러나 보름 뒤 프랑스는 프로이센에 전쟁을 선포했고, 두 달 뒤 프랑스 제2제국은 무너져서 자취를 감추었다.

우리는 1870년 프랑스와 프로이센의 전쟁이 어쩌다가 일어났는지를 정확하게 설명할 수 없다. 프랑스나 독일 모두 전쟁을 원하지 않았기 때문이다. 전쟁을 원한 사람은 비스마르크뿐이었다. 스페인에서 혁명이 일어났고 여왕 이사벨Isabel이 프랑스로 망명했다. 가톨릭교도이며 빌헬름 1세의 먼 친척뻘이 되는 호엔촐레른가의 레오폴트가 스페인의 왕위를 계승하는 것이 좋겠다는 제안이 나왔다. 나폴레옹이 이에 항의를 했다. 빌헬름이 그의 불평에 조심스럽게 귀를 기울였고 레오폴트의 이름은 취하되었다. 그러자 나폴레옹은 자신의 힘을 좀 더 과시하기로 했다. 그는 프로이센의 빌헬름에게 대사를 파견해서 레오폴트의 이름이 다시 스페인 왕위의 후보로 올라오게 되는 경우에는 반대하겠다는 약속을 하라고 요구했다. 빌헬름은, 그런 약속을 할 수는 없지만 스페인의 왕위계승자로 레오폴트가 적합하지 않다는 대답을 해주었다. 그래서 모든 것이 조용히 기분 좋게 지나가게 되었다.

이런 상황에 대해 비스마르크는 심히 실망했다. 그는 사태가 싸움으로 발전되기를 내심 바라고 있었다. 그는 전쟁을 원했다. 그는 사임하는 문제를 심각하게 고려했다. 대신 그는 왕이 그에게 보낸 전보의 내용을 바꾸어 프로이센 왕이 나폴레옹에게서 모욕을 받았고 그래서 프랑스와 모든 교섭을 단절한 것처럼 보이도록 만들어 공표했다.* 그러자 독일에서 전쟁을 요구하는 함성이 크게 울렸고 프랑스에서도 똑같이 요란한 함성이 울렸다.

프랑스는 승리에 대한 자신감에 차 있었다. 그러나 독일은 전쟁에 대해 완전한 준비를 갖춘 반면 프랑스는 혼란에 빠져 있었다.

* 이것이 그 유명한 엠스 전보 사건이다.

50만 명의 병사로 이루어진 독일군이 프랑스 국경으로 쏟아져 들어왔다. 놀라운 속도전이 잇따랐다. 마크마옹MacMahon이 뵈르트에서 대패해서 프랑스군에 엄청난 손실을 주었다. 바젠Bazaine 원수가 이끄는 프랑스군도 패해 메츠에서 고립되었다. 황제와 마크마옹은 파리로 후퇴해 파리 외곽의 요새에서 싸우기로 결정했다. 이 소식을 들은 외제니Eugenie 황후가 후퇴는 왕조의 몰락을 의미한다는 전문을 나폴레옹에게 보냈다. 군대가 방향을 바꾸어 적진으로 진군해나갔다. 메츠의 포위를 풀어볼 심산이었다. 1870년 9월 1일 프랑스군은 스당에서 독일군에게 포위되었고, 나폴레옹은 17,000명의 사상자를 낸 다음 85,000명의 병력을 이끌고 항복했다.

참패 소식이 전해지자 파리에서는 제국이 즉시 철폐되고 공화국이 선포되었다. 줄 파브르Jules Favre가 외무장관이 되고 강베타Gambetta가 대통령으로 취임했다. 프랑스가 스트라스부르와 메츠를 독일에 양보하는 문제에 합의했더라면, 새 공화국은 즉시 평화를 찾을 수도 있었다. 그러나 새 공화국은 자만에 찬 목소리로 프랑스 땅은 한 치도 양보할 수 없다고 대답했다. 그래서 전쟁은 계속되었다. 독일 군대는 파리 주변을 에워싸고 기나긴 포위작전에 들어갔다. 외부의 원군은 없었다. 12월 28일 오랫동안 미뤄왔던 도시에 대한 포격이 시작되었다. 비스마르크의 계획은 파리의 2백만 시민을 빠르게 아사餓死시키는 것이었다. "제 손으로 무덤이나 파라지"라고 비스마르크는 말했다.

이러한 승리에 열광적으로 흥분한 독일국민들은 하나로 뭉쳐 군대를 이끌고 파리를 포위하고 있는 빌헬름에게 독일제국의 황제 자리를 주기로 했다. 1870년 12월 18일 대표단이 그에게 찾아가서 새 칭호의 수락을 요청했다. 왕이 이 영광을 받아들여 1월 1일부터 새로운 제국이 탄생했다. 1월 18일 파리가 독일군의 포위에 계속 저항하고 있는 동안 빌헬름 1세는 약 20킬로미터 떨어진 베르사유 궁전에서 대관식을 거행했다. 한때 루이 14세의 영화가 세계를 눈부시게 하던 거울의 방에서 독일군 장교들과 군주들이 제복을 입고 나타났고 그 밖에도 많은 지도급 인사들이 참석했다. 엄청나게 큰소리로 장교와 군주들은 백발의 독일제국 황제를 위해 만세를 불렀다. 그의 곁에서 비스마르크와 몰트케가 칼을 높이 뽑아들고 엄청난 기쁨에 취해 "황제 폐하 만세!"를 외쳤다.

휴전이 성립되고 파리가 항복한 1월 28일까지 파리에 대한 포격은 계속되었다. 프로이센군이 파리를 점령했다. 그러자 이번에는 프랑스인들 스스로가 혁명을 일으켰다. 국민의회가 공화국 헌법을 기초하기 위해 베르사유에서 소집되었다. 그러는 사이 파리 시내는 혁명의 기운으로 흥분되어 있었다. 사회주의자, 공산주의자, 무정부주의자들이 미친 듯이 자신들의 주장을 외쳤다. 파리 시가 '코뮌commune'을 선포하고 프랑스와는 관계없이 자치 정부를 세워 독자적인 길을 가겠다고 공표했다. 그 이유는 파리 시민들은 공화주의자들이었으며 베르사유의 의회 안에 있는 왕정 복고주의 경향을 두려워했기 때문이다. 의회는 파리 시민들을 저지하기로 의결했다. 전쟁에서 막 돌아온 군대를 이끌고 티에르Thiers가 앞장서서 파리로 진군해 들어갔다. 프랑스 군대가 프랑스의 수도로 행군해서 프랑스 사람이 프랑스 사람을 사납게 공격하는 사태가 벌어졌다. 아직 파리에서 철수하지 않은 독일 군대는 두 패로 갈라진 프랑스 사람들 사이에 일어나는 참담한 싸움을 지켜보았다. 마침내 마크마옹이 도시를 장악했다. 공산주의자들이 패하여 17,000명이 처형되었고, 사회주의자들은 완전히 뿌리를 뽑혔다.

이렇게 해서 프랑스 제3공화국이 시작되었다. 바로 이 시점에 독일제국도 시작되었다. 1877년 과중한 업무에 지친 비스마르크가 사의를 표했다. 황제는 그의 청원을 들어주지 않았다. 국가의 장래가 이 '철의 재상'의 어깨에 달려 있었기 때문이다.

1888년 빌헬름 1세가 사망했다. 빅토리아Victoria 여왕의 딸과 결혼을 한 그의 아들 프리드리히가 황제의 자리에 올랐다가 99일 만에 사망했다. 빌헬름 2세가 프리드리히의 자리를 계승했다. 그때 그의 나이 스물아홉이었다. 젊은 황제는 빌헬름 1세보다 훨씬 더 적극적이고 독재적이었다. 그는 비스마르크와 의견이 맞지 않았다. 늙은 수상은 1890년에 사임했는데, 실제로는 젊은 황제에 의해 파직당한 것과 다름없었다.

그 후 독일제국과 프로이센 왕국은 유럽에서 가장 막강한 국가 조직을 갖춘 나라로 간주되었다. 두 나라는 사회주의의 성장을 저지하는 데 최선을 다했다 그러나 노동자 조직과 사회주의의 영향은 다른 어느 나라에서보다 독일 국민들 속에서 더욱 강했다. 국가는 이 문제 때문에 심각한 내분을 겪고 있었다. 독일은 러시아를 제외하면 유럽의 마지막 군사 국가였다. 그러나 독일과 러시아

유럽사 이야기

에서는 노동자들이 가장 군건하게 뭉쳤으며 군 지휘관들과 군부 통치를 박살낼 준비가 가장 잘 되어 있었다.

독일과 러시아를 포함하는 북부 유럽은 프랑스와 영국과 미국이 걸어온 역사의 과정을 결코 밟지 않는 것 같았다. 이 3개의 강대국들은 왕의 권력을 깨고, 돈 많은 시민과 상인과 산업체 운영자들이 다스리는 중산층의 정치체제를 세웠다. 그러나 독일과 러시아는 이상하게도 극단에서 극단으로 이동했다. 영국에서는 결코 경험하지 못한 절대왕정에서 곧바로 또 다른 극단적인 정치체제인 프롤레타리아 대중의 통치체제로 옮겨갔으며, 이러한 움직임에는 전정한 목표가 없는 것처럼 보인다. 노동자 집단이 스스로를 통치하면서도 왜 통치하는지 모르고 있는데, 다만 그들이 원하는 것은 모든 권위를 파괴하고 싶은 것이며 모두가 평등한 번영을 누리려 한다는 것뿐이기 때문이다.

이렇게 유럽 역사의 순환은 한 단계 한 단계씩 완수되었다. 이 순환은 로마제국에서 시작해서 중세 제국과 교황 권력을 거쳐 르네상스 시대에는 당대의 왕들에게로 옮겨갔다가, 다시 산업과 상업을 장악한 중산층에 의해 통치되는 정부로 옮겨갔고, 노동자들이 하나로 뭉친 마지막 통치형태로 이동했다. 그래서 유럽은 하나에서 출발해 또 다른 하나로, 제국의 통일에서 노동계급의 통일로, 시작에서 끝으로 옮겨가고 있다.

그러나 우리는 인간이 두 개의 동기에 의해 살아간다는 점을 잊지 말아야 한다. 평화와 번영을 향한 동기, 그리고 경쟁과 군사적 승리를 향한 동기가 그것이다. 군사적 모험과 투쟁에서의 승리에 대한 욕구가 만족되면 평화와 번영의 욕구가 나타나며, 이것은 다시 반복된다. 이것이 삶의 법칙이다. 그러므로 생산적 노동자대중에 의해 통치되는, 그리고 모두가 물질적으로 평등한 위대한 통일 유럽은, 한 사람의 위대한 선택된 인물, 거대한 전쟁을 이끌면서 폭넓은 평화를 다룰 수 있는 영웅의 주변에서 뭉치지 않는 한, 오래 지속되고 굳건하게 남을 수 없다. 이것은 사람들의 의지에 달려 있다. 그러나 사람들의 의지는 한 명의 인물에 집중되어야 하며, 그 인물은 국민의 의지 위에서 가장 높이 군림하는 사람이어야 한다. 그는 선택된 사람이어야 하며 동시에 하느님 앞에서만 책임을 지는 사람이어야 한다. 바로 이것이 폭풍이 치는 미래에 주어진, 해결해야 할 문제라 하겠다.

유럽사 이야기

옮긴이의 말

역사의 인간, 인간의 역사
D. H. 로렌스가 밝혀낸 거대한 순환의 고리

D. H. 로렌스는 『채털리 부인의 사랑』, 『아들과 연인』, 『무지
개』 등의 작품을 쓴 영국 소설가로 잘 알려져 있다. 이러한 로렌
스가 역사책을 집필했으리라고는 쉽게 생각하지 못했을 것이다.
하지만 옥스퍼드 대학교 출판부의 요청을 받아 로렌스는 역사책
을 썼다. 1921년 초판에서는 로렌스 H. 데이비슨Lawrence H. Da-
vison이라는 가명을 사용했다가 1925년 두 번째 판에 가서야 자신
의 이름을 밝힐 수 있을 정도로 우여곡절을 겪기도 했다. 왜냐하
면 이 책의 집필 당시 그의 소설 『채털리 부인의 사랑』이 외설로
판매 금지된 상황이어서 여러 가지로 어려운데다 제1차 세계대전
이 발발한 탓에 그의 독일인 부인이 스파이 혐의까지 받는 상황이
었기 때문이다. 그럼에도 로렌스의 이 역사책이 출판되었을 때 사
람들은 '생생한 서술'과 '유려한 문체'를 보고 찬사를 보냈다고 한
다. 단순하게 역사적 사실을 나열하거나 이야기에 치중한 것이 아
니라 자신만의 독특한 역사관을 펼치며 유려한 필치로 서술했기
때문이다.

스스로 「서문」에서 밝혔듯이 그는 사실을 나열하는 데 역점을 두는 연대기식(편년체) 역사와, 역사적 사실들의 논리적 인과관계를 드러내는 데 치중하는 과학적(분석적) 역사 모두 진정한 역사적 사실과는 거리가 있다고 보았다. 물론 역사 서술이 '논리적인 순서에 따라 사건이 연결되고 원인과 결과가 총체적인 시간의 배치 속에서 드러나야 한다'는 사실을 로렌스가 부정한 것은 아니었다. 하지만 그는 역사 서술이란 '사건의 순서를 발견하는 것이 아니라 오직 유추해낼 뿐"임을 강조하는 한편 역사가 '인간의 역동성을 밝히는 것'임을 지적하고 있다.

로렌스는 「서문」의 후반부에서 스스로의 역사관을 이렇게 밝히고 있다.

"그런 연유로 이 작은 역사책은 유럽에서 인간의 마음을 뒤흔들며 그들의 역사를 만들었던 위대한 파장들을 설명하려는 시도이다. 사건들은 이 이상한 흐름을 따라 흘러가는 세부 사항에 불과하다. 엄청나게 큰 움직임이 솟구치면 인간은 그 물살에 휩쓸려 간다. 그 중 일부는 다시 거슬러 되돌아오기도 한다. (…) 이러한 격정적 충동은 합리적인 원인과 결과로는 설명할 수 없다. 논리적 설명은 나중에 유추된 것일 뿐이다. 이 충동은 모두 인간적인 것이기도 하지만 인간적인 것의 테두리 밖에서 일어난 일이다."

로렌스는 이런 역사의 흐름을 '역사적 무드'라고 부르면서 한 시대를 살아가는 인간들이 자신들의 정신적, 물질적 힘을 집중해서 용솟음치게 만드는 파동이라고 설명한다. 이런 거대한 역사의 격류 속에 휩쓸리게 되면 인간은 '생명의 커다란 몸짓'을 갖고 대응하는데, 이것을 로렌스는 인간 개개인의 힘을 뛰어넘는 역사 속의 영웅들이 등장하는 것과 연결시킨다. 이 책의 최대 장점과 재미는 바로 이런 영웅들의 생생한 모습과 역사적 인과관계가 맞물려 있음을 잘 설명하는 데 있다.

나아가 그는 역사를 통해 인간의 삶이 주는 의미를 해석하려고 한다. 로렌스는 각각의 시대마다 인간은 어떻게 살았고, 어떻게 국가와 사회 체제를 만들어냈으며, 그 체제는 어떻게 변화하며 어디로 나아가는지를 밝히려 했다. 여기서 그는 인간의 삶은 역사 속에서도 반복되고 있다는 역사관, 즉 순환론적 역사관을 제시하고 있다. 그는 인간의 역사는 시대와 나라와 상황에 따라 이름과 의상과 풍습이 다를 뿐 비슷한 인간 유형의 이야기이며 비슷한 생활 패턴의 변형일 뿐이라고 본다. 가령 로마의 카이사르와 프랑스의 나폴레옹은 시대와 언어와 사회만 다를 뿐 지도자와 정복자로서 비슷한 패턴을 보여준다는 것이다. 더구나 인간의 행동 양식을 시대별로 나누어보면 전쟁과 승리, 평화와 번영이라는 두 개의 대립적인 진폭 사이를 왔다갔다 반복하고 있다고도 한다. 그래서 인류 역사는 통합에서 분열로, 다시 분열에서 통합으로 옮겨가기를 반복한다는 것이다. 결론지어 말하자면 로렌스는 인간의 역사는 거대한 순환의 고리로 이어진다고 본다.

로렌스는 역사를 '인간이라는 나무가 이루는 숲'이라고 표현한다. 이 인간의 나무는 '서로 다른 가지로 뻗어나가며 제각기 순을 솟아내면서 제 나름의 꽃과 열매를 키운다'. 로렌스가 이 역사책에서 강조하려는 점은 바로 이것이라고 하겠다. 인간이 빠진 역사나 소설은 허구일 뿐이다. 로렌스의 위대한 점은 이런 인간과 역사의 진실을 날카롭게 통찰할 수 있었던 그의 예리한 지성에 있을 것이다. 로렌스는 역사를 민중의 역사라든가 영웅의 역사라든가 어느 한쪽의 역사라고 보지 않는다. 인간이 선과 악 어느 한쪽만 지닌 것이 아니라 양면을 모두 지니고 있듯이 말이다. 이 점은 오늘날 역사를 인간의 진보라고 믿는 사람들에게 하나의 경종으로 다가올 수도 있겠다.

순환론적 역사관에 대한 호불호를 떠나 이 책은 우리가 잘 알지 못했던 서양 역사의 중요 인물들을 새롭게 발견하는 즐거움을 선사하고 있다. 로렌스가 지녔던 약간의 편견, 동양이나 유목민, 또는 야만인에 대한 편견을 제외하면 이 책은 우리가 그동안 잘 몰랐던 다양한 종족이나 인간의 모습을 아주 잘 보여주고 있다. 물론 한 시대를 이끈 영웅들이 그 중심에 있다. 그런 점에서 서양사에 관심을 갖고 조금 더 자세히 알고 싶은 이들에게 이 책은 아주 좋은 안내서가 될 것이다. 나아가 시대별로 주제를 명확하게 제시하고 있어서, 왜 역사, 특히 서양사에서 고대를 제국의 시대, 중세를 암흑시대 또는 신의 시대, 근대를 계몽의 시대라고 부르는지를 명확하게 보여주고 있다는 점에서도 아주 큰 매력을 지니고 있다. 역사를 생명, 특히 인간이라는 생명이 만드는 몸짓이자 파장으로 본 로렌스의 관점은 현대의 역사관에 비추어도 매우 뛰어난 통찰력이라 할 것이다.

옮긴이 채희석

서울대학교 서양사학과를 졸업하고 도서출판 풀빛 주간 및 기획위원, 한겨레신문사 출판부장 등을 역임했다. 저서로는 『사람됨의 철학』(도서출판 풀빛) 역서로는 『강좌 철학』(세계사) 등이 있다.

D. H. 로렌스

유럽사 이야기

초판 1쇄 발행	2021년 3월 19일
초판 3쇄 발행	2023년 12월 28일

지은이	D. H. 로렌스
옮긴이	채희석
펴낸이	최용범

편집	박호진, 윤소진
디자인	김태호
마케팅	김학래
관리	강은선
인쇄	(주)다온피앤피

펴낸곳	**페이퍼로드** paperroad
출판등록	제10-2427호(2002년 8월 7일)
주소	서울시 동작구 보라매로5가길 7 1322호
이메일	book@paperroad.net
페이스북	www.facebook.com/paperroadbook
전화	(02)326-0328
팩스	(02)335-0334
ISBN	979-11-90475-41-9 (03920)